Edition Fachdidaktiken

Die Reihe ‚Edition Fachdidaktiken' reagiert auf die inter- und multidisziplinär wachsenden Diskurse, die sich in den Schnittmengen fachwissenschaftlicher und erziehungswissenschaftlicher Zusammenhänge verdichten.
Fachdidaktiken stehen mehr und mehr im Dialog und es zeichnen sich innovative und moderne Formen zunehmender Kommunikation und Kooperation ab.
Die Buchreihe will diese Forschungsentwicklung fördern und eine wissenschaftliche Publikationsfläche bieten, auf der Fachdidaktiken aller Disziplinen eine interdisziplinäre Öffnung in fachübergreifenden Arbeitskontexten ermöglichen.

Weitere Bände in der Reihe http://www.springer.com/series/16243

Nina Meister · Uwe Hericks · Rolf Kreyer ·
Ralf Laging
(Hrsg.)

Zur Sache. Die Rolle des Faches in der universitären Lehrerbildung

Das Fach im Diskurs zwischen Fachwissenschaft, Fachdidaktik und Bildungswissenschaft

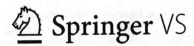 Springer VS

Hrsg.
Nina Meister
Philipps-Universität Marburg
Marburg, Deutschland

Uwe Hericks
Philipps-Universität Marburg
Marburg, Deutschland

Rolf Kreyer
Philipps-Universität Marburg
Marburg, Deutschland

Ralf Laging
Philipps-Universität Marburg
Marburg, Deutschland

ISSN 2524-8677   ISSN 2524-8685   (electronic)
Edition Fachdidaktiken
ISBN 978-3-658-29193-8   ISBN 978-3-658-29194-5   (eBook)
https://doi.org/10.1007/978-3-658-29194-5

Die Deutsche Nationalbibliothek verzeichnet diese Publikation in der Deutschen Nationalbibliografie; detaillierte bibliografische Daten sind im Internet über http://dnb.d-nb.de abrufbar.

Planung/Lektorat: Stefanie Laux
Springer VS ist ein Imprint der eingetragenen Gesellschaft Springer Fachmedien Wiesbaden GmbH und ist ein Teil von Springer Nature.
Die Anschrift der Gesellschaft ist: Abraham-Lincoln-Str. 46, 65189 Wiesbaden, Germany

Vorwort der Herausgeber

Der vorliegende Band geht auf die Arbeit des *ProfiForums* im Marburger Projekt ProPraxis zurück, das im Rahmen der gemeinsamen „Qualitätsoffensive Lehrerbildung" von Bund und Ländern aus Mitteln des Bundesministeriums für Bildung und Forschung gefördert wird. ProPraxis strebt eine Neustrukturierung der Marburger Lehrerbildung an, die die Anregung einer *reflektierten Fachlichkeit* seitens der Studierenden als Kerngedanken verfolgt. Um dies zu erreichen arbeitet die Marburger Konzeption mit einem *doppelten Praxisverständnis*, das die Praxis der wissenschaftlichen Auseinandersetzung mit dem Fachlichen in der Universität und die Praxis des begleiteten Unterrichtspraktikums in der Schule umfasst.

Beim ProfiForum handelt es sich um den Zusammenschluss der in diesem Projekt wissenschaftlich lehrenden und forschenden Mitglieder der Philipps-Universität Marburg. Es eröffnet einen Raum zur interdisziplinären Bearbeitung und Diskussion der spezifischen Weltzugänge der einzelnen Fächer, ihrer jeweils besonderen Perspektivität und Gegenstandskonstitution.

Der Band dokumentiert und systematisiert die inhaltliche Arbeit des ProfiForums in der ersten Förderphase des Projekts. Wir danken Jessica Kruska und Corinna Berg für die sorgfältige redaktionelle Bearbeitung der Beiträge sowie den Mitgliedern des ProfiForums für die vielen anregenden Diskussionen und ihre Mitwirkung an diesem Band.

Den Autorinnen und Autoren dieses Bandes wünschen die Herausgeberin und die Herausgeber eine konstruktive Resonanz in der eigenen und „fremden" Fachkultur zur Weiterentwicklung der Lehrerbildung in Marburg und anderen Universitäten.

Marburg
im Januar 2020

Nina Meister
Uwe Hericks
Rolf Kreyer
Ralf Laging

Inhaltsverzeichnis

Autorinnen und Autoren

Prof. Dr. Thomas Bauer Philipps-Universität Marburg, Fachbereich Mathematik und Informatik, Marburg; E-Mail: tbauer@mathematik.uni-marburg.de

Dr. Barbara Ann Güldenring Justus-Liebig-Universität Gießen, Fachbereich 05 – Sprache, Literatur, Kultur, Institut für Anglistik, Gießen; E-Mail: Barbara.A.Gueldenring@anglistik.uni-giessen.de

Prof. Dr. Jörg Bietz Philipps-Universität Marburg, Fachbereich Erziehungswissenschaften, Institut für Sportwissenschaft und Motologie, Marburg; E-Mail: bietz@staff.uni-marburg.de

Dr. Meike Hartmann Philipps-Universität Marburg, Fachbereich Erziehungswissenschaften, Institut für Sportwissenschaft und Motologie, Marburg; E-Mail: meike.hartmann@staff.uni-marburg.de

Prof. Dr. Uwe Hericks Philipps-Universität Marburg, Fachbereich Erziehungswissenschaften, Institut für Schulpädagogik, Marburg; E-Mail: hericks@staff.uni-marburg.de

Prof. Dr. Rolf Kreyer Philipps-Universität Marburg, Fachbereich Fremdsprachliche Philologien, Institut für Anglistik und Amerikanistik, Marburg; E-Mail: kreyer@uni-marburg.de

Prof. Dr. (i. R.) Ralf Laging Philipps-Universität Marburg, Fachbereich Erziehungswissenschaften, Institut für Sportwissenschaft und Motologie, Marburg; E-Mail: laging@staff.uni-marburg.de

Philipp Lindenstruth Philipps-Universität Marburg, Fachbereich Chemie, Marburg; E-Mail: philipp.lindenstruth@chemie.uni-marburg.de

Dr. Nina Meister Philipps-Universität Marburg, Zentrum für Lehrerbildung, Marburg; E-Mail: nina.meister@uni-marburg.de

Prof. Dr. Eva Müller-Hill Universität Rostock, Institut für Mathematik, Didaktik der Mathematik, Rostock; E-Mail: eva.mueller-hill@uni-rostock.de

Prof. Dr. Thomas Nauss Philipps-Universität Marburg, Fachbereich Geographie, Marburg; E-Mail: thomas.nauss@uni-marburg.de

Lena Nickel Philipps-Universität Marburg, Fachbereich evangelische Theologie, Fachgebiet Praktische Theologie/Religionspädagogik, Marburg

Prof. Dr. Carina Peter Philipps-Universität Marburg, Fachbereich Geographie, Marburg; E-Mail: carina.peter@geo.uni-marburg.de

M.A. Simone Petzoldt Elisabeth-Schule Marburg, Marburg; E-Mail: simone.petzoldt@gmail.com

Prof. Dr. Marcell Saß Philipps-Universität Marburg, Fachbereich Evangelische Theologie, Fachgebiet Praktische Theologie, Marburg; E-Mail: m.sass@uni-marburg.de

Prof. Dr. Michael Schween Philipps-Universität Marburg, Fachbereich Chemie, Marburg; E-Mail: schweenm@staff.uni-marburg.de

Dr. Ulrich Vogel Philipps-Universität Marburg, Fachbereich Gesellschaftswissenschaften und Philosophie, Institut für Philosophie, Marburg; E-Mail: vogel@staff.uni-marburg.de

Dr. Roland Weber Philipps-Universität Marburg, Fachbereich Mathematik und Informatik, Marburg; E-Mail: rweber@mathematik.uni-marburg.de

Sven-Sören Woernle Philipps-Universität Marburg, Fachbereich Erziehungswissenschaften, Institut für Schulpädagogik, Marburg; E-Mail: sven-soeren.schmidt@staff.uni-marburg.de

Teil I
Zum professionstheoretischen Verständnis des Buches

Das Fach im Lehramtsstudium: theoretische und konzeptionelle Perspektiven

Einführung in den Band

Uwe Hericks und Nina Meister

1 Aspekte professionalisierten Handelns von Lehrpersonen

Universitäre Lehrerbildung steht in einer grundsätzlichen und unausweichlichen Spannung. Sie ist einerseits in die institutionelle Logik der Universität eingebunden, die sich auf die Idee der Wissenschaft beruft und die Studierenden mit der Erwartung konfrontiert, ihre eigenen Lernprozesse unter der Maßgabe wissenschaftlichen und theoriegeleiteten Denkens zu gestalten. Andererseits aber weist universitäre Lehrerbildung immer schon über die wissenschaftlichen Denkformen der Universität hinaus, insofern es ihre Zielperspektive ist, Lehrerinnen und Lehrer auf ihre zukünftige Berufspraxis an einer Schule und damit auf ein berufliches Handeln vorzubereiten, das einer eigenen praktischen Logik folgt. Über Lehrerbildung zu diskutieren, ohne dieses spannungsvolle Verhältnis zwischen Studium und Beruf, zwischen Wissenschaft und Praxis auf diese oder jene Weise zu thematisieren, scheint nahezu unmöglich. Seit der Entstehung einer

U. Hericks (✉)
Fachbereich Erziehungswissenschaften, Institut für Schulpädagogik,
Philipps-Universität Marburg, Marburg, Deutschland
E-Mail: hericks@staff.uni-marburg.de

N. Meister
Zentrum für Lehrerbildung, Philipps-Universität Marburg, Marburg, Deutschland
E-Mail: nina.meister@uni-marburg.de

© Springer Fachmedien Wiesbaden GmbH, ein Teil von Springer Nature 2020
N. Meister et al. (Hrsg.), *Zur Sache. Die Rolle des Faches*
in der universitären Lehrerbildung, Edition Fachdidaktiken,
https://doi.org/10.1007/978-3-658-29194-5_1

organisierten Berufsvorbereitung für Lehrpersonen im 19. Jahrhundert waren Reformen der Lehrerbildung stets mit der Frage verbunden, wie das Verhältnis von Theorie und Praxis im universitären Lehramtsstudium genau zu bestimmen ist (vgl. Woernle i. V.).[1]

Dabei werden die jüngeren Debatten um die Qualität und die konzeptionelle Ausrichtung der Lehrerbildung wesentlich durch das *Leitbild der professionellen Lehrperson* bestimmt. Dahinter steht die Annahme, dass das berufliche Handeln von Lehrpersonen ähnlich dem von Ärzten, Juristen und Pfarrern dem Typus professionalisierten Handelns zuzurechnen ist.[2] Fünf Merkmale erscheinen uns für diesen Handlungstypus im Allgemeinen und für den Lehrberuf im Besonderen wesentlich (vgl. nachfolgend Bonnet und Hericks 2014; Hericks und Laging 2020):

1. *Existenz eines klar definierten Kernauftrags des beruflichen Handelns,* von dem her andere mögliche Aufgaben erst ihre Legitimität beziehen. Für Lehrpersonen ist dies das *Unterrichten* mit seiner Hauptfunktion der Vermittlung von Wissen und Normen (vgl. Giesecke 2001, S. 122 ff.). Ein Qualitätsausfall in diesem Kernbereich kann nicht durch noch so qualitätsvolle Arbeit in anderen Handlungsbereichen kompensiert werden.
2. *Unhintergehbarkeit der eigenen Person:* Lehrpersonen sind wie Angehörige anderer Professionen stets als ganze Personen in ihr berufliches Tun eingestrickt. Wie jemand unterrichtet, Wissen vermittelt, den Lernenden

---

[1]Wir fokussieren im Folgenden auf Studiengänge zur Vorbereitung auf das Lehramt an Gymnasien.

[2]Zu beachten ist hierbei, dass die klassische Unterscheidung zwischen Professionen und gewöhnlichen Berufen im aktuellen Professionalisierungsdiskurs an Bedeutung verloren hat. So konstatiert Terhart (2011), dass Versuche, den Begriff der *Profession* über quasi prototypische Berufsgruppen klären zu wollen, schon allein deshalb obsolet sei, weil sich die klassischen Professionen (Ärzte, Anwälte, Kleriker, Architekten) im Zuge stetig zunehmender Regulierung zumindest teilweise deprofessionalisiert hätten. Sie hätten sich zu „gewöhnlichen Berufen mit straffer organisatorischer Gängelung und typischer Angestelltenmentalität zurück entwickelt" (ebd., S. 203). Auf der anderen Seite hätten sich andere Berufe „neue Statusdimensionen, Tätigkeitsfelder Ausbildungsformen" erschlossen, die mit dem klassischen Professionenkonzept analytisch überhaupt nicht mehr zu fassen seien (ebd.). Die aktuelle Professionsforschung legt ihren Fokus deshalb darauf, in je spezifischen Kontexten Prozesse der Professionalisierung und Deprofessionalisierung zu rekonstruieren, für begrenzte Bereiche notwendige Kompetenzen der Professionellen zu bestimmen und Wege zu deren Erwerb zu skizzieren (vgl. Bonnet und Hericks 2014, S. 3 f.).

begegnet, mit Kolleg/innen zusammenarbeitet und sich in der Schule verortet, hängt immer auch davon ab, wer er oder sie selbst ist, von welchen Überzeugungen er oder sie sich leiten lässt, was ihm oder ihr als Mensch wichtig ist.

3. *Unhintergehbarer Organisations- bzw. Institutionsbezug:* Professionelle agieren in ihrem beruflichen Handeln in kollegialen Wirkungszusammenhängen. Sie vertreten und verkörpern immer auch die Institution bzw. Organisation, in der und für die sie tätig sind, im Falle von Lehrpersonen also das Schulsystem bzw. die einzelne Schule.

4. *Spezifischer Adressatenbezug:* Professionen können als „strukturelle, berufliche und institutionelle Arrangements zur Arbeitsorganisation beim Umgang mit Unsicherheiten des Lebens in modernen Risikogesellschaften" betrachtet werden (Evetts 2003, hier zitiert nach Terhart 2011, S. 204). Professionalisiertes Handeln hat es allgemein mit Krisen- oder Umbruchsituationen im Leben von Menschen zu tun; es zielt darauf ab, „stellvertretend für Laien, d. h. für die primäre Lebenspraxis, deren Krisen zu bewältigen" (Oevermann 2002, S. 22) bzw. diese bei eigenen Bewältigungsversuchen zu unterstützen. Dazu verfügen Professionelle über ein ‚lizensiertes Eingriffsrecht' in die personale Integrität anderer Menschen.

Für Mediziner und Juristen ist diese Aussage evident, während sich die Sachlage für Lehrerinnen und Lehrer modifiziert darstellt. Kinder und Jugendliche suchen die Schule nicht aufgrund manifester Krisen, sondern aufgrund der bestehenden Schulpflicht auf. Zu unterrichten ist keine Antwort auf bestehende Krisen, sondern ein auf Zukunft hin ausgerichtetes und – stellt man sich etwa die biografischen Folgewirkungen einer missglückten Schullaufbahn vor Augen – in diesem Sinne Krisen vorbeugendes Handeln.

Denkt man Schule von der Idee der Bildung her, muss man gedanklich noch einen Schritt weitergehen. Bildungsprozesse sind selbst potenziell krisenhafte Prozesse. Sie rühren an sensible Tiefenschichten von Personen und können in einem hohen Maße biografisch folgenreich sein. Dies gilt, weil in Bildungsprozessen das Verhältnis zur Welt, zu anderen Menschen und zu sich selbst infrage gestellt wird. Es sind Weichenstellungen in Biografien von Menschen und es können (wie ein Blick in die Geschichte lehrt) zugleich Weichenstellungen in der Wissenschaft und der Gesellschaft sein. Der Soziologe Ulrich Oevermann schreibt:

„Der Pädagoge ist [...] der Strukturlogik seines Handelns nach Geburtshelfer im Prozess der Erzeugung des Neuen und nicht umgekehrt, wie im Nürnberger Trichtermodell, Agentur der Anpassung des neuen Lebens an das alte Wissen und die alten Normen." (Oevermann 2002, S. 35)

Lehrpersonen sind, so gesehen, nicht allein krisen*vorbeugend* oder krisen-
lösend tätig (wie Mediziner und Juristen), sondern vor allem auch krisen-
auslösend. Lehrer helfen Probleme zu lösen, die man ohne sie gar
nicht hätte – diese manchmal zu hörende Ironie über den Lehrberuf
trifft bildungstheoretisch betrachtet ins Schwarze. Dieser Kernauftrag
bedarf der Professionalisierung des Lehrberufs; er macht den Lehrberuf
handlungsstrukturell gesehen zu einer gegenüber den klassischen Professionen
eigenständigen (pädagogischen) Profession – mit besonderen Ansprüchen an
deren Angehörige.[3]

5. *Spezifischer Sachbezug:* Mit diesen Ansprüchen ist zugleich ein spezifischer
Sach- oder Inhaltsbezug verbunden. Schulische Lerngelegenheiten müssen in
fachlicher Hinsicht einen bedeutenden Kern enthalten, um bildungswirksam
werden zu können, was ausgeprägte fachliche Kompetenzen der Lehrenden
voraussetzt. Über nicht-alltägliche Wissensbestände und eine eigene Fach-
sprache zu verfügen, in denen sich Professionelle von Laien unterscheiden,
stellt im Übrigen ein Kennzeichen jeder Profession dar, deren Bedeutung sich
auf die gesamte Berufsbiografie erstreckt.

Dass die genannten Aspekte keinesfalls nur theoretischer Natur sind, sondern
sich in der empirischen Rekonstruktion von Berufsbiografien als wirksam erweisen, belegen Forschungen zum Berufseinstieg von Lehrer/innen
(vgl. Hericks 2006; Keller-Schneider 2010; Keller-Schneider und Hericks
2014). Sie zeigen darüber hinaus, dass die Anforderungen des Lehrberufs
erstmals im engen zeitlichen Horizont der ersten zwei bis drei Jahre eigenständiger und selbst zu verantwortender Berufstätigkeit in umfassender
Komplexität und Dynamik erfahrbar werden (vgl. Keller-Schneider 2009,
S. 145). *Professionalität* ist folglich keine Zuschreibung oder Eigenschaft,
die Lehrpersonen mit dem Eintritt in ihr Berufsleben unmittelbar zukäme,
sondern eine Dimension, die in Entwicklung begriffen ist. Professionalität

---

[3]Dass der Lehrberuf (im Gegensatz zu dem des Mediziners und Juristen) zumeist nicht
als Profession wahrgenommen wird, hängt nicht zuletzt damit zusammen, dass die von
Bildungspolitik und Öffentlichkeit an diesen Beruf gestellten (reduzierten!) Ansprüche
in der Regel nicht von seinem pädagogischen Kernauftrag her formuliert werden. Die
handlungsstrukturellen Anforderungen dieses Berufs werden vielmehr regelmäßig unterlaufen – etwa, wenn in Zeiten eines Lehrkräftemangels verstärkt Quer- oder Seiteneinsteiger/
innen in den Schuldienst übernommen oder (wie in Hessen) sogenannte U-Plus-Lehrkräfte
beschäftigt werden. Nicht-professionalisierte Personen mit professionellen Kernaufgaben zu
betrauen, wäre für die klassischen Professionen undenkbar.

setzt auf der Ebene des Individuums den berufsbiografischen Prozess einer *Professionalisierung* voraus. Dies vorausgesetzt, stellt sich für die erste (universitäre) Phase der Lehrerbildung die Frage, was diese im Unterschied zu anschließenden Phasen, dem Referendariat und dem Lernen im Beruf selbst, zur Professionalisierung angehender Lehrpersonen beitragen kann. Worin also besteht das Alleinstellungsmerkmal der Universität gegenüber den weiteren (Aus-)Bildungsinstitutionen der Lehrerbildung?

2 Reflektierte Fachlichkeit als biografische und kommunikative Ressource

Im Marburger Modellprojekt *ProPraxis*[4] wird dieses Alleinstellungsmerkmal pointiert im Konzept der *reflektierten Fachlichkeit* bestimmt.[5] In Bezug auf die Studierenden verstehen wir Fachlichkeit als eine *biografische Ressource,* weil wir davon ausgehen, dass die Wahl und das Studium bestimmter Fächer für angehende Lehrpersonen eng mit sozialen Identitäts- und Sinnkonstruktionen verknüpft sind. So resümiert etwa Terhart, dass die studierten Fachwissenschaften

---

[4]Das Modellprojekt *ProPraxis* mit den „Marburger Praxismodulen" (MPM) als Kernelement wurde im Rahmen der gemeinsamen „Qualitätsoffensive Lehrerbildung" von Bund und Ländern aus Mitteln des Bundesministeriums für Bildung und Forschung gefördert. Am Modellprojekt (Laufzeit der ersten Phase: 2015–2018) waren die universitären Fachwissenschaften Biologie, Chemie, Englisch, Ethik, Geographie, Geschichte, Mathematik, ev. Religion, Sport sowie die Schulpädagogik beteiligt.

[5]Genauer gesagt, wird Fachlichkeit in ProPraxis als *fachwissenschaftliche Fachlichkeit* fokussiert. Es geht um die Reflexion der den Unterrichtsfächern korrespondierenden Fachwissenschaften. Selbstverständlich umfasst Fachlichkeit als Alleinstellungsmerkmal der Universität (in Bezug auf den Lehrberuf) darüber hinaus Wissensbestände der Fachdidaktiken und Bildungswissenschaften (Erziehungswissenschaft, Psychologie, Sozialwissenschaften etc.). Während die in ProPraxis fokussierten Wissensbestände (wenngleich in mehrfach gebrochener Form) die *Gegenstände* fachlicher Kommunikationen konstituieren, zielen die zweitgenannten Wissensbestände auf die *Art und Weise* der *Gestaltung* von Kommunikationen und Prozessen (inkl. des notwendigen Adressaten- und Gesellschaftsbezugs); es handelt sich um Wissensbestände, die jedenfalls nicht selbst zum *Gegenstand* schulunterrichtlicher Vermittlung werden. Die Grenze zwischen diesen beiden Wissensbeständen ist fließend, insofern etwa fachwissenschaftliches Wissen auch ein Wissen (Vorstellungen, Methoden) über seine eigene Vermittelbarkeit induziert. Die Reflexion der Grenze könnte man als die originäre Aufgabe der Fachdidaktiken beschreiben (vgl. Hericks et al. 2020).

„vor allem bei Gymnasiallehrern sehr stark zur beruflichen Identitätsbildung" bei-
trügen (Terhart 2009, S. 31). Dies impliziert ein hohes Motivationspotenzial für
die Auseinandersetzung mit den Inhalten und Konzepten der eigenen Fächer, an
das im Modellprojekt explizit angesetzt wird.

In Bezug auf die Hochschullehrenden stellt Fachlichkeit eine *kommunikative
Ressource* dar, weil die Auseinandersetzung mit fachlichen Gegenständen, ihrer
methodischen Konstruiertheit und ihrer Vermittelbarkeit in unterschiedlichen
Facetten fachwissenschaftliche, fachdidaktische und bildungswissenschaft-
liche Akteure und Studienanteile verbindet. Sie ist, so gesehen, ein quasi natürliches *integrierendes Strukturelement* inneruniversitärer Kooperation. Diese
erschöpft sich dabei nicht darin, organisatorische und administrative Fragen
eines gemeinsamen Studiengangs zu prozessieren. Durch die differenzierte
Bearbeitung der unterschiedlichen Zugänge zur Wirklichkeit, die durch Fächer
eröffnet werden, ihrer methodischen Vorentscheidungen sowie der daraus hervor-
gehenden habitualisierten Vermittlungsstile und Vermittlungsprobleme, ist diese
Kooperation vielmehr vor allem inhaltlich definiert.

Wir sprechen von *reflektierter* Fachlichkeit, weil der Professionsbezug des
Lehramtsstudiums für Studierende wie Dozierende mit der Anforderung verbunden ist, die aufzubauenden Fachkompetenzen antizipativ auf den Kernauftrag von Lehrpersonen zu beziehen, Lern-, Verstehens- und Bildungsprozesse
bei Schülerinnen und Schülern anzuregen und zu begleiten. Für die Studierenden
verbindet sich damit die Aufgabe, die eigene künftige Rolle und das Selbstverständnis als Lehrperson zumeist zweier Unterrichtsfächer zu klären. Beide Ent-
wicklungsaspekte – die eigene Verortung in den Fächern und die Reflexion der
zukünftigen Berufsrolle – überlagern sich und bedingen einander.

3   Das „doppelte Praxisverständnis"

Die Zielperspektive, Studierende zu befähigen, in ihrem künftigen beruflichen
Handeln Lern- und Bildungsprozesse von Schüler/innen anregen und begleiten
zu können, wirft die Frage des Gebrauchswerts universitärer Fachinhalte und
Fachkonzepte auf. Man kann in diesem Zusammenhang von dem *Bezugsproblem*
der universitären Lehrerbildung sprechen. Dies sei an einem Beispiel aus der
kompetenzorientierten Professionsforschung erläutert (vgl. Hericks und Laging
2020; Hericks et al. 2020).

Die Studie COACTIV (Kunter et al. 2011; Kraus et al. 2008) untersucht den
Zusammenhang zwischen den Kompetenzen von Mathematiklehrpersonen und den
im Rahmen von PISA 2003 bestimmten mathematischen Kompetenzen der von

ihnen unterrichteten Schüler/innen. Das *fachdidaktische Wissen* der Lehrpersonen erweist sich dabei als die entscheidende unabhängige Variable, wenn man einen mathematischen Kompetenzerwerb der Schüler/innen wahrscheinlicher machen will. Fachdidaktisches Wissen aber setze wiederum *fachwissenschaftliches Wissen* eines bestimmten Niveaus notwendig voraus – ein ohne Frage starker Befund, wenn es gilt, die hohe Bedeutung der universitären Erstausbildung für angehende Mathematiklehrpersonen argumentativ zu untermauern. Zugleich ist damit die Frage der Funktion und des angemessenen Maßes universitären Fachwissens für die Lehrerbildung aufgeworfen. In COACTIV heißt es dazu: Ein fundiertes Fachwissen sollte

„sicherstellen, dass Argumentationsweisen und das Herstellen von Zusammenhängen, mithin das Sichern von begrifflichem Wissen, derart erfolgen kann, dass es an die typischen Wissensbildungsprozesse des Faches, hier der Mathematik, anschließen kann. Mehr Fachwissen kann also für Lehrerinnen und Lehrer nicht nur bedeuten, ihren Schülerinnen und Schülern curricular ‚voraus' zu sein. Fachwissen muss vielmehr ein *tieferes Verständnis der Inhalte des mathematischen Schulcurriculums* einschließen, wie es auch in Fachvorlesungen des Haupt- und Realschullehrerstudiums und in *Anfängervorlesungen des Gymnasiallehrerstudiums* angestrebt wird" (Krauss et al. 2008, S. 237 f.; Hervorhebungen UH/NM).

So wertschätzend diese Aussagen für das universitäre Fachwissen zunächst klingen mögen, wird dessen Funktion und notwendiges Maß doch primär über das mathematische Schulcurriculum bzw. *Schulfach Mathematik* bestimmt. Kann den *Anfängervorlesungen des Gymnasiallehrerstudiums* auf diese Weise eine begründete Funktion für die Professionalisierung von Lehrpersonen zugeschrieben werden, bleibt das vom Curriculum der Schule losgelöste „reine[ ] Universitätswissen" (als Beispiele werden Galoistheorie und Funktionalanalysis genannt, ebd., S. 238) in COACTIV ausdrücklich außen vor. Das Eigenrecht einer an tief liegenden abstrakten Strukturen orientierten universitären *Fachwissenschaft Mathematik* gerät auf diese Weise gerade nicht in den Blick.

Es ließe sich einwenden, dass COACTIV lediglich *notwendiges* mathematisches Fachwissen für einen qualitätsvollen Mathematikunterricht messe, dies aber keine Aussagen über die mögliche Bedeutsamkeit eines darüber hinaus gehenden Fachwissens für Mathematiklehrpersonen erlaube. Der Einwand verkennt indes die immanent politische Eigenlogik der empirischen Bildungsforschung, welche die in COACTIV verhandelte Frage der notwendigen Qualität universitären Fachwissens für angehende Lehrerinnen und Lehrer unter der Hand zur Frage seiner hinreichenden Quantität verschiebt.

Das *doppelte Praxisverständnis* als zentrale Kernidee von ProPraxis stellt demgegenüber einen alternativen Ansatz dar, die Bedeutung des fachwissenschaftlichen

Wissens für die Lehrerbildung zu begründen. Die Grundidee ist diese: Angehende Lehrpersonen, die in ihrem künftigen Beruf anspruchsvolle Verstehens- und Bildungsprozesse von Schülerinnen und Schülern anregen und begleiten sollen, sollten in der Vorbereitung auf die Übernahme einer professionalisierten Vermittlerrolle selbst fachliche Verstehens- und Bildungsprozesse auf einem hohen Niveau durchlaufen sowie die damit ggf. verbundenen Irritationen und Krisen reflexiv bearbeiten und bewusstseinsfähig werden lassen.[6] Eine solche reflektierende Bearbeitung eigener Bildungs- und Verstehensprozesse im Medium von Fachwissenschaft stellt eine eigenständige *erste Praxis* der Lehrerbildung, das unterrichtliche Probehandeln im Schulpraktikum ein jene schon voraussetzende *zweite Praxis* dar.

Die Pointe des doppelten Praxisverständnisses liegt nun darin, dass es die universitären Fachwissenschaften in ihrer *Gesamtheit* für die Bildungsgänge angehender Lehrpersonen öffnet. Im Rahmen der ersten Praxis bezieht etwa die Galoistheorie ihre Funktionalität für die Lehrerbildung eben nicht aus dem *Schulfach Mathematik,* sondern originär aus ihrem Status als wissenschaftliches Wissen mit eigenem Geltungsanspruch. Sie fordert zu neugierigen, ggf. mühsamen und krisenhaften Verstehens- und Forschungsanstrengungen heraus, die im Lehramtsstudium darüber hinaus auf ihre wissenschaftstheoretische Perspektivität und impliziten Differenzsetzungen (s. u.) hin zu bearbeiten wären, um professionalisierend zu wirken[7]. Auf diese Weise markiert das universitäre Lehramtsstudium eigene Ansprüche, die in bestimmter Hinsicht über die an Hauptfachstudierende hinausgehen.[8] Es stellt gerade kein in seinem fachlichen Anspruch reduziertes, auf „Anfängervorlesungen des Gymnasiallehrerstudiums" (ebd.) zu verkürzendes Studium dar.

---

[6]In einem etwas gewagten, weil ggf. missverständlichen Vergleich könnte man sagen: Die angehenden Lehrpersonen gleichen in dieser Hinsicht Therapeut/innen, die in ihrer Ausbildung eine Eigentherapie absolvieren, um die möglichen Rückwirkungen des therapeutischen Settings auf das eigene Welt- und Selbstverhältnis quasi am eigenen Leib zu erleben und zu reflektieren.

[7]Gute Beispiele hierfür finden sich in diesem Band bspw. in den Beiträgen von Rolf Kreyer (englische Linguistik), Michael Schween und Philipp Lindenstruth (Chemie), Jörg Bietz (Sport) sowie Thomas Bauer et al. (Mathematik). Die Beiträge fokussieren Aspekte der mitunter krisenhaften fachlichen Verstehensprozesse von Studierenden sowie die damit verbundenen hochschuldidaktischen Herausforderungen.

[8]Für die Mathematik hat Thomas Bauer (2017) diese Idee exemplarisch vorgeführt. Er zeigt, wie universitäres mathematisches Wissen jenseits der Anfängervorlesungen angehende Lehrpersonen dazu befähigen kann, kreative elementarmathematische Ideen von Schülerinnen und Schülern fachlich beurteilen und würdigen zu können. Es geht um ein implizites didaktisches Wissen, das in den Inhalten der höheren Mathematik selbst enthalten ist und das es reflexiv zu machen gilt.

4 Differenz- und bildungstheoretische Fundierung des „doppelten Praxisverständnisses"

Eine professionstheoretische Begründung für die Idee des doppelten Praxisverständnisses auf der Basis von Fachlichkeit stammt von Heinz-Elmar Tenorth. Er lokalisiert den „Kern der eigenständigen professionellen Aufgabe und Kompetenz der Lehrenden" in der „kompetenten Handhabung der *Differenz* von Schulfach und Fachwissenschaft, von Alltagswissen und reflektiertem Wissen" (Tenorth 1999, S. 193). Der zentrale Begriff der *Differenz* bezieht sich dabei auf die Tatsache, dass jede Form fachwissenschaftlicher Welterschließung eine spezifische Perspektive auf die Wirklichkeit eröffnet, die sich sowohl von den Perspektiven anderer Wissenschaften als auch von der Sicht des Alltags unterscheidet. Daraus resultiert ein doppeltes Kommunikationsproblem zwischen Fachwissenschaftler/innen, angehenden Lehrpersonen und Laien (Schülerinnen und Schülern).

Eine Sache in bildender Absicht zu zeigen, heißt immer auch zu zeigen, was diese Sache *nicht* ist, wovon sie sich abgrenzt und worin ihre Besonderheit, ihre je besondere Art und Weise der Wirklichkeitskonstruktion besteht. Alltagserfahrungen bilden dabei nicht selten den impliziten Gegenhorizont zu fachlichen Konstruktionen. Den notwendigen „Blickwechsel" von der Alltagserfahrung zu fachlich konturierten Wissensbeständen anzubahnen, ein Wissen zu vermitteln, das den unmittelbaren Lebensraum überschreitet, ist Dietrich Benner (2002) zufolge die wesentliche Aufgabe von Schule, insbesondere der Sekundarstufe I. Es handele sich um den „Blickwechsel [...] von einem Denken, Lernen und Handeln in den Sphären unmittelbarer Welterfahrung und zwischenmenschlichen Umgangs in die Erfahrungs- und Umgangsformen eines szientifischen und historischen Wissens und Könnens" (Benner 2002, S. 74). Die Aufgabe professionalisierten Lehrerhandelns liegt unter diesem Gesichtspunkt darin, die unterrichtlichen Inhalte so zu zeigen, dass die Art und Weise ihrer alltagssprachlichen oder je spezifischen fachlichen Vorstrukturierungen in ihren Möglichkeiten und Begrenzungen erkennbar wird.

Der Religionspädagoge Bernhard Dressler sieht darin eine wesentliche Voraussetzung für „Lebensführungskompetenz unter den Bedingungen moderner Lebensverhältnisse" (Dressler 2013, S. 189). Bildung ist für ihn wesentlich durch die Fähigkeit bestimmt, mit Kontingenzerfahrungen, mit der Vielfältigkeit, Vieldeutigkeit und Widersprüchlichkeit von Sinnangeboten umgehen zu können, ohne dabei in einen vergleichgültigenden Nihilismus auf der einen

Seite oder einen zerstörerischen Fundamentalismus auf der anderen Seite zu verfallen. Er bezieht sich auf Jürgen Baumert (2002), der das in Schulfächern repräsentierte Allgemeinbildungsprogramm der modernen Schule entlang von wechselseitig nicht austauschbaren *Modi der Weltbegegnung* begrifflich aus-differenziert.[9] Vor diesem Hintergrund ziele Bildung, so Dressler, „auf die Ent-wicklung einer Subjektivität, die in der Erschließung der Welt das Inkompatible, das Ganze *in seinen Differenzen,* zusammenhalten" könne (Dressler 2013, S. 185). Gebildete Menschen seien in der Lage, „die Regeln des jeweils gültigen Systems symbolisch generalisierter Kommunikation zu beherrschen und dabei zu wissen, *dass* sie sich jeweils in einem kommunikativen Subsystem bewegen" (ebd., S. 186). Das hier zum Ausdruck kommende dialektische Ineinander von „Entwicklung einer Subjektivität" und „Erschließung der Welt" ist alt – es geht in dieser Form mindestens auf Wilhelm v. Humboldt zurück. Neu ist die Pointierung des Aspekts des *Inkompatiblen* – die Erfahrung, die ausdifferenzierten kommunikativen Subsysteme in der fortschreitenden Moderne nicht mehr in einer alles übergreifenden „Einheitsperspektive" (ebd., S. 185), sei diese nun z. B. religiöser oder naturwissenschaftlicher Art, aufheben zu können.

Dressler wendet seine gegenwartsdiagnostisch informierte Bildungs-theorie im Folgenden didaktisch. Er plädiert für eine „mit didaktischen Mitteln systematisierte Distanznahme, durch den inszenierten Wechsel zwischen probe-weiser Teilnahme und Beobachtung der Teilnahme" (ebd., S. 195). Ein in diesem Sinne angelegter Unterricht sei „in altersangemessener Dosierung immer Welt-beobachtung und Beobachtung der Weltbeobachtung" (ebd.). Weltbeobachtung (oder: Beobachtung erster Ordnung) meint dabei im Sinne Luhmanns die noch nicht reflektierte *Teilnahme* an kulturellen Praxen und Kommunikationsformen:

- an religiöser Kommunikation, in der etwa Wünsche in Bitten, Freude in Dank, Belastungen in Klagen verwandelt und zum Ausdruck gebracht werden,
- an naturwissenschaftlicher Kommunikation, in der ein Experiment geplant, durchgeführt und ausgewertet wird,
- an ästhetischer Kommunikation, in der eine eigene Idee zur Lösung eines Bewegungsproblems ausprobiert wird,

---

[9]Er unterscheidet vier solcher Modi: die *kognitiv-instrumentelle Modellierung der Welt,* die *ästhetisch-expressive Begegnung und Gestaltung,* die *normativ-evaluative Auseinander-setzung mit Wirtschaft und Gesellschaft* sowie *Probleme konstitutiver Rationalität.*

- an historischer Kommunikation, in der das Handeln und die Entscheidungen einer historischen Persönlichkeit auf der Basis von Quellen normativ beurteilt wird.

Die Teilnahmeperspektive wird in einer Beobachtung zweiter Ordnung – der eigentlichen *Beobachtungsperspektive* – reflexiv. Unterricht solle demnach regelmäßig zwischen Teilnahme- und Beobachtungsperspektive wechseln. Er solle den Schülerinnen und Schülern im Sinne eines Probehandelns die aktive Teilnahme an unterschiedlichen kulturellen Praxen eröffnen und sie anschließend in eine reflexive Distanznahme versetzen, aus der heraus sie sich rückblickend gleichsam selbst über die Schulter schauen und eben dadurch das Besondere ihres teilnehmenden Tuns erkennen können. Die interdisziplinär unterscheidenden *Modi der Weltbegegnung* (Baumert 2002) werden auf diese Weise um einen intradisziplinären Wechsel zwischen Teilnahme- und Beobachtung ergänzt, weil „anders", so Dressler, die „Perspektivität eines Faches – seiner Gegenstände und seiner Wahrnehmungsmuster" nicht verständlich und transparent gemacht werden könne: „Um die Brille zu erkennen, durch die wir sehen, müssen wir sie abnehmen" (Dressler 2013, S. 195 f.).

Die Fähigkeit zur Kommunikation mit fachlichen Laien – inklusive der *Anerkennung des Eigenrechts der Laienperspektive* – stellt unter bildungstheoretischen Gesichtspunkten demnach die zentrale Kompetenz von Lehrpersonen dar. Sie ist indes nicht nur *professionelle Aufgabe,* sondern zugleich *Voraussetzung* eines vertieften fachlichen Kompetenzaufbaus von Lehrpersonen: Das Wissen um die Perspektivität der eigenen fachlichen Weltsicht erschließt sich überhaupt erst in bewusster Reflexion anderer Weltsichten, zu denen ausdrücklich auch die alltagssprachlich vermittelte Perspektive auf Wirklichkeit gehört (vgl. Hericks et al. 2018). Daher kommt der Kommunikation zwischen den Lehrpersonen als *fachlichen Experten* und *fachlichen Laien* eine hohe Bedeutung für die Professionalisierung von (angehenden) Lehrpersonen zu. Professionalisierung bedeutet in diesem Zusammenhang, ein reflektiertes Bewusstsein der eigenen Fachperspektive aufzubauen (erste Praxis) und diese gerade in ihrer Spezifität an Laien und andere Experten vermitteln zu lernen (zweite Praxis). Eben dies meint „doppeltes Praxisverständnis". Der Prozess beginnt in der Universität und setzt sich bis in den Beruf selbst hinein fort.

5   Hochschuldidaktische Konsequenzen

Im Rahmen der *Professionalisierungswerkstatt EGL (ProfiWerk EGL*[10]*)*, die im
Modellprojekt *ProPraxis* den Abschluss der Marburger Praxismodule im engeren
Sinne bildet, werden die Studierenden unter anderem vor die Aufgabe gestellt,
spezifische Inhalte und Methoden der eigenen Studienfächer auf Hochschul-
niveau gezielt an Studierende anderer Studienfächer zu vermitteln und dabei
bewusst einen Wechsel zwischen interner Teilnahme- und externer Beobachter-
perspektive im Sinne Dresslers (2013) zu initiieren. Da alle Studierenden sich im
Zuge anderer Vermittlungssequenzen immer auch in der Rolle fachlicher Laien
wiederfinden, werden, so die Idee, Verständnis- und Kommunikationsprobleme
direkt erlebbar und einer reflektierenden Bearbeitung zugänglich.

Das seit Beginn des Modellprojekts regelmäßig tagende *ProfiForum,* der
Zusammenschluss der im Rahmen der Marburger Praxismodule wissenschaftlich lehrenden und forschenden Mitglieder der Philipps-Universität, nimmt
diese Idee einer Experten-Laien-Kommunikation auf der Ebene der Hochschullehrenden auf. Es stellt ein besonderes Format kollegialer Kooperation dar, das
von einem kritischen Kollegen in wohlwollend-ironischer Distanzierung einmal
als „Selbsterfahrungsgruppe für Professoren" bezeichnet wurde. Wenngleich
die genannte Statusgruppe die Vielfalt der personellen Zusammensetzung des
ProfiForums nicht angemessen widerspiegelt, ist mit dem Begriff der „Selbsterfahrungsgruppe" die Kernidee des ProfiForums doch überraschend genau
erfasst. Die Veranstaltungen standen teilweise unter der Ägide einzelner Fächer
(Schulpädagogik, Mathematik, Englisch/Linguistik, ev. Theologie, Ethik/Philo-
sophie, Geographie, Chemie, Sport), teilweise unter übergreifenden, vergleichend
fachspezifisch bearbeiteten Fragestellungen (fachwissenschaftliches Wissen
und Schulwissen im Vergleich, fachtypische Verstehensschwierigkeiten von
Studierenden, Fachkulturen, Kerncurriculum vs. Kernidee, Umgang mit Fach-
begriffen, Inklusion). Immer ging es darum, die für fachliche Bildungs- und
Vermittlungsprozesse grundlegende Experten-Laien-Differenz für die Hochschullehrenden selbst reflexiv werden zu lassen. Die je spezifischen von Fächern eingenommenen Perspektiven auf die Wirklichkeit, ihre differierenden methodischen

---

[10]Die Abkürzung EGL bezeichnet den für alle Marburger Lehramtsstudierenden
obligatorischen Teilstudiengang „Erziehungs- und Gesellschaftswissenschaften". Er
umfasst teils verpflichtende, teils optionale Lehrangebote in Erziehungswissenschaft
(Schulpädagogik), Psychologie, Soziologie, Politologie und Philosophie. Der ProfiWerk
EGL geht sowohl eine Professionalisierungswerkstatt in einem der beiden studierten
Fächern voraus als auch das schulische Unterrichtspraktikum.

Zugänge und Erkenntnisweisen sowie die damit verbundenen Vermittlungs- und Verstehensschwierigkeiten würden auf diese Weise, so die Erwartung, diskursiv bearbeitbar und reflexiv zugänglich.

Genau dies ist auch die Idee des hier vorliegenden Sammelbandes, der die inhaltliche Arbeit des ProfiForums dokumentiert und systematisiert. So folgen dieser allgemeinen theoretisch-konzeptionellen Einleitung die Teile II bis IV, denen die jeweiligen Einzelbeiträge aus den Fächern zugeordnet sind:

Der *zweite Teil* des Bandes *„Welchen Beitrag leisten die Fächer zum Verstehen der Welt?"* wird von Rolf Kreyer und Ralf Laging unter Rückbezug auf die Baumertschen *Modi der Weltbegegnung* (Baumert 2002) eingeleitet. Es enthält Beiträge aus den Fächern Sport (Bietz) und Mathematik (Bauer et al.), der englischen Linguistik (Kreyer) und Geographie (Peter und Nauss), die ihre jeweiligen Weltsichten und fachlichen Perspektiven exemplarisch diskutieren.

Der *dritte Teil* des Bandes umfasst Beiträge aus der Mathematik (Bauer et al.), Anglistik (Güldenring und Kreyer), Chemie (Schween und Lindenstruth) und ev. Theologie (Nickel und Woernle). Nina Meister führt in das in seiner Überschrift knapp ausgedrückte Kernanliegen *„Fachliche Verstehensschwierigkeiten von Studierenden als Professionalisierungschance"* entlang fachkultur- und professionstheoretischer Bezüge ein.

Der von Ralf Laging eingeleitete *vierte Teil „Fachlichkeit verstehen lernen"* versammelt Beiträge aus der Philosophie (Vogel und Petzold), der Chemie (Lindenstruth und Schween), dem Sport (Laging und Hartmann) und der ev. Theologie (Saß), die verschiedene (hochschuldidaktische) Wege und Möglichkeiten zu einem reflektierten Verständnis von Fachlichkeit aufzeigen.

Der *fünfte Teil* des Bandes mit der Überschrift *„Abschließende Reflexionen und Ausblick"* fragt in einem Beitrag von Nina Meister und Uwe Hericks nach der Bedeutung der in diesem Band vorgestellten Erkenntnisse und offenen Fragen sowohl für die universitäre Lehrerbildung im Allgemeinen als auch für die Bildungsprozesse von Studierenden – und nicht zuletzt für die Autorinnen und Autoren der Beiträge als Lehrende und Forschende selbst. Thematisiert werden *„Fachliche Weltsichten – Reflexionen zur Lehrerbildung"*. Nach innen hin soll der Band so zur Vertiefung alter und Erschließung neuer Themenfelder beitragen und die zukünftige Arbeit des um neue Fächer erweiterten ProfiForums strukturieren. Nach außen hin will er zum Gespräch mit Fachkolleginnen und -kollegen sowie einer interessierten Öffentlichkeit innerhalb und außerhalb der universitären Lehrerbildung anregen.

Literatur

Bauer, T. (2017). Schulmathematik und Hochschulmathematik. Was leistet der höhere Standpunkt? *Der Mathematikunterricht, 63*, 36–45.

Baumert, J. (2002). Deutschland im internationalen Bildungsvergleich. In N. Killius, J. Kluge & L. Reisch (Hrsg.), *Die Zukunft der Bildung* (S. 100–150). Frankfurt a. M.: Suhrkamp.

Benner, D. (2002). Die Struktur der Allgemeinbildung im Kerncurriculum moderner Bildungssysteme. Ein Vorschlag zur bildungstheoretischen Rahmung von PISA. *Zeitschrift für Pädagogik, 48* (1), 68–90.

Bonnet, A. & Hericks, U. (2014). Professionalisierung und Deprofessionalisierung im Lehrer/innenberuf – Ansätze und Befunde aktueller empirischer Forschung. *Zeitschrift für interpretative Schul- und Unterrichtsforschung, 3*, 3–13.

Dressler, B. (2013). Fachdidaktik und die Lesbarkeit der Welt. Ein Vorschlag für ein bildungstheoretisches Rahmenkonzept der Fachdidaktiken. In K. Müller-Roselius & U. Hericks (Hrsg.), *Bildung. Empirischer Zugang und theoretischer Widerstreit* (S. 183–202). Opladen, Berlin, Toronto: Barbara Budrich.

Evetts, J. (2003). The sociological analysis of professionalism. Occupational change in the modern world. *International Sociology, 18* (2), 395–415.

Giesecke, H. (2001). *Was Lehrer leisten. Porträt eines Berufes*. Weinheim, München: Juventa.

Hericks, U. (2006). *Professionalisierung als Entwicklungsaufgabe. Rekonstruktionen zur Berufseingangsphase von Lehrerinnen und Lehrern*. Wiesbaden: VS-Verlag.

Hericks, U., Keller-Schneider, M. & Meseth, W. (2020). Fachliche Bildung und Professionalisierung empirisch beforschen. In U. Hericks, M. Keller-Schneider, W. Meseth & A. Rauschenberg (Hrsg.), *Fachliche Bildung und Professionalisierung von Lehrerinnen und Lehrern* (S. 9–25). Bad Heilbrunn: Klinkhardt.

Hericks, U. & Laging, R. (2020). Wie man im Fachlichen professionell wird? Reflexionen zur Lehrerbildung. In M. Heer & U. Heinen (Hrsg.), *Die Stimmen der Fächer hören. Fachprofil und Bildungsanspruch in der Lehrerbildung* (S. 117–136). Paderborn: Schöningh.

Hericks, U., Meister, N. & Meseth, W. (2018). Professionalisierung durch Perspektivenwechsel? Lehramtsstudierende zwischen schulischer und universitärer Praxis. In M. Artmann, M. Berendonck, P. Herzmann & A. B. Liegmann (Hrsg.), *Professionalisierung in Praxisphasen der Lehrerbildung. Beiträge qualitativer Forschung aus Bildungswissenschaft und Fachdidaktik zu Praxisphasen in der Lehrerbildung* (S. 255–270). Bad Heilbrunn: Klinkhardt.

Keller-Schneider, M. (2009). Was beansprucht wen? – Entwicklungsaufgaben von Lehrpersonen im Berufseinstieg und deren Zusammenhang mit Persönlichkeitsmerkmalen. *Unterrichtswissenschaft, 37* (2), 145–163.

Keller-Schneider, M. (2010). *Entwicklungsaufgaben im Berufseinstieg von Lehrpersonen. Beanspruchung durch berufliche Herausforderungen im Zusammenhang mit Kontext- und Persönlichkeitsmerkmalen*. Münster: Waxmann.

Keller-Schneider, M. & Hericks, U. (2014). Forschungen zum Berufseinstieg. Übergang von der Ausbildung in den Beruf. In E. Terhart, H. Bennewitz & M. Rothland (Hrsg.), *Handbuch der Forschung zum Lehrerberuf* (S. 386–407). 2. überarb. und erweit. Aufl. Münster, New York: Waxmann.

Krauss, S., Neubrand, M., Blum, W., Baumert, J., Brunner, M., Kunter, M. & Jordan, A. (2008). Die Untersuchung des professionellen Wissens deutscher Mathematik-Lehrerinnen und -Lehrer im Rahmen der COACTIV-Studie. *Journal für Mathematik-Didaktik*, 29 (3/4), 223–258.

Kunter, M., Baumert, J., Blum, W., Klusmann, U., Krauss, S. & Neubrand, M. (2011). *Professionelle Kompetenz von Lehrkräften. Ergebnisse des Forschungsprogramms COACTIV.* Münster, New York: Waxmann.

Oevermann, U. (2002). Professionalisierungsbedürftigkeit und Professionalisiertheit pädagogischen Handelns. In M. Kraul, W. Marotzki & C. Schweppe (Hrsg.), *Biografie und Profession* (S. 19–63). Bad Heilbrunn: Klinkhardt.

Tenorth, H.-E. (1999). Unterrichtsfächer. Möglichkeiten, Rahmen und Grenzen. In I.F. Goodson, S. Hopmann & K. Riquarts (Hrsg.), *Das Schulfach als Handlungsrahmen. Vergleichende Untersuchungen zur Geschichte und Funktion der Schulfächer* (S. 191–207). Köln: Böhlau.

Terhart, E. (2009). Erste Phase: Lehrerbildung an der Universität. In O. Zlatkin-Troitschanskaia, K. Beck, D. Sembill, R. Nikolaus & R. Mulder (Hrsg.), *Lehrprofessionalität. Bedingungen, Genese, Wirkungen und ihre Messung* (S. 425–438). Weinheim, Basel: Beltz.

Terhart, E. (2011). Lehrerberuf und Professionalität: Gewandeltes Begriffsverständnis – neue Herausforderungen. In W. Helsper & R. Tippelt (Hrsg.), Pädagogische Professionalität. *Zeitschrift für Pädagogik, 57.* Beiheft, 202–224.

Woernle, S.-S. (i. V.). *Theologie studieren. Rekonstruktionen einer universitären Fachkultur aus der Perspektive von Lehramtsstudierenden.* Dissertation, Marburg.

Teil II
Beiträge zum Fachverständnis

Einführung: Welchen Beitrag leisten die Fächer zum Verstehen der Welt?

Rolf Kreyer und Ralf Laging

Verstehen ist eines der übergreifenden Ziele jeglichen Lehrens und Lernens. Zugleich wird mit einem Blick auf die epistemologischen Zugänge unterschiedlicher Fächer jedoch schnell deutlich, dass sich Verstehen unter verschiedenen Vorzeichen vollzieht. Wie wir die Welt verstehen, hängt von der Perspektive ab, die wir auf sie einnehmen. Lehrende sehen sich mit der Herausforderung konfrontiert, die mit ihrem Fach verbundenen Perspektiven auf die Welt didaktisch so darzustellen und zu vermitteln, dass die Lernenden die charakteristischen Besonderheiten der fachspezifischen Perspektiven erkennen und, im Idealfall, von anderen unterscheiden lernen.

Die Auseinandersetzung mit den unterschiedlichen Weltzugängen und den damit einhergehenden Sichtweisen auf die Welt ist somit sowohl im Bereich schulischer als auch universitärer Bildung eine Voraussetzung dafür, Verstehen zu ermöglichen. Die Beschäftigung mit diesen Zugängen zur Welt bildet den Ausgangspunkt und die Grundlage für die fachbezogene Verständigung zwischen den Fächern im Rahmen des *ProfiForums* der lehrerbildenden Fachbereiche der Universität Marburg, ein Zusammenschluss von Hochschullehrenden aus Fachwissenschaft, Fachdidaktik und Bildungswissenschaft zur Verständigung über das je Besondere ihres Fachs. Als eine Leitidee fungiert hierbei Baumerts Konzept von den verschiedenen Modi der Weltbegegnung, also „unterschiedliche[n] Formen der Rationalität, von denen jede in besonderer Weise im

R. Kreyer (✉) · R. Laging
Philipps-Universität Marburg, Marburg, Deutschland
E-Mail: kreyer@uni-marburg.de

R. Laging
E-Mail: laging@staff.uni-marburg.de

© Springer Fachmedien Wiesbaden GmbH, ein Teil von Springer Nature 2020
N. Meister et al. (Hrsg.), *Zur Sache. Die Rolle des Faches in der universitären Lehrerbildung,* Edition Fachdidaktiken,
https://doi.org/10.1007/978-3-658-29194-5_2

menschlichen Handeln zur Geltung kommt" (Baumert 2002, S. 107). Neben
die kognitiv-instrumentelle Rationalität, die sich u. a. in der Mathematik zeigt,
stellt Baumert die Rationalität der ästhetisch-expressiven Begegnung und
Gestaltung, die zum Beispiel der Sprache und Literatur sowie der körperlichen
Bewegung oder der Kunst zugrunde liegt. Von beiden unterscheidet er wiederum
die Logik normativ-evaluativer Fragen (z. B. von Recht, Wirtschaft und Gesellschaft) sowie „die Fragen des Ultimativen – also Fragen nach dem Woher,
Wohin und Wozu des menschlichen Lebens" (ebd.). Diese vier Rationalitätsformen, so Baumert, eröffnen je eigene Zugänge zur Welt, leisten also ihre je
eigenen Beiträge zum Verstehen der Welt, und sind somit nicht austauschbar. In
gewisser Weise austauschbar bzw. variabel scheinen vor diesem Hintergrund hingegen „[d]ie Auswahl und der Zuschnitt von Unterrichtsfächern sowie die Auswahl und Sequenzierung der Stoffe" (ebd.). Die Fähigkeit zum Verstehen der
Welt erschöpft sich also nicht im Durchdringen und Verstehen der Inhalte und
Methoden eines Unterrichtsfaches. Vielmehr gründet sie auf der Aneignung und
Reflexion der verschiedenen Modi der Weltbegegnung, die wiederum in den
Weltsichten der je einzelnen Fächer exemplarisch und auf je eigene Weise greif-
bar werden.

Nun betont Dressler (2013, S. 190) in seiner Auslegung der Baumertschen
Modi der Weltbegegnung anschaulich und nachvollziehbar, *„dass* man jeweils in
einer bestimmten Perspektive zwar keine andere Welt, aber immer die eine Welt
als eine andere wahrnimmt". Dies könne man aber nur verstehen – so Dressler –, wenn man wisse, wie in den einzelnen Perspektiven kommuniziert und
gehandelt würde. Es müssen zunächst die domänenspezifischen Weltzugänge
in ihrer jeweiligen Dimensionierung verstanden werden, um auf dieser Grundlage überhaupt das Andere des anderen Zugangs erkennen zu können. Daher
müssen alle Modi als sich unterscheidende und unaustauschbare Weltzugänge in
der Schule repräsentiert sein. Dies wird im derzeitigen Bildungsdiskurs verstärkt
wieder über die Bedeutung fachlicher Zugänge der Fächer zum Verstehen der
Welt argumentiert, da die jeweilige Kommunikations- und Handlungskultur eines
Weltzugangs nur im Modus der Fachlichkeit erfahren werden kann. Zwar legen
die Baumertschen „Modi der Weltbegegnung" keinen Fächerkanon fest, wohl aber
verbinden sich mit ihnen je bestimmte Fächer, deren Zugang zur Welt „durch die
jeweils vornehmlich in ihnen eingespielte Perspektive" charakterisiert ist. Damit
wird zugleich sichergestellt, „dass die vielfältigen Perspektiven ihren Ort in der
Schule behalten" und insofern „die Fächer unverzichtbar" bleiben (ebd., S. 187).

Was hier mit der Argumentation von Dressler noch einmal mit Blick auf
diesen Teil des Buches hervorgehoben werden soll, ist die Bedeutung der
Fächer mit ihrer je spezifischen Fachkultur für das Verstehen der Welt. Dies

lässt sich anhand der Etablierung unserer derzeitigen Schulfächer und den mit ihnen korrespondierenden Studienfächer an der Universität sehr gut im bildungshistorischen Kontext zeigen. So lassen sich sehr konstant bis ins frühe 19. Jahrhundert bereits vier Inhaltsdimensionen nennen, die erst in den Humboldtschen Schulplänen eine anthropologische Neubestimmung erfahren haben (Tenorth 2020). Die konstanten Inhaltsdimensionen der „Normvermittlung", des „Weltwissens", der „kulturellen Basiskompetenzen" (Lesen, Schreiben und Rechnen) und der „körperadressierten Praktiken" (ebd., S. 28) haben sich bei Humboldt in die vier „Modi des Weltzugangs" – so Tenorth – in „historische", „linguistische", „mathematische" und „ästhetische" gewandelt, die sich bis heute in Fächer für die Sek. I und Lernbereiche der Sek. II aufgegliedert haben und als „historisch-gesellschaftswissenschaftlich" (Geschichte, Geographie, Sozialkunde), „sprachlich-literarisch" (Verkehrssprache, Fremdsprache), „mathematisch-naturwissenschaftlich" (Mathematik, Biologie, Chemie, Physik oder als verbundene Naturwissenschaften) und „musisch-ästhetisch" (Sport, Kunst, Musik) beschrieben werden können. Die hier fehlende Normvermittlung, die in den Lehrplänen über alle Nationen hinweg verankert ist, kann als fünfter Modus festgehalten werden, der meist als Fach Religion oder einer anderen fachlichen Konstruktion sichergestellt wird. Tenorth konstatiert, dass eine Normvermittlung in der Schule bis heute unentbehrlich sei, um die „geschichtlich-gesellschaftliche Welt, in der wir leben, zu verstehen" (ebd., S. 32). Allerdings ordnet Tenorth diese Aufgabe mit Verweis auf Humboldt den anderen vier „Modi des Weltzugangs" zu, es geht um politische, zeitliche und räumliche Dimensionen mit ihren Normen, Werten und Gestaltungspraktiken. Ohne hier auf die Gemeinsamkeiten und Unterschiede zu den Baumertschen „Modi der Weltbegegnung" eingehen zu können, lassen sich offenbar sowohl bildungshistorisch als auch aktuell vier Weltzugangsweisen als Konstanten für die fachlichen Zugänge zum Weltverstehen nachweisen. Darin spielen die fachlichen Zugänge der Fächer eine grundlegende und unersetzbare Rolle:

> „Das Schulfach [...] gibt der Welt eine Form, den Lernthemen eine Systematik: sie eröffnet das Verstehen des Adressaten, eröffnet den Bezug zum Wissen und damit gleichzeitig die Erschließung der Welt. Arbeit im Schulfach erlaubt eine interne Graduierung, die in der Logik der Sache selbst liegt, auch das Vernetzen der Alltagstheorien, mit denen wir alle in die Schule kommen, mit den Referenzthemen, in denen das Wissen wissenschaftlich konstituiert wird. Das Schulfach stellt deswegen auch den Kern der professionellen Aufgabe dar. Es gibt und braucht keinen Lehrer ohne Fach." (ebd., S. 33 ff.)

In der bildungstheoretischen Reflexion der Fächer zum Verstehen der Welt bleibt die Frage im Raum, wie es einem Fach (in Universität und Schule) gelingt, Distanz zu sich selbst, zur eigenen Systematik und Begrifflichkeit aufzubringen. Es geht um die

> „Transzendierung der Fachlichkeit als Form des Verstehens eines Faches und seiner Denkweisen. Das Fach ist verstanden, wenn seine Konstruktionsprinzipien verstanden sind, wenn man sich also das Fach quasi von der Seite ansehen kann, im Lichte einer fachlichen Alternative" (ebd., S. 42).

Damit spielt Tenorth auf eine Distanzierung innerhalb des Faches zur Sichtbarmachung und Klärung konkurrierender Auslegungen und Konzepte an, die es überhaupt erst ermöglichen, die Grenzen einzelner Perspektiven auf die Welt zu erkennen. Darüber hinaus enthält die Fähigkeit zur Distanzierung zum eigenen Fach die Chance und das Potenzial das Spezifische des eigenen Faches gegenüber anderen Fächern zu erkennen:

> „Der Bildungswert der Fächer besteht [...] darin, dass man über den Modus des Weltzugangs reflektiert verfügt, der ihrer eigenen Logik entspricht, sie über ihr Vokabular als Konstruktion erkennt, die auch anders möglich ist, die aber nicht im kategorial unterscheidbaren Vokabular anderer Weltzugänge, der Ethik oder der Historie, der Linguistik oder der Ästhetik aufhebbar ist. Transzendierung der Fachlichkeit ist dann gegeben, wenn wir das Vokabular des Weltzugangs selber verstehen und handhaben können und reflexiv die damit gegebenen Möglichkeiten und Grenzen des Umgangs mit der Welt verstehen." (ebd., S. 43)

Damit lässt sich der anfängliche Gedanke von Dressler wieder aufnehmen. Dressler begründet seine „Didaktik des Perspektivenwechsels" mit dem Zusammenhang von Teilnahme und Beobachtung als grundlegendes didaktisches Prinzip:

> „Unterricht ist in altersangemessener Dosierung immer Weltbeobachtung und Beobachtung der Weltbeobachtung. [...] Mit der Unterschiedlichkeit der fachlichen oder domänenspezifischen Perspektiven ist ein *inter*disziplinärer Perspektivenwechsel allein schon durch den schulischen Fächerkanon vorausgesetzt. Er muss aber ergänzt werden durch den *intra*disziplinären Perspektivenwechsel von Teilnahme und Beobachtung. Anders kann die Perspektivität eines Faches – seiner Gegenstände und seiner Wahrnehmungsmuster – nicht zu verstehen gegeben und transparent gehalten werden." (Dressler 2013, S. 195 ff.)

Wie Dressler und Tenorth sehr schön aufzeigen, kann ein solches Verständnis von Bildungszugängen zur Welt „nur im Medium einer jeweiligen Fachlichkeit" ausgestaltet werden, „zu der die jeweils spezifischen fachlichen Symbolsysteme bzw. Sprachspiele und Codes gehören" (ebd., S. 196).

Mit dieser bildungstheoretischen Auslegung der „Modi der Weltbegegnung" von Baumert mit der Zuspitzung auf den Beitrag der Fächer zum Verstehen der Welt wird noch einmal deutlich, dass die Fokussierung auf die Inhalte der einzelnen Fächer im schlechtesten Fall lediglich zum Aufbau „jenes kanonischen Repertoires, das Dietrich Schwanitz für ein intelligentes Parlieren im neuen bürgerlichen Salon voraussetzt" (Baumert 2002, S. 106) beiträgt. Dagegen birgt die Auseinandersetzung mit den „Modi der Weltbegegnung" und mit der Perspektivität fachlicher Weltsichten zumindest das Potenzial zu echter Bildung im Sinne Humboldts in sich, nämlich als Bereicherung und Erweiterung der eigenen Weltsicht und des eigenen Verhältnisses zur Welt.

Mit Peukert (1998, S. 22) könnte man sagen, dass eine solche Orientierung die Fähigkeit fördert, „als ein Selbst zu existieren, das angesichts radikaler Kontingenz- und Widerspruchserfahrungen nicht in sich zerfällt". Die Fähigkeit zur bewussten Einnahme verschiedener Modi der Weltbegegnung und verschiedener fachlicher Weltsichten, so kann argumentiert werden, ermöglicht daher erst Bildung, mit Hericks (2012, S. 24) „verstanden als Infragestellung des eigenen Welt- und Selbstverständnisses".

Ein adäquater Umgang der Lehrperson mit der Bildung ihrer Schülerinnen und Schüler, also mit den Kontingenzerfahrungen, die sich in der Auseinandersetzung mit den verschiedenen schulischen Fächern ergeben, setzt eine Professionalität im Aus- sowie Auflösen von Krisen, im Sinne einer Irritation des „scheinbar gesicherten Wissen[s] auf Seiten der Schülerinnen und Schüler" (ebd., S. 25) voraus. Krisen in diesem Sinne können als die verstörende Erfahrung des Ungenügens eines bisher als allgemeingültig angesehenen Modus der Weltbegegnung, einer bisher als allgemein gültigen Weltsicht gedeutet werden. Eine Grundlage professionellen Lehrerhandelns ist daher das Bewusstsein von der Verschiedenartigkeit möglicher Modi der Weltbegegnung und möglicher Weltsichten sowie ihrer jeweiligen Validität, da es Lehrerinnen und Lehrern nur auf dieser Grundlage gelingen kann, Bildungskrisen im obigen Sinne zu begleiten.

Was für Lehrer/innen und Schüler/innen gilt, gilt in ähnlicher Weise für Hochschullehrende und Studierende. Wenn es ein Ziel der hochschulischen Bildung ist, zukünftige Lehrerinnen und Lehrer zur Reflexion der Perspektivität durch Distanzierung von der eigenen fachlichen Weltsicht anzuregen, so müssen Hochschullehrende zuvor denselben Prozess durchlaufen haben, wozu die bewusste Reflexion anderer Weltsichten unabdingbar ist. Als besonders fruchtbar hat sich in dieser Hinsicht das Format des *ProfiForums* im Rahmen der Marburger Praxismodule erwiesen: Expertinnen und Experten ihrer jeweiligen Fächer setzen sich als Laien mit der jeweiligen Weltsicht anderer Fächer auseinander und erhalten so die Möglichkeit, ähnliche Bildungsprozesse zu durchlaufen, wie sie sie von den eigenen Studierenden verlangen.

Vor diesem Hintergrund sind die vier Beiträge des zweiten Kapitels im vorliegenden Sammelband zu verstehen. Sie repräsentieren drei Modi der Weltbegegnung, nämlich den ästhetisch-expressiven, den kognitiv-instrumentellen sowie den normativ-evaluativen und geben Einblick in die jeweilige Weltsicht des Faches. Anhand ausgewählter Fachgegenstände werden Kernideen, Perspektiven und Zugangsweisen vorgestellt und fokussieren somit auf die Art und Weise wie das jeweilige Fach auf die Welt schaut und einen spezifischen Beitrag zum Verstehen der Welt leistet.

Der Beitrag von **Jörg Bietz** (*„Bewegung, Spiel und Sport als Modi der Selbst- und Welterschließung"*) ist der Versuch einer Bestimmung der konstitutiven Strukturen des fachlichen Gegenstands als ästhetische Form des Bewegens, der somit dem Modus der *ästhetisch-expressiven Rationalität,* genauer: der physischen Expression, zuzuordnen ist. Bietz geht davon aus, dass aus den kulturell ausgeprägten Praxen des Spiels, des Sports und des Tanzes ästhetische Erfahrungen hervorgehen und durch die sinnhaften Ausdrucksgestalten des Bewegens eine praktische Gliederung jeweiliger Weltbezüge entsteht. Im Ausagieren der Umgangsmöglichkeiten mit der Welt werden die immanenten Strukturen des Bewegens sowie die Beschaffenheit der Welt im Vollzug selbst reflexiv und gleichzeitig kann sich die Spezifik der eigenen Subjektivität ausformen. Bietz arbeitet hierbei die grundlegende Selbstzweckhaftigkeit des sportlichen Bewegens heraus, die sich z. B. beim turnerischen Bewegen in ungewöhnlichen Körperlagen im Raum zeigen und in dieser Form im alltäglichen Leben nicht vorkommen. Fachliche Gegenstände sind insofern nach Auffassung des Autors nicht die vorgefertigten und idealisierten Bewegungstechniken, die es in Lernsituationen nachzuvollziehen gilt (mit Baumert könnte man sagen, es geht nicht um den Erwerb eines kanonischen Repertoires an sportlichen Bewegungsformen). Vielmehr seien die fachlichen Gegenstände auf der Ebene ihrer Prozessstrukturen zu bestimmen, die sich beispielsweise für turnerische Bewegungen auf die Elementarisierungsformen des Schwingens, Drehens und Ausbalancierens zurückführen lassen. Das Fachliche des Sports liegt also nicht im Vermitteln und Aneignen bestimmter festgelegter Bewegungsformen und -abläufe, sondern auf der viel grundsätzlicheren Ebene der „Erschließung typischer Bewegungsthemen". Die Auseinandersetzung mit solch grundsätzlichen Bewegungsproblemen ermöglicht kontingente Erfahrungsprozesse, sie tragen zur Klärung individueller Welt- und Selbstverhältnisse bei und können dadurch bildungsrelevant werden.

Thomas Bauer, Eva Müller-Hill und Roland Weber untersuchen in ihrem Beitrag (*„Wie entsteht neue Mathematik?"*) die spezifischen Mechanismen der fachlichen Wissensbildung in der Mathematik, die sich im *kognitiv-instrumentellen Modus* der Weltbegegnung verortet. Die wissenschaftliche Praxis der Mathematik lässt sich als Arbeiten in zwei Kontexten beschreiben, dem *context of discovery* und dem *context of justification*. Während im context of discovery das heuristische, experimentelle Arbeiten, sowie das Aufstellen von Vermutungen auf der Basis von im Experiment gemachten Beobachtungen charakteristisch sind, sind es im context of justification insbesondere die Tätigkeiten des argumentativen Rechtfertigens und Beweisens. Beide Perspektiven sollen auch im Mathematikunterricht in der Schule berücksichtigt werden: Die Autoren machen deutlich, dass der Aufbau von durch fachliche Autoritäten verbürgtem Faktenwissen nicht erschöpfendes Ziel des Schulfachs Mathematik sein kann. Vielmehr sollen die Schülerinnen und Schüler an den Erkenntniswegen der Mathematik partizipieren und dabei die Bewusstseinsmodi erleben, die auch Teil der wissenschaftlichen Mathematik sind: das intuitive Sichersein, dass etwas so sein muss (plausible Bewusstheit), die z. B. im Rahmen des Erkundungsprozesses erreicht wird, und die Fähigkeit, dies auch in Einzelfällen schlüssig zu beweisen (logische Bewusstheit). Dazu sind im (hessischen) Kerncurriculum die für den *context of discovery* typischen Formen des Erkundens von Situationen und des Aufstellens von Vermutungen, sowie die dem *context of justification* zuordenbaren Formen des Argumentierens, Begründens und informellen Beweisens als allgemeine, von den Schülerinnen und Schülern zu entwickelnde mathematische Kompetenzen verankert. Die für den *context of justification* ebenfalls charakteristischen „strengen" mathematischen Beweisführungen werden hingegen nur an wenigen Stellen explizit eingefordert. Studierende müssen im Studium die Wege mathematischer Wissensbildung bewusst erleben, um in der Lage zu sein, entsprechende Prozesse bei ihren Schülerinnen und Schülern anzustoßen.

Zentrales Anliegen des Beitrags von **Rolf Kreyer** (*„Der sprachwissenschaftliche Blick auf Kommunikation – und was Lehrpersonen davon haben"*) ist die Kontrastierung der Laien- und der Expertenperspektive auf sprachliche Kommunikation. Er thematisiert damit den *kognitiv-instrumentellen Modus* der Weltbegegnung aus einer linguistischen Perspektive des Verstehens von Sprache. Im Fokus steht hierbei die laienhafte Vorstellung von Kommunikation als Versenden von Sprachpaketen, die von dem Sprecher oder der Sprecherin gepackt, über einen Kanal verschickt und schließlich auf Empfängerseite entpackt werden. Der Beitrag erweitert diese Sicht schrittweise um die fachwissenschaftliche Perspektive. In Bezug auf das Packen des Sprachpakets seien Laien sich in aller

Regel nicht der überaus großen Variabilität menschlicher Sprachen bewusst, die es den Sprecherinnen und Sprechern ermöglicht, Zustände und Ereignisse auf eine Vielzahl verschiedener Arten und Weisen sprachlich zu repräsentieren. Hinsichtlich des Versendens der Sprachpakete verweist der Beitrag auf den großen Einfluss des Kanals, der bei der Übermittlung genutzt wird. Schließlich sei auch beim Entpacken des Sprachpaketes, also beim Dekodieren der Nachricht, der Empfänger oder die Empfängerin weit weniger passiv als dies vielleicht aus der Laienperspektive anmutet, da das Weltwissen hier einen großen Einfluss habe. Der Beitrag schließt mit Überlegungen, wie der linguistische Blick auf Kommunikation für professionelles Lehrerhandeln fruchtbar gemacht werden kann. Eine solche unterstützende Funktion leite sich allein aus der Fachwissenschaft und ihren Erkenntnissen und Vorgehensweisen ab; in diesem Sinne seien *ceteris paribus* gute Linguistinnen und Linguisten bessere Lehrerinnen und Lehrer.

Der Beitrag von **Carina Peter und Thomas Nauss** (*„Der Raum im System. Von der geographischen Fachlichkeit zur modellierten Welt(-erschließung)"*) beleuchtet die geographische Perspektive auf die Welt und ihre Methoden zur Welterschließung. Die Autoren verweisen in diesem Kontext auf ein zentrales Problem: Während sich in der Fachwissenschaft eine zunehmende Ausdifferenzierung in naturwissenschaftliche *Physische Geographie* und gesellschaftswissenschaftliche *Humangeographie* zeige, solle das Schulfach Geographie/Erdkunde als Brückenfach beide Bereiche verbinden und insofern die Wechselwirkungen von Strukturen und Dynamiken modellieren. Damit erweist sich eine eindeutige Zuordnung zu den Modi der Weltbegegnung als schwierig. Die Geographie ließe sich sowohl in der *kognitiv-instrumentellen* als auch in der *normativ-evaluativen* Weltbegegnung verorten. Hieraus leiten die Autoren als den zentralen Fachgegenstand des Schulfaches die raumbezogene Betrachtung von Mensch-Umwelt-Systemen über Skalen hinweg ab. Eine solche Modellierung beinhalte aber auch immer eine Komplexitätsreduktion, da sie nur auf die Strukturen und Dynamiken fokussiere, die als relevant für die Fragestellung eingeschätzt würden. Alle anderen Aspekte würden zu Randbedingungen. Dieser modellierende Blick auf die Welt könne Studierende und angehende Lehrkräfte dabei unterstützen, universitäre geographische Inhalte zu erschließen. Zudem könne die mit der Modellierung einhergehende Komplexitätsreduktion dabei helfen, Fachgegenstände in „adressatengemäße Lehr-/Lernsituationen [zu] überführen".

Die vier Beiträge zeigen exemplarisch ihre je spezifischen Weltzugänge und was sie zum Verstehen der Welt beitragen können. Allen Beiträgen ist gemeinsam, dass sie die Prozesse der Erkenntnisgewinnung und die Entstehung fachlicher Konzepte und Konstruktionen in den Mittelpunkt ihres Fachverständnisses stellen. Dabei wird zugleich deutlich, wie innerfachliche Perspektiven reflektiert werden, die davon zeugen, dass jedes Fach davon lebt, sowohl das eigene Vokabular mit den Fachkonzepten und fachlichen Konstruktionen zu „beherrschen", als auch in Distanz zur etablierten Fachkultur treten zu können, um zu verstehen, was das Fachliche im eigenen Fach ist. Aber auch die z. T. schwierige Zuordnung zu einem Modus der Weltbegegnung zeigt die mittlerweile ausdifferenzierte Fachkultur als Wissenschaft und Schulfach.

Literatur

Baumert, J. (2002). Deutschland im internationalen Bildungsvergleich. In N. Killius, J. Kluge & L. Reisch (Hrsg.), *Die Zukunft der Bildung* (S. 100–150). Frankfurt a. M.: Suhrkamp.

Hericks, U. (2012). Auf dem Weg zu einer pädagogischen Professionstheorie – Reflexionen im Anschluss an Johann Amos Comenius. In Deutsche Comenius-Gesellschaft (Hrsg.), *Comenius-Jahrbuch*, 19/2011 (S. 13–29). Sankt Augustin: Academia.

Peukert, H. (1998). Zur Neubestimmung des Bildungsbegriffs. In M.A. Meyer & A. Reinartz (Hrsg.), *Bildungsgangdidaktik. Denkanstöße für Pädagogische Forschung und Schulische Praxis* (S. 17–29). Opladen: Leske + Budrich.

Dressler, B. (2013). Fachdidaktik und die Lesbarkeit der Welt. Ein Vorschlag für ein bildungstheoretisches Rahmenkonzept der Fachdidaktiken. In K. Müller-Roselius & U. Hericks (Hrsg.), *Bildung. Empirischer Zugang und theoretischer Widerstreit* (S. 183–202). Opladen, Berlin, Toronto: Barbara Budrich.

Tenorth, H.-E. (2020). Fächer – Disziplinen – Unterrichtswissen: Dimensionen der Fachlichkeit im Bildungsprozess. In M. Heer & U. Heinen (Hrsg.), *Die Stimmen der Fächer hören. Fachprofile und Bildungsanspruch in der Lehrerbildung* (S. 23–46). Paderborn: Schöningh.

Bewegung, Spiel und Sport als Modi der Selbst- und Welterschließung

Jörg Bietz

1 Einleitung: Zur Gegenstandsbestimmung in der Sportdidaktik

Wenn nach dem Beitrag des Faches Sport zum Verstehen der Welt gefragt wird und damit letztlich die Frage nach der Charakteristik des fachlichen Gegenstandes im Raum steht, dann zielt dies auf eine grundlegendere Ebene ab als die, auf der in der Sportdidaktik üblicherweise die Gegenstandsfrage bearbeitet wird. In einer didaktischen Wendung der Fragerichtung wird nämlich vorwiegend darüber diskutiert, was der Gegenstand des Unterrichts im Fach Sport ist, wie die Inhalte im Rahmen der unterrichtlichen Thematisierung zu arrangieren sind und welche reflexiven Auseinandersetzungen sich an deren Vollzug anschließen bzw. den Vollzug begleiten sollten. Die Inhalte selbst werden selten in den Blick genommen, sie werden eher als Medium verstanden für die Erarbeitung „extrafunktionaler Komponenten" (Tenorth 2011, S. 33) in Form der Vermittlung von wissensbasierten Kompetenzen über die Ausführungs- und Vermittlungsweisen des sportlichen Bewegens (vgl. Gogoll 2013) oder über deren soziokulturelle Bezüge (vgl. Schierz und Thiele 2013) oder in Form der Thematisierung deskriptiv-normativ formulierter pädagogischer Zielperspektiven, wie z. B. Gesundheitskompetenzen oder sozialen Kompetenzen, die hinsichtlich jeweiliger Bewegungsinhalte unspezifisch sind (vgl. Neumann und Balz 2004). Wenn es hier aber nun um den Beitrag des Faches zum Verstehen der Welt geht, dann ist damit

J. Bietz (✉)
Philipps-Universität Marburg, Marburg, Deutschland
E-Mail: bietz@staff.uni-marburg.de

© Springer Fachmedien Wiesbaden GmbH, ein Teil von Springer Nature 2020
N. Meister et al. (Hrsg.), *Zur Sache. Die Rolle des Faches
in der universitären Lehrerbildung*, Edition Fachdidaktiken,
https://doi.org/10.1007/978-3-658-29194-5_3

die sportdidaktisch viel grundlegendere Frage danach aufgeworfen, was in den Praktiken des sportlichen Bewegens selbst eigentlich zum Gegenstand gemacht wird, was die strukturellen Besonderheiten der sportlichen Bewegungspraktiken sind und welche spezifischen Erfahrungspotenziale mit ihnen verbunden sind. In dieser Perspektive kann Bewegung als fundamentaler Modus des Weltzugangs und spezifische Dimension von Bildung betrachtet werden.

Zur Erörterung der Thematik soll in dem folgenden Beitrag zunächst an einem fachlichen Beispiel die angedeutete Problematik der Gegenstandsbestimmung im Fach Sport veranschaulicht werden. Danach wird diskutiert, was den Weltzugang im Bewegen charakterisiert und welche Erkenntnislogik damit verbunden ist. Diese grundlegenden Überlegungen werden schließlich für das spielerische, sportliche und tänzerische Bewegen als Sonderformen des Bewegens spezifiziert, in der sich ästhetische Erfahrungen als besondere Form der Erfahrung vermitteln. Vor dem Hintergrund dieser Ausführungen werden in einem abschließenden Ausblick spezifische Bildungspotenziale des sportlichen, spielerischen und tänzerischen Bewegens angesprochen.

2   Ein fachliches Beispiel

In einem gemeinsamen Beitrag berichten Esther Serwe-Pandrick und Andreas Gruschka (2016) von einer Studie über ein Unterrichtsvorhaben zu dem Thema „Kleine Spiele fair spielen", das im Rahmen des in Nordrhein-Westfalen vorgegebenen Themenfeldes „Aggression und Fairness im Sport" durchgeführt wurde. Zur unterrichtlichen Bearbeitung des Themas Fairness wurde den Schülerinnen und Schülern im Rahmen eines für den Sportunterricht gängigen kleinen Wettspiels beispielsweise in verdeckten Rollenaufträgen die Aufgabe gestellt, das Spiel durch „unfaire" Aktionen systematisch zu stören, oder es wurden so genannte „Fairness-Detektive" eingesetzt, welche die Beobachtungsaufgabe bekamen, auf faire und unfaire Aktionen im Spielgeschehen zu achten. Die sich entwickelnden Spielsituationen und die Beobachtungen zu dem Spielgeschehen wurden dann jeweils in entsprechenden Reflexionsphasen in Unterrichtsgesprächen bearbeitet. Es ging in diesen Gesprächsphasen aber hauptsächlich um Überlegungen darüber, was „fair sein" grundsätzlich bedeutet und in welcher Weise faires Verhalten überhaupt gezeigt werden sollte. In ihrer Bewertung dieses Spielunterrichts und insbesondere der durchgeführten Reflexionsphasen stellen Serwe-Pandrick und Gruschka dann fest, dass die spezifischen Problemgehalte der konkreten Spielszenen nicht mit der nötigen Tiefe reflektiert worden seien und dass eine Überführung der Überlegungen in moralische Appelle und allgemeine Fairnessgebote erfolgt sei, ohne mit tieferen Einsichten in die Zusammenhänge der Fairnessthematik verbunden zu sein. Die Autoren meinen, die Reflexion hätte differenzierter an der organischen Sozialität der Spiele ansetzen und die Ambivalenzen zwischen dem Überbietungsgebot der Wettspiele und dem gleichzeitigen Gebot der Chancengleichheit reflexiv weiter aufarbeiten müssen, statt sie gleich erzieherisch aufzulösen. In den zu oberflächlichen Reflexionen und der gleichzeitigen Betonung normativer Fairnessgebote wird dann auch der Grund dafür gesehen, dass sich im Spiel selbst im Spielverhalten der Schülerinnen und Schüler in einer subtilen semantischen Wendung anstelle eines „fair spielen" ein „fair sein spielen" erkennen lasse.

In ihren didaktischen Schlussfolgerungen aus dem beobachteten Unterrichtsvorhaben wird dann auch der unterrichtliche Standard als normative Orientierung deutlich, den Serwe-Pandrick und Gruschka (2016, S. 42 ff.) in dem beobachteten Unterrichtsvorhaben nicht erfüllt sehen: Um den allgemeinen Ansprüchen an schulischen Unterricht zu genügen, hätte in den Reflexionsphasen eine stärkere Ablösung von den konkreten Praxiserfahrungen erfolgen müssen, so die Forderung, um eine kognitiv vertiefende Auseinandersetzung mit dem Thema Fairness ermöglichen zu können, die auch explizit auf verfügbare Wissensbestände hätte Bezug nehmen sollen. Mit dieser Betonung der kognitiven Bearbeitung des Themas in Form von reflektierenden Unterrichtsgesprächen und der Ablösung von den praktischen Vollzügen des Bewegens zeigen die didaktischen Schlussfolgerungen, wie das spielerisch-sportliche Bewegen selbst nur noch Anlass und Rahmen für die unterrichtliche Thematisierung von soziokulturellen Zusammenhängen und normativen Geboten ist. Das sportliche Bewegen fungiert damit nur als Medium des Unterrichts, ohne selbst in seiner Gegenständlichkeit zum Thema zu werden. Entsprechend geht aus dieser Auseinandersetzung auch ein Wissen hervor, das über die unmittelbaren Bezüge und das Ereignis der Bewegungspraktik des konkreten Spiels hinweggeht und in seiner Allgemeinheit auch in anderen Fächern wie z. B. dem Ethik- oder Gesellschaftskundeunterricht erworben werden könnte. Jedenfalls ist es nicht spezifisch für den Sportunterricht. Als kognitives Wissen hat es auch keinen unmittelbaren Einfluss auf die Entwicklung bewegungsbezogener Kompetenzen und steht in keinem unmittelbaren Zusammenhang mit den Prozessen leiblicher Bildung. In den bewegungsbezogenen Wissenschaften wird auf ihrem aktuellen Erkenntnisstand davon ausgegangen, dass kein direkter Zusammenhang und kein systemisches Zusammenspiel von explizitem Wissen und praktischem Können bzw. von Kognition und Motorik angenommen werden kann. Neurowissenschaften (vgl. Spitzer 2002; Roth 2015), Motorikwissenschaften (vgl. Loosch 1999; Wiemeyer 1996) und könnensphänomenologische Ansätze des

Tacit Knowing View (vgl. Neuweg 2004; Polanyi 1985) stimmen in der Annahme
überein, dass sensomotorische und kognitive Prozesse strukturell unabhängig
voneinander sind. Beide Prozesse vollziehen sich demnach eher in parallelen
Abläufen, zwischen denen es keinen direkten Austausch gibt und die auch in
keinerlei deterministischen Beziehungen stehen. Diesen strukturellen Grund-
zügen der Unverbundenheit und Unterschiedlichkeit beider Dimensionen des
menschlichen Bewegungshandelns müsste bei einer Bestimmung fachlicher
Gegenstände in der Sportdidaktik in angemessener Weise Rechnung getragen
werden.

Unabhängig von diesem Problemhintergrund zielen auch Einschätzungen
in die gleiche Richtung, wie sie von Vertretern der allgemeinen Didaktik
kommen. Für Klafki (2001) etwa erwächst Bewegungskompetenz aus spezifischen Erfahrungsqualitäten, die sich im Sport vermitteln und zur Dimension
allgemeiner Bildung werden können. Gruschka (2018) stellt kategorisch heraus,
Sport könne kein Beobachtungsfach sein, sondern müsse Praxisfach bleiben und
auch für Tenorth (2011) ist völlig klar, dass sich das Fach Sport nicht in erster
Linie über „extrafunktionale Komponenten" wie z. B. Fairness oder Gesundheit
legitimieren kann. Dies trifft sich mit dem Standpunkt, der auch hier in dem vorliegenden Beitrag vertreten werden soll, und erfordert eine grundlegendere Auseinandersetzung mit der Gegenstandsfrage. Nach diesem Standpunkt hat die
reflexive Klärung von Selbst- und Weltbezügen in einem bildenden Bewegungs-,
Spiel- und Sportunterricht nicht bloß *anlässlich des* Fachlichen, sondern *im* Fachlichen in Form didaktisch strukturierter Bewegungsvollzüge zu erfolgen und
muss in der strukturellen Spezifik des sportlichen Bewegens seine Grundlage
haben.

„Das pädagogische Potenzial des Faches kann nicht darin gesehen werden, auf
welche pädagogischen Ziele die Inhalte in ihrer unterrichtlichen Thematisierung
bezogen werden, sondern ergibt sich daraus, welche Erfahrungspotenziale die
Bewegungsinhalte selbst durch das bieten, was sie als spezifische Form der Weltaus-
einandersetzung jeweils thematisieren." (Scherer und Bietz 2013, S. 43)

Auf das Beispiel der Unterrichtseinheit zum Spielen im Sportunterricht bezogen
würde dies bedeuten, dass in der reflexiven Auseinandersetzung mit dem Unter-
richtsgegenstand zunächst gerade keine kognitiv-abstrahierende Abstandnahme
von der leiblichen Ebene des spielerischen Bewegens erfolgen sollte. Vielmehr
könnte durch eine systematisch-differenzierende Strukturierung der Bewegungspraxis selbst versucht werden, die Spezifik thematisch relevanter Problemgehalte

möglichst prägnant erlebbar und reflexiv werden zu lassen. Ein solcher Spielunterricht könnte beispielsweise durch die Vereinbarung entsprechender Spielregeln (Vergrößerung der Spielerzahlen, Verkleinerung des Spielfeldes usw.) eine gezielte Verknappung des verfügbaren Aktions- bzw. Spielraums herbeiführen. Mit derartigen gezielten Veränderungen eines Spiels könnte eine systematische Zuspitzung von Situationen erreicht werden, in denen die *funktionale* – nicht moralische – Notwendigkeit der Regeleinhaltung und das in der je konkreten Spielgruppe gebotene Maß an körperlicher Dynamik in den Spielaktionen innerhalb des geteilten Aktionsraums am konkreten Spielgeschehen prägnant erlebt werden könnte. Um ein funktionierendes Spiel hervorbringen zu können, ist es nämlich erforderlich, einen ausgewogenen Umgang zu finden mit der strukturell angelegten Ambivalenz aus dem Konkurrenzprinzip einerseits, das bei Wettspielen natürlich betont ist und dem sogenannten Prinzip der Assoziierung andererseits. Das Prinzip der *Assoziierung* ist ebenfalls ein prinzipielles Strukturprinzip des Wettspielens und muss sicherstellen, dass konkurrierende Mitspielerinnen und Mitspieler auch gemeinsam die Idee des Wettspiels ausagieren und sich freiwillig und ernsthaft als Widerpart in das Spielgeschehen einbringen wollen. Nur unter dieser Voraussetzung kann es überhaupt zu einem sinnvollen Wettspiel kommen (vgl. Bietz und Böcker 2009). Beide Strukturmomente sind im Spielgeschehen in einem labilen Gleichgewicht zu halten und ergeben einen fragilen Zusammenhang, der eine verlässliche Einhaltung der im Regelwerk manifestierten Vereinbarungen erfordert. Unter dieser Perspektive wird Fairness gleichsam in organischer Weise in ihrer ganzen Ambivalenz im konkreten funktionalen Zusammenhang der Spielverläufe thematisch und kann in ihren Bedingungen und Bedeutungen in den Vollzügen des Spiels konkret erfahren werden.

Letztendlich sind es gerade die Intensität und Leibgebundenheit derartiger Erfahrungen mit den soziokulturellen und körperlichen Bedingtheiten des eigenen Handelns, die das besondere Potenzial einer bewegungsbasierten Auseinandersetzung mit jeweiligen Weltbezügen ausmachen. Diesem Gedanken soll nun weiter nachgegangen werden.

3   Bewegung als fundamentaler Modus der Selbst- und Weltbegegnung

In einem sporthistorischen Essay setzt sich Hans Ulrich Gumbrecht in der Wochenschrift Die Zeit vom 3. März 2016 mit der zunehmenden Bedeutung und Ausdifferenzierung des modernen Sports auseinander. Er sieht neben dem zweifellos erkennbaren kompensatorischen Bedürfnis nach körperlicher Bewegung in modernen Gesellschaften, das angesichts der umgreifenden Entkörperlichung in den Lebens- und Arbeitsformen entsteht, insbesondere in der besonderen Weise der Weltbegegnung die zentrale Ursache, die im Sport zur Aufführung gebracht und gelebt wird. Mit Verweis auf Martin Heidegger (vgl. 2006) kommt er zu dem Schluss, dass das klassische Weltverhältnis der so genannten „Vorhandenheit" der Welt eine für die heutige Zeit zu eng geführte Intelligenzform beschreibt, in welcher Subjekte die Gegebenheiten der Welt bloß nach einer rationalen Logik und in begrifflichen Kategorien als fraglose Wahrheiten erfassen und verstehen und in welcher sie sich die Welt als Gegebenheit distanziert gegenüber stellen. Da jedoch die kulturelle Moderne durch die Komplexität und Diversität ihrer Lebensformen geprägt ist, bedarf es offenbar auch einer Pluralisierung der Rationalitätsformen, in denen sich die Zugänge zur Welt in größerer Vielfalt gestalten können. Der Sport bietet in der Einschätzung Gumbrechts (2016) geradezu prototypisch eine von existenziellen Zwängen entlastete Zugangsweise zur Welt, in welcher nach bestimmten Regeln mögliche Varianten im eigenen Verhältnis zu den Dingen und natürlich auch zu anderen Körpern durchgespielt und modifiziert werden können. Diese fundamentale Art der Weltverhältnisse charakterisiert Heidegger (vgl. 2006), so Gumbrecht (ebd.), als Sphäre der „Zuhandenheit", „in der man die Richtigkeit von Positionen und Einstellungen als Lösungen entdecken und immer weiter verbessern kann – aber keine definitiven Wahrheiten findet" (ebd., S. 17). Sportliches und spielerisches Bewegen ziele dabei in erster Linie auf die Produktion und Perzeption von Präsenz, bei der die typische Unbestimmtheit und Offenheit des spielerisch-sportlichen Geschehens gerade nicht in abstrahierenden Sinnzuschreibungen von dem praktischen Weltbezug der eigenen körperlichen Wirklichkeit abgelöst und in Zukünftiges transformiert werde, sondern zugespitzt in der Gegenwart des eigenen körperlichen Seins verankert bleibe und prägnant anschaulich werden könne. Die besondere Qualität der Sphäre der Zuhandenheit sieht Gumbrecht gerade darin, dass sie die Möglichkeit eines intensiven leibhaftigen Gegenwartserlebens im Hier und Jetzt bieten und die Unmittelbarkeit der Weltzugänge in körperlichen Praktiken betonen könne. Musik, Kunst oder Sport sind Beispiele für solche körperlichen Praktiken, die Gumbrecht (2012) als Präsenzkulturen betrachtet und die nach seiner Einschätzung in modernen Gesellschaften zunehmend bedeutsamer werden. Gerade im Erleben körperlicher Präsenz nämlich kann die Kontingenz der eigenen Wirklichkeit und der eigenen Körperlichkeit reflexiv werden und insofern in besonderer Weise Selbst- und Weltverhältnisse klären.

Die Komplexität der Lebensformen in modernen Gesellschaften ist auch Ausgangspunkt der bildungstheoretischen Überlegungen Baumerts (2002, S. 113). Auch für Baumert ergibt sich hieraus die Notwendigkeit, sehr unterschiedliche Zugänge zu der komplexen Wirklichkeit suchen und unterschiedliche Weisen der

Auseinandersetzung mit der Welt hervorbringen zu müssen. In seinem Konzept zur allgemeinen Bildung differenziert er bekanntermaßen vier verschiedene Modi der Weltbegegnung: 1) kognitiv-instrumentelle Modellierung der Welt, 2) ästhetisch-expressive Begegnung und Gestaltung, 3) normativ-evaluative Auseinandersetzung mit Wirtschaft und Gesellschaft sowie 4) Probleme konstitutiver Rationalität. Sein Grundgedanke ist, dass sich Individuen je nach Modus der Begegnung mit der Welt einer je spezifischen Sprache bedienen bzw. ein je spezifisches Artikulationssystem nutzen und dass die jeweilige Art der Begegnung mit einer spezifischen Form der Reflexivität verbunden ist, in welcher die produktive Verarbeitung von Realität erfolgt (vgl. dazu auch Tenorth 2008). Der Modus der Weltbegegnung, der für die fachlichen Gegenstände im Sport konstitutiv ist, wird bei Baumert als *physische Expression* gekennzeichnet und dem Modus der ästhetisch-expressiven Begegnung und Gestaltung zugerechnet.

Eine theoretische Spezifikation der ästhetisch-expressiven Weltzugangsweise, die bei Baumert nicht näher bestimmt wird, kann vor dem Hintergrund einer relationalen Wirklichkeitsauffassung vorgenommen werden, in der davon ausgegangen wird, dass der Mensch wie auch seine Lebensumwelt keine voneinander unabhängigen Gegebenheiten mit präexistenten Objekt- und Subjektmerkmalen sind, sondern in der die Beziehung von Mensch und Welt gleichsam primordial als dynamische Struktureinheit gegeben ist. Einerseits konstituiert sich im Rahmen dieser relationalen Einheit die lebensweltliche Wirklichkeit des Menschen erst durch aktives Einwirken und durch das Hervorrufen entsprechender Resonanzen. Andererseits konstituiert sich die Subjektivität und individuelle Eigenheit des Menschen unter dem prägenden Einfluss seiner je konkreten lebensweltlichen Bedingungen im Rahmen der eigenen Lebenspraxis. Die relationale Einheit von Mensch und Welt muss sich dabei in ihren konkreten Bezügen immer wieder aufs Neue ausformen und es entsteht die Frage, wie, in welcher Sprache und in welchen Prozessen die Ausformung in der jeweiligen Weltbegegnung erfolgt.

Einen grundlegenden Erklärungsansatz für diese Frage bietet die Philosophie der symbolischen Formen (vgl. Cassirer 1994), die in der gliedernden und formgenerierenden Funktion des symbolischen Bewusstseins das Grundprinzip kultureller Formungsprozesse und der Generierung von Sinn ausmacht. Symbole sind in Cassirers Theorieansatz in erster Linie als „Abgrenzungs- und Verweisungsdinge" zu verstehen (vgl. Schwemmer 1997a), deren Funktion darin liegt, ein artikuliertes Weltbewusstsein auszuprägen. Die gestaltgebende Energie der Symbolfunktion ergibt sich dabei aus der inhärenten Tendenz des symbolischen Bewusstseins, fortlaufend Sinn und Sinnlichkeit zu verknüpfen und sinnlichem Eindruck in der Verknüpfung sinnhaften Ausdruck zu verleihen.

Ein apperzeptiver, abstrakter Sinn muss sich grundsätzlich in einem materiellen Träger, sei es in sinnlichen Wahrnehmungen, in körperlichen Bewegungen oder in kulturellen Artefakten, zum Ausdruck bringen, er muss sich eine Form geben, durch die er „symbolische Prägnanz" erlangt (vgl. Cassirer 1994, I).

„Unter ‚symbolischer Prägnanz' soll also die Art verstanden werden, in der ein Wahrnehmungserlebnis, als sinnliches Erlebnis, zugleich einen nicht-anschaulichen ‚Sinn' in sich fasst und ihn zur unmittelbaren Darstellung bringt." (Cassirer 1994, III, S. 235)

Beispielsweise kann sich ein abstrakter Sinngehalt wie „Halt finden" auf einer vereisten Skipiste in einem betonten Einsatz der Stahlkanten veräußern und so symbolische Prägnanz erlangen. Oder der Sinngehalt „Abdruck finden" kann sich beim Brustarmzug im Schwimmen in der Empfindung des Wasserwiderstandes zeigen und symbolische Prägnanz hervorbringen. Auch in der veranschaulichenden Beschreibung der Anlaufbewegung zum Hochsprung durch die zweifache Olympiasiegerin Ulrike Meyfarth zeigt sich eine entsprechende Verknüpfung von Sinn und Sinnlichkeit:

„Ich vergleiche meinen Anlauf mit dem katzenartigen Lauf, weil, wenn eine Katze läuft ist sie fähig, jederzeit aus dem Lauf zu springen, sie muss also im Lauf eine Vorspannung für den Sprung haben. Und ich fühle während des Anlaufens diese Sprungvorbereitung, diese Vorspannung. Dieser Lauf ist also keineswegs mit einem Sprint vergleichbar, der Anlauf ist mehr ein Heranpirschen, ein Anschleichen an den Absprung und schon ein Freisetzen von Energie auf den letzten Schritten. Diese Bewegungserfahrung des katzenartigen Anschleichens kann ich mir oft im Training oder im Wettkampf vor Augen führen, und wenn es im Training oder im Wettkampf nicht so gut läuft, so kann ich auf diese Erfahrungen zurückgreifen." (Meyfarth 1986, S. 10)

Aus Sicht des Faches Sport ist in diesem Zusammenhang bedeutsam, dass die Prozesse der Herausbildung bedeutungshaltiger Formen in der Mensch-Welt-Relation grundsätzlich ihren Ausgang nicht von rein geistigen Ordnungsleistungen in abstrakt-kategorialem Sinne nehmen, wie es in der Philosophie Kants angenommen wird und dass es auch kein ideelles, vorgängig Bedeutung zuschreibendes „Ich" gibt, das Ordnung schafft und Formen hervorbringt. Vielmehr werden in den Vollzügen konkreter kultureller Praktiken aus den reziproken Bedingungsverhältnissen des Wechselwirkungsgefüges der sogenannten Basisphänomene „Ich", „Wirken" und „Werk" (als dem Bewirkten) sowohl das Ich und die Bedeutungsstruktur subjektiver Weltbezüge auf der einen (subjektiven) Seite als auch die kulturellen Formen der Lebenswelt auf der anderen (objektiven) Seite überhaupt erst hervorgebracht (vgl. Cassirer 1995).[1] Es ist insofern prinzipiell eine praktische Gliederung, die in der unmittelbar handelnden Auseinandersetzung mit der Welt entsteht und die primäre Ordnung des Mensch-Welt-Verhältnisses herausbildet.

> „Nicht das bloße Betrachten, sondern das Tun bildet vielmehr den Mittelpunkt, von dem für den Menschen die geistige Organisation der Wirklichkeit seinen Ausgang nimmt." (Cassirer 1994, II, S. 187)

Dabei ist zu bedenken, dass die menschliche Existenz prinzipiell eine kulturelle Existenz ist, die immer schon in sozio-kulturelle Prozesse und Strukturen eingebettet ist. Auch die für das Fach Sport konstitutiven leiblichen Formungsprozesse sind in diese Strukturen in ursprünglicher Weise eingebunden und zur Hervorbringung von Subjektivität und Kulturalität fundamental (vgl. Alkemeyer 2001; Bourdieu 1974; Cassirer 1994; Gebauer und Wulf 1998; Langer 1979; Meyer-Drawe 1987; Schwemmer 1997b). Aufgrund der im praktischen Tun gegebenen Wechselbeziehung zwischen den Subjekt- und Umweltgegebenheiten kommt es gewissermaßen zu einer Formangleichung zwischen den individuellen Erfahrungsstrukturen einerseits, in denen die eigenen Handlungspraktiken symbolisch zu einem systematischen Gesamtzusammenhang synthetisiert werden, und den objektiven Strukturen der sozio-kulturellen Gegebenheiten andererseits, auf die gestaltend eingewirkt wird. Durch sein eigenes aktives Tun in kulturell gegebenen Praxen wird der Mensch zu der Person, die er ist. Als Person bringt er sich in diesem Vorgang der Subjektivierung von sozio-kulturellen Erscheinungsformen und der Inkorporierung kollektiver Erfahrungen und gesellschaftlicher Tradierungen immer wieder in eigener und subtil veränderter Weise neu zur Bestimmung und entwickelt andauernd seine individuelle und kulturelle Identität weiter. Er verleibt sich gleichsam die Strukturen der Welt ein und macht diese zu einem Teil seines individuellen Selbst, indem reflexiv individuelle Erfahrungsstrukturen ausgeprägt werden. Cassirer bezeichnet diese Symbolnetze als das symbolische Universum des Menschen (vgl. Cassirer 1994; im Überblick Bietz 2002). Gleichzeitig objektivieren sich jeweils ausgeprägte Subjektstrukturen, da der Mensch durch sein praktisches Handeln seinerseits auf die lebensweltlichen Gegebenheiten und gesellschaftlichen

---

[1]Eine differenzierte Auseinandersetzung mit den Basisphänomenen und ihrer prinzipiellen Bedeutung für die symbolischen Grundverhältnisse findet sich bei Bietz (2005).

Strukturen gestaltend einwirkt und die kulturellen Formen und Formatierungen in reproduzierender oder kreativ verändernder Weise selbst hervorbringt. Dadurch werden die Subjekte selbst zu etwas Gesellschaftlichem und zu einem Teil der Welt. Insgesamt wird darin ein kulturtheoretisches Verständnis deutlich, das gerade nicht in ontologischem Sinne von kulturellen Artefakten, festgelegten Werte- und Normvorstellungen und tradierten Verhaltens- und Deutungsmustern ausgeht. Es wird vielmehr von der menschlichen Gesamtpraxis, also dem kreativ-konstruktiven Handeln der kulturellen Akteure ausgegangen, in dem die Kultur hervorgebracht wird und in dem sie sich fortdauernd reproduzieren und aktualisieren muss (vgl. Cassirer 1994; Schwemmer 1997b, 2005).

Mit den Strukturierungsleistungen im praktischen Handeln ist eine spezifisch leibliche Reflexivität verbunden, die sich in der Artikulation und Formung leiblicher Welt- und Selbstbezüge realisiert. Artikulation bedeutet hier, Momente als Momente zu identifizieren und von anderen Momenten zu unterscheiden, sie zu differenzieren und in einen Gesamtzusammenhang zu bringen. So kann beispielsweise das „Schieben" eines Objektes als „Schieben" identifiziert und vom „Ziehen" eines Objektes unterschieden und in eine kategoriale Gesamtordnung der Umgangsmöglichkeiten mit Objekten integriert werden. Das Verstehen der Welt vollzieht sich insofern auf der Ebene des Bewegens durch das Hervorbringen von „reflexionsimprägnierten" Ausdruckformen als Reflexion im Vollzug bzw. als „reflection-in-action" (Franke 2008, S. 201; Schön 1983, S. 50). Dabei wird das Bewegen grundsätzlich strikt antidualistisch als „intelligentes Tun" verstanden, das nicht von Wissen begleitet und hervorgerufen wird, sondern intuitives, implizit von Wissen durchdrungenes Tun ist und dabei exklusiv eine artikulierte Leiblichkeit hervorbringt, die sich als überdauernde Erfahrung sedimentieren kann.

> „Der Handelnde reflektiert dann „in Wechselwirkung" auf die Handlungsergebnisse die Handlung selbst und das intuitive Wissen, das der Handlung implizit ist." (Schön 1983, S. 56; zit. nach Neuweg 2004, S. 358)

Maßgeblich ist für die reflexiven Artikulationsvorgänge des Leibes eine Formung der raumzeitlichen Verhältnisse jeweiliger Weltbezüge durch das Bewegen. Dies betont auch der Gestalttheoretiker V. v. Weizsäcker in seiner Feststellung: „Die Bewegung formt jeweils ein bestimmtes Verhältnis von Raum und Zeit [...]" (v. Weizsäcker 1973, S. 214). Ganz in diesem Sinne sehen etwa Franke (2008, 2010) und Schürmann (2008) in der rhythmischen Profilierung von Bewegungen eine solche Funktion der Artikulation von Leiblichkeit, und mit Prohl (1991) kann man ganz allgemein in der zeitlichen Gliederung von Handlungsprozessen sowie dem damit verbundenen spezifischen Hervorbringen von Gegenwartsdauer als zugespitztem Erleben von Gegenwart solche Momente leiblicher Artikulationsprozesse sehen. Auch die von Scherer (2001) konzeptionell und empirisch aufgezeigte aktionale Gliederung von vitalen Handlungsräumen wäre ein entsprechendes Beispiel dafür. Den Akteuren erscheint der Raum demzufolge als „plastischer, von Kraftlinien durchzogener Aktionsraum" (Tholey 1984, S. 21), der sich in antizipierten aktionsbezogenen Formen und Strukturen des eigenen Handelns leibbezogen strukturiert. Es werden damit insgesamt bestimmte Umgangsqualitäten hervorgebracht und Situationen in sinnhaften Ausdrucksgestalten artikuliert. Diese leibliche Strukturierung von Ereignissen und situativen Gegebenheiten in sinnhaften Ausdrucksgestalten reflektiert auch unsere Alltagssprache in subtiler Weise, wenn z. B. von begreifbar, erreichbar, anspielbar, besteigbar, glatt, biegsam, widerständig, von greifbarer Nähe oder weiter Ferne die Rede ist.

In reflexiven Artikulationsvorgängen des Leibes in der räumlich-zeitlichen Dimension werden zugleich die immanenten Formlogiken des sinnlichen Wahrnehmens und des Bewegens transparent und bieten insofern eine Möglichkeit, Subjekten die sonst verdeckten impliziten Strukturen ihres Bewegens zugänglich zu machen (vgl. Neuweg 2004, S. 15 f.). Im Erleben der Umgangsmöglichkeiten mit der Welt und der jeweiligen Passungen zu den situativen Gegebenheiten der Welt kann auf diese Weise zugleich die Beschaffenheit der Welt reflexiv werden (vgl. Bietz 2005; Köller 2001; Schwemmer 1997a). Bei Tamboer (1994) wird diese Erkenntnisebene als „Weltverstehen in Aktion" bezeichnet.

4 Spielerisches, sportliches und tänzerisches Bewegen als ästhetische Formen des Bewegens

Eine Besonderheit des Faches Sport liegt nun allerdings darin, dass es ganz besondere Praktiken des Bewegens zum Gegenstand macht. Es geht nämlich gerade nicht um Bewegungen, die in die instrumentellen Bezüge des Alltags eingeflochten sind, lebensweltlichen Realgründen folgen und in ihrer instrumentellen Bedeutungsstruktur darauf zielen, bestimmte lebensweitliche Zwecke zu erfüllen. Den bewegungskulturellen Praktiken des Sports, des Spiels oder des Tanzes kommt im Rahmen des Selbst- und Weltverstehens eine ganz eigene Bedeutung zu. Sie sind als ästhetische Bewegungspraktiken zu verstehen[2], die im Unterschied zu Alltagsbewegungen existenziell entlastet sind und eine gewisse Eigenweltlichkeit mit eigenen Formlogiken und einem expliziten, wertrationalen Gegenwartsbezug entwickeln. Die Beweggründe und Aufgaben des sportlichen Handelns sind selbstgewählt und allenfalls im Zuge kultureller Tradierung als Aufgaben gegeben. Insofern verfolgt das spielerische, sportliche und tänzerische Bewegen auch keine Zwecke außerhalb seiner selbst. Solche Bewegungsphänomene sind flüchtige Momente ohne bleibenden Wert, die in ihren Erlebnisgehalten prinzipiell an den konkreten Vollzug gebunden sind und eine besondere sinnliche, affektive und imaginative Prägnanz entwickeln. In ihrer typischen Eigenweltlichkeit sind sie trotzdem auf die Welt bezogen, als deren Resonanzraum für die Regelhaftigkeiten, sozialen Gefüge und kulturellen Muster sie gleichsam fungieren und die sie in ihrer Kontingenz deutlich werden lassen (vgl. Seel 2007).

Ästhetische Bewegungspraktiken sind prägnante Modelle für die sozio-kulturellen Gegebenheiten der Welt, deren Regelmäßigkeiten spielerisch erprobt und in mimetischen Prozessen erschlossen werden (vgl. Alkemeyer 1997). Dabei werden Möglichkeitsräume erkundet, Fiktionen ausagiert und insgesamt die eigenen persönlichen Grenzen thematisiert. Die ästhetische Praxis des Bewegens ermöglicht es, sich von vertrauten Ordnungen zu lösen und gegebene Habituskonzepte zu verunsichern, um neue Ordnungen hervorbringen zu können und auch für sich selbst neue, prägnante Bewegungsweisen zu entwickeln und in ihrer Werthaltigkeit zu erschließen. Vor dem Hintergrund des sinnlichen Erlebens der je persönlichen Verstrickung in soziale Strukturen, gesellschaftliche Erwartungskomplexe und kulturelle Verhaltensmuster bieten ästhetische Bewegungspraxen Gelegenheiten, eigene Interessen zu entwickeln und auszuloten, persönliche Präferenzen herauszubilden und zu reflektieren, Sicherheit in ambivalenten und intransparenten Situationen zu gewinnen und damit eigene Identitätsmerkmale zu spezifizieren und bestimmte Resonanzen im eigenen Interaktionsumfeld hervorzurufen.

Als vollzugsgebundene Phänomene sind ästhetische Bewegungsakte insgesamt durch bestimmte Qualitäten im sinnlich-konkreten Erleben von Weltbezügen gekennzeichnet, die in der leiblichen Dimension geformt und in besonderer Weise um ihrer besonderen Werthaltigkeit willen ins

[2]Die Perspektive, spielerisch-sportliches Bewegen aus einer ästhetiktheoretischen Perspektive als ästhetische Bewegungspraxis zu begreifen und als ästhetische Dimension von Bildung zu begreifen, ist bereits in früheren Arbeiten des Autors ausführlicher vorgestellt worden (siehe Bietz 2005, 2010, 2011; Scherer und Bietz 2013).

Außergewöhnliche zugespitzt werden. Die Erscheinungsformen ästhetischer Bewegungspraktiken haben sich gleichsam selbst zum Thema und entsprechen damit dem allgemeinen Charakteristikum ästhetischer Formen: Danach umfasst das Ästhetische „[...] alle Bereiche einer Wahrnehmung, die sich um ihrer selbst willen der sinnlichen, affektiven und imaginativen Prägnanz ihrer Gegenstände widmet" (Seel 2007, S. 123). Gerade in ästhetischen Bewegungspraxen, die sich ja durch ihre Differenz zum Alltagshandeln auszeichnen und von existenziellen Erfordernissen entlastet sind, können immanente Formungsprinzipien in besonderer Weise transparent werden und sich im Rahmen von Differenzierungs-prozessen in besonderer Deutlichkeit konturieren (vgl. Bietz 2011).

Ästhetische Formen des Bewegens sind insofern durch eine selbstreferenzielle Bedeutungsstruktur charakterisiert, die ihre Entsprechung in einer selbst-referenziellen Struktur der durch sie vermittelten Erfahrungen findet. In den Bewegungsvollzügen ästhetischer Praktiken vermitteln sich Erfahrungen, die ihrerseits eine ästhetische Perspektive aufweisen und sich selbst zum Thema haben und dabei das sinnliche Erleben und körperliche Aktivität selbst reflexiv werden lassen.

> „Ästhetische Reflexivität besteht genau darin, dass ich meine Leibesorgane betätige und dass ich mir zugleich dessen inne werde, dass ich sehe. [...] Man gewinnt beim Sehen Einsichten in die Struktur des Sehens." (Paetzold 1994, S. 153)

Da hier „sinnliches Erleben in seiner Formlogik als sinnliches Erleben gegen-wärtig wird, kann es als ästhetische Erfahrung bezeichnet werden" (Bietz 2011, S. 73). Damit zielen ästhetische Bewegungspraktiken genau auf die Art der Reflexion, die oben mit Franke (2008) und Schön (1983) als „reflection-in-action" bezeichnet wurde. Als Bedingung für diese Art vollzugs-immanenter Reflexion in ästhetischen Erfahrungen muss in der Aktion selbst eine Distanz zum eigenen Tun entstehen, die durch Brüche, Stolpersteine oder aber besondere Gelingensmomente hervorgerufen werden kann (vgl. Franke 2003; Bietz 2005). In der Prägnanz der Erscheinungen sind in ästhetischen Bewegungs-praktiken insgesamt genau solche Zuspitzungen, Irritationen und Brüche gegen-über gewohnten Erfahrungsstrukturen kultiviert, die den Wechsel des sinnlichen Erlebens in die ästhetische Perspektive provozieren. Im sportlichen, spielerischen und tänzerischen Bewegen wird das auf vielfältige Weise zum Gegenstand gemacht, was die Momente des Ungewissen und Nichtalltäglichen betont.

Bei der *Thematisierung des Nichtalltäglichen* wird der Distanz schaffende Bruch mit der Wirklichkeit durch mehr oder weniger artifizielle Bewegungs-formen und/oder verfremdete Bewegungskontexte realisiert. So haben z. B.

turnerische Bewegungen das Erreichen ungewöhnlicher Körperlagen im Raum zum Thema, die in alltäglichen Bewegungssituationen praktisch nicht vorkommen. Im Unterschied zu den profanen und eher beiläufigen Bewegungen des Alltags binden solche Bewegungsformen die Aufmerksamkeit und ermöglichen spezifische Erlebnisgehalte. In der Prägnanz gelungener Bewegungsgestalten, in ihrer Dynamik, ihrer Rhythmik, ihrem Fluss – aber auch in ihrer Perfektion und Funktionalität – vermittelt sich ein Bewusstsein für die Struktur- und Formlogik von Bewegung insgesamt.

Auch die *Thematisierung des Ungewissen* zielt darauf, in ästhetischen Bewegungsformen auf vielfältige Weise Brüche mit der lebensweltlichen Wirklichkeit hervorzurufen. Ungewiss ist immer das, was wir noch nicht sicher haben und noch nicht erfassen können. Es ist eine Fiktion und eine Möglichkeit, die gelingen oder auch scheitern kann. Wir begeben uns in das Ungewisse, indem wir das Bekannte, Routinierte, Gewöhnliche zuspitzen, das heißt dahin gehend intensivieren, dass es wiederum ungewöhnlich wird. So werden beispielsweise beim Balancieren die Schwierigkeiten der Ausführungsbedingungen immer weiter zugespitzt und im Skilauf steigern die Akteure mit Zunahme ihres persönlichen Fahrkönnens das Fahrtempo oder die Schwierigkeitsgrade des Geländes oder der individuellen Fahrtechnik in einer Weise, die das Gelingen einer Abfahrt nicht selbstverständlich werden lässt, sondern zu einer Herausforderung macht. Auch ist es im Fußball oder beim Volleyball geradezu der Witz des Spiels, dass der Ausgang ungewiss und offen ist und man kann generell in der agonalen Struktur des Sports das Strukturmoment sehen, welches die Zuspitzung ins Ungewisse gewährleistet und in welchem die Erzeugung von entsprechenden Brüchen kultiviert ist.

Die vielfältigen Formen des sportlichen Bewegens ermöglichen eine so werthaltige Intensität des sinnlichen Erlebens, dass sie die Bewegungsakte selbst zum Gegenstand des eigenen Erlebens werden lassen. In der ästhetischen Perspektive können die jeweiligen Formlogiken bewegungskultureller Praktiken in fundamentalen Differenzen anschaulich werden, wie sie sich beispielsweise zwischen Alltagsbewegungen und ästhetischen Bewegungsformen, zwischen Anforderung und Können, zwischen Vorstellung und Realisierung, zwischen Eindruck und Ausdruck, zwischen Formungswillen und Formungswiderständigkeit, zwischen Habituskonzepten, zwischen Ästhetisierungsformen bzw. Stilisierungsformen oder zwischen sinnlichen Artikulationssystemen (optisch, auditiv, haptisch, kinästhetisch) in ästhetischen Erfahrungen vermitteln können (vgl. auch Franke 2003). Dies ist insofern ein Prozess der Subjektivierung als sich ein Subjekt in der spezifischen Art eigenen Wahrnehmens und Bewegens selbst als Subjekt formt und erkennt. Subjekte werden sich dabei zunehmend ihrer selbst bewusst und dazu befähigt, sinnensicher Erfahrungen mit der Spezifik ihrer Weltbezüge machen zu können.

Vor dem Hintergrund dieser Überlegungen ist danach zu fragen, welche konkreten leiblichen Welt- und Selbstbegegnungen anhand kulturell hervorgebrachter und didaktisch arrangierter Bewegungspraxen zu ermöglichen und anzuregen sind, mit der sich die Herausbildung und fortdauernde Entwicklung jeweiliger Subjektivität in persönlichen Kompetenzen, Bedürfnissen, Haltungen und kulturellen Identitäten anregen und sich gleichzeitig kulturspezifische Bewegungspraxen und -formen hervorbringen lassen. Bildung realisiert sich nicht unabhängig von den „Sachen", sondern gerade an deren Gegenständlichkeit,[3] und die ergibt sich in unserem Fach aus den leiblichen „Umgangsproblemen" mit der Welt. Insofern geht es bei der Gegenstandsfrage nicht um vorgefertigte Bewegungsformen und idealisierte Bewegungstechniken, die dann im Unterricht rezeptiv nachzuvollziehen sind. Es ist vielmehr erforderlich, Inhalte mit einer ausreichenden thematischen Offenheit aufzugreifen, die entsprechende Gestaltungsspielräume bieten, über den engen Rahmen von Sportarten hinausgehen und den Akteurinnen und Akteuren die zuvor diskutierten konstruktiven Formungs- und Gestaltungsleistungen abverlangen. Gerade durch eine solche schöpferische Überschreitung des Vorgegebenen werden den Schülerinnen und Schülern die konstitutiven Prinzipien des Sports aufgedeckt und es können sich subjektseitig die motorischen und sinnlichen Artikulationssysteme herausbilden, durch die sich die Inhalte erschließen. Dazu ist es aber unabdingbar, dass die Gegenstände im Fach Sport kategorial nicht auf der Produktebene, sondern auf der Ebene ihrer Prozessstrukturen bestimmt werden.

Diesen strukturalen Ansatz verfolgt das Marburger Konzept der „Grundthemen des Bewegens" (Marburger Sportpädagogen 1998), das in den typischen thematischen Hintergründen des Bewegens eine sinnvolle Ebene der systematischen Strukturierung der fachlichen Inhalte sieht.[4] Es wäre also danach zu fragen, welche „Umgangsprobleme" mit der Welt in einer Bewegung bzw. in einem Spiel oder im Tanz eigentlich zum Thema des Handelns gemacht

---

[3]Diesen Aspekt des Gegenstandsbezugs von Bildung hat Laging 2009 in seiner Auseinandersetzung mit Inhalten und Themen des Bewegungsunterrichts herausgearbeitet und dabei die Gegenständlichkeit als Widerständigkeit gedeutet. Auch bei Meyer-Drawe wird dieser Aspekt betont, wenn von dem „Einspruch der Dinge" die Rede ist (2008, S. 159 ff.).
[4]Dieser Ansatz der „Grundthemen des Bewegens" folgt in didaktischer Hinsicht ähnlichen Überlegungen, wie sie in anderen Fachdidaktiken mit dem Konzept der „Basiskonzepte" umgesetzt sind.

werden, welche Aufgaben sich mit dieser Thematik stellen und welche darauf bezogenen Bewegungslösungen zweckmäßig sind (vgl. Scherer 2008). Dabei zeigt sich, dass hinter der Vielfalt der bewegungskulturellen Erscheinungsformen auf der Ebene ihrer thematischen Hintergründe weitaus weniger ausdifferenzierte Elementarisierungsformen zu finden sind, die als typisch angesehen werden können und von daher für didaktische Entwürfe geeignete Anknüpfungspunkte bieten. In dem Marburger Ansatz der Grundthemen wird davon ausgegangen, dass es bzgl. der Bewegungsprobleme, die in bewegungskulturellen Themen spezifiziert sind, allgemeine Elementarisierungsformen gibt, die man zum Ausgangspunkt machen kann. Während es z. B. beim *„Schwingen, Drehen, Balancieren"* darum geht, ungewöhnliche Körperlagen im Raum einzunehmen bzw. beim Balancieren eine bestimmte Körperlage zu verunsichern, zielt das *„Laufen, Springen, Werfen"* darauf, sich selbst oder ein Sportgerät zu beschleunigen. Das *„Werfen und Fangen"* wiederum bietet eine Auseinandersetzung mit dem In-Bewegung-Versetzen und Unter-Kontrolle-Bringen von Spielgeräten und beim *„Rollen und Gleiten"* geht es um die reibungslose Fortbewegung und die ungewohnte Gleichgewichtsregulation unter den Bedingungen von Glätte. Beim *„Bewegen im Wasser"* schließlich geht es um das Bewegen und Fortbewegen in dem außergewöhnlichen Medium Wasser. Von solchen elementaren Bewegungsproblemen ausgehend erfolgen in kulturell tradierter Weise spezifische Thematisierungen im individuellen Handeln. Solche kulturell verankerten Thematisierungsformen bedingen eine spezifische Form der individuellen Auseinandersetzung mit den Bewegungsproblemen und stellen im Sinne von Habitusformationen subjektseitige Orientierungen in der Mensch-Welt-Auseinandersetzung dar. Je nach Habitusformation und dem damit verbundenen Verweis auf einen entsprechenden Sinnkontext ergibt sich ein je spezifisches Muster für die Generierung von Themen und eine bestimmte Weise der Thematisierung des Nichtalltäglichen und des Ungewissen. Während z. B. in der Thematisierungsform des *„Leistens"* eine Steigerung der realisierbaren Handlungseffekte im Zentrum steht, geht es beim *„Spielen"* um den Aufbau einer Spannung zwischen Gegebenem und Möglichem in einem in sich abgeschlossenen, scheinhaften Handlungsrahmen. Im *„Kämpfen"* müssen ein bestimmter Raum oder eine bestimmte Körperposition behauptet und im *„Wagen"* die zugespitzte situative Ungewissheit bewältigt werden. Beim *„tänzerisch-expressiven Bewegen"* hingegen wird das Ausdruckhafte der Bewegung und dessen Gestaltung zum Thema gemacht.

In diesen grundlegenden Themen und aufgrund der in sie eingelassenen Bewegungsprobleme ergibt sich einerseits die nötige Eindeutigkeit und Widerständigkeit für die individuelle Auseinandersetzung und andererseits die nötige Offenheit für kontingente Erfahrungsprozesse der Lernenden. Dabei gehen persönliche Erfahrungen aus den konstruktiven Momenten des individuellen Handelns als kulturbedingte und kulturschaffende, sinnstiftende Auseinandersetzung mit den situativen Problemgehalten hervor, die sich im Rahmen der jeweiligen thematischen Ausrichtung der ästhetischen Bewegungspraktiken ergeben. So wird beispielsweise in der thematischen Perspektive des *Gleitens* die Reibungslosigkeit und Glätte eines spezifischen Untergrundes (Schnee, Eis, Schmierseife etc.) und damit verbunden die Qualität des schier endlosen, ungebremsten Andauerns eines Bewegungszustandes zum Gegenstand gemacht. Mit dieser elementaren Thematik sind zugleich grundlegende Anforderungen bzw. Bewegungsprobleme verbunden, mit denen sich die Akteure und Akteurinnen auseinandersetzen müssen und für die zweckmäßige Bewegungslösungen gesucht und gefunden werden müssen. Durch die fehlende Reibung und das entsprechende Fehlen eines festen Kontaktes zum Untergrund müssen im Gleiten die spezifischen Probleme des dynamischen Gleichgewichts und der ungewohnten Bedingungen für Gleichgewichtskorrekturen bewältigt werden. Außerdem muss angesichts der fehlenden Reibung das Problem bewältigt werden, einen Abdruck für Beschleunigungsimpulse zu finden. Schließlich müssen für die ebenfalls grundlegenden Probleme der Tempokontrolle und der Richtungskontrolle geeignete persönliche Lösungsmöglichkeiten durch zweckmäßige Bewegungsaktionen hervorgebracht werden. Angesichts der ausgesprochen grundlegenden Spezifizierung derartiger Bedeutungsrelationen im leiblich konstituierten Mensch-Welt-Bezug wird es den Schülerinnen und Schülern ermöglicht, sich die Bewegungsinhalte frei verfügbar zu machen und eine Durchdringung ihrer strukturellen Zusammenhänge und Bauprinzipien sowie ihre Reflexion in kategorialem Sinne zu realisieren. Durch diese Weise der schöpferischen Erschließung typischer Bewegungsthemen eröffnet sich die bildungsrelevante Perspektive der Klärung individueller Welt- und Selbstverhältnisse, die deutlich über die bloße Aneignung von Bewegungsformen hinausweist.

5   Ausblick: ästhetische Erfahrung als spezifische Dimension von Bildung

Ästhetische Bewegungspraktiken vermitteln in ihrer Eigenweltlichkeit ähnlich der Malerei, Musik oder Literatur gemeinschaftliche Erfahrungshintergründe, deren man sich auch gemeinschaftlich vergewissern und über die man sich kommunikativ austauschen kann (vgl. Seel 2007). Sie bieten die Perspektive der Erkundung von Möglichkeitsräumen des Ausagierens von Fiktionen, erschließen die Welt als Bewegungswelt und thematisieren insgesamt die eigenen persönlichen Grenzen. Unter der Bildungsperspektive geht es in der ästhetischen Praxis des Bewegens gerade darum, sich von vertrauten Ordnungen zu lösen und gegebene Habituskonzepte zu verunsichern, um neue Ordnungen hervorbringen, sich neue Möglichkeitsräume wertbesetzten Tuns und erweiterte persönliche Entfaltungsmöglichkeiten erschließen und auch eigene Präferenzen ausprägen zu können. Den Schwung des Schaukelns hinzubekommen und ganz darin aufzugehen, sich am „esprit de finesse" des gelingenden Bewegens zu ergötzen, darin die eigene Virtuosität oder Dynamik zu erleben, das kann einen eigenen, an den Vollzug gebundenen Erlebniswert haben und gegenüber den alltäglichen Leibverhältnissen einen grenzüberschreitenden Möglichkeitsraum eröffnen, der auch einen spezifischen Sinn stiftet. Gleiches gilt allerdings auch im umgekehrten Fall des Misslingens, das die eigene Unsicherheit oder Unbeholfenheit vor Augen führen kann. Auch solche Erlebnisse können sich in ihrer jeweiligen Prägnanz auf die personalen Handlungsmöglichkeiten entsprechend auswirken.

Subjekte können sich durch ästhetische Erfahrungen selbst bewusster werden und sich dazu befähigen, die Welt sinnensicher in Erfahrung bringen und ein verlässliches Weltbewusstsein entwickeln zu können. Dabei kann aber keinesfalls davon ausgegangen werden, das Selbst sei eine quasi materialisierte Kategorie, die in einem beständigen Sosein den Kern persönlicher Identität markiert und das Handeln als persönliches Handeln bestimmt. Es muss vielmehr angenommen werden, dass grundsätzlich von einem systematisch flüchtigen Subjekt auszugehen ist, das immer wieder aufs Neue infrage steht, dynamischen Veränderungen unterliegt und sich fortlaufend im eigenen Tun neu bestimmen muss. Ein jeweiliges „Selbstsein kann nicht ein für alle Mal erreicht werden, es muss immer wieder aufs Spiel gesetzt werden. Kein Selbstgewinn ohne Selbstverlust" (Seel 2014, S. 241). Genau hier kann die Perspektive ästhetischer Erfahrung und eine wesentliche emanzipatorische Dimension ästhetischer Freiheit ausgemacht werden, sie liegt: „in der Aktualisierung solcher Formen des Sichverlierens, die einem freien Selbstverhältnis förderlich sind" (ebd.). Im sportlichen Handeln ereignet sich dieses Sichverlieren in der kultivierten Ungewissheit der Handlungssituationen, die gleichzeitig als Resonanz das spielerische Bemühen um einen Selbstgewinn anheizen und die Bedingung für eine bildende Selbstüberschreitung und den zunehmenden Gewinn von Autonomie bieten.

Ein konkretes Beispiel aus dem Bereich der Sportspiele mag diese Art des spielerischen Selbstgewinns und der Selbstüberschreitung auf der Grundlage ästhetischer Erfahrungen anschaulich machen. Beim Fußball, Handball oder Basketball lässt sich oft beobachten, dass sich unsichere Spielanfänger weitgehend aus dem Spielgeschehen zurückziehen und alle Aktionen vermeiden, die ihnen die Kontrolle des Balles erschweren. Dabei wird insbesondere die räumliche Nähe zur gegnerischen Abwehr als Bedrohung erlebt und möglichst gemieden. Im Unterschied zu Könnern trauen sie sich meist nicht, etwas zu riskieren und Ball und Raum gegen den Widerstand von Gegenspielern aber auch gegen die Ungeduld von Mitspielern für sich zu beanspruchen. Dahinter steht augenscheinlich ein Selbstkonzept, das anstelle selbstbewusster Erfolgszuversicht eher durch die Erwartung des Scheiterns, durch Vermeidungstendenzen und durch Unsicherheit geprägt ist. Dies kommt dann oft in einer zurückgenommenen leiblichen Präsenz im Spielraum zum Ausdruck und ist mit den Schwierigkeiten verbunden, Raum nur mit Mühe körperlich für sich beanspruchen und erobern zu können. Sobald sich aber solchen Spielanfängern durch sinnvoll angepasste Spielbedingungen die Möglichkeit bietet, sich in spielerisch ausprobierender Weise mit solchen verunsichernden Spielsituationen auseinanderzusetzen und die eigenen Möglichkeiten produktiv einbringen zu können, erleben sie auf der Basis der Erfahrung ihrer Selbstwirksamkeit auch oft eine Befreiung von ihrer „Raumangst". Wenn sich beispielsweise durch die Reduzierung der Spielerzahl größere Aktionsräume ergeben oder durch die Begrenzung zulässiger Abwehraktionen (z. B. Verbot des Haltens und Stoßens) die körperlichen Zugriffsmöglichkeiten der Abwehr verringern, kann der situative Druck, der für Spielanfänger in jeweiligen Spielsituationen entsteht, so eingedämmt werden, dass sie leichter ihre Raumangst überwinden und sich in raumgreifenden Spielaktionen erproben können. Sie können es unter solchen Bedingungen möglicherweise sogar genießen, Räume körperlich zu erobern und zu behaupten und gewinnen deutlich an leiblicher Präsenz. Im Idealfall können solche leiblichen Erfahrungen auch über den Kontext des Spiels hinaus in überdauernden Veränderungen der Selbstkonzepte ihren Niederschlag finden. Mit der konkreten Kompetenzerfahrung vermitteln sich Identitäts- und Selbstwertgewinne und eine optimistische, auf Weiterentwicklung und Welterschließung ausgerichtete Erwartungshaltung kann sich etablieren. In der Sprache der Leibphänomenologie würde man sagen, dass sich das veränderte Leibkonzept nun intentional weiter in die Welt erstreckt und den entsprechenden Raum beansprucht.

Auch das eingangs ausgeführte Beispiel zum „Fair-Spielen" zeigt, wie der Gegenstand Spielen selbst ästhetische Erfahrungen vermitteln kann, und wie er das Fair-Spielen im konkreten Vollzug des Spiels reflexiv werden lassen kann. Indem durch die systematische Gestaltung der Spielregeln spezifisch zugespitzte Spielsituationen hervorgerufen werden können, werden die Folgen des fairen oder unfairen Spielverhaltens für das Spiel insgesamt unmittelbar körperlich erlebbar. Wenn sich Gegenspieler zurückziehen und das Spiel dadurch an Intensität verliert, kann dies unmittelbar mit dem eigenen Spielverhalten in einen Zusammenhang gebracht werden. Durch diese konkreten Spielerfahrungen können Einsichten in die Bedeutung des fairen Verhaltens als funktionale und nicht bloß normativ-moralische Kategorie gewonnen werden, die unmittelbar mit einer Entwicklung von Empathiefähigkeit einhergehen können.

Beide Beispiele zeigen, wie ästhetische Erfahrungen dazu beitragen können, die eigenen impliziten Handlungs- und Wahrnehmungsstrukturen dauerhaft zu verändern und damit die persönlichen Welt- und Selbstzugänge zu transformieren. Im Erleben der eigenen Weise des Wahrnehmens und Bewegens und deren kultureller Geformtheit kann eine Person sich selbst in ihrer Subjektivität spezifizieren und sich die Welt, die ihr zunächst gar nicht unmittelbar gegeben ist, als eigene Umwelt vermitteln und spezifizieren.[5]

Insgesamt vermittelt sich durch diese Art der Auseinandersetzung mit der Welt im Rahmen bewegungskultureller Praktiken in den persönlichen Erfahrungs-strukturen ein fundamentales Bewusstsein für die Ambivalenzen und die Diversität lebensweltlicher Bezüge und für die prinzipielle Relativität und Konstruktivität des menschlichen Daseins und Erlebens. Es wird konkret erlebbar, dass individuelle Wirklichkeiten keine absoluten Gegebenheiten sind, sondern wesentlich durch die subjektiven Perspektiven eigener Wahrnehmung und die Spezifik eigener Formungsweisen bedingt sind. Insofern wird hier insgesamt das kontingente Moment von Lebensentwürfen reflexiv, zu denen es immer auch Alternativen gibt (vgl. Seel 2007). Dabei ist die Auseinandersetzung mit der Kontingenzfrage keine ausschließlich kognitive, sondern sie ist in eine tiefergehende Reflexion eingebunden, die als Sinnerörterung auf der Ebene der immanenten Sinnbezüge des Bewegens selbst ansetzt und sich insofern als ästhetische Erkenntnisform der Sprache des Bewegens und der damit verbundenen Sinnlichkeit bedient. Im sport-lichen Bewegen sieht Bockrath (2012) die Perspektive, in der Erfahrung dieser Kontingenz die Kontingenz der Erfahrung reflexiv werden zu lassen und damit Einsicht in die Unmöglichkeit von Absolutheit und Totalität in je eigenen Welt-zugängen und Wirklichkeitskonstrukten zu gewinnen.

Darüber hinaus bieten ästhetische Bewegungspraxen in ihrer Art der Welt-auseinandersetzung den Rahmen dafür, die kategorialen Strukturen der Welt (Widerständigkeiten, Affordanzen, Constraints, Machtverhältnisse, Abhängigkeiten, …), ihre disparaten Entwicklungslinien und kontingenten Bezüge, aber auch die

---

[5]Diese Form der Selbsthervorbringung durch individuelles Bewegen in sozialen Praxen und das damit verbundene Aneignen der Welt erörtert Franke (2015) ausführlich in einem grundlegenden Beitrag zum Konzept der Bildsamkeit in Bezug auf die Dimension des Leiblichen (vgl. auch Bietz 2014).

eigene Verstrickung und Eingebundenheit in die soziokulturellen Gegebenheiten sowie deren Inkorporierung in die Strukturen der eigenen Persönlichkeit in der Dimension des Leiblichen in Erfahrung bringen zu können.

„Denn nur dann, wenn die Subjekte ihre eigenen Körper- und Bewegungs-geschichten kennenlernen, wenn sie die Vielfalt der kulturellen Räume erkunden, in denen sich ihre eigene Stimme und Identität konstituiert, ist die Voraussetzung dafür gegeben, die Prozesse der Inkorporierung des Sozialen nicht länger bewusstlos hinzunehmen, sondern die Grenzen der eigenen Kultur, die auch die Grenzen des eigenen Selbst sind, auszuloten, und [...], die komplexe Beziehung von Selbst- und Fremdbestimmung mündig mitzubestimmen." (Meyer-Drawe 1996, S. 57; zitiert nach Alkemeyer 2001, S. 170)

Aus den sozialen Praxen des sportlichen Bewegens und deren jeweils kontingenten Gegenwart heraus konstituieren sich insofern auf der Grundlage ästhetischer Erfahrungen Subjektivität und Kulturalität als fortlaufende Prozesse des Selbst- und Weltverstehens.

Literatur

Alkemeyer, T. (1997). Sport als Mimesis der Gesellschaft. In E. Hildenbrandt (Hrsg.), *Sport als Kultursegment aus der Sicht der Semiotik* (S. 39–56). Hamburg: Czwalina.

Alkemeyer, T. (2001). Die Vergesellschaftung des Körpers und die Verkörperung des Gesellschaftlichen. Ansätze zu einer Historischen Anthropologie des Körpers und des Sports in modernen Gesellschaften. In K. Moegling (Hrsg.), *Integrative Bewegungslehre*. Band 1 (S. 132–178). Immenhausen: Prolog.

Baumert, J. (2002). Deutschland im internationalen Bildungsvergleich. In N. Killius, J. Kluge & L. Reisch (Hrsg.), *Die Zukunft der Bildung* (S. 100–150). Frankfurt a. M.: Suhrkamp.

Bietz, J. (2002). *Bewegungsvorstellung und Blindheit. Eine repräsentationstheoretische und symboltheoretische Grundlegung*. Schorndorf: Hofmann.

Bietz, J. (2005). Bewegung und Bildung – Eine anthropologische Betrachtung in pädagogischer Absicht. In J. Bietz, R. Laging & M. Roscher (Hrsg.), *Bildungstheoretische Grundlagen der Bewegungs- und Sportpädagogik* (S. 83–122). Baltmannsweiler: Schneider.

Bietz, J. (2010). Sportliches Bewegen und Erfahrung im Bildungsprozess. In R. Laging (Hrsg.), *Bewegung vermitteln, erfahren, lernen – Bildungs- und erziehungstheoretische Reflexionen in der Bewegungs- und Sportpädagogik* (S. 43–58). Baltmannsweiler: Schneider.

Bietz, J. (2011). *Grundzüge einer bildungs- und bewegungstheoretisch verankerten Bewegungs- und Sportpädagogik*. Unveröffentlichte Habilitationsschrift Marburg.

Bietz, J. (2014). Reflexive Sportdidaktik. In S. Körner & V. Schürmann (Hrsg.), *Reflexive Sportwissenschaft* (S. 45–56). Berlin: Lehmanns Media.

Bietz, J. & Böcker, P. (2009). Spielen und Spiele spielen. In R. Laging (Hrsg.), *Inhalte und Themen des Bewegungs- und Sportunterrichts* (S. 108–136). Baltmannsweiler: Schneider Verlag.

Bockrath, F. (2012). Kontingenz der Erfahrung – Erfahrung der Kontingenz. In S. Körner & P. Frei (Hrsg.), *Die Möglichkeit des Sports. Kontingenz im Brennpunkt sportwissenschaftlicher Analysen* (S. 129–156). Bielefeld: Transcript.

Bourdieu, P. (1974). *Zur Soziologie der symbolischen Formen*. Frankfurt a.M.: Suhrkamp.

Cassirer, E. (1994). *Philosophie der symbolischen Formen. Erster Teil: Die Sprache. Zweiter Teil: Das mythische Denken. Dritter Teil: Phänomenologie der Erkenntnis.* Darmstadt: Wissenschaftliche Buchgesellschaft.

Cassirer, E. (1995). *Zur Metaphysik der symbolischen Formen. Nachgelassene Manuskripte und Texte.* Band I, Hrsg. von J.M. Krois. Hamburg: Meiner.

Franke, E. (2003). Ästhetische Erfahrung im Sport – ein Bildungsprozess? In E. Franke & E. Bannmüller (Hrsg.), *Ästhetische Bildung* (S. 17–37). (Jahrbuch Bewegungs- und Sportpädagogik in Theorie und Forschung. Band 2). Butzbach-Griedel: Afra.

Franke, E. (2008). Raum – Bewegung – Rhythmus. Zu den Grundlagen einer Erkenntnis durch den Körper. In F. Bockrath, B. Boschert & E. Franke (Hrsg.), *Körperliche Erkenntnis. Formen reflexiver Erfahrung* (S. 15–39). Bielefeld: Transcript.

Franke, E. (2010). Formungsprinzipien motorischer Intelligenz. Der Rhythmus. In R. Laging (Hrsg.), *Bewegung vermitteln, erfahren und lernen* (S. 59–69). Baltmannsweiler: Schneider.

Franke, E. (2015). Bildsamkeit des Körpers – anthropologische Voraussetzungen aktueller Bildungsforschung. In J. Bietz, R. Laging & M. Pott-Klindworth (Hrsg.), *Didaktische Grundlagen des Lehrens und Lernens von Bewegungen* (S. 223–256). Baltmannsweiler: Schneider Verlag.

Gebauer, G. & Wulf, C. (1998). *Ritual-Spiel-Geste. Mimetisches Handeln in der sozialen Welt.* Reinbek: Rowohlt.

Gogoll, A. (2013). Sport- und bewegungskulturelle Kompetenz. *Zeitschrift für Sportpädagogische Forschung,* 1 (2), 5–24.

Gruschka, A. (2018). Über die unerledigte „Kategoriale Bildung". In R. Laging & P. Kuhn (Hrsg.), *Bildungstheorie und Sportdidaktik. Ein Diskurs zwischen kategorialer und transformatorischer Bildung* (S. 49–60). Wiesbaden: Springer VS.

Gumbrecht, H.U. (2012). *Präsenz.* Berlin: Suhrkamp.

Gumbrecht, H.U. (2016). Die Zuhandenheit im Sport. *Die Zeit,* 11, vom 3.3.2016.

Heidegger, M. (2006 [1927]). *Sein und Zeit.* (19. Auflage). Tübingen: Niemeyer.

Klafki, W. (2001). Bewegungskompetenz als Bildungsdimension. In R. Prohl (Hrsg.), *Bildung und Bewegung* (S. 19–28). Hamburg: Czwalina.

Köller, W. (2001). Das Phänomen "Bewegung" in semiotischer Sicht. In G. Friedrich (Hrsg.), *Zeichen und Anzeichen* (S. 11–21). Hamburg: Czwalina.

Laging, R. (2009). Die Sache und die Bildung. Bewegungspädagogische Implikationen. In R. Laging (Hrsg.), *Inhalte und Themen des Bewegungs- und Sportunterrichts* (S. 3–27). Baltmannsweiler: Schneider.

Langer, S. (1979). *Philosophie auf neuem Wege.* Mittenwald: Mäander Kunstverlag.

Loosch, E. (1999). *Allgemeine Bewegungslehre.* Wiebelsheim: Limpert.

Marburger Sportpädagogen (1998). Grundthemen des Bewegens – Eine bewegungs-pädagogische Erweiterung der Sportlehrerausbildung. *Sportunterricht*, 47 (8), 318–324.

Meyer-Drawe, K. (1987). *Leiblichkeit und Sozialität*. München: Fink.

Meyer-Drawe, K. (1996). Tod des Subjekts – Ende der Erziehung. *Pädagogik*, 48 (7–8), 48–57.

Meyer-Drawe, K. (2008). *Diskurse des Lernens*. Paderborn: Fink Verlag.

Meyfarth, U. (1986). *Auf die Plätze! Fertig! Los!!!: Ulrike Meyfarth erklärt Kindern die Leichtathletik*. München: Copress.

Neumann, P. & Balz. E. (Hrsg.) (2004): *Mehrperspektivischer Sportunterricht*. Schorndorf: Hofmann.

Neuweg, G.H. (2004). *Könnerschaft und implizites Wissen* (3. Aufl.). Münster: Waxmann.

Paetzold, H. (1994). *Die Realität der symbolischen Formen. Die Kulturphilosophie Ernst Cassirers im Kontext*. Darmstadt: Wissenschaftliche Buchgesellschaft.

Polanyi, M. (1985). *Implizites Wissen*. Frankfurt a.M.: Suhrkamp.

Prohl, R. (1991). *Sportwissenschaft und Sportpädagogik. Ein anthropologischer Aufriss*. Schorndorf: Hofmann.

Roth, G. (2015). *Aus Sicht des Gehirns* (4., neu bearbeitete Aufl.). Frankfurt a. M.: Suhrkamp.

Scherer, H.-G. (2001). Bewegung und Raum. In K. Moegling (Hrsg.), *Integrative Bewegungslehre. Teil II* (S. 59–82). Immenhausen bei Kassel: Prolog.

Scherer, H.-G. (2008). Zum Gegenstand von Sportunterricht: Bewegung, Spiel und Sport. In H. Lange & S. Sinning (Hrsg.), *Handbuch Sportdidaktik* (S. 24–39). Balingen: Spitta Verlag.

Scherer, H.-G. & Bietz, J. (2013). *Lehren und Lernen von Bewegungen*. Baltmannsweiler: Schneider.

Schierz, M. & Thiele, J. (2013). Weiter denken – Umdenken – Neu denken? Argu-mente zur Fortentwicklung der sportdidaktischen Leitidee der Handlungsfähigkeit. In H. Aschebrock & G. Stibbe (Hrsg.), *Didaktische Konzepte für den Schulsport* (S. 122–147). Aachen: Meyer & Meyer.

Schön, D.A. (1983). *The Reflective Practitioner. How Professionals think in Action*. New York: Basic Books.

Spitzer, M. (2002). *Lernen. Gehirnforschung und die Schule des Lebens*. München: Spektrum.

Schürmann, V. (2008). Reflexion und Wiederholung. Mit einem Ausblick auf ›Rhythmus‹. In F. Bockrath, B. Boschert & E. Franke (Hrsg.), *Körperliche Erkenntnis. Formen reflexiver Erfahrung* (S. 53–72). Bielefeld: Transcript.

Schwemmer, O. (1997a). *Ernst Cassirer. Ein Philosoph der europäischen Moderne*. Berlin: Akademie.

Schwemmer, O. (1997b). *Die kulturelle Existenz des Menschen*. Berlin: Akademie.

Schwemmer, O. (2005). *Kulturphilosophie*. München: Wilhelm Fink.

Seel, M. (2007). *Die Macht des Erscheinens*. Frankfurt a.M.: Suhrkamp.

Seel, M. (2014). *Aktive Passivität. Über den Spielraum des Denkens, Handelns und anderer Künste*. Frankfurt a. M.: Fischer.

Serwe-Pandrick, E. & Gruschka, A. (2016). Reflexion über Sport im Sportunterricht – Annäherung an die Logik praktischer Versuche. In D. Wiesche, M. Fahlenbock & N. Gissel (Hrsg.), *Sportpädagogische Praxis – Ansatzpunkt und Prüfstein von Theorie* (S. 21–49). Hamburg: Feldhaus.

Tamboer, J.W.I. (1994). *Philosophie der Bewegungswissenschaften*. Butzbach-Griedel: Afra.

Tholey, P. (1984). Sensumotorisches Lernen als Organisation des psychischen Gesamtfeldes. In E. Hahn & H. Rieder (Hrsg.), *Sensumotorisches Lernen und Sportspielforschung* (S. 11–26). Köln: bps.

Tenorth, H. E. (2008). Sport im Kanon von Schule – Die Dimension des Ästhetisch-Expressiven. Über die vernachlässigte Dimension der Bildungsdebatte und -theorie. In E. Franke (Hrsg.), *Erfahrungsbasierte Bildung im Spiegel der Standardisierungsdebatte* (S. 163–179). Baltmannsweiler: Schneider.

Tenorth, H. E. (2011). Mehr als Training? Über Bildung im Sportunterricht. In B. Gröben, V. Kastrup & A. Müller (Hrsg.), *Sportpädagogik als Erfahrungswissenschaft* (S. 23–35). Hamburg: Feldhaus.

Weizäcker, V. v. (1973 [1940]). *Der Gestaltkreis*. Frankfurt a. M.: Suhrkamp.

Wiemeyer, J. (1996). „Je mehr ich denke, desto schlechter werde ich": Bewusstsein – „Motor" oder „Bremse" des Bewegungslernens? *psychologie und sport*, 3 (3), 92–108.

Wie entsteht neue Mathematik?

Spezifische Mechanismen der fachlichen Wissensbildung in der Mathematik

Thomas Bauer, Eva Müller-Hill und Roland Weber

---

1 Einleitung

Die Frage, welche spezifischen Prozesse und Mechanismen die Entstehung neuen Wissens in der Mathematik kennzeichnen, lässt sich aus zwei komplementären Perspektiven angehen. Wir können uns dieser Frage aus der „Bodenperspektive" nähern: Das ist die Perspektive, die wir ganz analog einnehmen, wenn wir uns den Zugang zu einer zunächst fremden Umgebung „erlaufen", indem wir uns also darin hin und her bewegen und uns mit der Umgebung im direkten Kontakt vertraut machen. Ist dies gelungen, wissen wir beispielsweise, wie man von einem konkreten Ausgangspunkt A zu einem konkreten Zielpunkt B kommt, vielleicht kennen wir sogar mehrere Wege, und können diese mit Blick auf bestimmte Randbedingungen als geeignet oder weniger geeignet beurteilen, da wir z. B. die Wegsamkeit des jeweiligen Geländes bereits erfahren haben. Eine andere Perspektive, die die Bodenperspektive nicht ersetzt, sondern ergänzt, ist die „Luftperspektive". Die Erkundung aus der Luft macht Strukturen und Zusammenhänge sichtbar, die beim „Erlaufen" allein verborgen bleiben.

T. Bauer (✉) · R. Weber
Philipps-Universität Marburg, Marburg, Deutschland
E-Mail: tbauer@mathematik.uni-marburg.de

R. Weber
E-Mail: rweber@mathematik.uni-marburg.de

E. Müller-Hill
Universität Rostock, Rostock, Deutschland
E-Mail: eva.mueller-hill@uni-rostock.de

© Springer Fachmedien Wiesbaden GmbH, ein Teil von Springer Nature 2020
N. Meister et al. (Hrsg.), *Zur Sache. Die Rolle des Faches in der universitären Lehrerbildung*, Edition Fachdidaktiken,
https://doi.org/10.1007/978-3-658-29194-5_4

Die Metaphern der Luft- und Bodenperspektive verstehen wir im Folgenden vor allem methodisch mit Blick auf *die Art und Weise, wie* wir uns der Frage der fachlichen Wissensbildung in der Mathematik nähern wollen. Mathematik selbst wollen wir dabei weniger als ein „Gelände" im engeren Sinne denn als ein von Menschen hervorgebrachtes kulturelles Phänomen auffassen, das jedoch unterschiedliche konkrete „mathematische Kulturen" kennt (vgl. Prediger 2001a). Wir werden uns dabei auf zwei mathematische Kulturen fokussieren: Mathematik als wissenschaftliche Disziplin und schulpraktische Mathematik.

Wir geben zunächst einen Einblick in typische Prozesse und Mechanismen forschender Wissensgenese in der wissenschaftlichen Disziplin der Mathematik, und nehmen dabei die Luftperspektive ein (Abschn. 2). Einige dieser Prozesse und Mechanismen konkretisieren wir dann an fachlichen Beispielen aus der Bodenperspektive (Abschn. 3). Diese Betrachtungen stellen wir anschließend Überlegungen zur intendierten Rolle von forschender Wissensgenese im Mathematikunterricht gegenüber (Abschn. 4). Diese Überlegungen entstehen sowohl aus der Perspektive der curricularen Vorgaben und Rahmungen von Mathematikunterricht als auch aus der Perspektive der unterrichtlichen Inszenierung von mathematischen Forschungsprozessen „im Kleinen".

2 Blick auf Mathematik als wissenschaftliche Disziplin

Für die nachfolgenden Überlegungen erweist es sich als hilfreich, die allgemein gestellte Frage nach spezifischen Mechanismen und Prozessen mathematischer Wissensbildung ein wenig aufzufächern. Einen Ansatz dafür liefern die von Hefendehl-Hebeker (2015) formulierten Fragen, deren Bewusstheit sie als eine Zielvorstellung für die Professionalisierung von Lehramtsstudierenden im Umgang mit dem Fach und seiner spezifischen Art der Wissensbildung fordert:

- Welche Phänomene hält die Mathematik des Nachdenkens wert?
- Wie nimmt sie ihre Gegenstände gedanklich in den Griff?
- Welche Fragen stellt sie angesichts von Beobachtungen?
- Wie erzeugt sie (argumentativ) Gewissheit?

Aus der Luftperspektive betrachtet, schlagen wir zur konkreten Untersuchung dieser Fragen an fachlichen Beispielen den Rückgriff auf unterschiedliche Ansätze und Konzepte insbesondere aus der Wissenschaftsphilosophie vor.

Ein solches Konzept ist die Unterscheidung eines *context of discovery* und eines *context of justification,* auf die hin sich mathematische Aktivitäten in der wissenschaftlichen Praxis in unterschiedlichem Maße orientieren. Die Unterscheidung dieser beiden Kontexte geht ursprünglich auf Hans Reichenbach (1938), einen Wissenschaftsphilosophen, zurück. Er führte sie ein, um deutlich zu machen, dass Wissenschaftsphilosophie nicht nur eine normative Disziplin sein kann, die die Kritik von Rechtfertigungsstandards und Geltungsansprüchen wissenschaftlicher Theorien zum Gegenstand hat – also den *context of justification* – sondern auch einen deskriptiven Anteil beinhalten muss, der den *context of discovery* fokussiert. Wissenschaftsphilosophie, so seine damals durchaus unkonventionelle Forderung, muss auch das tatsächliche Denken und Arbeiten von Wissenschaftlern im Entdeckungskontext abbilden und analysieren. Für den *context of discovery* diagnostiziert Reichenbach durch die Psychologie des Erkennens bedingte Charakteristika, die rein normativer Präskription nicht zugänglich, sondern zunächst deskriptiv zu bestimmen sind. Die heute etablierte Lesart der beiden Kontexte weicht allerdings von Reichenbachs eigenen Formulierungen ab, und die Nützlichkeit der Unterscheidung wird auch in der Mathematikdidaktik stellenweise kontrovers diskutiert (vgl. z. B. Prediger 2001b). Im Folgenden klären wir daher unser Verständnis der Unterscheidung und ihres Nutzens mit Blick auf die hier gestellten Fragen.

Verschiedene Autoren aus der (Mathematik)Philosophie und später auch der Didaktik der Mathematik haben die Kontextunterscheidung und die mit dem *context of discovery* verbundenen Charakteristika mit Blick auf das mathematische Arbeiten, mit mehr oder weniger direktem Bezug zu Reichenbach, weiter ausgebaut, beforscht und als essenziellen Bestandteil der Mathematik aufgewertet. Einer der prominentesten Ansätze stammt von George Pólya, einem ungarischen Mathematiker. In der Einleitung zu seinem noch immer als Standard auf diesem Gebiet geltenden Buch „Mathematical Problem Solving" schreibt er:

„Studying the methods of problem solving, we perceive another face of mathematics. Yes, mathematics has two faces: it is the rigorous science of Euclid but it is also something else. Mathematics presented in the Euclidean way appears as a systematic, deductive science; but mathematics in the making appears as an experimental, inductive science. Both aspects are as old as the science of mathematics itself. But the second aspect is new in one respect; mathematics „in statu nascendi", in the process of being invented, has never before been presented in quite this manner to the student, or to the teacher himself, or to the general public." (Pólya 1945)

Während in der Mathematik für den *context of justification* die Tätigkeiten des *argumentativen Rechtfertigens* und *Beweisens* charakteristisch sind, sind es im *context of discovery* insbesondere das *heuristische, experimentelle Arbeiten,* sowie das *Aufstellen von Vermutungen* auf der Basis von im Experiment gemachten *Beobachtungen.*

Schreiber (2011) stellt eine systematische Übersicht über im *context of discovery* wirksame heuristische Arbeitsweisen auf. Eine für die Mathematik sehr fruchtbare Familie von heuristischen Arbeitsweisen sind *induktive* Heurismen, wie das systematische Probieren, das Vorwärtsarbeiten, und der Versuch zu verallgemeinern. Daneben gibt es nach Schreiber aber noch mindestens drei andere wichtige Heurismenfamilien: Heurismen der Variation (z. B. Betrachten von Spezialfällen), der Reduktion (z. B. Rückwärtsarbeiten), und der Interpretation (z. B. Visualisieren in einer Skizze). Pólyas Idee war es, die heuristische Struktur von mathematischen Problembearbeitungen, die andere Autoren vor ihm in einer tieferen Bewusstseinsschicht verorten, welche üblicherweise nicht zutage tritt und sich nur indirekt durch plötzliche Einsichten, „Geistesblitze", manifestiert, im argumentativen Dialog durch charakteristische Fragen zu explizieren und zu fördern, und sie so lehr- und lernbar zu machen. Für die Heurismenfamilie der Induktion findet man in Pólya (1945) unter anderem die folgenden Fragen:

- Probiere systematisch: *Kennt man die Lösung für spezielle Werte?*
- Arbeite vorwärts: *Welche Folgerungen kann man aus dem Gegebenen ziehen?*
- Versuche zu verallgemeinern: *Welche Bedingungen kann man fallen lassen? Kann man Parameter einführen?*

Das Aufstellen von Vermutungen im *context of discovery* ist aus der Luftperspektive betrachtet in ein komplexes Zusammenspiel von Abduktion, Deduktion und Induktion bei der mathematischen Wissensgenese eingebettet, welches auch den *context of justification* einschließt. Charles Saunders Peirce (vgl. die Diskussion in Pedemonte und Reid 2011) hat dieses Zusammenspiel als charakteristische Phasierung wissenschaftlicher Erkenntnis- und Erklärprozesse herausgearbeitet. Modellhaft reduziert lässt sich dieses mithilfe eines idealtypischen, iterativen Schemas beschreiben (Abb. 1; vgl. Müller-Hill 2019):

- In einer *initialen Abduktion* erkennt das Subjekt, unter Rückgriff auf sein vorhandenes Hintergrundwissen und gemachte Beobachtungen und Erfahrungen, eine mögliche Gesetzmäßigkeit mit Blick auf ein betrachtetes Phänomen. Es vermutet diese Gesetzmäßigkeit als bestmögliche Erklärung für das Eintreten des Phänomens unter den in der aktuellen Situation gegebenen Bedingungen.

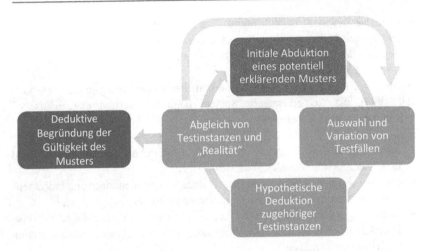

Abb. 1 Iteratives Schema für Erklärprozesse. (Nach Müller-Hill 2019)

- Das Subjekt wählt nun Testfälle zur Prüfung seiner Vermutung aus. Dabei können auch bereits betrachtete Fälle systematisch variiert werden.
- Im Sinne einer *hypothetischen Deduktion* zieht es aus der vermuteten Gesetzmäßigkeit mit Blick auf die betrachteten Fälle Konsequenzen.
- Es *überprüft induktiv,* ob die abgeleiteten Konsequenzen zutreffen, also mit den realen Gegebenheiten übereinstimmen.
- Ist das Ergebnis der induktiven Prüfung zufriedenstellend, kann eine *deduktive Absicherung* der Gültigkeit der vermuteten Gesetzmäßigkeit versucht werden. Spätestens an dieser Stelle verlässt das Subjekt den *context of discovery* und wechselt in den *context of justification.* Ist das Ergebnis nicht zufriedenstellend, können weitere Testfälle betrachtet werden oder zunächst eine erneute Abduktion einer anderen erklärenden Gesetzmäßigkeit erfolgen.

Mit Blick auf das individuelle Erkenntnissubjekt spielen in den unterschiedlichen Phasen des Entdeckungskreislaufs verschiedene *Bewusstheitsmodi* und *Überzeugungsgrade* eine Rolle. So identifizieren Kaenders et al. (2010, 2015) unter anderem die folgenden Bewusstheitsmodi:

- *soziale Bewusstheit:* etwas als Faktum wissen, von einer fachlichen Autorität (Buch, Person),

- *plausible Bewusstheit:* sich intuitiv „sicher" sein (verschiedene Stärken von „Sicher-sein" sind möglich), dass es so sein „muss",
- *logische Bewusstheit:* es schlüssig beweisen können.

Mason et al. (1982) unterscheiden dagegen drei Überzeugungsgrade (vgl. auch Tall 1989), die das erkennende Subjekt beim forschenden mathematischen Arbeiten nach und nach erreicht:

- *convincing oneself:* kann etwa durch ein Aha!-Erlebnis eintreten, resultierend in starker individueller plausibler Bewusstheit.
- *convincing a friend:* bringt das Subjekt dazu, die eigenen Ideen zumindest teilweise zu einer Art kohärentem Argument zu verbinden.
- *convincing a critical enemy:* verlangt vom Subjekt, sich über die schrittweise Korrektheit und hinreichende Vollständigkeit der eigenen Argumentation Rechenschaft abzulegen.

Der Blick auf Bewusstheitsmodi und Überzeugungsgrade macht deutlich, dass eine wirklich strenge chronologische Trennung von Aktivitätsphasen im *context of justification* und im *context of discovery* auf deskriptiver Ebene nicht haltbar ist: Noch während wir uns im *context of discovery* bewegen, erlangen wir gleichzeitig auch ein gewisses Maß an Bewusstheit über die deduktive Validität unserer Vermutungen – zunächst vielleicht nur im Sinne eines „convincing oneself". Mit zunehmender Beschäftigung im Rahmen von charakteristischen Tätigkeiten des *context of discovery* erreichen wir aber auch höhere Überzeugungsgrade etwa im Sinne eines „convincing a friend". Wir sind uns dann nicht mehr nur der tatsächlichen Validität unserer Vermutungen bewusst (*dass* es so ist), sondern erlangen neben dieser plausiblen Bewusstheit auch zu einem gewissen Grad logische Bewusstheit einer „Beweisidee" (*warum* es so ist), bewegen uns in diesem Sinne also auch im *context of justification.* Dennoch ist der *context of justification* in stärkerem Maße als der *context of discovery* durch ein Zusammenspiel von sozialer und logischer Bewusstheit geprägt, welche das Finden und Formulieren eines mathematischen Beweises für die aufgestellten Vermutungen leiten.

Die soziale Bewusstheit spielt dabei in folgendem Sinne eine wesentliche Rolle für den *context of justification:* Soziale Bewusstheit in einem weiteren Sinne betrifft einerseits die subjektive Bewusstheit der Gültigkeit bereits etablierter mathematischer Resultate, und andererseits die Bewusstheit darüber, welche Regeln für akzeptables mathematisches Argumentieren in welchem Adressatenkreis gelten, welche Stadien und „Tests" ein mathematisches Argument erfolgreich durchlaufen muss, um als akzeptabler Beweis zu gelten. Diese

Art von Bewusstheit ist für das Arbeiten im *context of justification* relevant, denn auch dort geht es in der mathematischen Wissenschaftspraxis nicht um das Erstellen mathematischer Beweise im Sinne rein formaler Ableitungen. Jody Azzouni (2004) folgend könnten wir sagen, dass auch ein im *context of justification* zulässiger mathematischer Beweis immer nur ein „Entwurf" ist, aus dem man prinzipiell eine rein formale Ableitung erstellen könnte (ein „derivation indicator"). Die zulässigen „Entwurfsgrade" sind dabei sozial ausgehandelt; sie können situationsbezogen variieren, sind unter anderem abhängig von der mathematischen Expertise des beweisenden Subjekts und der des Adressaten-kreises eines Beweises (vgl. hierzu auch Müller-Hill 2011). Ihre situative Bestimmung ist Teil der Argumentationskultur der mathematischen Wissen-schaftsgemeinschaft und zeigt, dass diese auch im Rechtfertigungskontext mehr von einem Beweis verlangt als eine „bloße" Verifikationsfunktion im Sinne eines deduktiven „sichern, dass". Weitere wichtige „Beweisfunktionen" sind etwa die Erklärfunktion, die Systematisierungsfunktion, die Kommunikationsfunktion, die theoriebildende Funktion, die Bedeutungskonstruktion, der Perspektivwechsel, oder die Enkulturationsfunktion, also die Rolle von mathematischen Beweisen als Artefakte einer „Kultur der Mathematik" einerseits und ihre Funktion für eine gelingende Teilhabe an dieser Kultur andererseits (vgl. De Villiers 1990; Hanna und Jahnke 1996; Weber 2002; Müller-Hill und Kempen eingereicht).

3 Fachliche Beispiele

Wir illustrieren nun die im vorigen Abschnitt aus der Luftperspektive beleuchteten Aspekte aus der Bodenperspektive anhand von zwei fachlichen Beispielen. Dabei soll insbesondere deutlich werden, wie fachliche Wissens-bildung in der Mathematik (in idealtypischer Form) geschieht – wie entsteht neue Mathematik? Im vorliegenden Rahmen lässt sich dies am besten an elementar-mathematischen Situationen aufzeigen: Während diese zwar keine aktuellen Forschungssituationen darstellen, liegt ihr Vorteil darin, dass sie nur wenig inhalt-liche Voraussetzungen stellen und daher die Denk- und Arbeitsweisen besonders deutlich zutage treten.

3.1 Beispiel 1 – Algebra

Wir werden als erstes ein Beispiel aus der Algebra betrachten, das wir anhand einer konkreten Problemstellung einführen. Man darf sich vorstellen, dass diese als Aufgabe einem Mathematiktreibenden vorgelegt wird. In einer Forschungssituation stellt sich das erkennende Subjekt selbst Probleme und Fragen dieser Art.

1. *Problemstellung*

Betrachten Sie die folgenden Gleichungen:

$$1 + 3 = 4$$
$$1 + 3 + 5 = 9$$
$$1 + 3 + 5 + 7 = 16$$
$$1 + 3 + 5 + 7 + 9 = 25$$
$$\vdots \qquad \vdots$$

a) Wie geht es weiter, d. h. wie könnten die nächsten Zeilen lauten? Überprüfen Sie, ob auch diese nächsten Gleichungen richtig sind (d. h., ob die Summe der Zahlen links jeweils gleich der Zahl rechts ist).
b) Formulieren Sie anhand Ihrer Beobachtungen eine allgemeine Vermutung, wie die Zeilen fortgesetzt werden und ob alle (unendlich vielen) Gleichungen richtig sind. Wie überzeugt sind Sie davon, dass die Vermutung wahr ist?
c) Sehen Sie eine Begründung dafür, dass die Vermutung wahr ist, d. h. dass sie in allen weiteren Beispielen ebenfalls zutreffen wird?

2. *Beobachten, Experimentieren, Vermuten – context of discovery*

Wenn man die gegebenen Gleichungen betrachtet, dann fallen mehrere Dinge auf, die zusammengenommen ein *Muster* ergeben:

– Auf der linken Seite der Gleichungen stehen jeweils ungerade Zahlen, bei 1 beginnend und aufeinander folgend.
– Auf der rechten Seite stehen Quadratzahlen, aufeinander folgend und bei 4 beginnend.

Setzt man dieses Muster fort, so würde als nächstes die Zeile

$$1 + 3 + 5 + 7 + 9 + 11 = 36$$

folgen – wir haben auf der linken Seite 11 als nächste ungerade Zahl hinzugefügt und sind auf der rechten Seite zur nächsten Quadratzahl 36 übergegangen. Der entscheidende Punkt dieses Experiments ist: Wir haben diese neue Zeile rein „musterbasiert" erzeugt – ob die so entstandene Gleichung tatsächlich wahr ist

(d. h. ob die Summe der Zahlen auf der linken Seite wirklich die Zahl auf der rechten Seite ergibt) wurde zunächst außer Acht gelassen. Im Sinne des in Abschn. 2 vorgestellten iterativen Schemas wurde das Muster selbst durch eine *Abduktion* gewonnen – wir haben versuchsweise ein mögliches Prinzip unterstellt, dem die Entstehung der gegebenen Zeilen folgt, sie also in gewisser Weise „erklärt". Die neue Zeile haben wir dann durch eine hypothetische Deduktion aus unserem abduktiv erschlossenen Muster erhalten. Man kann nun weitere Zeilen nach demselben Prinzip erzeugen:

$$1 + 3 + 5 + 7 + 9 + 11 \qquad \overset{?}{=} 36$$
$$1 + 3 + 5 + 7 + 9 + 11 + 13 \qquad \overset{?}{=} 49$$
$$1 + 3 + 5 + 7 + 9 + 11 + 13 + 15 \overset{?}{=} 64$$

Prüft man diese Gleichungen (man führt also eine *prüfende Induktion* durch), so stellt man fest, dass sie alle wahr sind. Die Beobachtungen und Experimente können daher die *Vermutung* nahelegen, dass dies „immer so ist", d. h., dass sich das gefundene Muster weiter fortsetzt. Was wir hier vermuten, lässt sich auf verschiedene Weise ausdrücken:

Vermutung (Version 1) *Fügt man auf der linken Seite die nächste ungerade Zahl hinzu und geht auf der rechten Seite zur nächsten Quadratzahl über, so entsteht eine wahre Gleichung.*

Diese Version drückt die gewonnene Vermutung zwar aus, hat aber den Nachteil, dass die Aussage auf die jeweils vorherigen Gleichungen zurückgreift. Sie beschreibt daher das System der Gleichungen *als Ganzes*. Nützlicher könnte es sein, eine in sich geschlossene Aussage zu formulieren, die ohne solche Rückgriffe auskommt und stattdessen eine Behauptung über jede *einzelne* Gleichung macht. Dies gelingt, wenn man beobachtet, wie die Anzahl der Zahlen auf der linken Seite mit der Quadratzahl auf der rechten Seite zusammenhängt: Stehen links die ersten 2 ungerade Zahlen, so steht rechts 4; stehen links die ersten drei 3 ungeraden Zahlen, so steht rechts $9 = 3^2$. Allgemein:

Vermutung (Version 2) *Für jede natürliche Zahl n gilt: Die Summe der ersten n ungeraden Zahlen ist gleich n^2.*

Wir befinden uns hier an einem Zielpunkt im *context of discovery* – die Beobachtungen und Experimente haben uns zu einer Vermutung geführt. Wenn wir noch mehr Gleichungen erzeugen und überprüfen würden, so würden wir mehr und mehr zu der subjektiven Überzeugung gelangen, dass die Vermutung richtig sein *müsste* („convince yourself") – es entsteht stärker werdende *plausible Bewusstheit.*

Wichtig ist es noch zu bemerken, dass diese Überzeugtheit im vorliegenden Fall lediglich auf einer großen Anzahl als richtig erkannter Fälle beruht, wir aber keinen eigentlichen Grund und keine Erklärung sehen, *warum* die Vermutung richtig sein sollte. Diese Beobachtungen liefern daher keinerlei Anhaltspunkte dafür, wie ein Beweis der Vermutung geführt werden könnte. Dies ist im Entdeckungskontext nicht generell so, sondern es kommt in anderen Situationen durchaus auch vor, dass die Experimente bereits vorläufige (Teil-)Erklärungen liefern, die später zu einem vollständigen Beweis ausgebaut werden können.

3. Argumentieren und Beweisen – context of justification

Wir wenden uns nun dem Beweis der Vermutung zu – aus der in Einzelfällen überprüften Vermutung soll ein *Satz* werden, dessen Gültigkeit in allen Fällen gesichert ist. Wir können den erhofften Satz auf verschiedene Weise formulieren:

Satz (Formulierung 1). *Für jede natürliche Zahl n gilt: Die Summe der ersten n ungeraden Zahlen ist gleich n^2.*

Satz (Formulierung 2). *Für jede natürliche Zahl n gilt:*

$$1 + 3 + 5 + \cdots + (2n - 1) = n^2$$

Während die erste Version die behauptete Aussage weitgehend verbal ausdrückt, nutzt die zweite Version eine Formel zur Beschreibung. Beide Versionen sind adäquat – die Wahl der Darstellungsform ist eine Frage der Praktikabilität. Die Nutzung von Formeln kann in vielen Fällen Prägnanz schaffen, d. h. für Präzision und Effizienz sorgen, und sie kann für die Weiterarbeit von Vorteil sein, sowohl für den Beweis als auch für die Verwendung des Satzes.

Wir diskutieren nun zwei Beweise für diesen Satz, die verschiedene Beweismethoden verwenden. Der erste Beweis ist ein *operativer Beweis* (vgl. hierzu Wittmann 1985):

Beweis Wir untersuchen zunächst die Situation im Fall $n = 4$ und betrachten dazu das Bild in Abb. 2.

Abb. 2 Skizze zu einem
operativen Beweis

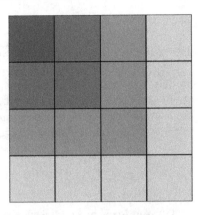

Die Anzahl der kleinen Quadrate in diesem Bild kann man auf zwei Arten zählen:

- Es sind 4 Reihen zu je 4 Quadraten vorhanden, also insgesamt $4 \cdot 4 = 16$ Quadrate.
- Es sind (im Bild farblich gekennzeichnet) 4 „Haken" mit $1 + 3 + 5 + 7$ Quadraten da.

Da die Anzahl der Quadrate nicht von der Art des Zählens abhängt, gilt also

$$1 + 3 + 5 + 7 = 4 \cdot 4.$$

Diese Einzelfallüberlegung (im Fall $n = 4$) wird zu einem Beweis für beliebiges n, wenn man sich klarmacht, dass man sie *generisch* durchführen kann – man kann sich vom Einzelfall lösen und dabei das Allgemeine im Besonderen erkennen und nutzen (mit Bezug auf die in Abschn. 2 angesprochene Systematik von Schreiber (2011) kann man auch sagen, dass die Idee der Einzelfallbetrachtung in der Hoffnung auf eine entsprechende Verallgemeinerungsfähigkeit hier durch einen Induktionsheurismus motiviert wird): Wir erzeugen (gedanklich) ein Bild aus n Reihen zu je n Quadraten. Einerseits ist klar, dass es aus insgesamt $n \cdot n$ Quadraten besteht. Andererseits können wir das Bild in n „Haken" zerlegen, die $1 + 3 + 5 + \cdots + (2n - 1)$ Quadrate enthalten. Mit demselben Argument wie im Einzelfall – die Anzahl der Quadrate hängt nicht von der Zählweise ab – folgt

$$1 + 3 + 5 + \cdots + (2n - 1) = n^2$$

und dies war zu zeigen.[1] □

Der zweite Beweis nutzt das Verfahren der *vollständigen Induktion:*

Beweis Die Aussage ist offensichtlich wahr für $n = 1$. Wir zeigen nun: Falls die Aussage für eine Zahl n gilt (dies ist die *Induktionsannahme*), dann gilt sie auch für $n + 1$ (dies ist die *Induktionsbehauptung*). Dazu schreiben wir die Summe der ersten $n + 1$ ungeraden Zahlen in folgender Klammerung:

$$1 + 3 + 5 + \cdots + (2n - 1) + (2n + 1)$$
$$= (1 + 3 + 5 + \cdots + (2n - 1)) + (2n + 1)$$

Der Ausdruck in der linken Klammer besteht aus der Summe der ersten n ungeraden Zahlen und ist daher nach der Induktionsannahme gleich n^2 der Gesamtausdruck ist also gleich

$$n^2 + (2n + 1)$$
$$= (n + 1)^2$$

Damit ist die Induktionsbehauptung gezeigt, dass die Summe den Wert $(n + 1)^2$ hat. □

Jeder der zwei Beweise sichert die Gültigkeit des Satzes; in logischer Hinsicht ist es daher völlig ausreichend, einen von beiden zur Verfügung zu haben. Die zwei Beweise weisen allerdings deutliche Unterschiede auf, jeder hat spezifische Vorteile:

- *in den Voraussetzungen,* die zu ihrer Durchführung erforderlich sind: Der algebraische Beweis per vollständiger Induktion erfordert die algebraische Formelsprache und Methoden zu ihrem Umgang. Andererseits ist nur eine recht kleine Beweisidee nötig (geeignete Klammerung eines Ausdrucks). Der operative Beweis kommt dagegen ohne formal-technische Mittel aus, erfordert aber eine operative Idee (die Anordnung der Quadrate in bestimmter Form und die verschiedenen Arten der Abzählung) und insofern eine höhere kreative Leistung.

---

[1]Dieses Zeichen in Form eines Quadrats wird traditionell verwendet, um das Ende eines Beweises anzuzeigen.

- *in der Leistungsfähigkeit:* Um den Induktionsbeweis führen zu können, muss man die zu zeigende Behauptung bereits als Vermutung kennen. Der operative Beweis hingegen erfordert dies nicht, er liefert die Gleichung als Teil der Argumentation. Zudem unterscheiden sich der operative und der algebraische Beweis mit Blick auf ihre *erklärende Funktion* (im Sinne von De Villiers 1990, vgl. Abschn. 2), die wir als adressatenabhängig auffassen (vgl. Müller-Hill 2017): Der operative Beweis etwa „bedient" bestimmte Adressaten, die z. B. über weniger algebraisches Ressourcenwissen verfügen oder bevorzugt in anschaulichen Modellen denken, besser als der algebraische.
- *in der Reichweite:* Die Beweismethode der Induktion ist ein universelles Verfahren, das sich in vielen Situationen einsetzen lässt, während operative Beweise problemabhängige Konstruktionen (eine operative Idee) erfordern und daher einen vergleichsweise kleineren Anwendungsbereich haben.

3.2   Beispiel 2 – Geometrie

Wir betrachten nun ein Beispiel aus der Geometrie. Auch hier gehen wir von einer konkreten Problemstellung aus.

1. *Problemstellung*

a) Zeichnen Sie Vierecke, bei denen alle vier Seiten dieselbe Länge haben. (Die Problemstellung bezieht sich auf Zeichnungen in der Euklidischen Ebene, die man sich als die „Anschauungsebene" vorstellen darf.) Zeichnen Sie mehrere Vierecke mit dieser Eigenschaft, in verschiedenen Lagen und Formen. Kommt es bei einem der Vierecke vor, dass gegenüberliegende Seiten nicht parallel sind?

b) Formulieren Sie anhand Ihrer Beobachtungen eine allgemeine Vermutung über Vierecke, bei denen alle Seiten dieselbe Länge haben. Wie überzeugt sind Sie davon, dass die Vermutung wahr ist?

c) Sehen Sie eine Begründung dafür, dass die Vermutung wahr ist, d. h. dass sie in allen weiteren Beispielen ebenfalls zutreffen wird?

2. *Beobachten, Experimentieren, Vermuten – context of discovery*

Teil (a) der Problemstellung regt an, was auch in realer Forschung oft die erste Phase eines Forschungsprozesses ausmacht: Experimentieren mit Beispielen und Spezialfällen (in der Systematik von Schreiber (2011) handelt es sich hierbei um

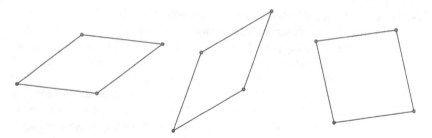

Abb. 3 Vierecke mit lauter gleich langen Seiten

Induktions- und Variationsheurismen). Dies wird beispielsweise in der Skizze von Abb. 3 gezeigt.

Versucht man, Viereck mit vier gleich langen Seiten zu zeichnen, bei denen die gegenüberliegenden Seiten nicht parallel sind, stellt man rasch fest, dass dies nicht gelingt. Hat man etwa zwei Seiten bereits gezeichnet, so scheinen die gegebenen Bedingungen zu „erzwingen", wie die verbleibenden zwei Seiten eingezeichnet werden müssen, wie in Abb. 4 dargestellt.

Dies ist eine der Wirkungen, die Experimentieren mit Beispielen hervorbringen kann: Es entsteht ein Bewusstsein über die „Freiheitsgrade", die die gegebene Situation zulässt. Auch wenn in diesem Stadium in argumentativer Hinsicht noch unklar ist, woran dies liegen mag, ist diese Phase für den Forschungsprozess wesentlich: Es entsteht ein hohes Maß an plausibler Bewusstheit, dass die gegenüberliegenden Seiten parallel sein „müssen" („convince yourself", „convince a friend"). Man ist zunehmend bereit, eine Vermutung zu formulieren:

Vermutung
Falls ein Viereck in der Euklidischen Ebene lauter gleich lange Seiten hat, dann sind gegenüberliegende Seiten des Vierecks parallel.

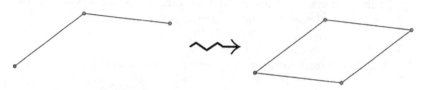

Abb. 4 Zwei Seiten zu einem Viereck mit lauter gleich langen Seiten ergänzen

3. Argumentieren und Beweisen – context of justification

Die Vermutung wurde nun in vielen Beispielen überprüft – sie stellt eine Behauptung dar, die mit allen bisherigen Experimenten kompatibel ist. Das Ziel ist nun, einen *Satz* zu erhalten, d. h. eine Aussage, die so gesichert ist, dass sie auch in allen künftigen Beispielen richtig sein wird:

Satz *Falls ein Viereck in der Euklidischen Ebene lauter gleich lange Seiten hat, dann sind gegenüberliegende Seiten des Vierecks parallel.*

Bei der Aufgabe, den erhofften Satz zu beweisen, stellt sich zunächst die Frage: Worauf kann sich ein solcher Beweis stützen? Auf welche noch ursprünglicheren Aussagen kann er sich berufen? Die Suche nach einem Beweis berührt an dieser Stelle ein grundlegendes Problem der Mathematik, das mit der *axiomatischen Methode* gelöst wird: Man stellt gewisse Grundbegriffe und nicht zu beweisende Grundaussagen (sog. *Axiome*) an den Anfang und schränkt sich bei Beweisen darauf ein, nur diese Grundaussagen als Argumente heranzuziehen (sowie Aussagen, die man bereits vorher auf dieser Basis bewiesen hat). Insofern sind Beweise nie absolut, sondern immer relativ zur Argumentationsbasis zu sehen. In der mathematischen Forschungspraxis liegt in diesem Aspekt allerdings keine nennenswerte Freiheit oder Uneindeutigkeit: Als Basis wird in der modernen Mathematik durchgängig das Axiomensystem der Mengenlehre von Zermelo und Fraenkel (vgl. z. B. Deiser 2010) verwendet. Darauf aufbauend wird in verschiedenen Teilbereichen der Mathematik dann der Theorieaufbau betrieben.

Die hier betrachtete Problemstellung liegt im Teilgebiet der Euklidischen Geometrie. Ein möglicher Beweis kann in diesem Theoriesystem so geführt werden.

Beweis Sei ein Viereck *ABCD* in der euklidischen Ebene gegeben (Abb. 5).

Abb. 5 Viereck ABCD in euklidischer Ebene

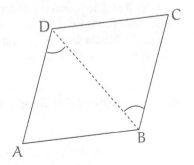

Wir betrachten die Dreiecke *ABD* und *DBC*. Die zwei Dreiecke sind nach dem *Kongruenzsatz SSS* kongruent. Insbesondere sind daher die Winkel ∢*ADB* und ∢*CBD* gleich groß. Nach der *Umkehrung des Wechselwinkelsatzes* sind daher die Geraden *AD* und *BC* parallel.
Mit analoger Begründung sind auch *AB* und *DC* parallel. □

Der Beweis lässt sich in dieser Weise führen, wenn folgende Begriffe und Sätze im Theoriegebäude der Euklidischen Geometrie bereits eingeführt bzw. bewiesen worden sind:

- die Begriffe *Winkel* und *Kongruenz*
- der Kongruenzsatz SSS
- die Umkehrung des Wechselwinkelsatzes

Wie und woraus ist dieser Beweis entstanden? Den Ursprung kann man in einer geometrischen *Beweisidee* sehen, die den *kreativen* Teil dieses Beweises ausmacht und die darin liegt, das Viereck in zwei Dreiecke zu zerlegen. Hierdurch wird zweierlei erreicht:

- Die gut entwickelte Theorie der Dreieckskongruenz wird einsetzbar, obwohl im gegebenen Problem gar keine Dreiecke vorkommen.
- Es entsteht eine Figur, bei der eine Gerade zwei andere Geraden kreuzt. Auf solche Figuren lässt sich der Wechselwinkelsatz (bzw. seine Umkehrung) anwenden.

Man erkennt hieran: Der Beweis ist nicht durch einen mechanisch-algorithmischen Prozess entstanden – es lag kein „Rezept" vor, dem man schrittweise folgen konnte, um den Beweis zu erhalten. Andererseits ist die Beweisidee auch keineswegs willkürlich und zufällig entstanden: Man kann sie (im Rückblick) als Ergebnis einer Reduktionsstrategie deuten (vgl. Schreiber 2011) – das Problem wurde durch diese heuristische Strategie näher an bereits erforschte Situationen herangerückt (in diesem Fall an das gut erforschte Feld der Dreieckskongruenz) und damit einer Lösung nähergebracht.

4   Blick auf das Schulfach Mathematik

In diesem Abschnitt soll nun untersucht werden, an welchen Stellen und in welcher Art sich die in den vorherigen Abschnitten beschriebene forschende Wissensgenese im Mathematikunterricht wiederfinden lässt, d. h. wie die zugehörigen, spezifischen Denk- und Arbeitsweisen in den im Mathematikunterricht vermittelten fachspezifischen Zugang zur Welt einfließen können. Dabei stellen wir zunächst die Vorgaben, die durch die Bildungsstandards und das Kerncurriculum formuliert werden, dar. Anschließend betrachten wir, wie sich dies im konkreten Unterrichtsablauf wiederfinden kann.

4.1 Mathematisches Argumentieren in den Bildungsstandards und im hessischen Kerncurriculum

Um den Mathematikunterricht im Allgemeinbildungskontext zu rechtfertigen, greifen die Bildungsstandards Mathematik (vgl. KMK 2003) auf die Überlegungen von Heinrich Winter zurück, der fordert, dass Mathematikunterricht unter anderem die Grunderfahrung,

> „mathematische Gegenstände und Sachverhalte, repräsentiert in Sprache, Symbolen, Bildern und Formeln, als geistige Schöpfungen, als eine deduktiv geordnete Welt eigener Art kennen zu lernen und zu begreifen" (Winter 1995, S. 37)

ermöglichen soll. Um das Entstehen dieser „deduktiv geordneten Welt" zu erfahren, müssen Schülerinnen und Schüler auch den Prozess der Wissensgenese in der Mathematik kennenlernen. Dies ist einer der Gründe dafür, dass in den Bildungsstandards für das Unterrichtsfach Mathematik das *Mathematische Argumentieren* als eine allgemeine mathematische Kompetenz verankert ist, die die Schülerinnen und Schüler entwickeln sollen. Im hessischen Kerncurriculum der Sekundarstufe I wird diese Kompetenz wie folgt beschrieben:

> „Mathematisches Argumentieren bedeutet, Situationen zu erkunden, für die Mathematik charakteristische Vermutungen und Fragen zu formulieren, Lösungswege zu beschreiben und Zusammenhänge zu begründen. Dabei gibt es verschiedene Stufen, die von der intuitiven, anschaulichen Begründung bis zum Beweis reichen. Durch adäquate Argumentationsformen wird eine Kultur des Begründens und Argumentierens bei den Lernenden gefördert." (Hessisches Kultusministerium 2011, S. 13)

Im Kerncurriculum der Sekundarstufe II heißt es:

> „Zu dieser Kompetenz gehören sowohl das Entwickeln eigenständiger, situationsangemessener mathematischer Argumentationen und Vermutungen als auch das

Verstehen und Bewerten gegebener mathematischer Aussagen. Das Spektrum reicht dabei von einfachen Plausibilitätsargumenten über inhaltlich-anschauliche Begründungen bis hin zu formalen Beweisen." (Hessisches Kultusministerium 2016, S. 11)

Die Beziehung zwischen „argumentieren", „begründen" und „beweisen" wird in der Literatur unterschiedlich beschrieben. Man kann z. B. das Begründen als Oberbegriff ansehen, das sich vom alltagsbezogenen Argumentieren über das Argumentieren mit mathematischen Hilfsmitteln, das logische Argumentieren mit mathematischen Mitteln bis zum formal-deduktiven Beweisen erstrecken kann (vgl. z. B. Brunner 2014, S. 29 ff.). In den Bildungsstandards und im hier zitierten Kerncurriculum werden die Begriffe etwas anders verwendet: Das Erkunden von Situationen und das Aufstellen von Vermutungen – also das, was im oben dargestellten Ablauf des mathematischen Forschungsprozesses zum *context of discovery* gehört – wird als Teil des mathematischen Argumentierens angesehen. Die Begründung von mathematischen Zusammenhängen und Aussagen kann dann auf verschiedenen Niveaus erfolgen. Dabei betont gerade das Kerncurriculum der Sekundarstufe II, dass neben formalen Beweisen auch inhaltlich-anschauliche Begründungen, wie z. B. die oben dargestellten operativen Beweise, dazu gehören.

Das Kerncurriculum fordert nur an wenigen Stellen explizit ein, dass Beweise geführt werden – und somit ein Wechsel in den *context of justification* stattfindet. Z. B. werden beim Satz von Pythagoras und seiner Umkehrung „vollständige Beweise" (Hessisches Kultusministerium 2011, S. 27) verlangt, und beim Hauptsatz der Differenzial- und Integralrechnung soll ein „geometrisch-anschauliches Begründen des Hauptsatzes als Beziehung zwischen Differenzieren und Integrieren" erfolgen (Hessisches Kultusministerium 2016, S. 32). Die Forderung, bei den Lernenden eine „Kultur des Begründens und Argumentierens" zu fördern, die im Kerncurriculum der Sekundarstufe I explizit formuliert ist (s. o.), beinhaltet jedoch, dass es im Mathematikunterricht nicht ausschließlich darum gehen soll, Faktenwissen auf Basis einer sozialen Bewusstheit – also aufgrund der Autorität der Lehrkraft, die die Regeln erklärt – aufzubauen. Vielmehr sollen die Schülerinnen und Schüler an möglichst vielen Stellen die Modi der plausiblen und (manchmal) auch der logischen Bewusstheit erreichen. Geschieht das nur an vereinzelten Stellen, so genügt dies gewiss nicht für den Aufbau einer „Kultur des Begründens und Argumentierens".

Im schulischen Mathematikunterricht ist es nicht möglich und auch nicht beabsichtigt, das zu vermittelnde mathematische Wissen vollständig logisch-deduktiv aufzubauen. In der Fachwissenschaft wird im Verlauf des

Forschungsprozesses in Phasen innerhalb des *context of justification* deduktiv mit – bis zu einem hinreichenden Grade – formalen Mitteln und Strukturen argumentiert. Dies sichert letztlich eine verlässliche Verifikationsfunktion und ein hohes Maß an Systematisierungsleistung und befördert so die wissenschaftliche Theoriebildung (vgl. die in Abschn. 2 benannten Beweisfunktionen). In der Schule überwiegt dagegen bei Begründungen und Beweisen die Erklärfunktion. Gerade operative Beweise bieten sich hierfür an, da diese in vielen Fällen gut geeignet sind, ein für Lehr-Lern-Prozesse hinreichend ausgewogenes Zusammenspiel von plausibler und logischer Bewusstheit von Zusammenhängen herzustellen.

Eine weitere Kompetenz, die die Schülerinnen und Schüler gemäß den Bildungsstandards im Mathematikunterricht aufbauen sollen, ist das Problemlösen. Hierunter fällt auch das Kennenlernen, Anwenden und Reflektieren von Heurismen wie zum Beispiel das systematische Probieren und das Vorwärts- und Rückwärtsarbeiten (vgl. Hessisches Kultusministerium 2011), die beim Aufstellen von Vermutungen im *context of discovery* typisch sind (vgl. Abschn. 2).

4.2 Forschungsvorgänge im Mathematikunterricht inszenieren

Blickt man nun auf die unterrichtliche Praxis, so ist eine typische Abfolge von Phasen im Mathematikunterricht das *Erkunden,* das *Ordnen oder Systematisieren* und das *Üben und Vertiefen* (vgl. Leuders 2014, S. 236; Büchter und Leuders 2011, S. 114).

Die Phase des Erkundens kann zum entdeckenden Lernen genutzt werden (vgl. Winter 2015). Wenn man im Unterricht den forschenden Charakter der Mathematik abbilden möchte, befinden sich die Schülerinnen und Schüler in dieser Phase im *context of discovery.* Sie erkunden und entdecken für sie neue mathematische Phänomene und konstruieren für sich Mathematik auf eigenen Wegen. Wie in den oben dargestellten Beispielen startet dies auch im Unterricht meist mit dem Experimentieren mit Beispielen, dem systematischen Probieren und dem Beobachten von Mustern und Gemeinsamkeiten. Dies führt dazu, dass Vermutungen aufgestellt und diese an weiteren Beispielen überprüft werden, sodass eine plausible Bewusstheit entsteht.

In der Phase des Ordnens werden die Ergebnisse der individuellen Erkundungen systematisiert. Die Ziele sind die Regularisierung der Ergebnisse, die Einordnung in die bisherige Theorie und auch die Sicherung, d. h. die Dokumentation von Ergebnissen. Nicht immer findet in dieser Phase ein Wechsel in den *context of justification* statt. Meist reicht es für die Unterrichtszwecke aus, das Stadium der plausiblen Bewusstheit erreicht zu haben, das am Ende der Phase des Erkundens im *context of discovery* erreicht wurde. Man beschränkt sich im folgenden Unterrichtsverlauf nun auf das Regularisieren und Sichern, also auf das Ausformulieren der Vermutung zu einer Behauptung (ohne Beweis) und die Einordnung dieser in die bisher gelernte Theorie. Im Zentrum des weiteren Unterrichts steht dann das Üben und Vertiefen, mit dem Ziel der Flexibilisierung und Anwendbarkeit neu erworbener Wissensinhalte und Fertigkeiten, und der Vernetzung mit bestehendem Wissen.

5   Fazit

Wie geschieht Wissensbildung im Fach Mathematik – welche Prozesse sind beteiligt und wie greifen sie ineinander? Der vorliegende Beitrag ging dieser Frage in den Abschn. 2 und 3 einerseits aus der „Luftperspektive" nach, wo sich mit wissenschaftsphilosophischen Ansätzen Strukturen und Zusammenhänge verstehen lassen, und beantwortete sie andererseits aus der „Bodenperspektive" in konkreten fachlichen Beispielen.

Wie bedeutsam ein Verständnis für mathematische Wissensgenese in der Ausbildung von angehenden Mathematik-Lehrkräften ist, um den in den Abschn. 2 und 3 skizzierten fachspezifischen Zugang zur Welt (im Sinne der bisherigen Ausführungen in diesem und den vorangegangenen Abschnitten) im eigenen Mathematikunterricht angemessen zur Geltung bringen zu können, hat Lisa Hefendehl-Hebeker an verschiedenen Stellen eindrücklich betont (vgl. die bereits in Abschn. 2 wiedergegebenen vier Fragen). So fordert sie:

> „Eine wichtige Aufgabe des gymnasialen Mathematikunterrichts sollte darin bestehen, grundlegende Vollzüge mathematischer Wissensbildung in elementarem Kontext anzustoßen und zur Geltung zu bringen. Dazu muss man aber verstanden haben, wie mathematische Erkenntnisbildung geschieht und wie diese Erfahrung im Unterricht vermittelt werden kann." (Hefendehl-Hebeker 2013, S. 5)

In den Abschn. 4.1 und 4.2 wurde ausgeführt, dass dies insbesondere die Aufgabe umfasst, bei Schülerinnen und Schülern die Kompetenzen des Mathematischen Argumentierens und Problemlösens aufzubauen.

Angehende Lehrkräfte müssen dazu selbst erleben, welche Phänomene die Mathematik für „des Nachdenkens wert" hält und wie sie vorgeht, um die beobachteten Phänomene zu erklären und die Strukturen theoretisch zu durchdringen. Die universitäre Ausbildung ist hierbei noch immer nicht durchgehend erfolgreich, es werden jedoch verschiedene Ansätze verfolgt, um dem von Hefendehl-Hebeker bereits vor Jahren pointiert formulierten Missstand zu begegnen:

> „[...] gelingt es der universitären Fachausbildung oft nicht, angehenden Lehrkräften in der Weise einen vitalen Fachbezug mit einem Bewusstsein für die fundamentalen Ideen und steuernden kognitiven Werkzeuge der Mathematik zu vermitteln, wie es für die Unterrichtsgestaltung erforderlich wäre." (Hefendehl-Hebeker 2004, S. 184)

Im Rahmen der Marburger Praxismodule haben die Autoren dieses Beitrags das Modul „ProfiWerk" so konzipiert, dass Studierende vielfältige Erfahrungen mit fachlicher Wissensgenese machen können:

So fordert der erste Teil des Moduls von den Studierenden, Schulstoff ganz konkret unter Rückgriff auf ihr an der Universität erworbenes fachmathematisches Wissen zu durchdringen und dabei ihre allgemeinen Einstellungen und Überzeugungen zu grundlegenden Aspekten der Mathematik im Rahmen unterschiedlicher Aktivitäten zu explizieren und bewusst zu machen. Dazu gehört beispielsweise die Auseinandersetzung mit folgenden Fragen: Wie – und wozu – argumentiert man mathematisch? Nach welchen Kriterien bewertet man in der Mathematik Argumente? Welche Funktionen haben sie? Wo verortet sich hier das Beweisen als spezielle Form der mathematischen Argumentation? (vgl. Bauer et al. im Druck a).

Der zweite Teil des Moduls konzentriert sich auf die charakteristischen handlungsleitenden Elemente beim mathematischen Problemlösen (vgl. Bauer et al. im Druck b): Die Studierenden durchleben eigene mathematische Problemlöseprozesse und analysieren und reflektieren diese. Sie erleben Wissensbildung auf bewusste Weise, um solche Prozesse auch bei Schülerinnen und Schülern anstoßen zu können.

Das in diesem Beitrag entfaltete Verständnis von Mathematik findet so seinen Niederschlag in der Ausbildung der Lehramtsstudierenden – es soll diese befähigen, den von Hefendehl-Hebeker formulierten Anspruch einzulösen, mathematische Wissensbildung im Kern auch im schulischen Unterricht erlebbar zu machen.

76   T. Bauer et al.

Literatur

Azzouni, J. (2004). The Derivation-Indicator View of Mathematical Practice, *Philosophia Mathematica, 12 (2)*, 81–106.

Bauer, Th., Müller-Hill, E. & Weber, R. (im Druck a). Fostering subject-driven professional competence of pre-service mathematics teachers – a course conception and first results. Erscheint in: *Hanse-Kolloquium zur Hochschuldidaktik der Mathematik 2016*.

Bauer, Th., Müller-Hill, E. & Weber, R. (im Druck b). Analyse und Reflexion von Problemlöseprozessen – Ein Beitrag zur Professionalisierung von Lehramtsstudierenden im Fach Mathematik. Erscheint in: *Hanse-Kolloquium zur Hochschuldidaktik der Mathematik 2017*.

Brunner, E. (2014). *Mathematisches Argumentieren und Beweisen*. Berlin, Heidelberg: Springer Spektrum.

Büchter, A. & Leuders, T. (2011). *Mathematikaufgaben selbst entwickeln* (5. Aufl.). Berlin: Cornelsen Verlag Scriptor.

Deiser, O. (2010). *Einführung in die Mengenlehre: Die Mengenlehre Georg Cantors und ihre Axiomatisierung durch Ernst Zermelo*. Berlin, Heidelberg: Springer.

De Villiers, M. D. (1990). The role and function of proof in mathematics. *Pythagoras, 24*, 17–24.

Hanna, G. & Jahnke, H. N. (1996). Proof and proving. In A. J. Bishop (Hrsg.), *International Handbook of Mathematics Education* (S. 877–908). Dordrecht: Kluwer Academic Publishers.

Hefendehl-Hebeker, L. (2004). Perspektiven für einen künftigen Mathematikunterricht. In H. Bayrhuber, B. Ralle, K. Reiss, L.-H. Schön & H. Vollmer (Hrsg.), *Konsequenzen aus PISA. Perspektiven der Fachdidaktiken* (S. 141–189). Innsbruck: Studienverlag.

Hefendehl-Hebeker, L. (2013). Doppelte Diskontinuität oder die Chance der Brückenschläge. In Ch. Ableitinger, J. Kramer & S. Prediger (Hrsg.), *Zur doppelten Diskontinuität in der Gymnasiallehrerbildung* (S. 1–15). Heidelberg: Springer Spektrum.

Hefendehl-Hebeker, L. (2015). Die fachlich-epistemologische Perspektive auf Mathematik als zentraler Bestandteil der Lehramtsausbildung. In J. Roth, Th. Bauer, H. Koch & S. Prediger (Hrsg.), *Übergänge konstruktiv gestalten, Konzepte und Studien zur Hochschuldidaktik und Lehrerbildung Mathematik* (S. 179–183). Wiesbaden: Springer Fachmedien.

Hessisches Kultusministerium (2011). Bildungsstandards und Inhaltsfelder. Das neue Kerncurriculum für Hessen, Sekundarstufe I – Gymnasium, Mathematik. https://kultusministerium.hessen.de/sites/default/files/media/kerncurriculum_mathematik_gymnasium.pdf. Zugegriffen: 17. Dezember 2018.

Hessisches Kultusministerium (2016). Kerncurriculum gymnasiale Oberstufe, Mathematik. https://kultusministerium.hessen.de/sites/default/files/media/kcgo-m.pdf. Zugegriffen: 17. Dezember 2018.

Kaenders, R. & Kvasz, L. (2010). Mathematisches Bewusstsein. In M. Helmrich, K. Lengnink, G. Nickel & M. Rathgeb (Hrsg.), *Mathematik verstehen – philosophische und didaktische Perspektiven* (S. 71–85). Wiesbaden: Vieweg+Teubner.

Kaenders, R., Kvasz, L. & Weiss-Pidstrygach, Y. (2015). Mehr Ausgewogenheit mathematischer Bewusstheit in Schule und Universität. In J. Roth, Th. Bauer, H. Koch & S. Prediger (Hrsg.), *Übergänge konstruktiv gestalten* (S. 149–163). Wiesbaden: Springer Spektrum.

KMK (2003). Bildungsstandards Mathematik für den mittleren Schulabschluss. https://www.kmk.org/fileadmin/Dateien/veroeffentlichungen_beschluesse/2003/2003_12_04-Bildungsstandards-Mathe-Mittleren-SA.pdf. Zugegriffen: 17. Dezember 2018.

Leuders, T. (2014). Entdeckendes Lernen – Produktives Üben. In H. Linneweber-Lammerskitten (Hrsg.), *Fachdidaktik Mathematik* (S. 236–263). Seelze: Kallmeyer.

Mason, J. (with Burton, L., & Stacey, K.). (1982). *Thinking mathematically.* London: Addison-Wesley.

Müller-Hill, E. (2011). *Die epistemische Rolle formalisierbarer mathematischer Beweise-Formalisierbarkeitsorientierte Konzeptionen mathematischen Wissens und mathematischer Rechtfertigung innerhalb einer sozio-empirisch informierten Erkenntnistheorie der Mathematik.* Dissertation. Bonn: Universitäts-und Landesbibliothek.

Müller-Hill, E. (2017). Eine handlungsorientierte didaktische Konzeption nomischer mathematischer Erklärung. *Journal für Mathematik-Didaktik, 38 (2)*, 167–208.

Müller-Hill, E. (2019). Explanatoriness as a value in mathematics and mathematics teaching. Erscheint in: *CERME11.*

Müller-Hill, E. & Kempen, L. (eingereicht). Some suggestions on a latent enculturation function of mathematical proof.

Pedemonte, B. & Reid, D. (2011). The role of abduction in proving processes. *Educational Studies in Mathematics, 76 (3)*, 281–303.

Pólya, G. (1945). *How to Solve it.* Princeton, NJ: Princeton University Press.

Prediger, S. (2001a). Mathematiklernen als interkulturelles Lernen – Entwurf für einen didaktischen Ansatz, *Journal für Mathematikdidaktik, 22*, 123–144.

Prediger, S. (2001b). Mathematik als kulturelles Produkt menschlicher Denktätigkeit und ihr Bezug zum Individuum. In K. Lengnink, S. Prediger & F. Siebel (Hrsg.), *Mathematik und Mensch. Sichtweisen der allgemeinen Mathematik.* Mühltal: Verlag Allgemeine Wissenschaft.

Reichenbach, H. (1938). Experience and Prediction. An Analysis of the Foundations and the Structure of Knowledge. Chicago: Univ. of Chicago Press.

Schreiber, A. (2011). *Begriffsbestimmungen.* Berlin: Logos.

Tall, D. (1989). The nature of mathematical proof. *Mathematics Teaching, 127*, 28–32.

Weber, K. (2002). Beyond proving and explaining: Proofs that justify the use of definitions and axiomatic structures and proofs that illustrate technique. *For the Learning of Mathematics, 22 (3)*, 14–17.

Winter, H. (1995). Mathematikunterricht und Allgemeinbildung. *Mitteilung der Gesellschaft für Didaktik der Mathematik, (61)*, 37–46.

Winter, H. (2015). *Entdeckendes Lernen im Mathematikunterricht* (3. Aufl.). Wiesbaden: Springer Spektrum.

Wittmann, E.C. (1985). Objekte-Operationen-Wirkungen: Das operative Prinzip in der Mathematikdidaktik. *mathematik lehren, (11)*, 7–11.

Der sprachwissenschaftliche Blick auf Kommunikation – und was Lehrpersonen davon haben

Rolf Kreyer

1 Einleitung

Kommunikation ist ein zentrales Bedürfnis aller Menschen und in allen Kontexten menschlicher Interaktion von Bedeutung. Es ist daher nicht verwunderlich, dass die Kommunikation und ihre Beschreibung in einer Vielzahl von Wissenschaften und akademischen Disziplinen, etwa Informationstechnik, Linguistik, Psychologie oder Pädagogik, eine Rolle spielen. Zudem werden Kommunikationsmodelle auch im außeruniversitären Bereich verwertet, etwa bei Coachings, Seminaren zur Personalführung oder im Marketing. Bis zu einem gewissen Grade ist das Wissen um Kommunikationsprozesse zu Alltagswissen geworden, zu dem etwa die vier Seiten einer Botschaft nach Schulz von Thun (1981) gehören oder Watzlawicks Axiom, dass man nicht nicht kommunizieren könne (Watzlawick et al. 2010).

Der vorliegende Beitrag möchte sich der Kommunikation aus einer dem Alltagswissen entfernteren Perspektive zuwenden, nämlich der der Sprachwissenschaft. Im Zentrum des Beitrags steht dabei ein Alltagsmodell von

---

Hinweis zur Verwendung geschlechtergerechter Sprache: In diesem Beitrag wechsele ich aus Gründen der Lesbarkeit zwischen ausführlichen und verkürzten Doppelnennungen sowie femininen und maskulinen Singular- und Pluralformen ab. Sofern der Kontext keine andere Deutung nahelegt, schließen maskuline und feminine Formen immer alle Geschlechter ein.

R. Kreyer (✉)
Philipps-Universität Marburg, Marburg, Deutschland
E-Mail: kreyer@uni-marburg.de

Kommunikation als Versenden von Sprachpaketen, in die ein Absender oder eine Absenderin einen Inhalt ‚verpackt', der, nachdem das Paket über einen Kanal verschickt wurde, von einem Empfänger oder einer Empfängerin ‚ausgepackt' werden kann. Jede dieser drei Stationen wird dabei schlaglichtartig mit einem sprachwissenschaftlichen Blick beleuchtet und in wesentlichen Aspekten erweitert (natürlich ohne dabei einen Anspruch auf Vollständigkeit zu erheben). Hierbei nehme ich zunächst ganz bewusst die Perspektive des sprachwissenschaftlichen Experten ein, d. h. die besprochenen Inhalte und Beispiele beziehen sich ganz bewusst nicht auf die Kommunikation zwischen Lehrer/innen und Schüler/innen. Dieser Fokus wird im letzten Abschnitt dieses Beitrags erweitert, wenn ich – als pädagogischer und didaktischer Laie – einige kurze Anregungen dazu gebe, wie das neu gewonnene sprachwissenschaftliche Verständnis für Lehrerinnen und Lehrer eventuell fruchtbar gemacht werden kann. In der Betonung dieser Dichotomie – linguistischer Experte einerseits, pädagogisch-didaktischer Laie andererseits – findet eine Grundhaltung ihren Ausdruck, die für meine Vorstellungen vom Beitrag der Sprachwissenschaft in der Lehrer/innenbildung bestimmend ist: Die Sprachwissenschaft als solche (also weder im Sinne einer angewandten Sprachwissenschaft zur Optimierung von Kommunikationsprozessen noch als Steinbruch für fachdidaktisch zu reduzierende Inhalte der schulischen Lehre) kann als reine Fachwissenschaft in vielerlei Hinsicht zur Professionalisierung von Lehrpersonen beitragen: Gute Linguistinnen und Linguisten verfügen mit ihren sprachwissenschaftlichen Kenntnissen über zusätzliche Kompetenzen, die einen erheblichen Beitrag dazu leisten können, sie zu einer guten Lehrerin, einem guten Lehrer zu machen.

2   Kommunikation als Versenden von Sprachpaketen

Im Jahr 1979 entwarf Michael Reddy das Bild der *Conduit Metaphor,* also der Leitungs- oder Kanalmetapher der Sprache (vgl. Reddy 1979). In dieser Metapher besteht Kommunikation im Wesentlichen aus drei Schritten. Der Sender einer Botschaft hat Gedanken in seinem Kopf, die er übermitteln möchte. Damit dies möglich wird, verpackt er diese Gedanken in Sprache (Wörter, Sätze und Texte); sprachliche Ausdrücke sind also Behälter. Diese Sprachbehälter können dann über verschiedene Kanäle zu einer Empfängerin gesendet werden, zum Beispiel als Schallwellen durch die Luft oder als Schwärzungen auf weißem Papier oder auf Bildschirmen. Die Empfängerin öffnet die Sprachbehälter und entnimmt den Inhalt. Die Gedanken aus dem Kopf des Senders haben also ihren Weg über das Kommunikationsrohr in den Kopf der Empfängerin gefunden (vgl. Abb. 1).

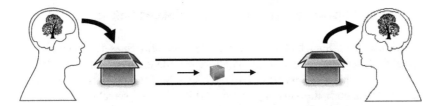

Abb. 1 Kommunikation als Versenden von Sprachpaketen. (© Rolf Kreyer)

Was Reddy vor 40 Jahren beschrieb, kann in gewisser Weise als Ausdruck einer Laienperspektive auf Kommunikation verstanden werden, denn er entwickelte sein Modell auf der Grundlage von Beobachtungen darüber, wie Menschen über Kommunikation selbst reden. Die unten aufgeführten Beispiele illustrieren die verschiedenen Aspekte der Leitungsmetapher der Kommunikation.

1. Du musst dein Argument noch besser verpacken.
2. Das musst du jetzt nur noch in die richtigen Worte fassen.
3. Er versuchte seine Ideen rüberzubringen.
4. Sie konnte ihm das nicht vermitteln.
5. Das sind doch alles hohle Phrasen.
6. In dem Text steckt einiges drin.
7. Schaut mal, was ihr aus dem Gedicht alles rausholen könnt.

Diese einfache Vorstellung von Kommunikation ist unmittelbar verständlich und passt zudem hervorragend zur digitalen Kommunikation unseres Alltags: Ein Bild, ein gesprochener oder geschriebener Text, ein Lied usw. wird als Kombination von Einsen und Nullen verpackt, über ein Glasfaserkabel und Funkturm oder WLAN zum Empfänger geschickt, der daraufhin in seinem Smartphone dieses Bild, diesen Text oder dieses Lied vor sich sieht bzw. hört. Diese Alltagsvorstellung scheint zunächst auch gut geeignet, um sprachliche Kommunikation zu beschreiben. Sie stößt aber in dieser Einfachheit sehr schnell an ihre Grenzen.

Im Folgenden möchte ich versuchen, die obige Alltagsvorstellung aus fachwissenschaftlicher, d. h. linguistischer Perspektive, zu erweitern. Insbesondere wird es darum gehen, die drei in Abb. 1 dargestellten Stadien der Kommunikation – verpacken, versenden, entpacken – aus linguistischer Sicht zu beschreiben. Der Beitrag schließt mit einigen Betrachtungen dazu, in welcher Weise ein solches vertieftes fachwissenschaftliches Verständnis der Kommunikation für angehende Fremdsprachenlehrerinnen und -lehrer fruchtbar gemacht werden kann, auch wenn Kommunikationsmodelle als solche nicht Teil der Unterrichtsinhalte sind.

3   Die Sprache – ein überaus variables Paket

Die menschliche Sprache hat sich als ein überaus effizientes Kommunikationsmittel erwiesen. Zum einen ist dies durch verschiedene Merkmale begründet, die
für alle menschlichen Sprachen konstitutiv sind. So hat zum Beispiel schon der
schweizer Linguist de Saussure auf die Arbitrarität des sprachlichen Zeichens
hingewiesen. D. h. die Verbindung einer lautlichen oder schriftlichen Form
zu einem Ding oder Konzept der außersprachlichen Welt ist in aller Regel rein
willkürlich gewählt und basiert allein auf einer Übereinkunft der Mitglieder der
Sprachgemeinschaft. Dies wird zum Beispiel daran deutlich, dass unterschiedliche Sprachen unterschiedliche Wörter für denselben Gegenstand benutzen etwa
Tisch oder *table*. Diese Willkürlichkeit erlaubt es, den Wortschatz einer Sprache
mit wenig Aufwand und beliebig zu erweitern, sodass es dem Menschen möglich wird, für ein Konzept in sehr effizienter Weise eine Bezeichnung zu finden,
sofern dies notwendig sein sollte. Ein weiteres konstitutives Merkmal menschlicher Sprache ist die sogenannte Diskretheit. Dieser Begriff bezeichnet vereinfacht die Tatsache, dass Wörter die ähnlich gesprochen oder geschrieben werden,
in aller Regel genauso unterschiedliche Bedeutungen haben, wie Wörter, die
nicht ähnlich gesprochen oder geschrieben werden. Auch wenn ich mir zum Beispiel nicht sicher bin, ob mein Gegenüber von einem *Rad* oder von einem *Bad*
gesprochen hat, kommt aufgrund des Kontextes üblicherweise nur eine Möglichkeit in Betracht. Für die Kommunikation hat dies den Vorteil, dass Missverständ-
nisse und die Notwendigkeit von Nachfragen auf ein Minimum reduziert werden
können, was wiederum die Effizienz der Sprache erhöht.

Neben diesen konstitutiven Merkmalen (und in manchen Fällen auch als
Folge daraus) zeigt sich aber auch, dass die menschliche Sprache ein äußerst
wandlungsfähiges Werkzeug ist bzw., um im Bild der Leitungsmetapher von
Kommunikation zu bleiben, Pakete bereit hält, die sich mit höchster Genauigkeit
dem zu versendenden Inhalt anpassen lassen. Ermöglicht wird dies dadurch, dass
jede Sprache auf jeder ihrer Strukturebenen eine Vielzahl von Wahlmöglichkeiten
zur Umsetzung eines bestimmten Elements oder einer bestimmten Struktur zur
Verfügung stellt. Diese Eigenschaft der Sprache ist Grundlage der Grammatik-
theorie von Michael Halliday (vgl. Halliday und Matthiessen 2014), die unter
dem Namen ‚Systemisch-Funktionale Grammatik' bekannt geworden ist. Der
Begriff ‚System' bezeichnet hierbei eine Menge von möglichen Optionen, die
eine Sprache bereitstellt und die zu einem bestimmten Zeitpunkt im Sprach-
produktionsprozess realisiert werden können (oder auch nicht). Halliday
rekurriert damit auf de Saussure's Vorstellung von paradigmatischen Beziehungen

zwischen Zeichen und Strukturen. Unter einem Paradigma in diesem Sinne wird die Menge aller möglichen Elemente verstanden, die einen bestimmten Platz in einer Kette von Elementen, einem Syntagma, einnehmen können, wie am folgenden Beispiel (8) deutlich wird:

8.

Sie Die Dozentin Die junge Dozentin Die junge Dozentin, die neu an der Uni ist, Die junge Dozentin, die neu an der Uni ist und mich sehr motiviert, ...	doziert

Systeme im Sinne Hallidays werden hierbei verstanden als Antworten auf die Anforderungen, die eine Sprache erfüllen muss, damit sie als Kommunikationsmittel genutzt werden kann. Das obige Paradigma stellt zum Beispiel einen Ausschnitt aller Möglichkeiten dar, mit denen eine Sprache auf Objekte der außersprachlichen Welt Bezug nehmen kann, in diesem Fall verschiedene Realisationsformen der sogenannten Nominalphrase. Ein Beispiel für eine andere Anforderung ist die Möglichkeit, Besitz auszudrücken. Im Deutschen ähnlich wie im Englischen geschieht dies durch den Genitiv *(Peters Auto* bzw. *Peter's car)* oder durch eine umschreibende Konstruktion *(das Auto von Peter* bzw. *the car of Peter).* Das Kölsche verwendet hierfür eine Konstruktion mit Dativ, auch als Dem-sein-Genitiv bezeichnet *(dem Peter sein Auto).* Verschiedene Sprachen können dabei die unterschiedlichen Funktionen in ganz unterschiedlicher Weise erfüllen. So nutzt das Deutsche die Kasus Nominativ und Akkusativ, um Subjekt und Objekt eines Satzes zu markieren, und erlaubt somit eine freie Wortwahl im Satz: *Der Hund beißt den Mann* ist daher genauso möglich wie *den Mann beißt der Hund.* Im modernen Englisch hingegen (übrigens im Gegensatz zu Altenglisch) verlangen die fehlenden Kasus eine feste Wortstellung – *the dog bites the man* und *the man bites the dog* sind hier nicht bedeutungsgleich. Insgesamt haben also die verschiedenen menschlichen Sprachen unterschiedliche Wege entwickelt, unzählige kommunikative Funktionen sehr effektiv und mit großer Effizienz zu erfüllen.

3.1   Das Packen des Pakets

Im Folgenden werde ich anhand von mentalem Lexikon und Syntax versuchen darzulegen, wie die Wahlmöglichkeiten der menschlichen Sprache die Sprache zu einem effizienten Werkzeug machen und welche Effekte dies hörerseitig auslöst. Ein Fokus wird hierbei auf der Darstellungsfunktion der Sprache liegen, also auf der Frage, wie Sprache Wirklichkeit abbildet.

3.1.1 Wörterbuch, mentales Lexikon und die außersprachliche Welt

Zentral für die Enkodierung außersprachlicher Inhalte ist zunächst das mentale Lexikon. Die Alltagsvorstellung des mentalen Lexikons und seines Gebrauchs kommt wohl unseren Erfahrungen mit einem Wörterbuch nahe, in dem sich die Wörter fein säuberlich alphabetisch sortiert mit ihren jeweiligen Haupt- und Nebenbedeutungen finden. Die Bedeutung eines Wortes erhalte ich, indem ich zunächst den entsprechenden Eintrag im Wörterbuch lokalisiere und dann die Eingaben zur Bedeutung durchlese. Schlägt man zum Beispiel im Duden das Wort *Junggeselle* nach, so erhält man als Bedeutung ‚noch nicht verheirateter Mann'. Die Psycholinguistik zeigt uns, dass diese Vorstellung in mehrerlei Hinsicht mit dem fachwissenschaftlichen Konzept des mentalen Lexikons auseinanderklafft. Dies bezieht sich sowohl auf die Ordnungsprinzipien der Einträge als auch auf den Prozess des Auffindens eines Eintrags sowie auf die Bedeutung, die einem Eintrag zugeordnet ist.

Das mentale Lexikon wird aus fachwissenschaftlicher Sicht üblicherweise als ein Netzwerk verstanden (vgl. Aitchison 2012), in dem die einzelnen Wörter über eine Vielzahl semantischer Beziehungen miteinander verbunden sind, so zum Beispiel über Bedeutungsgleichheit, Gegensätzlichkeit, Über- und Unterordnung oder Teil-Ganzes-Beziehungen. Zudem ist jedes Wort in diesem Netzwerk mit den Eigenschaften des Gegenstandes, den es beschreibt, verbunden sowie mit jenen Worten, mit denen es häufig zusammen verwendet wird. Während also in meiner Ausgabe des Dudens (Drosdowsky 1983) inhaltlich zusammenhängende Wörter in der Regel weit auseinander stehen (der Eintrag *Junggeselle* befindet sich auf Seite 652, die Wörter *Mann* und *verheiraten* 160 bzw. 710 Seiten später, das Antonym *Ehemann* 342 Seiten früher), ‚stehen' diese im mentalen Lexikon eng zusammen. Mit unmittelbaren Folgen für die Sprachverarbeitung: Sobald ein Knoten im lexikalischen Netzwerk aktiviert ist, werden benachbarte Knoten (zumindest teilweise) aktiviert. Auf das Wörterbuch bezogen hieße das, dass die Begriffe *Mann, verheiraten* und *Ehemann* in unmittelbarer Nachbarschaft zu *Junggeselle* stünden, sodass deren Bedeutungen beim Nachschlagen des Begriffs unterbewusst schon mitgelesen würden. Die Auswirkungen des semantischen Netzwerkes und der Ausbreitung von Aktivation in benachbarte Knoten hinein zeigen sich in einer Vielzahl von Assoziationsexperimenten oder in dem folgenden ‚Partygag‘ (9):

9. Zeigen Sie schnell auf verschiedene weiße Objekte und bitten Sie eine Person, die Farbe des Objekts zügig zu benennen. Nach etwa fünf bis zehn Durchgängen stellen Sie der Person folgende Frage mit der Bitte, sie möglichst rasch zu beantworten: „Was trinkt die Kuh?". Falls Ihr Gegenüber den Gag noch nicht kannte, wird er oder sie sehr wahrscheinlich mit „Milch" antworten.

Auch das Gesellschaftsspiel *Tabu* illustriert die Netzwerkhaftigkeit des mentalen Lexikons. Ziel des Spiels ist es, so schnell wie möglich einen Begriff zu erklären, ohne dabei fünf Tabuwörter zu benutzen: etwa *Millionär (Geld, reich, Vermögen, Besitz, Nullen)* oder *Laptop (Computer, klein, Schoß, aufklappen, unterwegs)*.

Dieses Organisationsprinzip des mentalen Lexikons trägt wesentlich zur Effizienz der menschlichen Sprache und ihrer mentalen Repräsentation bei: Mit der Verwendung eines Begriffs werden mit ihm in Beziehung stehende Begriffe zur Verwendung vorbereitet, wodurch zum Beispiel auch das Auffinden eines Begriffs im mentalen Lexikon vereinfacht wird. Ganz besonders deutlich wird dieser Effekt dann, wenn wir in der Lage sind, die Sätze unseres Gegenübers zu vervollständigen: Die in einem gegebenen Kontext bis zu einem gewissen Zeitpunkt geäußerten Wörter führen dazu, dass ein bestimmter Knoten unseres mentalen Lexikons deutlich stärker aktiviert wird als alle anderen Knoten. Wir werden also gewissermaßen in die Lage versetzt, die Redeabsicht unseres Gegenübers vorwegzunehmen; die Kommunikation wird somit äußerst effizient (auch wenn es mitunter vorkommen kann, dass wir die Redeabsicht missinterpretieren). Auch die Vorteile der weiter oben schon genannten Diskretheit lassen sich auf diese Weise erklären: *Bad* und *Rad* sind aufgrund ihrer weit auseinanderliegenden Bedeutung mit ganz unterschiedlichen Teilen des mentalen Lexikons verbunden. Selbst wenn man als Rezipientin oder Rezipient nicht sicher sein sollte, um welches der beiden Wörter es sich handelt, würde dies häufig allein schon durch den Kotext (also die umgebenden Wörter) geklärt, wie in den beiden folgenden Beispielen (10) und (11):

10. Die Wohnung ist schön, hat aber nur ein _ad.
11. Das Auto ist schön, hat aber ein kaputtes _ad.

In Experimenten konnte nachgewiesen werden, dass Proband/innen nicht nur keine Probleme hatten, das gemeinte Wort zu aktivieren, in vielen Fällen fiel den Versuchsteilnehmenden sogar noch nicht einmal auf, dass der erste Laut des Wortes nicht eindeutig zu identifizieren war. Die Aktivierung der unterschiedlichen Bereiche des semantischen Netzwerks ist also nicht in jedem Fall dem bewussten Denken zugänglich, sondern geschieht mitunter auch unterhalb der Wahrnehmungsschranke. Dies macht unsere Sprache damit zu einem effektiven Mittel der Beeinflussung von Menschen, zum Beispiel wenn es um die Benennung der außersprachlichen Welt geht.

Aus der Alltagperspektive ist es beinahe banal festzustellen, dass die Wörter einer Sprache dazu dienen, Dinge und Konzepte der außersprachlichen Welt zu bezeichnen. Aus fachwissenschaftlicher Perspektive allerdings wird hierbei ein Spezifikum relevant, auf das schon vor mehr als 100 Jahren der Sprachphilosoph Gottlob Frege hingewiesen hat. Frege (1892) argumentiert, dass man die ‚Bedeutung' eines Begriffs vom ‚Sinn' desselben unterscheiden muss. Die Bedeutung bezieht sich dabei auf den Teil der außersprachlichen Welt, den der Begriff bezeichnet. Das Wort *Junggeselle* bezeichnet also alle Männer der Erde, die (noch) nicht verheiratet sind. Der Sinn eines Begriffs hingegen bezieht sich nicht auf die außersprachliche Welt, sondern ergibt sich aus dem Sprachsystem heraus und wird durch seine Beziehung zu anderen Begriffen deutlich, zum Beispiel in der Definition von *Junggeselle*. Frege selbst verdeutlicht diesen Unterschied mit dem Begriffspaar *Morgenstern* und *Abendstern*. Zwar beziehen sich beide auf den Planeten Venus, haben also dieselbe Bedeutung, unterscheiden sich aber in ihrem jeweiligen Sinn: Der Morgenstern ist der letzte ‚Stern' am Morgenhimmel, der Abendstern ist der erste am Abendhimmel.

Hinzu kommt eine weitere fachwissenschaftliche Erkenntnis. Die Vorstellung des mentalen Lexikons als ein Wörterbuch greift nicht nur im Hinblick auf die zugrunde liegenden Organisationsprinzipien zu kurz, sondern auch hinsichtlich des Umfangs der Einträge. Besser wäre es, sich das mentale Lexikon als eine Art Enzyklopädie vorzustellen, die zu jedem Begriff nicht nur Definitionen und eventuell Beispiele für die richtige Verwendung bereithält, sondern zudem Zugriff auf wichtige Aspekte des Weltwissens der Sprachbenutzer/innen erlaubt. Auch dies wird unmittelbar einsichtig, wenn man beim Spielen von *Tabu* feststellt, dass eine hohe sprachliche Kompetenz in aller Regel deutlich weniger hilfreich ist als gemeinsame Erlebnisse, d. h. Schnittmengen im Weltwissen. So bedarf es sicherlich einigen Geschicks, den Begriff *Laptop* einer fremden Person zu beschreiben, ohne die Wörter *Computer, klein, Schoß, aufklappen* und *unterwegs* zu benutzen. Teilen mein Gegenüber und ich aber Wissen über Episoden meines Lebens, so kann ein einfacher Satz wie *Musste ich im Sommer reparieren lassen* als Hinweis auf den gesuchten Begriff ausreichen.

All dies wird zum Beispiel bei der Untersuchung politischer Diskurse besonders relevant. Akteure und Akteurinnen in der Politik nutzen aus, dass mit unterschiedlichen Begriffen auf denselben Teil der außersprachlichen Welt zugegriffen werden kann. Nach Freges Definition haben diese also dieselbe Bedeutung aber einen unterschiedlichen Sinn und aktivieren somit verschiedene Teile unseres sprachlichen Wissens aber auch unseres Weltwissens. Hierin liegt die Wirksamkeit des *Framings* (Rahmung) durch Sprache begründet, wie am Beispiel des Begriffspaares *Steuersenkung* und *Steuererleichterung* deutlich wird. Beide haben dieselbe Bedeutung, aber einen unterschiedlichen Sinn, d. h. sie aktivieren verschiedene Bereiche in den semantischen und episodischen Netzwerken der Sprachbenutzer/innen. Während der erste Begriff eher neutral ist, legt der zweite Begriff eine deutlich gefärbte oder gerahmte Sichtweise auf Steuern nahe. Das Substantiv *Erleichterung* selbst ist positiv konnotiert. Im Netzwerk der Sprachbenutzerin oder des Sprachbenutzers ist es aber einerseits mit Wörtern verbunden, die häufig mit diesem Wort oder dem dazugehörigen Verb *erleichtern* bzw. dem Partizip/Adjektiv *erleichtert* zusammen auftauchen. Sämtliche dieser Begriffe haben eine negative Bedeutung – erleichtert wird man von unangenehmen Dingen oder Zuständen. Zudem aktiviert die Verwendung des Begriffs Erinnerungen an Episoden unseres eigenen Lebens, in denen wir schon einmal Erleichterung verspürt haben: Auch in diesem Fall ist der Erleichterung ein unangenehmer Zustand vorausgegangen. Der Begriff der *Steuererleichterung* assoziiert somit also sowohl im Hinblick auf unser sprachliches Wissen als auch im Hinblick auf unser Weltwissen das Konzept ‚Steuer‘ mit etwas Unangenehmen. Selbst wenn man mit dem Satz „Weitere Steuererleichterungen sind vollkommen unnötig!" gegen Steuersenkungen argumentieren wollte, würde man doch durch die Wahl des Begriffes die Position von Steuergegnern und -gegnerinnen stärken.

Weitere Beispiele lassen sich in jedem Bereich finden, der in irgendeiner Weise politisch oder gesellschaftlich relevant ist. Wie etwa der Afghanistan-Einsatz der Bundeswehr, der unterschiedlicher kaum hätte bezeichnet werden können: *Stabilisierungseinsatz, kriegsähnlicher Zustand, Krieg, bewaffneter Konflikt, Unterstützungseinsatz, Ausbildungsmission* oder *Unterstützungsmission.* Jeder dieser Begriffe hat dieselbe Bedeutung, unterscheidet sich aber deutlich in seinem jeweiligen Sinn (verstanden als Teilbereiche unserer semantischen und episodischen Netzwerke) und ruft damit ganz unterschiedliche Reaktionen bei der Sprachbenutzerin hervor. Ein weiteres Beispiel ist die Begriffsverwendung im Kontext der Manipulationen von Abgaswerten bei Dieselmotoren. Alternativ wurde hier von *Manipulationssoftware, verbotener Software, illegaler Software, Schummelsoftware* oder auch *Betrugssoftware* gesprochen. Gerade an den letzten beiden Beispielen wird das Potenzial der gewählten Bezeichnung deutlich: Jede/r

von uns hat sicher schon einmal geschummelt, wer wollte da den Verantwort-
lichen, die eine Schummelsoftware einsetzten, ernsthaft Vorwürfe machen?
Ganz anders im Fall einer Betrugssoftware. Die Begriffswahl hat zumindest das
Potenzial, unsere Reaktion auf die Manipulationen, die entweder als Kavaliers-
delikt oder als Straftat gerahmt werden, zu beeinflussen. Abschließend sei hier
auf den Geflüchtetendiskurs verwiesen, in dem auffallend häufig Begriffe Verwendung fanden, die auf eine Wassermetaphorik zurückgreifen, wie zum Beispiel *Flüchtlingswelle, Flüchtlingsstrom* oder *Flüchtlingsflut*. Egal welchen dieser
Begriffe man zur Beschreibung des Phänomens wählt, bestimmte Handlungs-
optionen werden von vornherein ausgeschlossen, wie Elisabeth Wehling treffend
beschreibt:

> „Welche Form der Politik erlaubt die Metapher nicht? Das Aufnehmen und
> Integrieren von Flüchtlingen. Es wäre absurd, während einer Flut hereinströmendes
> Wasser auf einzelne Zimmer zu verteilen, sich zu überlegen, wo wieviel Wasser
> am besten unterkommt. Eine Politik der Empathie und Solidarität, der gemein-
> schaftlichen Aufnahme und Integration von Geflüchteten wird in dieser Metapher
> zur kognitiven Sisyphosarbeit – mit allen politischen Konsequenzen in Berlin und
> Brüssel." (Wehling 2016)

Wiederum gilt: Die zur Beschreibung verwendeten Begriffe aktivieren verschiedene Teilbereiche unserer semantischen und episodischen Netzwerke.
Neben der verpackten Information wird sozusagen auch schon eine Bedienungs-
anleitung mitversendet. Natürlich heißt dies nicht, dass wir als aufgeklärte und
eigenverantwortliche Menschen im Zusammenhang mit der Flüchtlingsthematik
nicht auch anders als mit Abschottung reagieren können, aber wir tun dies
sozusagen immer gegen den ‚Widerstand' der in unserem Geist schon aktivierten
Wissensbestände, die in aller Regel ein anderes Handeln nahelegen. Im nächsten
Abschnitt werden wir sehen, dass die Sprache uns neben dem Wortschatz auch
auf der Ebene der Syntax eine große Bandbreite an Wahlmöglichkeiten zur Verfügung stellt, wenn es um das Verpacken von Information geht.

3.1.2 Die Syntax und die außersprachliche Welt

Wenn wir die außersprachliche Welt beschreiben, tun wir dies üblicherweise mithilfe von Sätzen. Nach der Systemisch-Funktionalen Grammatik von
Halliday fällt dem Satz in der Sprache die Aufgabe zu, außersprachliche Sachverhalte zu repräsentieren. Der Sachverhalt als solcher wird von Halliday als
Prozess bezeichnet. Der Begriff wird hierbei in einem sehr umfassenden Sinn
gebraucht und bezieht sich zum Beispiel sowohl auf Handlungen (A hilft B) als
auch auf mentale Prozesse (A denkt, dass X) oder Zuschreibungen (A ist x).

Die Repräsentation solcher Prozesse beinhaltet neben der Nennung des Prozesses selbst auch die Teilnehmenden sowie die näheren Umstände des Prozesses. Die Vielfalt der Wahlmöglichkeiten, die sich hierbei dem/der Sprachbenutzer/ in eröffnen, jemandem ohne linguistische Ausbildung in aller Regel nicht bewusst bzw. er oder sie macht sie sich nicht bewusst, sondern übernimmt normalerweise die angebotene Repräsentation. Die ganze Bandbreite möglicher Repräsentationen wird dabei aber augenfällig, wenn man authentische Schlag- zeilen betrachtet, die dasselbe Ereignis beschreiben. Die unten stehenden Bei- spiele beziehen sich sämtlich auf denselben außersprachlichen Sachverhalt, nämlich eine Eskalation bei den Protesten gegen Stuttgart 21 am 30.09.2010, auch als ‚Schwarzer Donnerstag' bezeichnet, bei der die Polizei unter Einsatz von Wasserwerfern und anderen Mitteln das Gelände räumte.

12. Konflikt schlägt in Gewalt um (www.faz.net)
13. Verletzte im Sekundentakt (www.taz.de)
14. Pfefferspray gegen Demonstranten (www.sueddeutsche.de)
15. Hunderte Verletzte nach Polizeieinsatz (www.focus.de)
16. Polizei räumt Stuttgart 21-Gelände (www.augsburger-allgemeine.de)
17. Polizei räumt „Stuttgart 21"-Gelände mit Gewalt (www.spiegel.de)
18. Stuttgart 21: Polizei räumt mit Gewalt – Auch Kinder verletzt (www.bild.de)
19. Polizei greift Demonstranten mit Wasserwerfern an (www.welt.de)

An solchen und vielen ähnlichen Beispielen im Bereich von Zeitungsschlag- zeilen wird sehr schnell deutlich, wie umfangreich und reichhaltig die Ausdrucks- möglichkeiten sind, die uns ein Sprachsystem zur Verfügung stellt. Sie ergeben sich aus der Interaktion mehrerer Sprachebenen, nämlich der Syntax auf Ebene des Satzes und der Phrase sowie dem Wortschatz einer Sprache. Zunächst stellt sich auf der Ebene des Satzes die Frage, welche Aspekte eines Prozesses in seiner Beschreibung tatsächlich realisiert werden. Besonders vage bleibt hierbei die Schlagzeile der Frankfurter Allgemeinen Zeitung (12): Der Prozess sowie die Beteiligten werden hierbei auf eine sehr abstrakte Stufe gehoben. Insbesondere ist weder die Rede von Polizei noch von Demonstrant/innen. Ähnlich Bei- spiel (13), in dem auf eine Beschreibung des Prozesses selbst vollkommen ver- zichtet wird. Stattdessen fokussiert (13) auf die Darstellung des Resultats dieses Prozesses (Verletzte als eine Gruppe von ‚Teilnehmer/innen') und eines näheren Umstands, nämlich die Frequenz, mit der dieses Resultat hervorgerufen wird. Auch Beispiel (14) stellt den Prozess selbst nicht dar, wohl aber einen näheren Umstand, nämlich das Instrument, welches zur Durchführung des Prozesses benutzt wird. Ob aber die hier genannten Demonstrant/innen vertrieben, verjagt oder angegriffen werden, wird nicht verbalisiert. Auch finden wir keine Angabe über das handelnde Subjekt. Dies lässt sich in Beispiel (15) zumindest durch Angabe der Präpositionalphrase *nach Polizeieinsatz* erahnen oder rekonstruieren, und wird in den folgenden drei Beispielen als Subjekt des Satzes, *Polizei,* explizit gemacht. Zudem zeigt sich von (16) bis (18) eine zunehmende Spezifizierung des Geschehens durch die Angabe der Art und Weise, in der der Prozess ausgeführt wird *(mit Gewalt)* sowie durch die Angabe der Konsequenzen in Beispiel (18). Das letzte der obigen Beispiele ist besonders explizit, da sowohl Prozess, Teilnehmende und Umstände verbalisiert werden.

Es fällt nicht schwer, Variationen der obigen Beispiele zu konstruieren, wie an (19) verdeutlicht werden soll:

19. Polizei greift Demonstranten mit Wasserwerfern an
19a. **Brutale** Polizei greift Demonstranten mit Wasserwerfern an
19b. **Äußerst brutale** Polizei greift Demonstranten mit Wasserwerfern an
19c. Polizei greift **friedliche** Demonstranten mit Wasserwerfern an
19d. **Bullen** greifen Demonstranten mit Wasserwerfern an
19e. Polizei greift **Chaoten** mit Wasserwerfern an
19f. Polizei **attackiert** Demonstranten mit Wasserwerfern
19g. Polizei **vertreibt** Demonstranten mit Wasserwerfern
19h. Polizei greift Demonstranten mit **Wasserstößen an**
19i. Polizei greift Demonstranten mit **Wasserstößen auf Kopfhöhe an**

Die obigen Beispiele belegen, dass Sätze strukturelle Lücken zur Verfügung stellen, die gefüllt werden können oder auch nicht. Aber auch die nächst untergeordnete Ebene, die der Phrasen, stellt optionale Lücken solcher Art bereit. Beispiel (19a) und (19c) zeigen eine mögliche Prämodifikation des Kopfes einer Nominalphrase durch ein Adjektiv. In (19b) wird das Adjektiv *brutal* durch das Adverb *äußerst* prämodifiziert. Die Präpositionalphrase *auf Kopfhöhe* in (19i) schließlich postmodifiziert das Substantiv *Wasserstößen.* Darüber hinaus gibt es neben diesen strukturell bedingten Wahlmöglichkeiten natürlich auch lexikalische Optionen, wie sie im vorherigen Abschnitt beschrieben worden sind. In den obigen Beispielen finden wir etwa (Teil-)synonyme wie *Polizei – Bullen, Demonstranten – Chaoten* oder *angreifen – attackieren – vertreiben,* sowie Unterordnungsbeziehungen, wie zum Beispiel der Wasserstoß als eine mögliche Verwendung des Wasserwerfers.

Aus dem oben Gesagten wird deutlich, dass unsere Vorstellung von Kommunikation als Versenden von Paketen auf der Seite des/der Sendenden ergänzt werden muss, um den vielfältigen Wahlmöglichkeiten gerecht zu werden, die er oder sie beim Verbalisieren eines Inhaltes hat. Derselbe Inhalt kann also in einer Vielzahl von Paketen verpackt werden, wie Abb. 2 zeigt.

3.2 Das Versenden des Pakets – warum geschriebene und gesprochene Sprache nicht dasselbe sind

Zunächst scheint es, als habe der Kanal, durch den man die Sprachbotschaft versendet – also ob als Schallwellen durch die Luft, das Telefon oder das Radio oder als Schwärzungen auf Papier oder dem Bildschirm – keinen Einfluss auf die Botschaft selbst. Dies ist ja zumindest genau das, was Abb. 1 suggeriert. Das Paket wird von einer Absenderin gepackt. Auf welchem Weg es dann an den Empfänger gelangt, scheint da nicht relevant. In gewisser Weise stimmt dies auch: Mit Ausnahme einiger Merkmale, die nur in einem bestimmten Medium umgesetzt werden können, etwa Tonhöhe, Lautstärke und Betonung im Gesprochenen oder Fett- und Kursivdruck, Großschreibung von Nomen und Satzzeichen im Geschriebenen, kann alles, was geschrieben ist, auch vorgelesen werden und umgekehrt. Sprache ist also grundsätzlich ohne Informationsverlust von einem Medium in das andere übertragbar. Trotzdem ist nicht jede sprachliche Form für jedes Medium gleichermaßen geeignet.

Begründet liegt diese Medienaffinität in einer Komplexitätsdifferenz zwischen gesprochener und geschriebener Sprache. Diese wird auch von linguistischen Laien erkannt (zum Beispiel, wenn von einem geschriebenen akademischen Text vorgelesen wird) und dann häufig mit Bemerkungen wie ‚Der Satz ist zu kompliziert‘ kommentiert. Aus Sicht der Sprachwissenschaft ist dies nur teilweise korrekt, nämlich nur in dem Sinne, dass zwar Teile des Satzes zu komplex sind,

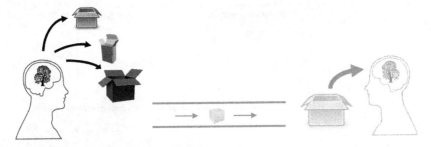

Abb. 2 ‚Derselbe‘ Inhalt kann in verschiedene Pakete verpackt werden. (© Rolf Kreyer)

der Satz als solcher aber häufig eine sehr einfache Struktur aufweist. Das unten stehende Beispiel soll dies verdeutlichen:

20. Der Gedanke impliziert die im Grunde paradoxe Anforderung, die Schüler/innen im Vollzug des Unterrichts als fachliche Laien anzuerkennen, die als solche zur Partizipation an der Sache berechtigt und fähig sind, weil sie nur auf diese Weise einen eigenen Zugang zur Sache bekommen können.

Der Satz in Beispiel (20) wurde so (oder zumindest in sehr ähnlicher Weise) in einem Vortrag eines sehr geschätzten Kollegen in gesprochener Form präsentiert. Eine einfache syntaktische Analyse macht sehr schnell klar, dass es sich auf Satzebene keinesfalls um eine komplexe Konstruktion handelt. *Der Gedanke* fungiert als Subjekt, *impliziert* als Prädikat und der Rest des Satzes als direktes Objekt. Die Struktur des Satzes könnte also beinahe einfacher nicht sein: S-P-O$_d$. Die Komplexität in Beispiel (20) versteckt sich auf einer tieferen Ebene, nämlich der der Nominalphrase. Das direkte Objekt erstreckt sich über 40 Wörter und zeigt zudem eine hohe strukturelle Komplexität. Abb. 3 löst nur einen Teil dieser Struktur auf, gibt aber dennoch einen guten Eindruck von ihrer Komplexität.

Eine Komplexität dieser Größenordnung übersteigt die Kapazität unseres Arbeitsgedächtnisses, die mit etwa 7 Einheiten (die wir an dieser Stelle mit Wörtern gleichsetzen können) beziffert wird (vgl. Miller 1956). Auch ohne detaillierte linguistische Analyse ist dies unmittelbar einsichtig: Die Nominalphrase beschreibt eine gewisse Art von Anforderung. Bis der Zuhörer oder die Zuhörerin aber erfährt, um welche Art von Anforderung es sich genau handelt, muss er oder sie 35 weitere Wörter verarbeiten, die teilweise selbst wieder

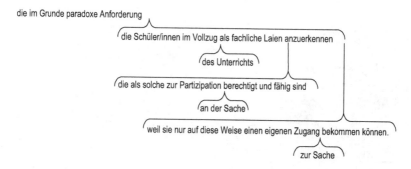

Abb. 3 Komplexität auf der Ebene der Nominalphrase. (© Rolf Kreyer)

postmodifizierende Strukturen beinhalten. Im Falle von *Vollzug, Partizipation* und *Zugang* sind die Postmodifikationen recht überschaubar. Die Postmodifikation, die die fachlichen Laien beschreibt, ist hingegen recht komplex. Schließlich beinhaltet der erste postmodifizierende Teilsatz *(die Schüler/innen im Vollzug...)* selbst noch einen untergeordneten kausalen Nebensatz. Während die Zuhörer/innen all diese Strukturen verarbeiten, müssen sie in ihrem Arbeitsgedächtnis immer noch aktiv halten, dass all dies zur Beschreibung der zu Beginn genannten Anforderung dient. Im Bild des Kommunizierens als Versenden von Sprachpaketen könnte man sich eine solche Konstruktion als ein großes, mit vielen Schnüren und viel Klebeband versehenes Paket vorstellen. Zum Auspacken eines solchen Paketes braucht es Ruhe, die zum Beispiel gegeben wäre, wenn das Paket auf einem Förderband an einem vorbeizöge und man es von dort herunter auf einen Tisch neben sich stellen könnte, um es zu öffnen. Da das gesprochene Wort im Gegensatz zum geschriebenen nur linear verarbeitet werden kann und darüber hinaus noch sehr flüchtig ist, ist die Verarbeitung einer solch komplexen Struktur äußerst herausfordernd. Bildlich könnte man diesen Umstand mit Paketen vergleichen, die auf einem Förderband an einem vorbeiziehen. Die Pakete können nicht vom Förderband genommen werden, müssten also im Vorüberziehen geöffnet werden. Eine dem gesprochenen Medium angemessenere Formulierung würde die zu verarbeitenden Strukturen in Umfang und Tiefe deutlich reduzieren, etwa in der folgenden Art und Weise (21):

21. Der Gedanke impliziert im Grunde eine paradoxe Anforderung: Die Schüler/innen sollen im Vollzug des Unterrichts als fachliche Laien anerkannt werden. Als solche sind sie zur Partizipation an der Sache berechtigt und fähig. Nur auf diese Weise können sie einen eigenen Zugang zur Sache bekommen.

Während also aus der Laienperspektive betrachtet Sprache nun einmal Sprache ist, egal ob geschrieben oder gesprochen, zeigen sich in der linguistischen Perspektive sehr große Unterschiede zwischen den beiden Registern. Besonders problematisch wird das Ignorieren dieses Unterschieds im Kontext der amerikanischen Rechtsprechung, wie der forensische Linguist Malcolm Coulthard (2010) zeigt. Wie bekannt, spielt die Jury in amerikanischen Gerichtsverfahren eine wesentliche Rolle. Sie muss darüber befinden, ob der oder die Angeklagte jenseits von ‚reasonable doubt' als schuldig angesehen werden kann. Diese Aufgabe kann die Jury natürlich nur erfüllen, wenn alle Beteiligten das Konzept ‚reasonable doubt' verstanden haben. Aus diesem Grund wird der Jury zu Beginn der Verhandlung der Begriff erklärt. Dies geschieht im Rahmen der sogenannten

Pattern Jury Instruction (die auch über andere Aspekte informiert) in aller Regel mündlich. Im Staat Tennessee wird der Jury zum Beispiel Folgendes verlesen:

> „Reasonable doubt is that doubt engendered by an investigation of all the proof in the case and an inability, after such investigation, to let the mind rest easily as to the certainty of guilt. Reasonable doubt does not mean a captious, possible or imaginary doubt. Absolute certainty of guilt is not demanded by the law to convict of any criminal charge, but moral certainty is required, and this certainty is required as to every proposition of proof requisite to constitute the offense." (*Tennessee Pattern Jury Instructions – Criminal*, 4th ed. 1995, 7:14; zitiert nach Coulthard 2010, S. 18)

Diese Unverständlichkeit ist sicherlich zum einen eine Konsequenz der Notwendigkeit, in juristischen Texten möglichst eindeutig zu formulieren. Nomen müssen daher häufig sehr stark modifiziert werden, damit die Bezugnahme auf die außersprachliche Welt eindeutig ist, was wiederum zu komplexen Nominalphrasen führt. Diese aber sind, wie oben gezeigt wurde, für das gesprochene Medium denkbar ungeeignet. Im Rahmen von Strafprozessen wird dieser Umstand besonders brisant, eventuell sogar eine Frage von Leben und Tod:

> „The instructions while legally secure are often at best opaque and at worst incomprehensible to the target audience; indeed there are claims that some men in the USA have been wrongly sentenced to death because the jury did not understand the relevant instruction [...]." (ebd., S. 17)

Abb. 4 versucht dieser notwendigen Unterscheidung Rechnung zu tragen.

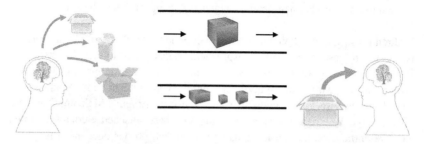

Abb. 4 Der Einfluss geschriebener und gesprochener Sprache auf die Sprachpakete. (© Rolf Kreyer)

3.3 Das Entpacken des Pakets

In Abschn. 3.1 haben wir gesehen, dass die Alltagsvorstellung von Kommunikation als Versenden von Paketen zu kurz greift, da sie die Wahlmöglichkeiten des Senders beim Formulieren seiner sprachlichen Botschaft außer Acht lässt. Die vom Sender der Botschaft wahrgenommene außersprachliche Welt kann in einer Vielgestaltigkeit in Worte gefasst werden, die auf den ersten Blick vielleicht nicht unmittelbar klar vor Augen steht. Jede der verschiedenen Varianten, jede sprachliche Repräsentation wird dabei jedoch in unterschiedlicher Weise empfängerseitig effektiv; ein Umstand, der vor allem bei der immer höher werdenden Frequenz unserer modernen Kommunikation in seiner Relevanz meiner Meinung nach nicht überschätzt werden kann. In Abschn. 3.2 wurde gezeigt, dass auch der Kanal selbst Einfluss auf die Wahl des Paketes hat bzw. haben sollte. So sollten zumindest zwei verschiedene Kanäle, geschrieben und gesprochen, unterschieden werden. Die Kanalmetapher in ihrer einfachen Form wird aber auch der Vielfalt der Prozesse nicht gerecht, die empfängerseitig ablaufen, während die Botschaft dekodiert wird.

Als Empfängerinnen oder Empfänger sind wir hierbei nämlich nicht passiv. Während wir den Inhalt des Paketes auspacken, verändern wir ihn auch, insbesondere ergänzen wir den Inhalt auf der Grundlage unseres Weltwissens. Hören wir zum Beispiel einen Satz wie „Susanne schlug den Nagel ein", dann erstellen wir auf der Grundlage dieser Information ein mentales Modell von diesem Ereignis, welches in aller Regel auch einen Hammer enthalten wird, da es Teil unseres Weltwissens ist, dass wir einen Hammer zum Einschlagen von Nägeln benutzen. Dieses in der Sprachwissenschaft als ‚Inferenzziehung' bezeichnete Phänomen kann in psycholinguistischen Experimenten nachgewiesen werden. Die Interferenzziehung ermöglicht es uns, in besonderer Weise effizient zu kommunizieren, da wir nicht alles sagen müssen, was wir kommunizieren möchten. Ich kann als Sender einer Botschaft darauf vertrauen, dass die Empfänger/innen gewisse Details auf der Grundlage ihres Weltwissens ergänzen. In der Tat läuft dieser Vorgang so automatisch ab, dass unsere mentale Repräsentation einer Geschichte o. Ä. nicht zwischen tatsächlich Gehörtem und Inferiertem unterscheiden kann, wie wiederum Experimente zeigen.

Ein der Inferenz verwandtes Phänomen ist die sogenannte Präsupposition. Dieses Konzept beschreibt den Teil einer Aussage, der durch die Aussage vorausgesetzt aber nicht explizit gemacht wird. Ein häufig zitiertes Beispiel der Linguistik ist der Satz „der König von Frankreich hat eine Glatze", der voraussetzt, dass es einen König von Frankreich gibt. Ähnlich der Inferenz leistet die Präsupposition einen ganz erheblichen Beitrag zur effizienten Benutzung einer Sprache, da die

Sprecherin nicht alle Informationen, die in einem Satz stecken, auch explizit machen muss. Wenn mir zum Beispiel eine Frau sagt, dass sie ihr Auto aus der Werkstatt abgeholt hat, dann präsupponiert dies, dass die Sprecherin im Besitz eines Autos ist, dass es eine Werkstatt gibt und dass das Auto eine gewisse Zeit lang in der Werkstatt war. Wollten wir immer alle Informationen, die in einem Satz stecken, auch wirklich explizit machen, würde dies jede Kommunikation über alle Maßen in die Länge ziehen und mühselig machen. Hierin liegt wohl auch begründet, dass unsere Kommunikation in der Regel voll von Präsuppositionen ist, was zur Folge hat, dass wir sie üblicherweise unhinterfragt als korrekt akzeptieren, wie wiederum in Experimenten nachgewiesen werden konnte. Die Psychologin Elizabeth Loftus (1974) zeigte beispielsweise Versuchsteilnehmenden das Video eines Autounfalls und stellte zwei Gruppen von Teilnehmenden im Anschluss entweder die Frage, ob sie **einen** oder ob sie **den** kaputten Scheinwerfer gesehen hätten. Die zweite Version der Frage (die den kaputten Scheinwerfer prä-supponiert) führte dazu, dass die Proband/innen häufiger einen kaputten Schein-werfer ,erinnerten' – tatsächlich war kein kaputter Scheinwerfer zu sehen gewesen. Die Präsupposition ist daher als Mittel der Überzeugung in der Regel wesentlich effektiver als eine direkte Aussage. Die Politik macht sich diesen Umstand mittler-weile verstärkt zunutze, wie die folgenden Beispiele politischer Slogans zeigen.

22. Let's take **back** control (Brexit-Befürworter)
    Remettre la France en ordre (Marine LePen)
    Wir werden uns unser Land und unser Volk **zurück**holen (Alexander Gauland)
    Make America great **again** (Donald Trump)

In jedem der vier Beispiele wird die frühere Gegebenheit eines Zustandes prä-supponiert, der derzeit nicht aktuell ist: Man hat im Moment nicht die Kontrolle (hatte sie früher aber einmal), Frankreich ist im Moment in Unordnung (war früher aber einmal ordentlich), im Moment sind wir nicht ,im Besitz' unseres Landes und unseres Volkes (waren das früher aber einmal), im Moment ist Amerika nicht großartig (war es aber einmal). Besonders effektiv wird die Prä-supposition dann, wenn sie in anderen Präsuppositionen verschachtelt wird, wie in dem folgenden Tweet von Donald Trump.

23. Do you notice **the Fake News Mainstream Media never likes covering the great and record setting economic news** [...], 01-16-2018 14:19:46

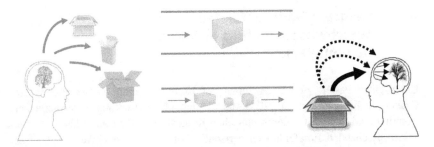

Abb. 5 Prozesse beim Entpacken der Sprachpakete. (© Rolf Kreyer)

An diesem Beispiel lässt sich sehr gut verdeutlichen, welchen Aufwand ein/e Rezipient/in betreiben müsste, um alle gemachten Voraussetzungen zu hinterfragen, die dieser Satz enthält. Ein etwaiger interner Monolog könnte etwa wie folgt aussehen:

24. Ist mir eigentlich aufgefallen, dass die Fake News Mainstream Medien nie gerne über die großartigen wirtschaftlichen Entwicklungen auf Rekordniveau berichten?

    – Nein, ist mir bisher noch nicht aufgefallen.
    • Moment ... berichten die wirklich nicht über die großartigen wirtschaftlichen Entwicklungen auf Rekordniveau?
    • Moment ... entwickelt sich die Wirtschaft überhaupt großartig und auf Rekordniveau?

Und selbst wenn der Rezipient oder die Rezipientin in der Lage oder willens gewesen wäre, diese Anstrengung zu leisten, wäre ihm oder ihr dabei immer noch eine sehr grundlegende Präsupposition entgangen, die der obige Tweet macht – er setzt nämlich implizit voraus, dass es Fake News Mainstream Medien überhaupt gibt.

Es zeigt sich also, dass der Inhalt des Sprachpakets während des Verpackens auf zweierlei Weise modifiziert wird: 1) Empfänger/innen ergänzen den Inhalt um Aspekte ihres Weltwissens und können damit zu einer etwas anderen Botschaft gelangen als die, die der Sender/die Senderin abgeschickt hat, und 2) die Botschaft kann grundsätzlich nicht-explizite Grundannahmen enthalten, die zwar nicht verbalisiert sind, aber von den Empfänger/innen dennoch aufgenommen werden. Abb. 5 versucht, diesen Umstand darzustellen.

4   Fazit: Ein Plädoyer für den sprachwissenschaftlichen Blick auf Kommunikation

Unterrichten basiert zu großen Teilen auf Kommunikation. Es ist aus diesem Grunde nicht überraschend, dass die erfolgreiche Gestaltung unterrichtlicher Kommunikation auch für den schulischen Kontext als bedeutsam erkannt wurde; an entsprechenden Empfehlungen herrscht daher kein Mangel. Wenn sich diese tatsächlich auf den Kommunikationsakt als solchen beziehen, dann leiten sie sich aber in der Regel aus den Kommunikationswissenschaften ab, wie zum Beispiel die schon genannten vier Seiten einer Botschaft nach Schulz von Thun oder die Axiome der Kommunikation nach Watzlawick. Unter https://www.lehrerfreund.de gibt Der Lehrerfreund (2015) dementsprechend, durchaus repräsentativ für andere Angebote, als Regeln für erfolgreiche Kommunikation mit Schüler/innen folgende drei Empfehlungen: 1) Immer höflich bleiben, 2) Sach- und Beziehungsebene trennen, 3) Ich-Botschaften verwenden. Ein weiterer Schwerpunkt wird auf inhalt-lich-funktionale Aspekte der Kommunikation gelegt. Auf www.news4teachers.de finden sich unter Rückgriff auf Annedore Prengel Hinweis darauf, was eine gute Lehrer-Schüler-Kommunikation ist. Die Forscher definieren sie folgendermaßen:

„Wenn Lehrer zu Leistung ermutigen, engagiert erklären, Leistung loben, bei Kummer trösten, kleinere Kinder in den Arm nehmen, ältere freundlich ansprechen, Konflikte konstruktiv austragen und lösen, Humor und Lachen ermöglichen, zuhören, bei Fehlverhalten Grenzen setzen." (Fileccia und Braun 2015)

Schließlich heben manche Quellen auf das ‚Drumherum' der Kommunikation ab. Auf der Website www.lehrerfortbildung-bw.de findet sich zum Beispiel zum Thema Kommunikation in der Schule vor allem der Hinweis auf die Wichtig-keit der personalen Relation zwischen Lehrer/in und Schüler/In: Lehrerinnen und Lehrer sollten „in echte Beziehungen zu ihren Schülerinnen und Schülern treten" (Böer et al. 2011). Die Schülerinnen und Schüler würden über die Beziehungs-ebene zu Themen und Inhalten geführt.

Dieser kurze Überblick erhebt natürlich keinerlei Anspruch auf Vollständigkeit, kann aber insofern als repräsentativ angesehen werden, als dass die Verwendung der Sprache selbst nur in den seltensten Fällen in den Fokus gerückt wird. Sollte dies doch der Fall sein, so nehmen die Empfehlungen in aller Regel eine Laien-perspektive auf die Sprache ein, etwa wenn gefordert wird, man solle klar und deutlich formulieren oder komplizierte Sprache meiden. Zu all diesen Punkten hat die Sprachwissenschaft Wesentliches beizutragen. Sprachwissenschaftliche Modelle und Erkenntnisse werden meines Wissens aber nicht rezipiert. Sprachwissenschaftliche Erkenntnisse bzw. die in diesem Beitrag skizzierten sprachwissenschaftlichen Erweiterungen des einfachen Modells von Kommunikation als Versenden von Paketen können meines Erachtens in mindestens dreierlei Hinsicht für die unterrichtliche Kommunikation fruchtbar gemacht werden. Zum einen können sie eine fachwissenschaftliche Begründung für eventuell unmittelbar einsichtige Empfehlungen anbieten, wie etwa die einer präzisen Wortwahl. So sind zum Beispiel synonyme Begriffe üblicherweise eben nicht synonym. Sie mögen zwar eine mitunter auch sehr ähnliche Bedeutung aufweisen, können und werden in der Regel aber zu großen Teilen mit unterschiedlichen Knoten im semantischen und auch im episodischen Netzwerk verbunden sein. Die Begriffe *Steuersenkung* und *Steuererleichterung* haben dies verdeutlicht. Neben einer möglichen Begründung für Kommunikationsempfehlungen kann die Sprachwissenschaft aber auch zu einer oft notwendigen Konkretisierung von Forderungen beitragen, wie zum Beispiel der Forderung, nicht zu kompliziert zu formulieren. Was dies heißt, ist nur scheinbar offensichtlich, da sich Komplexität auf vielen sprachlichen Ebenen abspielt. Im obigen Beispiel wurde dies anhand einer Facette, nämlich der syntaktischen Komplexität von Nominalphrasen bei überaus einfacher Satzstruktur verdeutlicht. Schließlich vermag die Sprachwissenschaft in manchen Fällen sogar neue Einsichten in das Funktionieren von Kommunikation vermitteln, wie zum Beispiel im Falle der Präsupposition. Manches, was in Unterrichtsgesprächen präsupponiert wird, mag vielleicht bei einigen Schülerinnen und Schülern zu Verständnisproblemen führen, die aber die Lehrkraft in aller Regel nicht zu antizipieren vermag, da sie sich über die Präsupposition oft gar nicht im Klaren ist. In anderen Fällen mag präsupponierte Information vielleicht unhinterfragt übernommen werden, obwohl eine kognitive Durchdringung wünschenswert gewesen wäre.

Dies sind nur drei Wege, wie sprachwissenschaftliches Fachwissen erfolgreiche Kommunikation im Klassenzimmer unterstützen kann. Diese unterstützende Funktion leitet sich ganz allein aus der Linguistik und ihren Erkenntnissen und Vorgehensweisen ab. Die Sprachwissenschaft wird damit in ihrer Fachlichkeit zur Verbesserung von Kommunikationsvorgängen fruchtbar. In diesem Sinne möchte ich argumentieren, dass Studierende moderner Sprachen, die sich als sprachwissenschaftliche Fachwissenschaftler/innen begreifen, in den sprachwissenschaftlichen Anteilen ihres Studiums wesentliche Bausteine ihrer eigenen Professionalisierung als Lehrerinnen und Lehrer erwerben können: Gute Linguistinnen und Linguisten sind (unter sonst gleichen Umständen) bessere Lehrerinnen und Lehrer.

Literatur

Aitchison, J. (2012). *Words in the Mind: An Introduction to the Mental Lexicon*. Hoboken, NJ: Wiley-Blackwell.

Böer, E., Müller, C. & Ohlhauser, T. (2011). Kommunikation in der Schule. *Lehrerinnenfortbildung Baden-Württemberg*. https://lehrerfortbildung-bw.de/st_if/bs/if/beziehungsgestaltung/kommunikation. Zugegriffen: 05. April 2019.

Coulthard, M. (2010). Forensic linguistics: The application of language description in legal contexts. *Langage et société*, 132 (2), 15–33.

Der Lehrerfreund (2015). 3 Regeln für erfolgreiche Kommunikation mit Schüler/innen. https://www.lehrerfreund.de/schule/1s/lehrer-schueler-kommunikation-3-regeln/4648. Zugegriffen: 04. April 2019.

Drosdowsky, G. (Hrsg.). (1983). *Duden. Deutsches Universalwörterbuch*. Mannheim/Wien/Zürich: Bibliografisches Institut.

Fileccia, M. & Braun, N. (2015). Von der Theorie in die Praxis – Kommunikation im Klassenzimmer ist einfach, aber .... *News4teachers. Das Bildungsmagazin*. https://www.news4teachers.de/2015/09/von-der-theorie-in-die-praxis-kommunikation-im-klassenzimmer-ist-einfach-aber/. Zugegriffen: 05. April 2019.

Frege, G. (1892). Über Sinn und Bedeutung. *Zeitschrift für Philosophie und philosophische Kritik*, 100, 25–50.

Halliday, M.A.K. & Matthiessen, C.M.I.M. (2014). *Halliday's Introduction to Functional Grammar*. London and New York: Routledge.

Loftus, E.F. (1974). Reconstructing Memory: The Incredible Eyewitness. *Psychology Today*, 8, 116–119.

Miller, G.A. (1956). The Magical Number Seven, Plus or Minus Two: Some Limits on our Capacity for Processing Information. *The Psychological Review*, 63, 81–97.

Reddy, M.J. (1979). The Conduit Metaphor – A Case of Frame Conflict in our Language about Language. In A. Ortony (Hrsg.), *Metaphor and Thought* (S. 284–324). Cambridge: Cambridge University Press.

Schulz von Thun, F. (1981). *Miteinander Reden. 1: Störungen und Klärungen*. Reinbek bei Hamburg: Rowohlt.

Watzlawick P., Beavin, J.H. & Jackson, D.D. (2010). *Menschliche Kommunikation. Formen, Störungen, Paradoxien*. Bern: Huber.

Wehling, E. (2016). Die verkehrte Sprache. Deutschland redet sich eine solidarische Flüchtlingspolitik aus: Die Debatte bestimmt von Sprachbildern, die keine Empathie für Flüchtende zulassen. *Spiegel Online*, 18.03.2016. http://www.spiegel.de/politik/deutschland/das-falsche-reden-ueber-fluechtlinge-gastbeitrag-a-1082396.html. Zugegriffen: 04. April 2019.

Der Raum im System

Von der geographischen Fachlichkeit zur modellierten Welt(-erschließung)

Carina Peter und Thomas Nauss

1   Einleitung

Die Professionalisierung der Lehrkräfte ist in der Bildungsforschung in den letzten Jahren, auch im Zuge der durch das BMBF geförderten Qualitätsoffensive Lehrerbildung, verstärkt ins Zentrum gerückt. Zur Erforschung der Professionalisierung und der Professionalität von (angehenden) Lehrkräften werden berufsbiographische, strukturtheoretische oder kompetenzorientierte Theorien und Ansätze genutzt. Dem kompetenzorientierten Ansatz folgend wird die Professionalität von Lehrkräften maßgeblich durch das Professionswissen aus den Bereichen der Fachwissenschaft, Fachdidaktik und Bildungswissenschaften bestimmt. Baumert und Kunter (2011) greifen in ihren Arbeiten zur Konzeptualisierung des Professionswissens auf die von Shulman (1986) eingeführte Topographie des professionellen Wissens und von Bromme (1992) erweiterte Unterscheidung in Fachwissen, fachdidaktisches Wissen und pädagogisches Wissen zurück und ergänzen zudem die Bereiche „Organisations- und Interaktionswissen" sowie „Beratungswissen". In diesem Beitrag wird das Fach Geographie ausgehend von bildungswissenschaftlichen Theorien aus den Perspektiven der Fachwissenschaft und der Fachdidaktik betrachtet, um in der Synthese Erkenntnisse über die geographische Fachlichkeit gewinnen zu

C. Peter (✉) · T. Nauss
Philipps-Universität Marburg, Marburg, Deutschland
E-Mail: carina.peter@geo.uni-marburg.de

T. Nauss
E-Mail: thomas.nauss@uni-marburg.de

© Springer Fachmedien Wiesbaden GmbH, ein Teil von Springer Nature 2020   101
N. Meister et al. (Hrsg.), *Zur Sache. Die Rolle des Faches
in der universitären Lehrerbildung,* Edition Fachdidaktiken,
https://doi.org/10.1007/978-3-658-29194-5_6

können. So kann zugleich die charakteristische Besonderheit der geographischen Perspektive auf die Welt beleuchtet werden. Möglichkeiten einer geographischen Welterschließung werden analysiert und konkretisiert.

Das Fachwissen der Geographie wird durch die beiden Subdisziplinen der gesellschaftswissenschaftlichen Humangeographie und der naturwissenschaftlichen Physischen Geographie gebildet. Beide haben den Anspruch, raumbezogene und systemanalytische Erkenntnisse zu gewinnen. Für das Schulfach Geographie/Erdkunde werden die Betrachtung und Analyse der Mensch-Umwelt-Systeme (z. B. Stadtklima, Bodennutzung) und deren Wechselwirkungen als Leitziel definiert (vgl. DGfG 2017). Diese integrative Positionierung von natur- und gesellschaftswissenschaftlicher Perspektive wird von Weichhart (2003) noch um eine dritte Ebene in einem integrativen Drei-Säulen-Modell erweitert, das neben der Physischen Geographie und der Humangeographie als weitere Säule die Gesellschaft-Umwelt-Forschung umfasst. Insgesamt folgte dieser Ansatz jedoch kaum dem fachwissenschaftlichen Diskurs der Geographie. Vielmehr hat sich die Fachwissenschaft in ihren Subdisziplinen eher divergent entwickelt, mit einer damit einhergehenden Spezialisierung in den jeweiligen Methoden und Inhalten sowie in der Systematik und Fachlichkeit.

Das Schulfach Geographie[1], noch heute teilweise als Erdkunde bezeichnet, hat seinen Ursprung in der Länderkunde und der Beschreibung von Ländern, Kulturen und Phänomenen. Der wissenschaftlichen Disziplin Geographie und dem Schulfach Geographie/Erdkunde ist gemeinsam, dass sie Räume als Systeme beschreiben und analysieren. Den beiden genannten Subdisziplinen steht die systemisch-integrative Betrachtungsweise gegenüber, die für das Schulfach Geographie/Erdkunde leitend sein (vgl. DGfG 2017) und im Unterricht gefördert werden soll. Das Schulfach Geographie/Erdkunde als *Brückendisziplin* der Natur- und Gesellschaftswissenschaften hat eine besondere und vielleicht auch exponierte Position im (Spannungs-)Feld der fachinternen Systematik inne. Dies birgt Vorteile in sich, so beispielsweise im Themenbereich der Nachhaltigkeit im Schnittfeld von *Ökonomie, Soziales und Ökologie*. So nimmt sich das Schulfach Geographie/Erdkunde bspw. maßgeblich Fragen zu einer Bildung für nachhaltige Entwicklung (BNE) an. Diese Position stellt die Disziplin aber zugleich vor Herausforderungen und befördert möglicherweise ein Identitätsproblem. Dieses kann an der äußeren Abgrenzung zu anderen Schulfächern und der inneren Divergenz zwischen Physischer Geographie und Humangeographie festgemacht werden. Zudem zeichnen sich die jeweiligen Inhalte und Methoden

---

[1]Bundeslandspezifische Bezeichnung, in Hessen Schulfach Erdkunde.

der Geographie durch eine hohe Komplexität aus. In der Schule stehen Lehrkräfte stets vor der Aufgabe, diese Komplexität verstehbar zu machen, sich dabei die Fachgegenstände zu erschließen und in adressatengemäße Lehr-Lernsituationen zu überführen. Die (angehenden) Lehrkräfte müssen auf diese Herausforderung vorbereitet werden, indem sie Hilfestellung bei der Analyse und Reflexion der komplexen Inhalte erhalten. Um diese Hilfestellung leisten zu können, bedarf es einer Methode, die den (angehenden) Lehrkräften an die Hand zu gegeben ist. Die Methode muss zur Reduktion von Komplexität der Inhalte geeignet sein. In den Ansätzen der didaktischen Reduktion und Rekonstruktion liegen entsprechende Konzepte vor. Dabei wird ein wissenschaftlicher Verlust (Rinschede 2007) beim Informationstransfer in einem vertretbaren und kalkulierbaren Rahmen eingegangen. Da es hier aber in einem ersten Schritt um die Erschließung des Inhalts durch die (angehende) Lehrkraft geht und noch nicht um die Aufbereitung für den Unterricht und gerade dieser wissenschaftliche Verlust in dieser Phase geringgehalten werden soll, sprechen wir bei der Klärung der Fachlichkeit im Folgenden von Modellierung. Die didaktische Reduktion ist der nächste Schritt, mit Blick auf den Unterricht. Um aber eine Reduktion oder Rekonstruktion leisten zu können, müssen die Inhalte zunächst verstanden werden, die Lehrkraft muss sich die Inhalte angemessen erschließen. Dabei sind die geographischen Inhalte durch eine hohe Komplexität gekennzeichnet. Die Modellierung wird als geeignete Methode aus der Perspektive der Geographie angesehen, um komplexe geographische Inhalte zu reduzieren. Dies ist auch das zentrale Ziel der fachdidaktischen Erschließung. Daher wird die Methode der Modellierung als Erschließungsmethode genutzt. Ziel ist eine zweckgerichtete Reduktion der Komplexität, um den Kern eines fachlichen Gegenstands herauszuarbeiten und in einem nächsten Schritt in einen Lehrgegenstand zu überführen (vgl. Anthes et al. i. V.).

Ziel dieses Beitrags ist es, das Spezifikum der geographischen Fachlichkeit zu klären, um auf dieser Grundlage einen Vorschlag für die Modellierung der geographischen Fachlichkeit zu entwickeln.

2   Zugänge der Welterschließung

Baumert (2002, S. 113) definiert vier Modi der Weltbegegnung: die kognitiv-instrumentelle Modellierung der Welt (Mathematik, Naturwissenschaften), die ästhetisch-expressive Begegnung und Gestaltung (Sprache/ Literatur, Musik, Kunst, physische Expression), die normativ-evaluative Auseinandersetzung mit Wirtschaft und Gesellschaft (Geschichte, Ökonomie, Politik,

Gesellschaft, Recht) und die Probleme konstitutiver Rationalität (Religion, Philosophie). Im Rahmen der PISA-Studien (vgl. Klieme et al. 2003) werden unter dem Begriff der Fachlichkeit die Unterrichtsfächer als die traditionellen Strukturen der Lehr- und Lernaktivitäten beschrieben und als korrespondierend mit den wissenschaftlichen Disziplinen benannt, die wiederum Codes (z. B. Formeln) nutzen, um die Welt unter einer bestimmten Perspektive und mit einem bestimmten Zugang (z. B. naturwissenschaftlich) zu erschließen. Dressler (2007) greift nun die Modi der Weltbegegnung auf und setzt sie in Bezug zu dem in PISA genutzten „literacy"-Konzept, das Welterschließung und Weltverständnis als die Fähigkeit definiert, „die Welt auf unterschiedliche Weise lesen [...] und damit zugleich die Welt unter dem Aspekt ihrer ‚Lesbarkeit' erschließen" (ebd., S. 250) zu können. Demnach eröffnen die unterschiedlichen Fächer mit ihren fachlichen Zugängen einen je spezifischen Blick auf die Welt und ermöglichen unterschiedliche Weltzugangsweisen (vgl. ebd. 2007).

Im Unterricht müssen die Zugangsweisen transparent werden, die Lernenden sollen in den Lehr-/Lern- und Bildungsprozessen die fachspezifischen Brillen zur Weltbetrachtung wechseln können und sich des Perspektivwechsels bewusst sein. Dies setzt aber voraus, dass die Lehrenden sich der jeweils eigenen fachlichen Spezifität bewusst sind, um die fachlichen Konzepte anwenden und im Unterricht transparent machen zu können. Die von Dressler (2013) aufgezeigten Differenzen in den Fachzugängen zielen auf eine Bildungspluralität ab, bei der zwar jedes Fach seinen individuellen Beitrag zur Modellierung und Erschließung beitragen kann, diese aber nicht auf fragmentierten Perspektiven verbleiben. Neben der bildungstheoretischen Perspektive auf Fachlichkeit sind die erkenntnistheoretische Perspektive und die professionstheoretische Perspektive zu nennen.

Hericks und Meister (i. d. B.) fordern von (angehenden) Lehrpersonen, ihr Fach und die Fachlichkeit hinterfragen und rekonstruieren zu können. Die Fachreflexion sei Kern des Marburger Modellprojekts *ProPraxis,* in dessen modularen Konzepten die *reflektierte Fachlichkeit* als eine biographische und organisatorische Ressource aufgegriffen und genutzt wird. So sollten die Studierenden in der Vorbereitung auf ihre zukünftige Rolle als Lehrpersonen anspruchsvolle fachliche Verstehens- und Bildungsprozesse durchlaufen sowie die damit ggf. verbundenen Krisen und Irritationen reflexiv bearbeiten (vgl. ebd.).

Um diesen Forderungen im universitären Bildungsprozess gerecht werden zu können, bedarf es einer Fachlichkeitsklärung, also einer Diskussion darum, welchen Beitrag das jeweilige Fach, hier die Geographie, zur Welterschließung leistet. Ausgehend von dieser Forderung und rückblickend auf die bisherigen Ausführungen können wir als erste Erkenntnis formulieren, dass die Geographie das Spezifikum aufweist, die Welt raumbezogen-systemisch zu modellieren und dabei sowohl kognitiv-instrumentell vorgeht als auch auf normativ-evaluative Auseinandersetzung zurückgreift. Hier wird die Sonderstellung des Faches auch hinsichtlich der Weltzugänge deutlich. Welche Bedeutung dies für die Fachlichkeit hat, gilt es zu klären.

3 Geographische Fachlichkeit: Auf der Suche nach dem Fachgegenstand

Welchen Beitrag leistet das Fach Geographie zur Welterschließung? Um die Frage beantworten und einen Beitrag zur Lesbarkeit der Welt nach Dressler (2013) leisten zu können, wird das Fach Geographie aus wissenschaftlicher und schulpraktischer Perspektive analysiert. Bezugspunkt unserer Analyse ist die oben bereits genannte Differenzierung der Geographie in eine naturwissenschaftliche Physische Geographie, die Strukturen und Dynamiken der physischen Umwelt modelliert und untersucht, und in eine gesellschaftswissenschaftlich ausgerichtete Humangeographie, die auf Strukturen und Dynamiken von Kulturen, Gesellschaften, Ökonomien und der Raumbezogenheit des menschlichen Handelns fokussiert (DGfG online). Dies umfasst eine Mehrperspektivität, die als Stärke und Schwäche des Faches gleichermaßen aufgefasst werden kann: Es geht immer um raumbezogene Analysen von Themen im Schnittbereich von Mensch und Umwelt. Entsprechend ist auch das Leitziel für den Geographieunterricht der Deutschen Gesellschaft für Geographie (DGfG) formuliert. Gefordert wird, dass Lernende Einsichten erlangen „in die Zusammenhänge zwischen natürlichen Gegebenheiten und gesellschaftlichen Aktivitäten in verschiedenen Räumen der Erde und eine darauf aufbauende raumbezogene Handlungskompetenz" erwerben (ebd. 2017, S. 5). Die Geographie ist somit ein Schulfach, das integrativ Zusammenhänge und Wechselwirkungen zwischen natürlichen und gesellschaftlichen Strukturen und Dynamiken thematisiert, analysiert und reflektiert.

Hier setzt der Versuch an, die Fachlichkeit und die geographiespezifische Perspektive auf die Welt(-erschließung), zumindest für das Schulfach Geographie/Erdkunde, zu fassen. Dabei wird auch aus fachwissenschaftlicher Perspektive der Versuch unternommen, das Geographische im wechselseitigen Verhältnis der natürlichen und gesellschaftlichen Strukturen und Dynamiken zu definieren. So schreibt Dirksmeier (2008), dass von Geographie gesprochen werden kann, „wenn komplexe Natur-Kultur-Verhältnisse raumbezogen beobachtet werden […]" (ebd., S. 50). Dennoch spiegelt die Forschungslandschaft eine solche integrative Perspektive kaum wider, sodass die Formulierung eines integrativen Fachgegenstands für die universitäre Wissenschaft zumindest problematisch ist. Auch scheitert der Versuch, den gemeinsamen Gegenstand der zweigeteilten Fachwissenschaften unter einem Raum(-begriff) oder in der Klammer „Raum" zu suchen. Dennoch entfaltet sich um diesen Begriff eine Diskussion um den Anspruch der Geographie, den Raum analysieren zu wollen (vgl. Pohl 1993; Werlen 1993; Weichhart 1999). In den Bildungsstandards des Schulfaches Geographie/Erdkunde für den mittleren Schulabschluss (vgl. DGfG 2017) wird das Fach als „Raumwissenschaft" bezeichnet. Die formulierten Kompetenzbereiche und Kompetenzen umfassen eine multi-skalige, integrative Erfassung von Räumen als natur- und humangeographische Systeme. Diese integrative Geographie, die mit der Fokussierung auf die Wechselwirkungen von Mensch-Umwelt-Systemen einhergeht, stimmt mit dem in diversen Lehrplänen dargestellten Bild der integrierten Geographie überein (vgl. Kanwischer 2006). Dennoch rückt ein Fachgegenstand, zumindest für das Schulfach Geographie/ Erdkunde, in den Fokus, der auch in den Standards der DGfG (2017) umrissen und als Hauptbasiskonzept skizziert wird: eine raumbezogene Betrachtung der Mensch-Umwelt-Systeme über Skalen hinweg (lokal bis global). Auch in internationalen Diskursen sind Basis- oder Schlüsselkonzepte zu finden, hier werden u. a. Raum (space), Ort (place) (z. B. Taylor 2008) und Maßstab (scale) (z. B. Lambert und Morgan 2010; Lambert 2013; Uhlenwinkel 2013) diskutiert, auch wenn die Bedeutungen von Basiskonzepten teils landesspezifischen Fachverständnissen unterliegen und definitorisch nicht immer gleichbedeutend sind.

4   Rekonstruktion des Fachverständnisses

Die Studierenden müssen die teils komplexen und spezialisierten fachlichen Inhalte und Methoden in eine schulgeographische Perspektive überführen, die auf einem integrativen erdkundlichen Verständnis, also einer raumbezogenen Analyse der Mensch-Umwelt-Systeme über Skalen hinweg basiert. Dafür muss, wie von Hericks und Meister (i. d. B.) gefordert, die *reflektierte Fachlichkeit* als eine biographische und organisatorische Ressource aufgegriffen und genutzt werden. Um ein langfristig anwendbares Fachwissen generieren und, nach didaktischer Aufarbeitung, dieses in Lehr-Lernprozesse überführen zu können, müssen die Studierenden ihr Fach „verstehen". So werden sie in die Lage versetzt, in ihrem (zukünftigen) Beruf professionell zu handeln. Dieser Professionalisierungsschritt, konkret die Reflexion der Fachverständnisses und die Rekonstruktion des Fachlichen, ist Ziel eines im Rahmen des Marburger Projekts *ProPraxis* entstandenen Moduls, *ProfiWerk Erdkunde,* in dem die Lehramtsstudierenden zur Fachreflexion angeregt werden sollen. Die Studierenden des gymnasialen

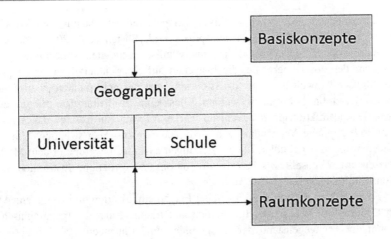

Abb. 1 Fach und Fachkonzepte. (© Carina Peter und Thomas Nauss)

Lehramtsstudiengangs sind etwa im fünften Fachsemester und belegen das Modul in Vorbereitung auf ihr mehrwöchiges Schulpraktikum. Ziel des Moduls ist die Reflexion des Fachverständnisses, das in der fachdidaktischen Modellierung der Fachlichkeit[2] mündet. Dafür werden zentrale Konzepte des Fachs, also die Rolle des Raums und der Basiskonzepte für die Geographie, analysiert und auf ihre Anwendbarkeit zur Modellierung von Lehrgegenständen, hinterfragt (Abb. 1).

Die Modellierung von Fachgegenständen meint die Erschließung eines Fachgegenstands mit dem Ziel, die Komplexität zu reduzieren. Der komplexe Fachinhalt wird strukturiert und modelliert. Mit dieser Modellierung komplexer fachlicher Inhalte ist dann immer auch eine Reduktion auf die grundlegenden fachlichen Strukturen verbunden, die zugleich aber den fachlichen Kern erhalten und überhaupt erst freilegen. Um dies zu erreichen, muss ein tiefes Konzeptverständnis zu Raumkonzepten und Basiskonzepten aufgebaut und die Konzepte im Spannungsfeld der universitären und schulischen Geographie reflektiert werden. Bestenfalls gehen diese Reflexionsprozesse in der Rekonstruktion des Fachverständnisses auf. Die didaktische Rekonstruktion meint das „neue

---

[2]Ein Konzept der fachdidaktischen Modellierung der Fachlichkeit wurde im Rahmen des BMBF-geförderten Projekts ProPraxis entwickelt und anhand eines konkreten Beispiels veranschaulicht (Anthes et al. i. V.)

Zusammenbauen" von wechselseitigen Perspektiven von Schule und Wissenschaft mit Blick auf die Unterrichtspraxis (vgl. Basten et al. 2013). Konkret ist hier darunter zu verstehen, dass die schulisch geprägten Vorstellungen der Studierenden zur Geographie, die bisweilen auf einer integrativen Geographie der Mensch-Umwelt-Systeme fokussiert sind, mit der universitären, eher dichotomen Disziplin konfrontiert werden. Dies kann zu Irritationen führen und erste Dekonstruktionsprozesse anstoßen, die im weiteren Verlauf das eigene, schulisch geprägte Verständnis von Geographie rekonstruieren helfen. Um die Rekonstruktion der Studierendenvorstellungen anzuregen, werden in dem Modul Phasen im Wechsel zwischen Konfrontation und Irritation, Instruktion und Konstruktion eingesetzt (Abb. 2).

Ferner gilt es, fachdidaktisch geleitet Fragen aufzuwerfen und zu klären: Was ist Geographie? Was ist der (geographische) Raum? Kann der (geographische) Raum der Fachgegenstand der Geographie sein? Entsprechende Konzepte zu Raum und Fach und deren wechselseitige Einflüsse auf die universitäre Geographie und das Schulfach Geographie/Erdkunde werden analysiert und diskutiert, ihre Anwendbarkeit wird geprüft und stets mitreflektiert. Die Vertiefung in fachliche Diskussionen, die zumindest teilweise den eigenen Vorstellungen widersprechen, können innere Konflikte, Irritationen auslösen und mögliche Rekonstruktionsprozesse fortführen und leiten.

Die inhaltlichen Komponenten bilden dabei fachspezifische Konzepte (Raum- und Basiskonzepte), wobei das fachimmanente Identitätsproblem der Geographie stets berücksichtigt werden muss (vgl. Vogel et al. 2019). Die Rekonstruktion erfolgt schrittweise anhand von zwei inhaltlich-konzeptionellen Phasen, die zur Reflexion der geographischen Fachlichkeit notwendig sind, zur Rekonstruktion

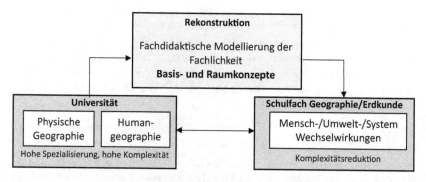

Abb. 2 Rekonstruktion des Fachverständnisses. (© Carina Peter und Thomas Nauss)

des Fachverständnisses anregen und in die dritte und abschließende Phase, die Modellierung der Fachlichkeit, münden. Die Phasen sind wie folgt aufgebaut:

1. Raum und Geographie
2. Basiskonzepte
3. Erschließung durch Modellierung.

In den Phasen 1 und 2 werden Irritationen ausgelöst, die mit bekannten Strategien nicht gelöst werden können. Drei Themenblöcke leiten dazu die Fachreflexion an:

- Universitäre Geographie vs. Schulfach Geographie/Erdkunde: In welchem Verhältnis stehen universitäre Geographie und Schulfach Geographie/ Erdkunde?
- Geographie und Raum: Was ist der Fachgegenstand der Geographie bzw. des Schulfachs Geographie/Erdkunde?
- Basiskonzepte als fachliche Brillen: Was sind Basiskonzepte und inwiefern sind sie geeignet, fachliche Inhalte zu erschließen?

Ziel ist die Rekonstruktion des eigenen Fachverständnisses durch die Reflexion des Faches in Abgrenzung zu anderen Fächern. Der Prozess beginnt mit der Analyse des Verhältnisses zwischen Fachwissenschaft und Schulfach: Die universitäre Geographie wird als eine in zwei Subdisziplinen differenzierte und hochspezialisierte Wissenschaft beschrieben, dem das Schulfach als etwas Integratives mit raumbezogenen Wechselwirkungen von Mensch-Umwelt-Systemen gegenübersteht (vgl. DGfG 2017). Die Rekonstruktionsprozesse werden durch Impulse eingeleitet und sollen durch die Reflexion von geographischen Raum- und Basiskonzepten angeregt werden. Die Konzepte werden zugleich als Erschließungswerkzeuge für geographische Inhalte geprüft und deren Möglichkeiten und Grenzen als Erschließungshilfen reflektiert. Der Prozess mündet in einem anwendungsbezogenen Lösungsvorschlag (Erschließung durch Modellierung), der auch eine Option zur Auflösung des Problems der hohen Komplexität geographischer Fachgegenstände bietet und bieten muss. Die Schwierigkeit der Reduktion der Komplexität, die den geographischen Fachgegenständen meist zugrunde liegt, muss im schulpraktischen Lehr-Lernprozess berücksichtigt werden (vgl. Ohl 2013; Mehren et al. 2015). Die Komplexität muss dafür bereits in einem ersten Schritt, dem Schritt der fachdidaktischen Erarbeitung durch die Lehrkräfte, erkannt und bearbeitet werden (Laging et al. 2018, S. 247 ff.). Dies stellt (angehende) Lehrpersonen vor Herausforderungen und bedarf der Hilfestellung.

4.1   Geographie und Raum

Welche Rolle spielt der Raum in der Geographie? Ausgehend davon, dass die Geographie sich aus den jeweiligen Blickwinkeln der Physischen Geographie und Humangeographie mit der Welt als solcher befasst (DGfG online), muss die Frage nach Wegen zum Umgang mit Komplexität gestellt werden. Gleichzeitig sollte die geographische Identität die Grenze zu anderen wissenschaftlichen Disziplinen klären und damit Fragen nach der geographischen Perspektive auf die Welt ermöglichen. Fachhistorisch wurde der Frage nach dem Gegenstand der Geographie mit dem Ansatz begegnet, den „Raum" als gemeinsame Klammer zu verstehen. Es zeigt sich aber, dass dies, auch aufgrund der Stellung des Faches als Natur- und Gesellschaftswissenschaft, nicht einfach und unkritisch ist. Vielmehr ist ein reflexives Konzeptwissen notwendig, um geographische Raumdiskurse führen zu können. Der (geographische) Raum und darauf bezogene geographische Konzepte müssen in dieser Phase auf ihre Funktionalität zur Erschließung von Fachgegenständen geprüft werden. So sind die von Wardenga (2002) beschriebenen Raumkonzepte bspw. im Bildungskontext breit vertreten. Wardenga differenziert den geographischen Raum in vier Kategorien, 1) Raum als Container zur Erfassung der physisch-materiellen Welt, 2) Raum als System von Lagebeziehungen, 3) Raum als Kategorie der Sinneswahrnehmung, 4) Raum der sozialen, technischen und gesellschaftlichen Konstruiertheit. Weitere Raumdiskussionen und Raumkonzepte finden sich bei Pohl (1993), Weichhart (1999), Köck (2014). Werlen (1993) geht als Sozialgeograph der Frage nach, ob es eine Geographie ohne Raum gibt und postuliert dahin gehend die Handlung verstärkt in den Forschungsfokus zu rückt.

Die Diskussion und Reflexion der in Teilen kontroversen Meinungen zu geographischen Raumkonzepten kann wiederum zur Irritation bei den Studierenden führen. Durch die Analyse der Raumkonzepte und Raumdiskurse wird so Konzeptwissen zum geographischen Fachgegenstand generiert, das alleine allerdings keine abschließende Lösung bietet.

4.2   Basiskonzepte

Gleiches gilt für Basiskonzepte, die zwar zur Reflexion der fachlichen Identität des Geographieunterrichts (vgl. Uhlenwinkel 2013) geeignet erscheinen, bislang aber eher auf einer abstrakten Meta(analyse)ebene verstanden und genutzt werden. So werden Basiskonzepte auch als „Konzepte von hohem Abstraktionsniveau" (Lambert 2013, S. 175) beschrieben, „die im ganzen Fach genutzt werden können, um Fragen zu identifizieren, Untersuchungen zu leiten, Information zu organisieren, Erklärungen zu liefern oder beim Entscheidungsprozess zu helfen" (ebd.). Ansätze zur Strukturierung von Inhalten durch Basiskonzepte finden sich bei Taylor (2011) sowie Bette und Fögele (2015). Sie werden als Werkzeuge beschrieben, die zur fachspezifischen Analyse von Inhalten dienen können (ebd.). Allerdings fehlt ein internationaler Konsens darüber, welche geographischen Konzepte das Fach widerspiegeln (vgl. Brooks 2013), diverse Konzepte werden beschrieben, die landes- und fachspezifischen Besonderheiten unterliegen. International werden vielfach Space (Raum), Place (Ort) und Scale (Maßstab) als geographische Konzepte diskutiert (Lambert 2013; s. a. Uhlenwinkel 2013). In den Bildungsstandards der Deutschen Gesellschaft für Geographie (vgl. DGfG 2017) wird die Geographie als Raum- und Systemwissenschaft mit dem Hauptbasiskonzept *System* und den Basisteilkonzepten Struktur, Funktion, Prozess im Kompetenzbereich des Fachwissens definiert.

5   Erschließungsmodell

Die bisherigen Ausführungen verweisen auf die Notwendigkeit eines anwendungsbezogenen Erschließungszugangs, der die Modellierung von Gegenständen aus einer geographischen Perspektive heraus ermöglicht, also auf eine skalenbasierte, raumbezogene Modellierung von geographischen sowie schulbezogenen Mensch-Umwelt-Systemen setzt. Diese Modellierung muss die Komplexität der Inhalte mitdenken und Möglichkeiten der Komplexitätsreduktion zulassen. Der Komplexität sollte mit geographischen Zugängen begegnet werden, ohne dass Fehlkonzepte entstehen und ohne dass komplexe Probleme durch monokausale Zusammenhäng erklärt werde und in eine Übervereinfachung der komplexen Inhalte münden, die wiederum zu inhaltlich problematischen Auslegungen von Mensch-Umwelt-Systemen oder Halbwahrheiten führen könnten.

Um als (zukünftige) Geographielehrer/in das im Studium und darüber hinaus erworbene Fachwissen didaktisch reflektieren zu können, wurde ein Konzept (Erschließungsmodell) entwickelt, das eine fachdidaktische Erschließung fachlicher Gegenstände ermöglicht. Im Folgenden wird eine Methode vorgestellt, die aus einer geographischen und schulerdkundlichen Perspektive heraus die Modellierung von Mensch-Umwelt-Systemen umfasst.

In Bezug auf das Schulfach haben wir die geographische Fachlichkeit in der raumbezogenen Betrachtung der Mensch-Umwelt-Systeme beschrieben. Laut Dirksmeier (2008, S. 50) tritt im

„Funktionssystem Wissenschaft [...] die Geographie als dasjenige wissenschaftliche System in Erscheinung, das Komplexität mittels der Beobachtung sich im Raum konstituierender Natur-Kultur-Verhältnisse reduziert [...].“

Wenn nun für die geographische Perspektive die Basiskonzepte Raum (space), Ort (place) und Maßstab (scale) herangezogen werden, dann können wir eine fachdidaktische Modellierung der fachlichen Inhalte ermöglichen: Wird der Raum als System betrachtet (DGfG 2017, S. 10), bedarf dies einer Modellierung, die die Grundlage zur weiteren Reduktion und Überführung in schulfachliche Inhalte und Themen ermöglicht. Bezogen auf den Unterricht im Fach Geographie/Erdkunde handelt es sich um die Modellierung von Mensch-Umwelt-Systemen. Die Systemgrenze wird durch ein definiertes Ziel, eine Fragestellung oder Aufgabe bestimmt. So wird die Betrachtungsebene festgelegt, die analysiert werden soll. Erinnern wir uns an die verschiedenen Raumkonzepte, so kann sie realen Grenzen entsprechen, ist aber keinesfalls auf realräumliche oder politische beschränkt. In Bezug auf das Problem der Komplexität, schaffen wir mit der Modellierung eine Möglichkeit, dieser zu begegnen. Durch die Modellierung wird die Komplexität der geographischen Gegenstände („Geographie betrachtet die Welt, in der wir leben" vgl. DGfG online) reduziert, da nur die Strukturen und Dynamiken betrachtet werden, die für das Ziel, die Fragestellung oder die Aufgabe relevant sind. Alle anderen Aspekte werden ausgegrenzt bzw. als Randbedingung definiert. Der geographische Raum kann physische und gesellschaftliche Strukturen und Dynamiken beinhalten, er kann, muss aber nicht, physisch-greifbar und real messbar sein. Das System muss aber mindestens einen Ort und mindestens eine Relation beinhalten. Stellt man sich die Systemkomponenten als Wege und Straßen in einer Stadt vor, dann können wir eine Analogie zu digitalen Straßenkarten ziehen. Analog zum Zoomen in digitalen Straßenkarten verändert sich der Detailgrad, d. h. die Verkehrswege werden in kleinen Kartenausschnitten in einem höheren Detailgrad sichtbar. Der Systemausschnitt wird durch den Maßstab bestimmt und kann durch Zoomen vergrößert (geringerer Detailgrad) oder verkleinert (höherer Detailgrad) werden. Durch die Variation des Maßstabs und der damit einhergehenden Veränderung des Raumausschnitts kann Komplexität, auch auf einer inhaltlichen Ebene, reduziert werden. An dieser Stelle sei auf Anthes et al. (i. V.) verwiesen, die diesen Prozess an einem Beispiel veranschaulichen.

6   Fazit und Ausblick

Ausgehend von der Forderung, den geographischen Blick auf die Welt zu hinterfragen, haben wir zunächst die Fachlichkeit ins Zentrum der Überlegungen gerückt und diese anhand von Raum- und Basiskonzepten gefasst. Dabei wurde das Fachspezifikum, das die Geographie originär die Welt aus einer raumbezogen-systemischen und zugleich natur- und gesellschaftswissenschaftlichen Perspektive betrachtet, mitgedacht und in eine Modellierung der Fachlichkeit überführt.

Durch die systemische Betrachtung und die Modellierung des Raums kann eine geographische Perspektive auf die Welt ermöglicht werden, die über Skalen hinweg Komplexität reduziert und damit durchschaubar und verstehbar macht. Gerade für (angehende) Lehrkräfte kann häufig festgestellt werden, dass sie Mühe mit der Erschließung geographischer (universitärer) Inhalte haben. Der hier abgeleitete reflexive Zugang zur Fachlichkeit, der über diverse Fachkonzepte erfolgt und in einem Erschließungsmodell mündet, kann Studierende bei der Bewältigung dieser Herausforderung unterstützen. Die Modellierung der Fachlichkeit erfolgt aus einem fachdidaktischen Verständnis heraus und verfolgt das Ziel, einen Fachinhalt aus einer geographischen Perspektive zu erschließen und gleichzeitig Komplexität zu reduzieren. Diese Ziele können mit dem hier entwickelten Modell zur fachdidaktischen Erschließung der Fachlichkeit erreicht werden.

In einem nächsten Schritt müssten die Erkenntnisse, die bislang auf eine fachliche Erschließung beschränkt bleiben, in Aufgaben für den Schulunterricht überführt werden. Hier ergeben sich weitere Forschungsfelder für die Fachdidaktik, die eine Überführung der fachdidaktisch modellierten Inhalte hin zu schulbezogenen Aufgaben umfassen.

Literatur

Anthes, K., Nauss, T. & Peter C. (i. V.). *Geographische Fachlichkeit – didaktische Erschließung durch Basiskonzepte.*

Basten, T., Conrad, D. & Felzmann, D. (2013). Didaktische Rekonstruktion. In D. Böhn & G. Obermaier (Hrsg.), *Wörterbuch der Geographiedidaktik* (S. 52–53). Braunschweig: Westermann.

Baumert, J. (2002). Deutschland im internationalen Bildungsvergleich. In N. Killius, J. Kluge & L. Reisch (Hrsg.), *Die Zukunft der Bildung* (S. 100–150). Frankfurt a. M.: Suhrkamp.

Baumert, J. & Kunter, M. (2011). *Das Kompetenzmodell von COACTIV. Professionelle Kompetenz von Lehrkräften: Ergebnisse des Forschungsprogramms COACTIV* (S. 29–53). Münster: Waxmann.

Bette, J. & Fögele, J. (2015). Mit Basiskonzepten Aufgaben strukturieren und fachliches Denken diagnostizieren. Islands Energieerzeugung als Beispiel. *Praxis Geographie*, 45 (7/8), 34–39.

Bromme, R. (1992): *Der Lehrer als Experte: Zur Psychologie des professionellen Wissens.* Bern: Huber.

Brooks, C. (2013). How do we understand conceptual development in school geography? In D. Lambert & M. Jones (Hrsg.), *Debates in subject teaching series. Debates in geography education* (S. 75–88). Milton Park, Abingdon, Oxon, New York: Routledge.

DGfG (Deutsche Gesellschaft für Geographie) (2017). *Bildungsstandards im Fach Geographie für den Mittleren Schulabschluss mit Aufgabenbeispielen.* Bonn: Selbstverlag.

DGfG online (Deutsche Gesellschaft für Geographie). Was ist Geographie? – Kurzfassung. https://geographie.de/studium-fortbildung/was-ist-geographie-kurzfassung/. Zugegriffen: 10. Februar 2019.

Dirksmeier, P. (2008). Komplexität und Einheit der Geographie. *Geographische Revue* 10 (1), 41–58.

Dressler, B. (2007). Modi der Welt als Gegenstand fachdidaktischer Analysen. *Journal für Mathematik Didaktik,* 28 (3/4), 249–262.

Dressler, B. (2013). Fachdidaktik und die Lesbarkeit der Welt. Ein Vorschlag für ein bildungstheoretisches Rahmenkonzept der Fachdidaktiken. In K. Müller-Roselius & U. Hericks (Hrsg.), *Bildung – Empirischer Zugang und theoretischer Widerstreit* (S. 183–202). Opladen, Berlin, Toronto: Barbara Budrich.

Kanwischer, D. (2006). Der Doppelcharakter der Geographie und andere Katastrophen nebst einigen Bemerkungen zur fachdidaktischen Umsetzung. In U. Horst, D. Kanwischer & D. Stratenwerth (Hrsg.), *Die Kunst sich einzumischen. Vom vielfältigen und kreativen Wirken des Geographen Tilman Rhode-Jüchtern. Von Freunden und Weggefährten zum 60. Geburtstag zugeeignet* (S. 127–142). Berlin. Zugleich veröffentlicht in: Geographische Revue (2005), Online-Diskussionsforum.

Klieme, E., Avenarius, H., Blum, W., Döbrich, P., Gruber, H., Prenzel, M., Reiss, K., Riquarts, K., Rost, J., Tenorth, H. & Vollmer, H. (2003). Zur Entwicklung nationaler Bildungsstandards. Grundpositionen einer Expertise. *Forum E* 56, (5), 7–11.

Köck, H. (2014). Raumkonzepte in der Geographie – methodologisch analysiert. *Geographie aktuell & Schule*, 36, (209), 3–14.

Laging, R., Peter, C. & Schween, M. (2018). „ProfiForum – Ein Ort des wissenschaftlichen Diskurses von Fachwissenschaft, Fachdidaktik und Bildungswissenschaft". In I. Glowinski, A. Borowski, J. Gillen, S. Schanze & J. von Meien (Hrsg.), *Kohärenz in der universitären Lehrerbildung – Vernetzung von Fachwissenschaft, Fachdidaktik und Bildungswissenschaften* (S. 237–262). Universitätsverlag Potsdam: Potsdam.

Lambert, D. & Morgan, J. (2010). *Teaching Geography. A Conceptual Approach* (S. 11–18). Open University Press: Maidenhead.

Lambert, D. (2013). Geographical concepts. In M. Rolfes & A. Uhlenwinkel (Hrsg.), *Metzler Handbuch 2.0 Geographieunterricht. Ein Leitfaden für Praxis und Ausbildung* (S. 174–181). Braunschweig: Westermann.

Mehren, M., Mehren, R. & Ohl, U. (2015). Die doppelte Komplexität geographischer Themen. Eine lohnenswerte Herausforderung für Schüler und Lehrer. *Geographie aktuell und Schule*, 37 (216), 4–11.

Ohl, U. (2013). Komplexität und Kontroversität. Herausforderungen des Geographieunterrichts mit hohem Bildungswert. *Praxis Geographie*, 43 (3), 4–8.

Pohl, J. (1993). Kann es eine Geographie ohne Raum geben? Zum Verhältnis von Theoriediskussion und Disziplinpolitik. In *Erdkunde*, 47, (4), 255–266.

Rinschede, G. (2007): *Geographiedidaktik*. Paderborn: UTB.

Shulman, L. S. (1986). Those who understand: Knowledge growth in teaching. *Educational Researcher*, 15 (2), 4–14.

Taylor, L (2008). Key concepts and medium term planning. *Teaching Geography*, 33 (2), 50–54.

Taylor, L. (2011). Basiskonzepte im Geographieunterricht. Schlüssel, um die Welt besser zu verstehen und den Unterricht besser zu planen. *Praxis Geographie*, 41 (7/8), 8–15.

Uhlenwinkel, A. (2013). Geographisch denken mithilfe von geographischen Konzepten. *Praxis Geographie*, 43 (2), 4–7.

Vogel, U., Peter, C. & Huppert, A. (2019). Reflexive Fachlichkeit: Zur Konstruktion und Erfahrung von Praxis in Wissenschaft und Schule. In Bundesministerium für Bildung und Forschung (Hrsg.), *Verzahnung von Theorie und Praxis im Lehramtsstudium. Erkenntnisse aus Projekten der „Qualitätsoffensive Lehrerbildung"* (S. 97–103). Berlin: Bundesministerium für Bildung und Forschung (BMBF).

Wardenga, U. (2002). Alte und neue Raumkonzepte für den Geographieunterricht. *Geographie heute*, 23 (200), 8–11.

Weichhart, P. (1999). Die Räume zwischen den Welten und die Welt der Räume. Zur Konzeption eines Schlüsselbegriffs der Geographie. In P. Meusburger (Hrsg.), *Handlungszentrierte Sozialgeographie. Benno Werlens Entwurf in kritischer Diskussion* (S. 67–94). Stuttgart: Franz Steiner.

Weichhart, P. (2003). Physische Geographie und Humangeographie – eine schwierige Beziehung: Skeptische Anmerkungen zu einer Grundfrage der Geographie und zum Münchner Projekt einer „Integrativen Umweltwissenschaft". In G. Heinritz (Hrsg.), *„Integrative Ansätze in der Geographie – Vorbild oder Trugbild?".* Münchner Symposium zur Zukunft der Geographie, 28. April 2003. Eine Dokumentation (S. 17–34). München: Münchner Geographische Hefte.

Werlen, B. (1993). Gibt es eine Geographie ohne Raum? Zum Verhältnis von traditioneller Geographie und zeitgenössischen Gesellschaften. *Erdkunde*, 47 (4), 241–255.

Teil III
Beiträge zu den Verstehensschwierigkeiten von Studierenden

Einführung: Fachliche Verstehensschwierigkeiten von Studierenden als Professionalisierungschance

Nina Meister

Das *Verstehen* eines Faches beschränkt sich nicht auf die Erschließung seiner komplexen wissenschaftlichen Inhalte, sondern ist eng mit den fachspezifischen Wahrnehmungs-, Denk- und Handlungsmustern als Ausdruck der jeweiligen Fachkultur (vgl. Huber 1991) verbunden. Ein Fach zu *verstehen* umfasst die Fähigkeit, in dessen Perspektive auf die Welt zu blicken, in fachspezifischen Mustern zu denken und zu handeln und sich dieser Perspektive gewahr zu sein (vgl. Hericks und Meister, i. d. B.). Im Rahmen der Marburger Praxismodule beschreiben wir diese Fähigkeit und universitären Anspruch als *reflektierte Fachlichkeit* (vgl. ebd., vgl. Laging, i. d. B.). Wie der Titel dieser Einleitung nahelegt, ist dieses Verstehen herausfordernd und regelmäßig mit Schwierigkeiten verbunden, die sich in den Fächern unterschiedlich darstellen und die auf unterschiedliche Art und Weise hochschuldidaktisch aufgegriffen werden können.

Ein wesentlicher Ausgangspunkt fachlicher Verstehensschwierigkeiten reicht in die Schulzeit und langjährigen fachlichen Sozialisationserfahrungen zurück: Mit wenigen Ausnahmen dürften die meisten von uns in der Schule die Erfahrung gemacht haben, dass sich ihnen bestimmte Fächer und die damit verbundenen fachtypischen Praktiken und Denkmuster wie von selbst erschlossen oder in der Schullaufbahn immer zugänglicher wurden, während andere Fächer bis zum Schulabschluss fremd und unverständlich erschienen. Die meisten Lehramtsstudierenden knüpfen an diese individuellen, biographisch und

N. Meister (✉)
Philipps-Universität Marburg, Marburg, Deutschland
E-Mail: nina.meister@uni-marburg.de

© Springer Fachmedien Wiesbaden GmbH, ein Teil von Springer Nature 2020   119
N. Meister et al. (Hrsg.), *Zur Sache. Die Rolle des Faches
in der universitären Lehrerbildung*, Edition Fachdidaktiken,
https://doi.org/10.1007/978-3-658-29194-5_7

(fach)sozialisatorisch bedeutungsvollen Erfahrungen an, indem sie sich im Studium für Fächer entscheiden, die ihnen „liegen", die ihnen Spaß machen, die in vielen Fällen auch biographische Bedeutsamkeit haben und mit Blick auf die spätere Vermittlungstätigkeit ausgewählt werden (Huber et al. 1983, S. 156). Diese Affinität zum Fach kann als habituelle Passung verstanden werden, im Sinne von bereits „mitgebrachten" fachtypischen oder zumindest fachnahen Wahrnehmungs-, Denk- und Handlungsmustern. In Bezugnahme auf das Habituskonzept (vgl. Bourdieu 1987) bedeutet dies, dass Lernen stattfindet, wenn der Habitus – verstanden als „dispositionelles Netzwerk" – ergänzt, erweitert oder auch verändert wird, wobei „nur dasjenige gelernt werden kann, für das es bereits eine Art „Ankopplungsstelle" im Netzwerk gibt" (Müller-Roselius 2007, S. 18). Die Studierenden beginnen ihr Studium im Regelfall mit der Erwartung, sich auf sicherem Terrain zu bewegen und an ihr schulisches Fachwissen direkt anknüpfen zu können. Dass diese Erwartung gerade zu Beginn des Studiums erschüttert wird – und dieses Phänomen bildet die zentrale Gemeinsamkeit und Kernaussage der in Teil III des Buches versammelten Beiträge – liegt unter anderem in der unterschiedlichen Verfasstheit von Schulfach und Fachwissenschaft begründet (vgl. Tenorth 1999, S. 193). Wie in den folgenden Einzelbeiträgen beispielhaft dargestellt wird, bestehen zwischen universitärer Mathematik, Anglistik, Chemie oder evangelischer Theologie und den korrespondierenden Schulfächern durchaus inhaltliche und methodische Gemeinsamkeiten – zum Teil zeichnen sich diese aber auch hinsichtlich fachlicher Denk- und Arbeitsformen durch grundlegende Unterschiede aus. Das, was Bourdieu als „wirkliches Verstehen" (Bourdieu 2002, S. 11) fasst, setzt einen „epistemologischen Bruch" (ebd.) voraus, den Krais und Gebauer (2002) als „objektivierende Distanz" (ebd., S. 13) zum biographisch geprägten Standpunkt beschreiben. Diese Erfahrungen werden als Krisensituationen erlebt, in denen die altbewährten Wahrnehmungs- und Denkmuster fragwürdig und habituell geprägte Erwartungen enttäuscht werden (vgl. Schwingel 2000, S. 78). Die damit verbundene Notwendigkeit, ein vermeintlich bekanntes Fach als fremd zu erfahren und *neu verstehen* zu müssen, lässt sich in struktur- und professionstheoretischer Sicht als Krise und damit als Professionalisierungschance deuten (vgl. Oevermann 1996). So werden in diesen Perspektiven habituelle Entwicklungen von Studierenden, wie sie studienkonzeptionell und professionstheoretisch als Herausbildung eines wissenschaftlich-reflexiven (vgl. Hericks et al. 2018) und fachspezifischen Habitus (vgl. Meister 2018) gefasst werden, durch Krisen im Studium ausgelöst. Der Krisenbegriff ist dabei weit gefasst und wird als „Scheitern einer Überzeugung" (Oevermann 2002, S. 10) verstanden. Diese Überzeugungen sind häufig fachwissenschaftlicher Natur und erweisen sich in der Auseinandersetzung mit neuen Fachinhalten als nicht mehr tragfähig.

Jenseits der Krisen und Verstehensschwierigkeiten, die auf komplexen wissenschaftlichen Fachinhalten beruhen, lässt sich eine weitere, im Hinblick auf Lehramtsstudierende gleichermaßen nachvollziehbare wie problematische Orientierung beobachten, die die notwendige Einlassung und Vertiefung ins Fach erschwert: Zwar werden Studierende im Studium vor allem als Lernende adressiert, haben aber immer auch ihre künftige Berufsperspektive vor Augen und bewerten daher fachwissenschaftliches Wissen häufig in erster Linie hinsichtlich der späteren Verwertbarkeit für den Unterricht. Insofern besteht eine Herausforderung für Lehramtsstudierende darin, sich auf die Logik des Faches und des universitären Lehrens und Lernens sowie den damit verbundenen wissenschaftlichen Inhalten, Perspektiven und Denkmustern einzulassen. Wo der starke Wunsch der Lehramtsstudierenden nach mehr Praxisbezug und Praxisrelevanz der Inhalte allzu verständlich ist, so stellt er aus hochschuldidaktischer und professionalisierungstheoretischer Perspektive eine zentrale (Verstehens)hürde dar. Während Studierende die Fachinhalte aus Schulzeiten zunächst zu kennen glauben, besteht für sie das wesentlich Neue von vornherein in der Vermittlungsaufgabe. In Folge erscheinen die komplexen Inhalte mitunter als überflüssig oder gar als Zumutung. Der Sinn und Zweck des geforderten *tieferen Verstehens* wird häufig auf die Begründung reduziert, man müsse „mehr" als die Schüler/innen wissen, um auf Fragen, die über den Schulstoff hinausgehen, adäquat antworten zu können – wobei das „mehr" auf die Quantität der Inhalte verweist und nicht auf deren Qualität. Hiermit verbindet sich hochschuldidaktisch die Aufgabe, den Anspruch auf eine unmittelbare Praxisrelevanz zunächst zu relativieren, um die jeweiligen wissenschaftlichen Fachlogiken in den Vordergrund zu stellen und zum Ausgangspunkt für studentische Verstehensprozesse zu machen. Verstehen im Modus universitären Lernens heißt, sich die Besonderheiten und Weltzugangsweisen der jeweiligen Fächer zu erschließen (vgl. Hericks et al. 2018), was zwangsläufig eine tiefe, mitunter krisenhafte Einlassung in die fachlichen Inhalte, Methoden und Denkweisen erfordert und zwar zunächst jenseits von Verwertungszusammenhängen. Die Marburger Praxismodule greifen sowohl konzeptionell als auch praktisch in den Veranstaltungen (und insbesondere in den *ProfiWerken*) typische fachliche Verstehensschwierigkeiten auf, die sich aus der Unterschiedlichkeit von Schulfach und universitärem Fach ergeben und arbeiten diese in Reflexions- und Vermittlungsperspektive auf (vgl. ebd., S. 261 f.). So unterschiedlich die in Teil III des Buches versammelten Fächer Mathematik, Englisch, Chemie und evangelische Theologie auch sind und so unterschiedlich sich die strukturellen, fachspezifischen Verstehensschwierigkeiten im Einzelnen darstellen – gemeinsam ist allen an der Lehrer/innenbildung beteiligten Fächern, dass die Studierenden vor der Schwierigkeit stehen, das Fach *neu verstehen* zu müssen.

Der Beitrag *„Diskontinuitäten zwischen Schulmathematik und Hochschul-mathematik. Eine Ursache für Verstehensschwierigkeiten"* von **Thomas Bauer, Eva Müller-Hill** und **Roland Weber** verweist bereits im Titel auf den Bruch, den Lehramtsstudierende besonders zu Beginn des Studiums erleben. Die Unterschiede hinsichtlich der Inhalte, der Ziele, und der Argumentationsweisen zwischen der schulischen und der universitären Mathematik (vgl. auch Bauer et al., i. d. B.) lösen bei Studierenden Irritationen aus und können ursächlich für fachliche Verstehensschwierigkeiten sein. Darüber hinaus könnten sich diese auch längerfristig und bis in den Schulunterricht hinein auswirken, zum Beispiel wenn das universitäre Wissen der Lehrpersonen in Formen „trägen Wissens" über-geht oder sogar zunehmend vergessen wird, anstatt dieses kontinuierlich in der Reflexion und Vermittlung des mathematischen Schulwissens zu aktualisieren. In ihrem Beitrag lassen die Autoren zunächst Lehramtsstudierende in Form kurzer Interviewausschnitte zu Wort kommen, um zu veranschaulichen, auf welchen Ebenen die Studierenden Diskontinuitäten erleben. Im folgenden Kapitel werden durch den exemplarischen Vergleich von schulischen und universitären Lehrbuch-auszügen sowie curricularen Vorgaben Diskontinuitäten herausgearbeitet, die potenziell zu Verstehensschwierigkeiten führen können. Mit Bezugnahme auf die Konzeption der Marburger Praxismodule wird abschließend dargestellt, wie die Diskontinuitäten als solche erfasst, in der universitären Lehre aufgegriffen und als Lern- und Entwicklungsanlässe produktiv gewendet werden können.

Auch wenn sich die Anglistik bzw. das universitäre Fach „Englisch als Fremdsprache" von der Mathematik fundamental unterscheidet, müssen sich die Lehrenden ähnlichen Herausforderungen stellen. In ihrem Beitrag *„Professionalization and linguistic expertise. Challenging views of future English as a Foreign Language teachers in ProfiWerk Englisch"* konstatieren **Barbara Güldenring** und **Rolf Kreyer** als Lehrende der Linguistik, dass Lehramts-studierende häufig irritiert darüber sind, dass die Linguistik einen verbindlichen Teil ihres Studiums bildet: Zum einen sei vielen die Existenz des Faches zunächst gar nicht bekannt, da dieses nicht im Schulcurriculum eingebunden und demnach zumeist fremd ist; zum anderen sei den meisten Lehramtsstudierenden auf den ersten Blick nicht ersichtlich, welchen Mehrwert das Fach Linguistik haben soll, zumal die Inhalte für den späteren Schulunterricht nicht relevant zu sein scheinen (vgl. auch Kreyer, i. d. B.). Ausgehend von diesen Erfahrungen beschreibt das Autorenteam die Kernidee der *Marburger Praxismodule* und der darin verankerten Veranstaltung *ProfiWerk Englisch,* die ihren Beitrag zur Professionalisierung der Studierenden im Kern in der Herausbildung von Fachlichkeit sehen. Welch wichtigen Beitrag das Fach Linguistik sowohl im Schulunterricht als auch für die Professionalisierung von Englischlehrpersonen leisten kann, wird in den folgenden Kapiteln exemplarisch entfaltet. So wird am Beispiel der Veranstaltung *ProfiWerk Englisch* konzeptionell und handlungspraktisch aufgezeigt, wie mit Lehramtsstudierenden die Relevanz englischer Linguistik in der Verknüpfung von Theorie und Praxis im Anwendungsbezug erarbeitet wird. Zwei konkrete Beispiele aus der Veranstaltung, die als Diskussions- und Reflexionsanlässe gedient haben, veranschaulichen abschließend auf humorvolle Weise die große Bedeutung linguistischer Kenntnisse und Fertigkeiten im außerschulischen Alltag.

Mit ihrem Beitrag *„Trügerische Oberflächen: Verstehensschwierigkeiten Studierender in der Organischen Chemie. Problemanalyse und Lösungsvorschläge"* geben **Michael Schween** und **Philipp Lindenstruth** einen Einblick in die Ursachen und Ausdrucksformen von fachlichen Schwierigkeiten, die bei Studierenden weit verbreitet sind. Am Beispiel von Reaktionsmechanismen stellen die Autoren in fachdidaktischer Perspektive dar, worin die systematischen Verstehensschwierigkeiten bestehen und welche Rolle die Hochschullehre dabei spielt. Ausgehend von der historischen Entwicklung in der universitären Lehre der Chemie und den Einflüssen kognitionspsychologischer Lerntheorien, schlagen die Autoren einen Bogen zur modernen Chemiedidaktik. Mit der Unterscheidung von Experten- und Novizenwissen, der Darstellung der Ebenen chemischen Denkens sowie der Bezugnahme auf Theorien zum konzeptuellen Wandel bei Studierenden werden die Herausforderungen in der Aneignung und Vermittlung chemischen Wissens und Könnens veranschaulicht. Das anschließende Kapitel befasst sich mit der Diagnose von Verstehensschwierigkeiten: Es wird der Einfluss einer an Fakten und Regelwissen orientierten universitären Prüfungspraxis herausgestellt, die an schulisch erworbenen Denkstrukturen anknüpft, aber den epistemischen Kern der Organischen Chemie nicht trifft (vgl. auch Lindenstruth und Schween, i. d. B.). Die Autoren fassen die Ursachen für Verstehensschwierigkeiten in drei Punkten zusammen: a) die besondere fachliche Struktur, die konzeptbasierte Denk- und Arbeitsweisen fordert, b) die damit in Kontrast stehenden, in der Schule erworbenen faktenbezogenen Denkweisen und c) die universitäre Lehr- und Prüfungspraxis, die kaum auf transferfähige Konzepte ausgerichtet ist. Wie diese Verstehensschwierigkeiten von Lehramtsstudierenden aufgegriffen und reflexiv bearbeitet werden können, wird am Beispiel des Moduls *ProfiWerk Chemie* vorgestellt. Für die Lehrer/innenbildung müssten daraus inhaltliche und strukturelle Konsequenzen folgen, bspw. durch eine Verbesserung der Kohärenz von Lehre und Prüfung und durch eine fachdidaktische Qualifizierung der Fachwissenschaftler/innen.

Während die bisherigen Beiträge konkrete fachliche Verstehensschwierigkeiten von Studierenden behandeln, fokussiert der Beitrag von **Lena Nickel** und **Sven-Sören Woernle** aus der evangelischen Theologie die von Lehramtsstudierenden erlebten Studienherausforderungen. Der Beitrag *„Theologie studieren zwischen universitärer Fachwissenschaft und individueller Religiosität. Empirische Befunde zu Studienherausforderungen von Lehramtsstudierenden"* gibt einen empirischen Einblick in die Lebenswirklichkeit von Theologiestudierenden, indem diese selbst zu Wort kommen. Unter Bezugnahme auf die Studienlage konstatiert das Autorenteam, dass Theologiestudierende neben einem fachlichen auch ein höchst persönliches Interesse an ihrem Studium haben, etwa hinsichtlich eigener Glaubensfragen. Zudem spielt die eigene Religiosität nicht nur im Theologiestudium und in der Auseinandersetzung mit dessen Inhalten eine Rolle, sondern gilt in Form eines reflexiven Umgangs als Merkmal professionellen Handelns von Religionslehrpersonen. Das Autorenteam rekonstruiert anhand von Ausschnitten aus Gruppendiskussionen, wie die Studierenden ihr Studium erleben, wie sie über fachwissenschaftliche Inhalte sprechen und wie sie sich angesichts ihrer individuellen Religiosität dazu positionieren. Als zentrale Erkenntnis aus dieser Einzelfallstudie lässt sich u. a. festhalten, dass die Studierenden ihr Studium als eng verwoben mit ihrer außeruniversitären Lebenswelt erfahren. Die wissenschaftliche Logik der Theologie steht dabei in Spannung sowohl zur Alltagswelt der Studierenden als auch zur zukünftigen Berufspraxis – sei es, indem die Relevanz universitärer Inhalte angezweifelt wird oder die Frage nach der didaktischen Umsetzung der Inhalte im Unterricht gestellt wird. Ferner zeigt sich, wie unterschiedlich die Studierenden mit der fachlichen Kommunikation und der Unbestimmtheit theologischer Wissensbestände umgehen. In der diskursiven Auseinandersetzung der Studierenden mit dem Verhältnis zwischen der individuellen Religiosität und der theologischen Wissenschaftspraxis spiegelt sich letztendlich ein Grundproblem der Theologiegeschichte wider: jenes der Unterscheidung von Theologie und Religion. Das Studium bietet in diesem Sinne sowohl den Anlass als auch den Raum, sich intensiv mit den unterschiedlichen Praktiken von religiöser Teilhabe und wissenschaftlicher Reflexion auseinanderzusetzen. In dieser Perspektive besteht die im Studium virulent werdende Herausforderung darin, die eigene Positionierung zwischen Fachwissenschaft und eigenem Glauben immer wieder neu zu bestimmen.

Die in Teil III des Buches versammelten Beiträge ermöglichen Einblicke in fachtypische Verstehensschwierigkeiten von Studierenden und zeigen, wie diese hochschuldidaktisch (Mathematik, Anglistik, Chemie) bzw. individuell (Ev. Theologie) aufgegriffen und bearbeitet werden. Allen Beiträgen gemeinsam ist das Anliegen – und dies kann als sinnbildlich für die Arbeit im ProfiForum verstanden werden – dass sie exemplarisch fachliche Verstehensschwierigkeiten von Studierenden beschreiben, in ihrer Spezifik analysieren und ggf. hochschuldidaktisch als Entwicklungs- und Bildungsanlass produktiv aufgreifen. Die Verstehensschwierigkeiten der Studierenden dienen uns damit als Anlass, das eigene Fachverständnis, unsere fachlichen Perspektiven, Lehr- und Prüfungsroutinen sowie unsere Erwartungen an Lehramtsstudierende zu reflektieren.

Literatur

Bourdieu, P. (1987). *Sozialer Sinn. Kritik der theoretischen Vernunft*. Frankfurt a. M.: Suhrkamp.

Bourdieu, P. (2002). *Ein soziologischer Selbstversuch*. Frankfurt a. M.: Suhrkamp.

Hericks, U., Meister, N. & Meseth, W. (2018). Professionalisierung durch Perspektivenwechsel? Lehramtsstudierende zwischen schulischer und universitärer Praxis. In M. Artmann, M. Berendonck, P. Herzmann & A. Liegmann (Hrsg.), *Professionalisierung im Praxissemester. Beiträge qualitativer Forschung aus Bildungswissenschaft und Fachdidaktik zu Praxisphasen in der Lehrerbildung* (S. 255–270). Bad Heilbrunn: Klinkhardt.

Huber, L., Liebau, E., Portele, G. & Schütte, W. (1983). Fachcode und studentische Kultur – Zur Erforschung der Habitusausbildung in der Hochschule. In E. Becker (Hrsg.), *Reflexionsprobleme der Hochschulforschung. Beiträge zur Theorie- und Methodendiskussion* (S. 144–170). Weinheim: Beltz.

Huber, L. (1991). Fachkulturen. Über die Mühen der Verständigung zwischen den Disziplinen. *Neue Sammlung*, 31 (1), 3–24.

Krais, B. & Gebauer, G. (2002). *Habitus*. Bielefeld: transcript.

Meister, N. (2018). Transformationsprozesse durch universitäre Krisenerfahrungen? Die Entwicklung eines fachspezifischen Habitus von Sport-Lehramtsstudierenden. *Zeitschrift für interpretative Schul- und Unterrichtsforschung*, (7), 51–64.

Müller-Roselius, K. (2007). Habitus und Fachkultur. In J. Lüders (Hrsg.), *Fachkulturforschung in der Schule. Studien zur Bildungsgangforschung* (Band 18) (S. 15–30). Opladen: Verlag Barbara Budrich.

Oevermann, U. (1996). Theoretische Skizze einer revidierten Theorie professionalisierten Handelns. In A. Combe & W. Helsper (Hrsg.), *Pädagogische Professionalität. Untersuchungen zum Typus pädagogischen Handelns* (S. 70–182). Frankfurt a.M.: Suhrkamp.

Oevermann, U. (2002). Klinische Soziologie auf der Basis der Methodologie der objektiven Hermeneutik – Manifest der objektiv hermeneutischen Sozialforschung. http://publikationen.ub.uni-frankfurt.de/frontdoor/index/index/docId/4958. Zugegriffen: 25.12.2019

Schwingel, M. (2000). *Pierre Bourdieu zur Einführung*. Hamburg: Junius.

Tenorth, H.-E. (1999). Unterrichtsfächer. Möglichkeiten, Rahmen, Grenzen. In I. Goodson, S. Hopmann & K. Riquarts (Hrsg.), *Das Schulfach als Handlungsrahmen. Vergleichende Untersuchung zur Geschichte und Funktion der Schulfächer* (S. 191–207). Köln: Böhlau.

Diskontinuitäten zwischen Schulmathematik und Hochschulmathematik

Eine Ursache für Verstehensschwierigkeiten

Thomas Bauer, Eva Müller-Hill und Roland Weber

1 Einleitung: Diskontinuitätserlebnisse von Studierenden

Studierende sehen sich im Laufe ihres Studiums immer wieder mit Brüchen zwischen Schulmathematik und Hochschulmathematik konfrontiert. Gerade Lehramtsstudierende sind für solche Brüche scheinbar in einem besonderen Maße sensibel, nicht zuletzt, weil sie die aktuellen Studieninhalte regelmäßig im Hinblick auf die später durch sie selbst zu vermittelnden schulischen Inhalte hinterfragen. Solche Brüche, die in Anlehnung an das populär gewordene Wort von Felix Klein (1908) über die „doppelte Diskontinuität" in der universitären Lehramtsausbildung im Fach Mathematik auch als *Diskontinuitäten* bezeichnet werden, stellen prinzipiell für *alle* Studierenden einer Fachrichtung eine

T. Bauer (✉) · R. Weber
Philipps-Universität Marburg, Marburg, Deutschland
E-Mail: tbauer@mathematik.uni-marburg.de

R. Weber
E-Mail: rweber@mathematik.uni-marburg.de

E. Müller-Hill
Universität Rostock, Rostock, Deutschland
E-Mail: eva.mueller-hill@uni-rostock.de

© Springer Fachmedien Wiesbaden GmbH, ein Teil von Springer Nature 2020
N. Meister et al. (Hrsg.), *Zur Sache. Die Rolle des Faches in der universitären Lehrerbildung*, Edition Fachdidaktiken,
https://doi.org/10.1007/978-3-658-29194-5_8

potenzielle Hürde im Lernprozess bei der Aneignung der universitären Studieninhalte dar. Diese Hürden mit angemessenem Aufwand nehmen zu können, beruht nicht nur auf dem nötigen Engagement der Studierenden und auf einer guten Vorbereitung durch die Schule zur Erlangung der allgemeinen Hochschulreife. Es beruht auch auf der Sensibilität der Hochschullehrerinnen und -lehrer für solche Hürden und dem entsprechenden Willen und didaktischen Wissen, diesen angemessen zu begegnen, etwa durch eine geeignete Gestaltung der Studieneingangsphase, die potenziell auftretenden Schwierigkeiten Rechnung trägt.

Für Lehramtsstudierende sind derartige Brüche jedoch mehr als potenzielle Hürden im Rahmen der universitären Fachausbildung, die die Aneignung von fachwissenschaftlichen Studieninhalten erschweren. Sie können darüber hinaus *nach* Abschluss des Studiums dazu führen, dass die (trotz der Hürden) nun angeeigneten fachlichen Studieninhalte zu trägem Wissen werden und mit der Zeit sogar gänzlich in Vergessenheit geraten, da sie nicht mit den dazu weiterhin im Bruch stehenden schulischen Fachinhalten verknüpft und zu deren Reflexion, Aufbereitung und Vermittlung genutzt werden (in genau diesem Sinne spricht Felix Klein daher von einer *doppelten* Diskontinuität).

Wir wollen uns in diesem Beitrag auf die Diskontinuitäten zwischen Schul- und Hochschulmathematik fokussieren, die Studierende des Faches Mathematik *während* ihres Studiums erfahren. Ein genauerer Blick zeigt schnell, dass solche Diskontinuitäten sich tatsächlich nicht auf die inhaltliche Ebene im engeren Sinne beschränken, sondern auch auf anderen fachlich relevanten Ebenen auftreten. Solche weiteren Ebenen deuten sich bereits in Äußerungen von Mathematikstudierenden zu der Frage nach Unterschieden zwischen Schul- und Hochschulmathematik an, wie wir zunächst an exemplarisch ausgewählten Zitaten aus einer Interviewstudie mit Lehramtsstudierenden illustrieren wollen.[1]

I: Würden Sie sagen da gibt's spezielle Gemeinsamkeiten und Unterschiede zwischen Schul- und Hochschulmathematik […] und wenn Sie dann jetzt die Unterschiede mal beschreiben sollten?

S1: Also ich finde [es] sind fast, also [es sind] SEHR große Unterschiede. Ich finde in der Schulmathematik rechnet man mehr, also man wendet die Sachen AN und

---

[1]Die Interviewstudie wurde von der zweiten Autorin im Wintersemester 2012/2013 an der Universität Köln zusammen mit Antje Kaufmann durchgeführt. Die Interviewausschnitte sind nach der wörtlichen Transkription sprachlich leicht geglättet worden, ihr teilweise umgangssprachlicher Charakter wurde jedoch beibehalten. Worte in Großbuchstaben signalisieren eine besondere Betonung durch die Sprechenden.

in der Hochschulmathematik lernt man halt so den Hintergrund. WARUM kann ich das überhaupt anwenden? Wie komm ich überhaupt auf die Formel, mit der ich jetzt gerechnet habe?

S2: Ja die Unterschiede sind halt, dass hier in der Universität das Niveau einfach viel höher ist und dass [es] auch einfach 'n ganz anderes Niveau ist […] also ich hab halt zum Beispiel auch immer gesagt: Im Grundstudium konnte [man] eigentlich die Vorlesung schaffen ohne Mathe zu können. Also um das mal so zu sagen, da muss man eigentlich nicht für rechnen können. […] Es geht halt einfach um was anderes, also hier geht's darum das zu verstehen und in der Schule geht's darum das umsetzen zu können.

Hier kommen Wahrnehmungen von Brüchen mit Blick auf die Zielsetzungen von Schulmathematik und Hochschulmathematik zum Ausdruck: Während es in der Schule in der Wahrnehmung der Studierenden in erster Linie um das Anwenden von mathematischen (Rechen-)Verfahren geht, wird in der Hochschulmathematik kaum gerechnet. Vielmehr thematisiert die Hochschulmathematik das Verständnis, warum bestimmte Probleme mit bestimmten Mitteln oder Verfahren überhaupt bearbeitbar sind und wie diese gefunden und begründet werden.

Die nachfolgende Äußerung spiegelt die Wahrnehmung wider, dass die Hochschulmathematik durch einen systematischen Aufbau charakterisiert ist und keine „scheinbaren Selbstverständlichkeiten" erlaubt, anders als die Schulmathematik – der universitäre Rechtfertigungsstandard ist hier die deduktive Herleitung, im Unterschied zu vielen Stellen der Schulmathematik, wo ein weit weniger strenger Standard als akzeptabel gilt:

S3: Mhm. Also, ich glaube [die fachwissenschaftlichen Veranstaltungen an der Uni] waren vielfach orientiert daran, dass man so'n stringenten Aufbau hat, bei dem man ganz unten an der Basis anfängt, teilweise eben auch bei Sachen, die man so im täglichen Gebrauch oder im Schulgebrauch eigentlich als selbstverständlich erachtet. Da sagt man all diese Sachen, ja klar, die benutz ich jeden Tag, die gelten wohl. Aber dass man DA nochmal beginnt, das alles herleitet, dass man also irgendwie so versucht ein bisschen Verständnis für so Selbstverständlichkeiten zu entwickeln und eben auch Herleitungsmöglichkeiten […]

Die exemplarisch ausgewählten Wahrnehmungen der Studierenden sind in Einklang mit der von Bauer und Partheil (2009) vorgeschlagenen groben systematischen Unterscheidung von Diskontinuitätsebenen für das Fach Mathematik in die Ebenen der Inhalte, der Ziele und der Argumentationsweisen. Diese Systematik stellen wir genauer in Abschn. 2 vor und zeichnen konkrete

Brüche auf den verschiedenen Ebenen durch den beispielhaften Vergleich von schulischen und universitären curricularen Vorgaben und Lehrbuchauszügen nach. Dieser beispielhafte Vergleich soll auch durch die zugehörigen Diskontinuitäten potenziell entstehende Verstehensschwierigkeiten verdeutlichen. In Abschn. 3 argumentieren wir, unter anderem vor dem konzeptionellen Hintergrund des Marburger Projektes ProPraxis[2], dafür, dass das Auftreten von Diskontinuitätserfahrungen im Hochschulstudium zu einem gewissen Grad nicht nur in der Natur der Sache liegt, sondern auch ein erwünschtes Phänomen ist, sofern es produktiv zur Entwicklung eines höheren Standpunktes der Studierenden mit Blick auf ihr schulisches Wissen genutzt werden kann. Dies gilt in besonderem Maße für die Lehramtsstudierenden, die einen solchen Standpunkt nicht nur mit Blick auf ihr eigenes Schulwissen, sondern auch mit Blick auf ihre spätere Unterrichtstätigkeit entwickeln sollten. Eine durch das Studium erlangte Befähigung, einen solchen höheren Standpunkt einnehmen zu können, ist nicht nur als ambitionierter, stiller Wunsch auf Seite der (Hochschul-)Lehrenden zu betrachten. Er spiegelt sich andeutungsweise auch in der Wahrnehmung einiger Lehramtsstudierender wider:

I: Und wenn sie jetzt so generell mal das Verhältnis zwischen Schul- und Hochschulmathematik anschauen, wie würden Sie das denn an den Schnittstellen Schule-Hochschule und dann wieder Hochschule-Schule beschreiben?

S4: Also ich finde [...] die Schule hat einem die Basics gegeben, [...] die man auf jeden Fall braucht, das denk ich ist auf jeden Fall 'ne Schnittstelle. Ich persönlich hatte noch nie was mit Beweisen in der Schule gemacht. Das würd ich dann jetzt eher der Hochschulmathematik zuordnen. Und wenn man dann wieder zurückkommt, würde ich sagen – ja, das find ich jetzt schwierig, weil ich sagen würde, dass die Schnittstelle im Kopf ist. [...] Und da denk ich halt, gut ICH hab's aber im Kopf. Ich denke mit diesem Wissen kann man dann manchmal den Schülern das auch versuchen klar zu machen: WARUM ist das jetzt so. Ich denke, DAS nimmt man dann mit aus der Uni, dass man das im Kopf hat und das [es] vielleicht dann Wege gibt, dem Schüler das dann so zu erklären.

Gleichzeitig macht dieses Zitat Entwicklungspotenzial deutlich – neben dem bloßen Anlegen einer „Schnittstelle im Kopf" sollten bereits im Rahmen des Universitätsstudiums Wege aufgezeigt werden, wie ein eigener höherer Standpunkt

---

[2]ProPraxis ist ein Projekt zur Weiterentwicklung der Lehramtsausbildung an der Philipps-Universität Marburg im Rahmen der von Bund und Ländern geförderten Qualitätsoffensive Lehrerbildung.

bei der späteren Aufbereitung von Unterrichtsinhalten und in der Unterrichts-gestaltung fruchtbar eingebracht werden kann. Im abschließenden Abschn. 4 geben wir unter Verweis auf das Marburger ProfiWerk Mathematik einen kurzen Ausblick darauf, wie Diskontinuitäten unter einer entsprechenden Zielsetzung in der universitären Lehre bearbeitet werden können.

2 Das Problem der Doppelten Diskontinuität – Konkretisierung von Diskontinuitätsebenen

In Bauer und Partheil (2009) werden Diskontinuitäten auf drei Ebenen ver-ortet: den *Inhalten*, den *Zielen*, und den *Argumentationsweisen*. Auf der Ebene der Inhalte ist die Diskontinuität bereits an der Oberfläche sichtbar: So kommt beispielsweise das Gebiet Elementargeometrie in der Hochschule allenfalls als Lehrveranstaltung im Lehramtsstudium vor, aber kaum als universitäres Arbeits-gebiet. Forschung zur Geometrie findet an der Universität auf Gebieten wie der Algebraischen Geometrie oder der Differentialgeometrie statt, die kein schul-mathematisches Pendant besitzen. Die Diskontinuität rührt hier von der Weiter-entwicklung mathematischer Forschungsgebiete her, die in der Schulmathematik keinen Niederschlag findet. Diskontinuität in den Inhalten findet sich aber nicht nur global, sondern auch in der Binnenstruktur mathematischer Teilgebiete, die sowohl in der Schule als auch an der Universität vorkommen. Ein Beispiel hierfür stellt im Gebiet Analysis der Begriff der *Stetigkeit* dar: Während er in der uni-versitären Mathematik als zentraler Begriff der Analysis betrachtet wird (so z. B. bei Forster 2013, S. 103), wird er etwa im Kerncurriculum für die gymnasiale Oberstufe in Hessen (vgl. Hessisches Kultusministerium 2017) nicht erwähnt und ist somit für die unterrichtliche Behandlung nicht vorgesehen.

Um Diskontinuitäten auf der Ebene der Ziele zu identifizieren, ist ein genauerer Blick erforderlich – wir zeigen dies am Beispiel der Integralrechnung. Das Hessische Kerncurriculum beginnt den zugehörigen Abschnitt mit einem Hinweis auf den Alltagsbezug (ebd., S. 31):

> „Zahlreiche Phänomene im Alltag und in den Wissenschaften erfordern die Rekonstruktion eines Bestands anhand einer vorgegebenen Änderungsrate."

Die Anwendungen des Integrals für Berechnungen in Sachzusammenhängen werden dabei insbesondere in Bezug auf die Interpretation des Integrals als rekonstruierter Bestand in den Blick genommen. Obwohl Anwendungsbei-spiele durchaus auch in universitären Analysis-Vorlesungen vorkommen, dienen sie dort eher der Einführung oder Illustration. Im Vordergrund steht dagegen die systematische Theorieentwicklung. Dies wird beispielsweise darin sichtbar, dass der *Definition* von Integrierbarkeit und Integral sowie den grundlegenden Integraleigenschaften (Linearität, Monotonie) einiger Raum gegeben wird. So formuliert Forster (2013, S. 202):

> „Die Integration ist neben der Differentiation die wichtigste Anwendung des Grenzwertbegriffs in der Analysis. Wir definieren das Integral zunächst für Treppenfunktionen […]. Das Integral allgemeinerer Funktionen wird dann durch Approximation mittels Treppenfunktionen definiert."

Hier wird von „Anwendung" im Sinne einer innermathematischen Begriffs-vernetzung gesprochen: Die zuvor entwickelte Grenzwerttheorie erlaubt es, in einem mehrschrittigen Prozess den Integralbegriff zu definieren. Das Vorgehen beim Integralbegriff wird hierbei zum Beispiel für langfristigen mathematischen Theorieaufbau schlechthin. Dieses Ziel der Theorieentwicklung wird in der Schulmathematik so nicht verfolgt: Die Frage der Integrierbarkeit (als Eigenschaft einer Funktion) wird im Kerncurriculum nicht angesprochen – die Behandlung des Integrals beinhaltet im schulischen Kontext daher kein *Definitionsproblem,* sondern wird unter Rückgriff auf einen als prä-existent angenommenen Flächeninhaltsbegriff zu einem *Berechnungsproblem.*

Unterschiede auf der Ebene der Argumentationsweisen herauszuarbeiten erfordert einen noch detaillierteren Vergleich. Wir zeigen die unterschiedlichen Herangehensweisen anhand eines Vergleichs von Auszügen aus einem Schulbuch und einem Hochschulbuch, in denen jeweils der gleiche mathematische Inhalt, nämlich der Binomialkoeffizient, behandelt wird.

Im Hochschultext in Abb. 1 werden Binomialkoeffizienten $\binom{n}{k}$ zunächst in einer *Definition* mit der Berechnungsformel $\binom{n}{k} = \frac{n(n-1)\ldots\cdot(n-k+1)}{1\cdot2\cdot\ldots\cdot k}$ eingeführt. Danach wird in einem *Hilfssatz* die rekursive Formel $\binom{n}{k} = \binom{n-1}{k-1} + \binom{n-1}{k}$ zur Berechnung von Binomialkoeffizienten bewiesen. Im darauffolgenden *Satz* wird die Aussage formuliert, dass die Anzahl der k-elementigen Teilmengen einer n-elementigen Menge durch den Binomialkoeffizienten $\binom{n}{k}$ berechnet werden kann. Bei dem *Beweis* dieser Aussage wird auf die Rekursionsformel des vor-herigen Hilfssatzes zurückgegriffen. Anschließend wird in einem *Beispiel* der Binomialkoeffizient $\binom{49}{6}$ konkret mithilfe der in der Definition angegebenen Formel berechnet und dann aufgrund der Aussage des Satzes als Anzahl der 6-elementigen Teilmengen einer Menge von 49 Zahlen und damit als Anzahl der Möglichkeiten, beim Lotto 6 von 49 Zahlen anzukreuzen, *gedeutet.*

Definition. Für natürliche Zahlen n und k setzt man

$$\binom{n}{k} = \prod_{j=1}^{k} \frac{n-j+1}{j} = \frac{n(n-1)\cdot\ldots\cdot(n-k+1)}{1\cdot 2\cdot\ldots\cdot k}.$$

Die Zahlen $\binom{n}{k}$ heißen Binomial-Koeffizienten wegen ihres Auftretens im binomischen Lehrsatz (vgl. den folgenden Satz 5).

[...]

Hilfssatz. *Für alle natürlichen Zahlen $n \geq 1$ und alle $k \in \mathbb{Z}$ gilt*

$$\binom{n}{k} = \binom{n-1}{k-1} + \binom{n-1}{k}.$$

Beweis.
[...]

Satz 4 (Kombinatorische Bedeutung der Binomialkoeffizienten). *Die Anzahl der k-elementigen Teilmengen einer n-elementigen Menge $\{A_1, A_2, \ldots A_n\}$ ist gleich $\binom{n}{k}$.*

Bemerkung. Daraus folgt auch, dass die Zahlen $\binom{n}{k}$ ganz sind, was aus ihrer Definition nicht unmittelbar ersichtlich ist.

Beweis. Wir beweisen die Behauptung durch vollständige Induktion nach n.

Induktions-Anfang $n = 1$. Die Menge $\{A_1\}$ besitzt genau eine nullelementige Teilmenge, nämlich die leere Menge $\emptyset$, und genau eine einelementige Teilmenge, nämlich $\{A_1\}$. Anderseits ist auch $\binom{1}{0} = \binom{1}{1} = 1$.

[...]
Induktions-Schritt $n \to n + 1$. Die Behauptung sei für Teilmengen der n-elementigen Menge $M_n = \{A_1, A_2, \ldots A_n\}$ schon bewiesen. Wir betrachten nun die k-elementigen Teilmengen von $M_{n+1} = \{A_1, \ldots, A_n, A_{n+1}\}$.
[...]
Insgesamt gibt es also (unter Benutzung des Hilfssatzes)

$$\binom{n}{k} + \binom{n}{k-1} = \binom{n+1}{k}$$

k-elementige Teilmengen von M_{n+1}, q.e.d.

(1.3) *Beispiel.* Es gibt

$$\binom{49}{6} = \frac{49\cdot 48\cdot 47\cdot 46\cdot 45\cdot 44}{1\cdot 2\cdot 3\cdot 4\cdot 5\cdot 6} = 13983816$$

6-elementige Teilmengen einer Menge von 49 Elementen. Die Chance, beim Lotto "6 aus 49" die richtige Kombination zu erraten, ist also etwa 1: 14 Millionen.

Abb. 1 Hochschultext – Auszug aus Forster (2013, S. 7 f.), gekürzt

Der Text nimmt eine in Lehrbuchdarstellungen von Hochschulmathematik typische Strukturierung vor: Es wird zunächst ein neuer Begriff definiert, danach werden Aussagen über diesen Begriff aufgestellt und bewiesen, zum Teil unter Rückgriff auf bereits bewiesene Aussagen. Den Nutzen und die Sinnhaftigkeit der Definition erkennt man, wenn man diese Aussagen gelesen hat. Zum Abschluss erfolgen eine einfache Anwendung der bewiesenen Formel und eine illustrierende Deutung des Begriffs anhand eines Beispiels.

Der Schulbuchtext in Abb. 2 folgt nicht dieser für die Hochschulmathematik typischen deduktiven Zugangsweise. Hier wird von einem Abzählproblem ausgegangen: Man betrachtet ein Zufallsexperiment, das nur zwei Ausgänge („Treffer", kurz „1", und „Niete", kurz „0") hat. Dieses Zufallsexperiment wird mehrfach durchgeführt und die möglichen Ausgänge (also die Abfolge von Treffern und Nieten bzw. 1en und 0en) in einem Baum dargestellt (vgl. Fig. 1 in Abb. 2). Der Binomialkoeffizient $\binom{n}{r}$ wird nun als Anzahl der Pfade mit r Treffern in einem n-stufigen Baum eingeführt, was der Aussage des Satzes im Hochschultext entspricht, wenn man die Stufen des Baumes und damit die n Durchführungen des Zufallsexperiments als n-elementige Menge auffasst und die r Treffer als r-elementige Teilmenge davon. Für das Beispiel $n = 4$, $r = 3$ wird diese Anzahl konkret bestimmt, man erhält $\binom{4}{3} = \frac{4\cdot3\cdot2}{1\cdot2\cdot3}$. Das in dem Beispiel erkannte Muster zur Berechnung von $\binom{4}{3}$ wird zum Aufstellen einer Formel $\binom{n}{r} = \frac{n\cdot(n-1)\cdot(n-2)...\cdot(n-r+1)}{1\cdot2\cdot3...\cdot r}$ verallgemeinert, die der Formel aus der Definition des Hochschultextes entspricht.[3] Auch die rekursive Berechnung aus dem Hilfssatz des Hochschultextes findet sich Schulbuchtext: Dort werden die Binomialkoeffizienten $\binom{4}{2}$ und $\binom{4}{3}$ addiert. Durch die Anwendung der Berechnungsformel und Addition der Brüche erhält man $\binom{5}{3}$, einen Binomialkoeffizient einer höheren Stufe. Dies wird zu der Aussage $\binom{n}{r} + \binom{n}{r+1} = \binom{n+1}{r+1}$ verallgemeinert, was der Aussage des Hilfssatzes aus dem Hochschultext entspricht.

Bei dem Schulbuchtext fällt auf, dass die für die Hochschulmathematik übliche Strukturierung in Definitionen, Sätze und Beweise fehlt – dies ist typisch für Schulbuchtexte. Neue Begriffe werden, wie in diesem Fall, häufig genetisch ausgehend von einer kontextbezogenen Fragestellung eingeführt. Aussagen werden mit Hilfe von generischen Beispielen begründet, also mit Hilfe von konkreten, aber typischen Beispielen, in denen man eine allgemeine Struktur

---

[3]*Hinweis:* Im Schulbuchtext, siehe Abb. 2, ist in dieser Formel ein Druckfehler: Dort steht als letzter Faktor im Nenner des Bruchs eine 3 statt eines r.

Eine andere Begründung für das Pascal-Dreieck finden Sie unter dem Online-Code

⊕ Online-Code y36974 Wie man die Binomialkoeffizienten bestimmt.

Die Bedeutung der Binomialkoeffizienten bei Abzählproblemen

$\binom{n}{r}$ ist in einem n-stufigen Baum die Anzahl der Pfade, mit r Treffern. Gemäß Fig. 1 entspricht das der Anzahl der Muster, mit denen man r Einsen (die Treffer) auf n Plätzen verteilen kann. Diese Anzahl lässt sich z. B. für n = 4 und r = 3 wie folgt bestimmen: Für die erste 1 hat man alle vier Fächer zur Auswahl. Dann bleiben jeweils für die zweite 1 noch drei Möglichkeiten, da ein Fach durch die erste 1 schon belegt ist. Für die dritte 1 hat man dann jeweils noch zwei Möglichkeiten. Insgesamt ergeben sich 4 · 3 · 2 = 24 Möglichkeiten.

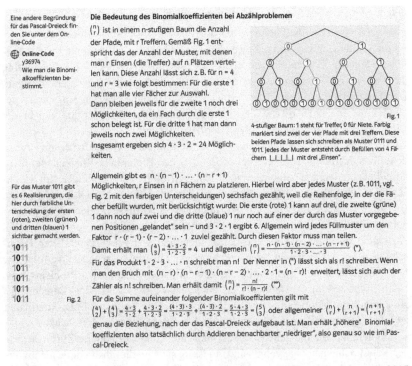

Fig. 1
4-stufiger Baum: 1 steht für Treffer, 0 für Niete. Farbig markiert sind zwei der vier Pfade mit drei Treffern. Diese beiden Pfade lassen sich schreiben als Muster 0111 und 1011. Jedes der Muster entsteht durch Befüllen von 4 Fächern |_|_|_|_| mit drei „Einsen".

Für das Muster 1011 gibt es 6 Realisierungen, die hier durch farbliche Unterscheidung der ersten (roten), zweiten (grünen) und dritten (blauen) 1 sichtbar gemacht werden.

101**1**
101**1**
101**1**
101**1**
101**1**
101**1**   Fig. 2

Allgemein gibt es n · (n − 1) · ... · (n − r + 1) Möglichkeiten, r Einsen in n Fächern zu platzieren. Hierbei wird aber jedes Muster (z. B. 1011, vgl. Fig. 2 mit den farbigen Unterscheidungen) sechsfach gezählt, weil die Reihenfolge, in der die Fächer befüllt wurden, mit berücksichtigt wurde: Die erste (rote) 1 kann auf drei, die zweite (grüne) 1 dann noch auf zwei und die dritte (blaue) 1 nur noch auf einer der durch das Muster vorgegebenen Positionen „gelandet" sein – und 3 · 2 · 1 ergibt 6. Allgemein wird jedes Füllmuster um den Faktor r · (r − 1) · (r − 2) · ... · 1 zuviel gezählt. Durch diesen Faktor muss man teilen.

Damit erhält man $\binom{4}{3} = \frac{4 \cdot 3 \cdot 2}{1 \cdot 2 \cdot 3} = 4$ und allgemein $\binom{n}{r} = \frac{n \cdot (n-1) \cdot (n-2) \cdot ... \cdot (n-r+1)}{1 \cdot 2 \cdot 3 \cdot ... \cdot r}$ (*).

Für das Produkt 1 · 2 · 3 · ... · n schreibt man n! Der Nenner in (*) lässt sich als r! schreiben. Wenn man den Bruch mit (n − r) · (n − r − 1) · (n − r − 2) · ... · 2 · 1 = (n − r)! erweitert, lässt sich auch der Zähler als n! schreiben. Man erhält damit $\binom{n}{r} = \frac{n!}{r! \cdot (n-r)!}$ (**)

Für die Summe aufeinander folgender Binomialkoeffizienten gilt mit $\binom{4}{2} + \binom{4}{3} = \frac{4 \cdot 3}{1 \cdot 2} + \frac{4 \cdot 3 \cdot 3}{1 \cdot 2 \cdot 3} = \frac{(4 \cdot 3) \cdot 3}{1 \cdot 2 \cdot 3} = \frac{5 \cdot 4 \cdot 3}{1 \cdot 2 \cdot 3} = \binom{5}{3}$ oder allgemeiner $\binom{n}{r} + \binom{n}{r+1} = \binom{n+1}{r+1}$ genau die Beziehung, nach der das Pascal-Dreieck aufgebaut ist. Man erhält „höhere" Binomialkoeffizienten also tatsächlich durch Addieren benachbarter „niedriger", also genau so wie im Pascal-Dreieck.

Abb. 2 Auszug aus einem Schulbuch der gymnasialen Oberstufe (Brandt et al. 2015, S. 286)

erkennen kann und so auf die Allgemeingültigkeit der Aussage schließt, ohne dass ein deduktiver Beweis geführt wird.

Während es im Hochschultext eindeutig ist, welche Aussagen die Rolle einer Definition einnehmen, welche begründet werden oder zur Begründung einer anderen Aussage herangezogen werden und welche als Beispiel dienen, sind diese Rollenverteilungen im Schulbuchtext nicht so klar herauszulesen. Die Definition erfolgt über einen beschreibenden Text; Ausgangspunkt hierfür ist eine Anwendungssituation, die Bestimmung der Anzahl der Muster, mit denen man r Einsen auf n Plätze verteilen kann. Aussagen wie die Berechnungsformel für Binomialkoeffizienten oder die Rekursionsformel werden anhand von Beispielen begründet. Während im Hochschultext das Beispiel zur Illustration der Definition und der Aussage des Satzes dient, übernehmen die Beispielrechnungen $\binom{4}{3} = \frac{4 \cdot 3 \cdot 2}{1 \cdot 2 \cdot 3}$ und $\binom{4}{2} + \binom{4}{3} = \binom{5}{3}$ die Funktion von Begründungen für allgemeine Formeln.

Im Schulbuchtext ist eine Anwendungsmöglichkeit und damit auch die inhaltliche Deutung des mathematischen Begriffs Ausgangspunkt der Definition, die Formel zur Berechnung ergibt sich aus Überlegungen an einem Beispiel. Der Hochschultext nimmt die Formel zur Berechnung als Ausgangspunkt der Definition, und die Anwendungs- und Deutungsmöglichkeit ergibt sich in der darauffolgenden Aussage des Satzes, der bewiesen wird.

So unterschiedlich beide Texte wirken, die Vorgehensweisen haben im Prinzip denselben Kern: Es wird ein neuer Begriff, der Binomialkoeffizient, definiert, anschließend werden Aussagen über ihn getroffen und begründet. Im Hochschultext wird klar herausgestellt, wo definiert, wo etwas behauptet und wo eine Behauptung bewiesen wird. Im Schulbuchtext sind diese Rollen nicht so klar herausgestellt: Die Definition erfolgt in beschreibender Form, ebenso wie die Aussagen, die anhand von Beispielen begründet werden. Während der Hochschultext das Ziel verfolgt, eine geschlossene Theorie aufzubauen, verfolgt der Schulbuchtext die Idee, anhand eines kontextuell eingebundenen Problems bzw. einer Fragestellung Verfahren und Vorgehensweisen (z. B. zur Berechnung) zu entwickeln. Hier spiegelt sich die schon oben dargestellte Diskontinuität zwischen Hochschul- und Schulmathematik auf der Ebene der Ziele wider.

Studierende, die genetische, beispiel- und kontextorientierte Zugangsweise der Schulmathematik gewöhnt sind, müssen sich in die abstraktere, deduktive Vorgehensweise der Hochschulmathematik einfinden. Während in der Hochschulmathematik Begriffe eindeutig definiert und Aussagen bewiesen werden, beschränkt sich die Schulmathematik häufig darauf, Begriffe zu beschreiben und kontextuell auszudeuten und Aussagen plausibel zu machen oder anhand von generischen Beispielen zu begründen. Dies spiegelt sich auch in dem Interviewbeitrag in Abschn. 1 wider, in dem S4 sagt, „in der Schule noch nie etwas mit Beweisen gemacht" zu haben. Die Argumentation mit generischen Beispielen wird von vielen Schülerinnen und Schülern (und häufig auch von Studierenden) nicht mit Beweisen in Verbindung gebracht. Mathematische Begründungen im Schulkontext weisen zwar auch Aspekte des Beweisens auf, sie erfüllen also exemplarisch einige Beweisfunktionen wie die des Erklärens, Verifizierens und Überzeugens (vgl. zu den Funktionen von Beweisen auch Bauer et al. in diesem Band). Dies geschieht aber nicht so explizit, während das Beweisen im Hochschulkontext das volle Spektrum der Beweisfunktionen abdeckt und als leitendes Prinzip in einem Theorieaufbau dient. In der Folge nehmen die Studierenden

Begründen und Beweisen in Schule und Hochschule häufig als etwas völlig anderes wahr.

In diesem Sinne erleben Studierende den Wechsel zwischen der schulischen Herangehensweise und dem Arbeiten mit Hochschullehrtexten bzw. daran orientierten Vorlesungsskripten als Diskontinuität, da sie aufgrund ihrer Erfahrungen aus der Schule ein anderes Bild von Mathematik mitbringen als das, was in den Texten oder den Vorlesungen vermittelt wird. Wenn es Lehramtsstudierenden auch später nicht gelingt, in den Schulbuchtexten (inhaltliche und) strukturelle Gemeinsamkeiten zu der in der Universität gelehrten Zugangsweise zu erkennen, erleben sie eine weitere Diskontinuität, die dazu führen kann, dass sie die Hochschulmathematik als irrelevant für die Darstellung der Mathematik in der Schule ansehen.

Die in diesem Abschnitt erörterten Diskontinuitäten können sich bei Studierenden in mehrfacher Weise auswirken: Zunächst können ganz direkt Verständnisprobleme auftreten, wenn neue anspruchsvolle Inhalte und Arbeitsweisen der Hochschulmathematik zu lernen sind. Wenn der dabei auftretende bisweilen große Unterschied zur Schulmathematik nicht reflektiert wird, dann besteht die Gefahr, dass Studierende Hochschulmathematik als wenig relevant für ihre spätere Berufstätigkeit empfinden – so kann sich ein möglicherweise tief greifendes Motivationsproblem entwickeln, das seinerseits weitere Lern- und Verstehenshürden nach sich ziehen kann.

3   Diskontinuitätserlebnisse produktiv wenden – was leistet der höhere Standpunkt?

Diskontinuitäten, wie die oben beispielhaft beschriebenen, müssen nun nicht ausschließlich als potenzielle Lern*hindernisse* gesehen werden. Im Gegenteil lassen sie sich auch als mögliche *Kristallisationspunkte für Lernprozesse* verstehen, die für die Entwicklung eines höheren Standpunktes in fachmathematischer Hinsicht grundlegend sein können. Letztere Sichtweise wird insbesondere durch interaktionistische Lern- und Handlungstheorien sowie durch lerntheoretische Ansätze wie etwa die Conceptual-Change-Theorie (vgl. Posner et al. 1982) gestützt. Die Conceptual-Change-Theorie versteht Lernen grundsätzlich als ein „Umlernen", bei welchem bestehende Vorstellungen der Lernenden den im Lernprozess neu zu entwickelnden Vorstellungen „zumindest in wesentlichen Aspekten [...] konträr gegenüberstehen" (Duit und von Rhöneck 1996, S. 158; zitiert nach Prediger 2005). Ziel des Lernprozesses im Sinne eines

Conceptual Change ist es nun aber nicht, die „zuvor […] erworbenen Vorstellungen […] ab[zu]lösen"; sie „bleiben als alternative Wissensstrukturen neben den neuen bestehen und werden jeweils bereichsspezifisch aktiviert" (Prediger 2005, S. 26). Vielmehr geht es darum, dass im Laufe des Lernprozesses vorgängige und neu erworbene Vorstellungen und begriffliche Konstrukte jeweils zunehmend nur noch in passenden Kontexten aktiviert werden (vgl. Duit und von Rhöneck 1996, S. 146; Prediger 2005). So ist etwa der Erwerb eines exakten Stetigkeitsbegriffes im Rahmen der Hochschulanalysis mit der Erfahrung verbunden, dass die aus dem Alltag und ggf. aus dem Schulunterricht vorhandenen anschaulichen Vorstellungen von Kontinuum und Stetigkeit in einigen neu hinzutretenden, bisher unbekannten Kontexten oder Anwendungsfällen[4] unzureichend und mit neu erworbenen, formaleren Aspekten von Stetigkeit nicht vereinbar sind. In der Regel aktivieren Studierende ihre prätheoretischen, bildlichen Vorstellungen aus Alltag und ggf. Schulunterricht zunächst auch im Rahmen der Bearbeitung hochschulanalytischer Probleme, was teils sinnvoll sein kann, teils aber den Zugang zum Problem eher verstellt. Umgekehrt werden zunächst auch die neu erworbenen formalen Konzepte von Stetigkeit in Situationen angebracht, in denen ihre Aktivierung weniger sinnvoll als der Rückgriff auf die bereits vorhandenen, anschaulicheren Vorstellungen ist. Lernen besteht dann darin, die Fähigkeit zur Unterscheidung zur erlangen, welche Vorstellungen und begrifflichen Konstrukte zu Stetigkeit in welchem Kontext bzw. in welcher Situation sinnvoller und der jeweiligen Zielsetzung angemessener sind. Wir diskutieren unten ein weiteres Beispiel, welches nicht *innerhalb* des Theorierahmens der Analysis verortet ist, sondern einen *Conceptual Change* an einer Schnittstelle *zwischen* Analysis und Elementargeometrie beschreibt.

Eine wesentliche Bedingung der Möglichkeit für das Gelingen solcher „Umlernprozesse" anlässlich von Diskontinuitätserlebnissen bildet aus interaktionistischer Perspektive eine gemeinsame „Rahmung" für schul- und hochschulmathematische Inhalte, Denk- und Arbeitsweisen, die einzunehmen Studierende im Sinne eines höheren Standpunktes erst befähigt werden müssen. Der Rahmungsbegriff wurde in der Mathematikdidaktik vor allem durch

---

[4]Z. B. die sogenannte Dirichletfunktion, die an keiner Stelle des Definitionsbereichs stetig ist, oder die Funktion $]0; \infty[\to \mathbb{R}$, $x \mapsto \sin\left(\frac{1}{x}\right)$, die zwar auf ihrem ganzen Definitionsbereich stetig ist, an dessen Rand (in 0) aber nicht stetig fortsetzbar ist. Derartige Funktionen lernen die Studierenden üblicherweise erst in der Universität kennen, die bisher bekannten stetigen oder unstetigen Funktionen oder durch sie beschriebene Vorgänge verhalten sich anders.

Krummheuer (1984) geprägt und vielfach aufgegriffen, um die Komplexität von Lernprozessen und deren konstitutive Elemente zu beschreiben:

> „Ein Subjekt nimmt in einer sozialen Situation eine ‚Rahmung' als einen Sinngebungshorizont unmittelbar ein; es handelt sich um die individuelle Sichtweise einer Person, unter der sie eine Situation spontan deutet. Rahmungen werden selten bewusst eingenommen, sie werden meist aufgrund von bereits durchlebten und als ähnlich empfundenen Situationen durch die Interaktion aktiviert." (Steinbring 2013, S. 66)

Krummheuer (1992) weist darauf hin, dass für fachliches Lernen im allgemeinen und somit auch für den Aufbau solcher gemeinsamen Rahmungen das Auftreten von Rahmungsdifferenzen konstitutiv ist, denn „in der Veränderung der Differenzen besteht das Lernen" (Gellert 2010, S. 62), im Falle der in diesem Beitrag diskutierten Diskontinuitäten etwa durch den Aufbau gemeinsamer Rahmungen für vertraute Inhaltsbereiche der Schulmathematik und den neu hinzukommenden universitären Inhalten aus der Perspektive eines höheren Standpunktes.

Beispiel: In Abschn. 2 wurden konkret auftretende inhaltliche Diskontinuitäten hinsichtlich der Elementargeometrie als (wenn überhaupt) weitgehend isoliert auftretendem Inhaltsbereich im Mathematikstudium sowie hinsichtlich des durch die Schulanalysis gar nicht oder nur unzureichend vorbereiteten Kernbegriffs der Stetigkeit in der Hochschulanalysis beschrieben. Diese Diskontinuitäten können etwa durch die Thematisierung geeigneter mathematischer Problemstellungen hervorgehoben und zum Anlass werden, mit den Studierenden inhaltliche Verbindungen von Analysis, Elementar- und analytischer Geometrie von einem höheren Standpunkt aus zu reflektieren: Stetigkeitsargumente treten natürlicherweise auch bei der tieferen, analytischen Durchdringung elementargeometrischer Problemstellungen auf (etwa der „dynamische Lösungsansatz" zu dem im Folgenden unter (a) vorgestellten Problem). Derartige Reflexionen können bei den Studierenden ein „Umlernen" im weiter oben allgemein beschriebenen Sinne anstoßen, d. h. Begriffe und Konstrukte aus dem Kontext der Analysis, wie z. B. der Stetigkeitsbegriff, werden im Kontext der Geometrie aktivierbar. Dazu müssen bestehende Rahmungsdifferenzen zwischen elementargeometrischen und analytischen Problemstellungen überwunden werden, damit bei der Beschäftigung mit solchen Problemstellungen auf eine geeignete gemeinsame Rahmung zurückgegriffen werden kann. Eine solche gemeinsame Rahmung wiederum kann im schulmathematischen Unterricht als Teil des Hintergrundwissens der Lehrperson von hoher Relevanz sein, etwa um das mathematische

Potenzial von Schüleräußerungen und -bearbeitungen richtig einschätzen und würdigen zu können (vgl. erneut (a) weiter unten).

Vor dem Hintergrund der hier angesprochenen lern- und handlungstheoretischen Perspektiven kann und sollte es also nicht Ziel des universitären Fachstudiums sein, derartige Diskontinuitäten zu vermeiden, auszuschalten oder zu „überschreiben", sondern fachliche Diskontinuitätserlebnisse der Studierenden an geeigneten Stellen herauszufordern und zu reflektieren und so produktiv zu wenden. Dies kann für die Studierenden eine Basis für die Herausbildung einer gemeinsamen Rahmung für schulmathematische und hochschulmathematische Inhalte, Denk- und Arbeitsweisen von einem höheren Standpunkt sein. Dadurch wird eine Aktivierung universitären Wissens in schulbezogenen Kontexten später gegebenenfalls erst möglich.

Ein Kerngedanke des ProPraxis-Projekts trägt der grundlegenden Idee, auftretende Diskontinuitäten und Rahmungsdifferenzen als Lernanlässe gerade für Lehramtsstudierende produktiv zu nutzen, in folgendem Sinne Rechnung: Er besteht darin, eine sinnstiftende Verbindung von der ersten Praxis zur zweiten Praxis herzustellen, die die Voraussetzungen dafür schafft, dass die Studierenden ihr universitäres Wissen in ihrer späteren Tätigkeit als Lehrkraft wirksam einsetzen können. Was der höhere Standpunkt in fachmathematischer Hinsicht hierbei leisten kann, soll im Folgenden noch weiter ausgeführt und konkretisiert werden – für Studierende ist dies oft nicht ausreichend sichtbar, und auch Studien beschränken sich häufig auf die Betrachtung von Mathematik auf dem Niveau von Grundvorlesungen (vgl. z. B. Krauss et al. 2008, S. 237).

Zwei Aspekte werden sowohl von Studierenden als auch von Hochschullehrenden häufig genannt, wenn der Wert, den ein mathematisch höherer Standpunkt für ihre Arbeit als Lehrkraft haben kann, beschrieben werden soll: Einerseits werden unterrichtliche „Ausnahmesituationen" genannt, wie das Entwerfen von herausfordernden Aufgaben für besonders begabte Schülerinnen und Schüler oder die Notwendigkeit von fachlicher Sicherheit bei schwierigen Schülerfragen. Mehr auf den schulischen „Normalbetrieb" zielt dann die Anforderung, bei Schülerfehlern eine fachlich treffende Fehleranalyse leisten zu können – in einer realen Unterrichtssituation möglichst „auf einen Blick" – um Fehlerursachen zu erkennen und rasch lernförderlich reagieren zu können. Jenseits solcher recht naheliegenden Aspekte werden in Bauer (2017) weitergehende Wirkungen der Fachausbildung diskutiert, von denen im Folgenden zwei aufgegriffen werden.

a) *Das Potenzial in Schüleräußerungen erkennen.* Die in Abb. 3 gezeigte Aufgabe aus Schoenfeld (1985, S. 15) kann im Gebiet Geometrie im Umfeld des Themas „Konstruieren" zum Einsatz kommen.

In unten folgender Abb. 4 sind zwei denkbare Lösungen angedeutet: Im linken Bild wird die bereichstypische Strategie des „Denkens vom fertigen Bild aus" eingesetzt, um den gesuchten Kreis durch Betrachtung der Winkelhalbierenden und eines Lots zu konstruieren. Dies ist eine erwartete Lösung, da sie das Theorieumfeld nutzt, in dem die Aufgabe eingesetzt ist. Das rechte Bild zeigt dagegen eine Lösungsidee, die – im Kontext des Aufgabenumfelds – unkonventionell ist: Sie gewinnt den Kreis durch dynamisches Vergrößern eines zunächst zu kleinen Kreises. Wenn Schülerinnen und Schüler Lösungsansätze verfolgen, die dieser Idee nahestehen (vgl. etwa die in Boero und Turiano 2019 dokumentierte Schülerlösung zum verwandten Problem der Existenz eines Inkreises zu einem gegebenen Dreieck), dann steht die Lehrkraft vor einer anspruchsvollen Aufgabe: Sie muss – ggf. rasch – entscheiden,

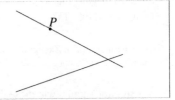

Aufgabe: Gegeben sind zwei sich schneidende Geraden und ein Punkt *P*, der auf einer der beiden Geraden liegt wie in der nebenstehenden Zeichnung. Konstruiere einen Kreis, der durch *P* geht und beide Geraden als Tangenten hat.

Abb. 3   „Die Berührkreisaufgabe" aus Schoenfeld (1985, S. 15)

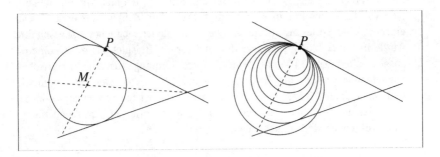

Abb. 4   Lösungsideen zur Berührkreisaufgabe aus Schoenfeld (1985, S. 15)

ob die Lösungsidee tragfähig ist: Handelt es sich um eine heuristische Idee ohne Beweiskraft (der eventuell eine falsche Vorstellung zugrunde liegt)? Oder ist sie der Kern einer tragfähigen Beweisidee? Die fachliche Einschätzung hierzu wird den Ausschlag darüber geben, wie die Mathematikleistung zu würdigen ist, die der Löser durch sie an den Tag legt: Ist die Schüleräußerung ein Anlass zur Beseitigung einer Fehlvorstellung oder ist sie ein Anlass, eine kreative mathematische Idee zu würdigen? Wie in Bauer (2017) ausgeführt wird, ist der Lösungsansatz in der Tat tragfähig – er entspricht im Kern einem Stetigkeitsargument. Eine solche Analyse gelingt, wenn man auf Mathematik zugreift, die von Elementargeometrie über Algebra und Analysis bis zu weiterführenden Inhalten der mathematischen Hochschulausbildung reicht.

b) *Aus kreativem Überschuss Lernumgebungen schaffen.* Im obigen Beispiel wurde der höhere Standpunkt rückblickend genutzt, um das Potenzial in Schüleräußerungen zu würdigen. Er kann jedoch auch bereits in der Phase der Vorbereitung Wirkung entfalten: Lisa Hefendehl-Hebeker (1995, S. 38) spricht hierbei vom „kreativen Überschuss", aus dem Lehrkräfte schöpfen, die gehaltvolle Lernumgebungen schaffen. Sie demonstriert dies an einem Beispiel, dessen Ausgangspunkt eine Aufgabe von H. Winter zum kreativen Üben ist (Winter 1984, S. 14):

„Welche natürlichen Zahlen lassen sich in der Form $3x-4y$ darstellen, wenn man für x und y alle natürlichen Zahlen und die Null zulässt?"

Sie arbeitet heraus, wie diese Aufgabe auf mehreren Stufen eingesetzt werden kann: Vom Probieren (Stufe 1) zum Ordnen und Strukturieren (Stufe 2), das bereits Zehnjährige leisten können; über das Verwenden der algebraischen Formelsprache (Stufe 3) zu einem Beweis (Stufe 4), der sich verallgemeinern lässt (Stufe 5), bis hin zu einem ringtheoretischen Schluss auf dem Niveau einer Algebra-Vorlesung (Stufe 6). Die Idee solcher fachlicher Längsschnitte wurde in Bauer (2013b) aufgegriffen und für ein Beispiel aus der Geometrie ausgearbeitet: Zum Thema „Vom Rechtecksumfang zur isoperimetrischen Ungleichung" wird eine Stufung entwickelt, die von Elementargeometrie und elementarer Algebra in der Sekundarstufe I über die Schulanalysis in der Sekundarstufe II hin zur universitären Analysis-Vorlesung führt und bis zu weiterführender Mathematik reicht.

4   Ausblick: Möglichkeiten zur produktiven Bearbeitung von Diskontinuitäten im Rahmen der universitären Lehre

In diesem Beitrag wurde erläutert, wie es im Fach Mathematik beim Übergang von der Schule zur Universität zu Diskontinuitätserlebnissen bei Studierenden kommen kann: Sowohl in den Inhalten wie auch in den Zielen und den Argumentationsweisen bestehen Unterschiede zwischen Schul- und Hochschulmathematik, die von Studierenden oftmals als so gravierende Brüche wahrgenommen werden, dass sie schul- und hochschulmathematisches Arbeiten als völlig disparat erleben. Im Beitrag wurde dafür plädiert, Diskontinuitäten als Lernanlässe zu sehen und sie gezielt zu bearbeiten. Einen Ansatz hierfür bietet das Konzept der *Schnittstellenaufgaben,* das in Bauer und Partheil (2009) vorgestellt und in Bauer (2013a) weiterentwickelt wurde. Dabei besteht die grundlegende Idee darin, dass sich die Studierenden in der Studieneingangsphase (im fachmathematischen Modul „Analysis") anhand von Aufgaben aktiv mit dem Verhältnis von Schul- und Hochschulmathematik auseinandersetzen. Die Intention solcher *Schnittstellenaktivitäten* ist es, die Studierenden sowohl zur Reflexion vorhandener Diskontinuitäten als auch zum Aufbau neuer Verknüpfungen als „Brücken" anzuregen.

Im Modul ProfiWerk, das an der Philipps-Universität Marburg im Rahmen des Projekts ProPraxis entwickelt wurde, werden solche Aktivitäten weitergeführt und vertieft. Dies geschieht zum Beispiel, wenn im ersten Teil des Moduls die verschiedenen Funktionen mathematischer Beweise reflektiert werden oder das Arbeiten mit operativen Beweisen thematisiert wird (vgl. Bauer et al. im Druck a). Die professionstypischen Arbeitsweisen werden hierbei in Bezug gesetzt zur schulmathematischen Praxis. Im zweiten Teil des Moduls *ProfiWerk* werden dann handlungsleitende Elemente von Mathematik fokussiert: Die Studierenden machen eigene Erfahrungen beim mathematischen Problemlösen und analysieren ihre Arbeit im Hinblick auf Prozessphasen und heuristische Strategien. Diese Reflexion der *ersten Praxis* machen sie sodann für die *zweite Praxis* nutzbar, um Material zu entwerfen, das Schülerinnen und Schüler zum Problemlösen anleitet (vgl. Bauer et al. im Druck b). Eine solche Brücke, die die eigenen schulmathematischen Vorerfahrungen mit hochschulmathematischen Arbeitsweisen in Bezug setzt, um letztere dann beim Erarbeiten von Material für Schülerinnen und Schüler einzusetzen, halten wir für einen vielversprechenden Ansatz, um Diskontinuitäten zu mildern und sie im günstigen Fall sogar produktiv werden zu lassen.

Literatur

Bauer, T. & Partheil, U. (2009). *Schnittstellenmodule in der Lehramtsausbildung im Fach Mathematik. Mathematische Semesterberichte*, 56, 85–103.

Bauer, T. (2013a). Schnittstellen bearbeiten in Schnittstellenaufgaben. In Ch. Ableitinger, J. Kramer & S. Prediger (Hrsg.), *Zur doppelten Diskontinuität in der Gymnasiallehrerbildung* (S. 39–56). Wiesbaden: Springer Spektrum.

Bauer, T. (2013b). Schulmathematik und universitäre Mathematik – Vernetzung durch inhaltliche Längsschnitte. In H. Allmendinger, K. Lengnink, A. Vohns & G. Wickel (Hrsg.), *Mathematik verständlich unterrichten. Perspektiven für Unterricht und Lehrerbildung* (S. 235–252). Wiesbaden: Springer Spektrum.

Bauer, T. (2017). Schulmathematik und Hochschulmathematik – Was leistet der höhere Standpunkt? *Der Mathematikunterricht*, 63, 36–45.

Bauer, T., Müller-Hill, E. & Weber, R. (im Druck a). Fostering subject-driven professional competence of pre-service mathematics teachers – a course conception and first results. Erscheint in: *Hanse-Kolloquium zur Hochschuldidaktik der Mathematik 2016*.

Bauer, T., Müller-Hill, E. & Weber, R. (im Druck b). Analyse und Reflexion von Problemlöseprozessen – Ein Beitrag zur Professionalisierung von Lehramtsstudierenden im Fach Mathematik. Erscheint in: *Hanse-Kolloquium zur Hochschuldidaktik der Mathematik 2017*.

Boero, P. & Turiano, F. (2019). Integrating Euclidean rationality of proving with a dynamic approach to validation of statements: The role of continuity of transformations. Erscheint in: *Proceedings of CERME 11*.

Brandt, D., Jörgens, T., Jürgensen-Engl, T., Riemer, W., Schmitt-Hartmann, R., Sonntag, R. & Spielmans, H. (2015). *Lambacher Schweizer Mathematik Qualifikationsphase Leistungskurs/Grundkurs Nordrhein-Westfalen*. Stuttgart: Klett.

Duit, R. & von Rhöneck, C. (Hrsg.). (1996). *Lernen in den Naturwissenschaften*. Kiel: Institut für Pädagogik der Naturwissenschaften an der Universität Kiel.

Forster, O. (2013). *Analysis 1*. 11. Auflage. Wiesbaden: Springer Fachmedien.

Gellert, U. (2010). Die Rahmung der Rahmung. In B. Brandt, M. Fetzer & M. Schütte (Hrsg.), *Auf den Spuren interpretativer Unterrichtsforschung in der Mathematikdidaktik* (S. 43–66). Münster: Waxmann.

Hefendehl-Hebeker, L. (1995). Mathematik lernen für die Schule? *Mathematische Semesterberichte*, 42, 33–52.

Hessisches Kultusministerium (2017). Kerncurriculum gymnasiale Oberstufe. Wiesbaden. https://kultusministerium.hessen.de/schulsystem/bildungsstandards-kerncurricula-und-lehrplaene/kerncurricula/gymnasiale-oberstufe-12. Zugegriffen: 16. November 2018.

Klein, F. (1908). *Elementarmathematik vom höheren Standpunkte aus. Bd. I (Arithmetik, Algebra, Analysis)*. Leipzig: Teubner.

Krauss, S., Neubrand, M., Blum, W., Baumert, J., Brunner, M., Kunter, M. & Jordan, A. (2008). Die Untersuchung des professionellen Wissens deutscher Mathematik-Lehrerinnen und -Lehrer im Rahmen der COACTIV-Studie. *Journal für Mathematik-Didaktik*, 29 (3–4), 233–258.

Krummheuer, G. (1984). Zur unterrichtsmethodischen Dimension von Rahmungsprozessen. *Journal für Mathematik-Didaktik*, 5 (4), 285–306.

Krummheuer, G. (1992). *Lernen mit "Format". Elemente einer interaktionistischen Lerntheorie. Diskutiert an Beispielen mathematischen Unterrichts.* Weinheim: Deutscher Studien Verlag.

Posner, G. J., Strike, K. A., Hewson, P. W. & Gertzog, W. A. (1982). Accommodation of a scientific conception: Toward a theory of conceptual change. *Science Education*, 66 (2), 211–227.

Prediger, S. (2005). „Auch will ich Lernprozesse beobachten, um besser Mathematik zu verstehen." Didaktische Rekonstruktion als mathematikdidaktischer Forschungsansatz zur Restrukturierung von Mathematik. *mathematica didactica*, 28 (2), 23–47.

Schoenfeld, A. H. (1985). Mathematical Problem Solving. New York: Academic Press.

Steinbring, H. (2013). Mathematische Interaktion aus Sicht der interpretativen Forschung – Fallstudien als Basis theoretischen Wissens. In G. Greefrath, F. Käpnick & M. Stein (Hrsg.), *Beiträge zum Mathematikunterricht 2013* (S. 62–69). Münster: WTM-Verlag.

Winter, H. (1984). Begriff und Bedeutung des Übens im Mathematikunterricht. *Mathematik lehren*, (2), 4–16.

Professionalization and Linguistic Expertise

Challenging Views of Future English as a Foreign Language Teachers in ProfiWerk Englisch

Barbara Ann Güldenring und Rolf Kreyer

---

1 "I just want to be a teacher!"

Teaching degree programs, in general and in contrast to other study programs, are often faced with difficulties justifying and motivating the content and skills that they provide for their students. While someone, say, pursuing a career in media and communication will usually not take issue with in-depth application, analyses and discussion of the concepts and methods of their discipline, students of a teaching degree seem more likely to do so: "I just want to be a teacher!" is a remark or complaint that lecturers and professors are often confronted with. Indeed, in our view, university teachers often fail to provide satisfying reasons for the complexity of study programs in light of the fact that the scientific and academic content explored at the university level will usually only figure in a very reduced form at school.

With regard to linguistics as paradigmatic part of any English as a Foreign Language (EFL) program, the situation is even more complicated. What students remember from their English lessons at school can be broadly attributed to three major areas: the study of English (in the sense of Anglophone) literature, the

---

B. A. Güldenring (✉)
Justus-Liebig-Universität, Giessen, Germany
E-Mail: Barbara.A.Gueldenring@anglistik.uni-giessen.de

R. Kreyer
Philipps-Universität Marburg, Marburg, Germany
E-Mail: kreyer@uni-marburg.de

© Springer Fachmedien Wiesbaden GmbH, ein Teil von Springer Nature 2020   147
N. Meister et al. (Hrsg.), *Zur Sache. Die Rolle des Faches
in der universitären Lehrerbildung,* Edition Fachdidaktiken,
https://doi.org/10.1007/978-3-658-29194-5_9

study of English culture and the study of the English language (in the sense of language practice). At university the same students will again encounter these three subject areas along with two additional ones, namely teaching English as a foreign language and linguistics. While it is obviously relevant to future teachers of English that they should learn something about the dynamics of teaching a language, linguistic study may come as something of a surprise. Most students might never have even heard of the term *linguistics* itself and have never before been introduced to the most basic linguistic concepts, unless they coincide with concepts that are relevant for learning a language, e.g. subject and object, main clause and subordinate clause, or simple past and present perfect. Moreover, the linguistic share of their overall workload is similar to that of literary or cultural studies. Therefore, for many students, linguistics and the importance it is given in their course of study may cause some confusion, particularly since, based on previous experiences as students, they have the notion that as future teachers none of the content that they have to explore as students will be an explicit part of the content that they will teach at school. Thus, the above complaint, "I just want to be a teacher!", is often voiced with particular emphasis with regard to linguistics. And the answer given sometimes is as banal as it is unsatisfactory: "As a teacher of English you just need to know more about language than your pupils do." To make things worse, this often seems to be a good enough reason for many students, and they do not ask any further questions.

The key concepts and the main ideas of the *Marburger Praxis Module* provide an intellectual background that can challenge university teachers to reflect more deeply on what it actually is that they are doing while teaching linguistics, to ask themselves in which sense their discipline is relevant for future teachers of English and, thus, come up with a much more satisfying answer than the one that is usually provided: an answer that is deeply rooted in the shaping of future teachers' professional self-conception as nascent scholars of the disciplines of English Studies (including linguistics) as well as future educators.

In line with the general spirit of the *Marburger Praxis Module* the present paper is a reflection on the fundamental challenge that "I just want to be a teacher!" poses. Following this introduction, the paper will explore and describe the contents of linguistics with regard to the guiding concepts of teacher education at Marburg University, namely *Fachlichkeit* (i.e. discipline-specific academic knowledge and skills) and *Professionalisierung* (i.e. professionalization processes involved in training future teachers). It will then discuss how these are mirrored in the course *ProfiWerk Englisch* in view of the aims of communicative language teaching.

2   Does Linguistics have Anything to Offer?

In theory, it might make sense to assume that linguistics is almost naturally the most fundamental of all the academic disciplines that are represented in a foreign language degree. After all, linguistics is the scientific study of language, and language can arguably be regarded as the defining feature of humanity, e.g. in the sense of humankind being the animals that have language. As such language plays a vital role in communication and a vast amount of cultural endeavors as well as in teaching a language (both, in the sense of teaching how to speak and write in a foreign language but also in the sense of aspects of methodology regarding any kind of teaching).

In stark contrast to this a priori relevance of linguistics, students are not always convinced of the usefulness of their linguistic education. In a small-scale empirical study, three groups were tested: 66 students, 30 student teachers, 23 experienced teachers (Kreyer and Güldenring 2016, p. 279). It showed that of the four major disciplines in an EFL program linguistics is seen as the least relevant subject in a pedagogical context. For instance, while across all three groups language practice is rated as "highly relevant" or "somewhat relevant" in 96.9% to 100% of all cases, linguistics gets values ranging from 80.3% and 80.0% to 73.9%. Interestingly, the lowest value represents the teachers of English as a foreign language. That is, the more practical experience with actual teaching an educator has, the lower the regard for linguistics. A closer look reveals an interesting pattern in this respect. The informants were asked how true they regard the statement "a good language teacher must also be a good linguist", with possible answers ranging from 'true' to 'false' on a five-point Likert-scale. The picture, here, seems to be reversed: in this case, it is the students who rank lowest for 'true' and 'somewhat true', namely 42.5%. The other two groups rank higher with 53.3% and 52.2%, respectively. At the same time however, a fair share of teachers regards the above statement as 'somewhat false' or 'false', namely 34.8%. The numbers are considerably lower for the other two groups, namely 25.7% and 20.0%. We see that, while teaching experience leads to an overall reduction of the perceived relevance of linguistics for pedagogical contexts, it also leads to a more extreme view on the relevance of linguistics: increased experience leads to a higher appreciation of linguistics in some survey participants, while resulting in a lower appreciation in others. It seems safe to conclude that, although linguistics can actually be of value for teachers of EFL, the university education they have received has not always been successful in teaching linguistics in a way that makes it fruitful for the teaching profession.

In the words of one of the student participants in the study and one of the experienced teachers:

"I think that some seminars have a high potential to improve the linguistics awareness of us future teachers, but sometimes this potential is not used at all." (Kreyer and Güldenring 2016, p. 282)

"As a student, I underestimated the relevance of grammar in EFL-teaching, now, after years of practice, I see linguistics as the centre of lessons, especially when teaching pronunciation, grammar and usage; but now I see what a vital part of this, but it must of course be a vehicle to teach the contents of cultural and literary studies; understanding and producing texts is only possible with the sound knowledge of the English language." (ebd.)

In light of the above figures and the two quotes, we would like to answer the question posed in the section heading in the affirmative: yes, linguistics does have something to offer for future teachers of EFL. It is the goal of the *ProfiWerk Englisch* to explore the role that linguistics can play in the development of professional EFL teachers.

3   What Linguistics Has to Offer

The present section wants to illustrate how a thorough linguistic expertise can contribute to success in an EFL context. Of course, although the following examples cannot represent all the areas in which linguistics can make a contribution, they at least suggest that linguistic expertise might be of value in a wide range of pedagogical contexts, even though the phenomena themselves are not explicitly taught at school.

3.1   The Value of Names

As an example of the value of names we will consider the teaching of pronunciation. If our anecdotal evidence is representative of how pronunciation is taught in general in German schools, we would have to admit that an EFL study program could very well do without any expert knowledge on phonology or phonetics. The first discipline explores the sounds of a language as part of an abstract system, i.e. 1) which sounds does a language have, and 2) how can they be combined? The second discipline, phonetics, looks at language sounds as an actual physically manifested phenomenon, i.e. it describes how sounds are produced by the speaker (articulatory phonetics), it describes the physical properties of sound waves (acoustic phonetics), and it describes the processes on the side of the recipient when hearing and processing a sound (auditory phonetics). Teaching pronunciation is largely concerned with articulatory phonetics. A topic that, much like any linguistic topic, is not taught in school but, at the same time, is neither experienced as being of relevance in the learning processes of the students themselves, in contrast to, say, linguistic terms like *subject* and *direct object*, which are part of any grammar course.

This might in part be due to the fact that, as anecdotal evidence indicates, teaching pronunciation rarely makes use of any linguistic expertise on the part of the teacher. Rather, teachers tend to merely present difficult sounds (like the notorious *-th*) to their pupils and let them repeat them until they 'find' the correct pronunciation and can produce the sound at issue. A linguistically informed way of teaching sounds would simply have to make use of the nomenclature that is used in phonetics, since the names of the sounds are merely a Latin-based description of how to produce the sounds. This description contains three parts, namely whether a sound is voiced or unvoiced and where and how it is produced (place and manner of articulation, respectively). The above-mentioned *-th*, for example, is either a voiced or unvoiced apico-dental fricative. The first distinction is known to any German student of English from differences between, for instance, *stimmhaftes* (voiced) and *stimmloses* (unvoiced) *-s*. Students can physically experience this distinction by putting the fingers on their Adam's apple and see whether they can feel a vibration or not. The adjective *apico-dental* is of Latin origin and refers to the location (between the teeth—*dens, dentis*) of the tip (*apex*) of the tongue. In English, all consonants are produced by obstructing the stream of air that passes through the larynx and the mouth or nose. The manner of articulation describes the exact nature of this obstruction. In the case of fricatives, the airstream is not completely blocked off but almost fully obstructed, resulting in friction between the articulatory organs. The simple term *apico-dental fricative* provides a fairly detailed description of how to produce the sounds, namely by putting the tip of the tongue between the teeth and closing these to such an extent that only a little air can escape. Moreover, a little knowledge of the differences between German and English sounds can be of enormous help when trying to correct common pronunciation mistakes, for instance the substitution of *-th* by *-s*. The second sound is common to both, the English and the German language. Its phonetic name is *alveolar fricative*, with the initial adjective referring to the Latinate term *alveolar ridge*, in German *Zahndamm*. The obstruction in this case is produced by placing the tip of the tongue close to the alveolar ridge, thereby leaving the exhaled air little room to pass through, which causes the friction typical of fricatives. The solution of a typical German mispronunciation of the English *-th*, then, merely is to tell the learners to move the tip of the tongue from behind their teeth a little bit further until it is between their teeth. All of this follows from not merely learning a scientific term (or two) by heart but from a depth of linguistic knowledge that involves understanding scientific nomenclatures. Linguistic expertise in its most basic form can, thus, be made applicable to a very frequent and at times persistent problem that German learners of English face.

3.2   The Value of Definitions

Similar to the technical terms that are used in any scientific discipline, definitions of any kind are likely to be learnt by heart without any attempts being made to fully grasp these definitions. As scientists and academics all of us are aware of how central definitions are to the sciences. In the following we want to show how the definition of a simple concept, namely 'error', can also be beneficial to the professional teaching of EFL.

A layperson's definition of 'error' would most likely be of the kind "when something is wrong" or "something that does not follow the rules of a language". Both definitions are of course not satisfactory, as they need to specify what 'wrong' means or to list the rules that a language is made up of. The second definition, in our view, comes close to an implicit understanding of error that most teachers of EFL might entertain, since a large part of their job is to teach the rules of the language, which makes them particularly aware of any kind of violation of these rules. In some cases, this awareness might even run counter to what we can see in the language use of competent native speakers, e.g. the use of simple past instead of present perfect in the context of the subordinating conjunction *since*. Be that as it may, a focus on the rules of a language assumes that the teacher has a clear understanding of what constitutes a rule in a language and knows all the rules of that language. As regards the nature of rules, it is very likely that teachers first think of incorrect orthography, punctuation, grammar or pronunciation, since these are areas that are central in their everyday job and also in the descriptions of the curricula on which English at school is based. Understood in this way, an answer like "no fucking way!" to the request "please hand in your homework" does not constitute an error, since the grammatical construction is correct as well as (presumably) the pronunciation. Of course, any teacher would usually reprimand that use of language (and very rightly so) but this might not have the same kind of relevance (for students and teachers alike) since the 'real' errors are about grammar, etc., whereas in the above case, the student is 'just' impolite.

From a linguistic point of view, a definition of errors has to be far more comprehensive than a mere focus on the rules of grammar and so on. One such definition is provided by Lennon (1991, p. 182): an error is "a linguistic form or combination of forms which in the same context and under similar conditions of production would, in all likelihood, not be produced by the speakers' native speaker counterparts". What we see here is a shift in focus. Away from (maybe rigid) rules of grammar or orthography to an understanding of error that comes close to the idea of communicative competence as the aimed-for outcome of language teaching. The above definition places emphasis on two aspects that are usually not central to our standing of errors, namely the situation and the native-speaker counterpart. The situation of language use is a multi-faceted phenomena, including questions of formality, complexity, genre, text function or hierarchy between interlocutors, to name but a few. A spotless but highly complex written-like sentence might be considered an error in a conversation, simply due to the fact that complexity might pose too strong a burden on working memory while listening. The idea of the native-speaker counterpart provides us with a similarly rich collection of relevant criteria. Yet, while it might be appropriate for a gangster rapper to say "Wassup, bitch?", it is conventionally not so for a 14-year-old German learner of English in the classroom. Teachers, sometimes being a lot older, might use quite a different set of words from their pupils, or rather their pupils' native-speaker counterparts. Of course, the above definition also includes aspects of grammatical and lexical correctness (among other things), since the native speaker counterpart presumably uses correct language. However, it puts these aspects into perspective and ranks them on the same level as questions of register, politeness, or sociological aspects of language use. If future teachers of English have fully understood the above definition, they will be much more aware of the wide range of aspects in which language use can go wrong (and be better equipped to act as role models of more correct and idiomatic English speakers). In this way, they will be in a far better position to promote the communicative competence of their students.

3.3   The Value of Understanding the System

The next point we would like to make is related to the concept of errors, namely error correction. Error correction is demanding in many respects. First and foremost, the teacher needs to be able to identify an error, which among other things includes distinguishing a mistake (i.e. a slip of the tongue) from an error (in the narrow sense) as an indication of a not yet fully developed second language system. It also involves the teacher's ability to assess when an error should be corrected and when it shouldn't, depending on the communicative situation and on the learner and his or her needs at a particular point in time. Finally, it involves the teacher's ability to provide the student with helpful feedback about the nature of the error. It is here that a profound knowledge of the foreign language as a system of interconnected elements and units on different levels of organization is needed.

By way of example, consider the incorrect word *unpossible* for German *unmöglich* (impossible). The word *unpossible* does not exist in English and it is, therefore, wrong. Correcting the learner through, say, "No, the English word for German *unmöglich* is *impossible*", maybe in addition to putting extra stress on the first syllable to show which part of the word is wrong (*im*possible), might be a suitable response at first sight. However, from a linguistic perspective, such a response would be far from optimal. Firstly, it draws attention to the level of lexis, i.e. the level of words. The word as a whole, although it is wrong, is not where the problem is. The problem lies in the use of the prefix *un-* and is thus of a morphological kind, i.e. concerning the smallest meaningful building blocks of words (called 'morphemes'). Note that even though stressing the first syllable (*im*possible) might potentially raise the students' awareness of the involvement of morphology, there is no guarantee that it does, since syllables and morphemes are not always coextensive. A morpheme may consist of more than one syllable, for instance *possible*. That is, a correction based on linguistic insight needs to stress the morphological nature of the error. Secondly, and related to that point, the morphology is wrong but at the same time it is not entirely. The morpheme *un-* is a prefix that is regularly used in English (much like in German) to create the negated form of an adjective. That is, by producing a word like *unpossible* the student shows that he or she has learned and can apply a rule of English negation morphology. Students that produce the correct form *impossible* might be more advanced, since they produce the correct form of negation that comes with *possible*, but they might also be less advanced if they have stored the word *impossible* as a single indivisible unit without being aware of the internal morphological structure. The erroneous form *unpossible*, therefore, can and should serve as an opportunity to review the negation morphology of the English language, including possible cases of interference from the German mother tongue; after all English *un-* and German *un-* are orthographically the same.

The three examples discussed above all have something in common. None of the aspects are related to phenomena that are presented as explicit content in the English language classroom, i.e. it is not part of the curriculum to introduce students to the phonetic terms given to sounds, to make them familiar with definitions of error or to introduce them to word formation and morphology. In none of these cases, then, does linguistics as an academic discipline provide future teachers with direct guidelines on how to reproduce linguistic content in modified form in the teaching and learning activities of an English language classroom. Nevertheless, we hope that it has become obvious that linguistic content plays a very important role in that it greatly contributes to the professional knowledge store about a language a teacher has at his or her disposal, that is, good linguists do in fact make good teachers (see Kreyer, this volume). In the next section, we will take a closer look at *ProfiWerk Englisch* to see how we explore the relevance of linguistic expertise for the EFL classroom together with future teachers of EFL.

4   ProfiWerk Englisch—Highlighting Linguistic Expertise in a Teacher Professionalization Course

ProfiWerk Englisch is a course within the *Marburger Praxis Module* that was first taught in the Winter Semester of 2016–2017 at Marburg University. It was specifically designed with two aims: 1) to elevate linguistics to the level of literary and cultural studies (as well as language practice) within future teachers' course of studies at the university level and 2) to promote the interconnectivity of linguistic expertise with that of literary and cultural expertise, which collectively feed into communicative competence. In doing so, *ProfiWerk Englisch* was intended to highlight linguistics' relevance for the language teaching profession vis-à-vis other academic disciplines within English Studies.

As discussed above, a typical criticism of teacher training on the part of students is that the mere proclamation "you just need to know more about a language than your pupils do" is obviously not enough to raise awareness of the accessibility, applicability and value of discipline-specific knowledge and skills for the language teaching profession. In fact, this grievance has also been echoed by researchers of second language (L2) education, who assert the following:

> "The relationship between theory and practice can be reciprocal rather than a one-way street, whereby theory informs, or is applied to, practice, but practice does not inform, or apply to, theory. In fact, from a praxis-based perspective, [...] the relationship is cyclic: theory – practice – theory, etc. or indeed practice – theory – practice, etc." (Lantolf and Poehner 2014, p. 5)

In this vein, *ProfiWerk Englisch*, conceptualized as a "professionalization work-shop", emerges as a desideratum as well as a fitting forum for making the cyclic and, thus, reciprocal relationship between theory and practice explicit to future language teachers.

Consider what all disciplines of English Studies generally have in common in reference to their relevance for language teaching as well as teacher training. Reviewing the literature concerned with the relevance of English Studies to the profession of English (L2) language teaching, a common goal emerges, which each discipline claims as its highest pedagogical goal, namely the notion of 'communicative competence' (see, e.g., Babaee and Wan Yahya 2014; Banciu and Jireghie 2012; Savignon 2002). Briefly stated, communicative competence, as understood here within the framework proposed by Canale and Swain (1980) and Canale (1983), can be viewed as the systematic knowledge and skills each speaker makes use of in order to express, interpret and negotiate meaning by adhering to the grammatical, sociocultural and discourse codes of a given speech community. Canale and Swain (1980) define communicative competence on the basis of "the relationship and interaction between grammatical competence, or knowledge of the rules of grammar, and sociolinguistic competence, or knowledge of the rules of language use" and argue for an integrated approach in L2 teaching (6). Therefore, communicative competence does not only involve a command of structure and form (gained by training in linguistic knowledge) but also requires a set of skills to interpret discourse in whatever social and cultural context (gained by training in textual, social and cultural knowledge) it is embedded. Therefore, individually, each academic discipline of English Studies has the right to claim its contribution to the development of communicative competence (Fig. 1).

Initially, this illustration seems to depict the disciplines of English Studies as neatly compartmentalized, i.e. as separate and individually structured academic

Fig. 1 Communicative Competence. (© Barbara Güldenring und Rolf Kreyer)

"content areas" and "skill areas", as termed by Edge (1988). However, as lecturers and researchers, working to interpret and shape these areas for the greater academic community as well as for students/future teachers alike, we know from our experience that, in reality, there are many points of contact that lead to a complex interplay between these areas. Therefore, there is also a reciprocal nature to the understanding, and in consequence, the didactic mediation of communicative competence, which again is a stated pedagogical goal of language teachers.

In order to train future teachers in view of this goal, we not only need to raise awareness of the knowledge store and skill sets required to be a "good linguist" or a "good literary/cultural scholar", but also of how they (specifically) contribute to being an effective and successful language teacher. This means becoming receptive to the relevance of central notions of literary, linguistic and cultural study to teaching as well as to learning. It requires developing the skills to view these academic disciplines through the eyes of the teacher, the learner AND the scholar—skills that can be acquired during teacher training at the university, but are not traditionally part of discipline-specific courses. In our opinion, courses like *ProfiWerk Englisch* embrace this challenge by building a bridge between the "content and skill areas" of academia and the teaching and learning activities of the foreign language classroom, which rightly aim at promoting the communicative competence of L2 learners and at encouraging the development of their interlanguage towards target language norms.

More often than not, as the illustration above suggests, literature, cultural studies, linguistics and language practice are experienced by future teachers during their university education as individual compartments in the form of individual classes and modules that have little overlap with the content and methods of the other disciplines. Although it is important for students to individually focus on and interact with the fundamental expertise of these disciplines, *ProfiWerk Englisch* offered a unique opportunity to tap into the individual scholarly pursuits attached to these disciplines and draw connections between them, which helped to shift the perspective from a compartmentalized view on the disciplines of English Studies to one that can be expressed metaphorically as the pieces of the puzzle called communicative competence. By viewing literary, cultural and linguistic studies as pieces of this puzzle, we are still afforded a chance to examine them as individual areas without losing sight of how they relate to the whole picture. Alternatively, to use another (perhaps even more apt) metaphor, *ProfiWerk Englisch* was intended to empower students to use the knowledge and skills they have already attained in discipline-specific study courses as the threads to weave the fabric that is communicative competence.

Once a future teacher has understood how the fabric is created from these distinct but interwoven threads, he or she has gained a skill that goes beyond what discipline-specific study alone can offer.

4.1   The Structure of ProfiWerk Englisch in View of Communicative Language Teaching

Based on the rationale above, *ProfiWerk Englisch* had as a global goal to demonstrate that theory and practice indeed do not have to be a "one-way street" by taking on and integrating the perspectives of the teacher, learner and scholar. Each individual class session, which took place in the form of block seminars, was structured by four phases intended to present the disciplines of English Studies as a whole (i.e. as contributing to communicative competence) as well as to allow for (guided) student interaction with the conscious (re-)discovery of the professional relevance and importance of each field of study, respectively. The phases of each block session move from discipline-specific instruction and review to practical and pedagogical implications.

Phase 1: Review of Central Discipline-Specific Aspects
This initial phase of the course was designed to revisit specific theories, methods and central concepts of linguistics, literature, cultural studies and language practice that future teachers have encountered and interacted with over the course of their studies. The intended purpose of this phase was to enable students to (re-)discover the basic concepts, categories and key issues associated with the individual disciplines (e.g. the nature of an error from the linguistic perspective) in order to not only create a shared basis for all participants, but also to construct the foundation for application in the language classroom.

Phase 2: Reflection on Relevance (Pre-Practice)
Phase 2 acted as an intermediate stage between "theory" and "practice" by tapping into future teachers' ability to assess the relevance of the topic presented in phase 1 for the L2 classroom. This phase aimed at gauging to what extent students view an aspect of an academic discipline, like from linguistics, as applicable to the language classroom BEFORE they have the opportunity to apply it in any concrete way. The rationale behind implementing such a phase within *ProfiWerk Englisch* goes back to the encouraging result from Kreyer and Güldenring (2016), who found that the majority of (future) teachers assess the academic disciplines of English Studies, as a whole, as "relevant" or even "highly relevant"

to actual language teaching, despite the critical voices that this relevance (in particular linguistics) is not an explicit part of instruction in discipline-specific courses at the university level. Nevertheless, since there is a notion among future teachers that these disciplines are relevant in some way, it was deemed worthwhile to have students explore the potential of the topic on the basis of their intuition or previous experience before putting it into practice. At the same time, this created a telling benchmark for the final reflection phase, in which future teachers could evaluate if their view had changed or if they had been able to gain more insight into a topic's relevance for the classroom.

For instance, during this phase (after having learned something about the nature of an error from a linguistic point of view), *ProfiWerk Englisch* students reflected on their experience at school with error correction by their teachers and noticed a discrepancy between errors, as defined by linguists, and the more restricted view of errors during their school education. They considered the shift in focus away from rigid rules of grammar or orthography to contextual factors and the native speaker counterpart (as discussed above in Sect. 3.2) to be relevant and more in line with the aims of communicative competence.

Phase 3: Application to Classroom Activities (Practice)
This phase turned the "theory" of the phase 1, now reflected on for relevance in phase 2, into an opportunity for "practice". By creating and implementing classroom activities (among themselves as stand-ins for actual pupils) that were informed by the discipline-specific topic at hand, future teachers had the opportunity to assess its relevance and, in turn, interact with the applicability of the topic to classroom activities. In doing so, they were asked to discover in what way the present activity contributes to effective teaching or learning respectively. Additionally, this phase encouraged student-conceptualized and student-led activities along with guided ones provided by the lecturer.

An example particular to error correction involved students taking on the role of a teacher correcting a written exam from a typical 10th grade English language class. The lecturer provided them with an authentic exam text from MILE (The Marburg Corpus of Intermediate Learner Language, Kreyer 2015). The exam asked pupils to summarize a short text that detailed the environmental impact of importing kiwi fruit from New Zealand. It also had a persuasive quality ("[…] that kiwi fruit creates five times its own weight in greenhouse gas getting there. Which might lead you to imagine that the little fruit spent the entire trip farting. […] if the image of a farting kiwi makes you think twice about eating stuff flown in out of season, maybe it's a useful one.") At first, *ProfiWerk Englisch* students were asked to correct an exam text written by a 10th grader, who is a

German native speaker, in the manner they were most familiar with from their own school experience. This part of the exercise resulted in an overemphasis on grammatical errors, such as in the annotated sentence "And the other things are that [grammar-structure] the kiwi fruit was in farting gases from other people" (MILE-ID: 002600106). In a second step, *ProfiWerk Englisch* students were asked to evaluate the error categories they used in the first step in light of what they know about the nature of an error from the linguistic perspective. The general consensus was that the error categories (again, mostly of the grammatical kind) missed two problematic aspects in the sentence above. Firstly, there was a collocational error (i.e. *farting gases* is not used by native speakers) and a problem in terms of intertextuality with the short text provided with the exam (i.e. the proposition that a kiwi being transported in an airplane is somehow absorbing gas passed by passengers was not conveyed by the original text).

Phase 4: Final Reflection (Post-Practice)
Now experienced at applying the present topic to the L2 classroom, future teachers used this final phase to reflect more concretely on relevance and applicability by comparing it to their previous assessments (in phase 2) as well as by discussing it in a broader pedagogical context. For instance, the content assessed and skills practiced in the previous phases can be evaluated against the background of communicative language teaching, which also helped future teachers reflect on discipline specifics within the greater pedagogical context of L2 teaching and research. For the error correction example, the notion of error from a linguistic point of view helped the *ProfiWerk Englisch* students to see that their previous experience with error categories (i.e. an overemphasis on grammatical errors) did not help them identify and explain other problematic aspects in a written exam (e.g. collocational errors and intertextuality). Although they had already assessed the wider view of an error afforded by linguistic expertise as relevant in phase 2, the practice applying this view to an actual exam aided in the solidifying of this relevance.

Finally, the above structure has been deliberately fashioned to impart the aims of communicative language teaching, which is, in general, used as "a 'generalized' umbrella term to describe learning sequences which aim to improve the students' ability to communicate" and can be contrasted with the type of teaching "which is aimed more at learning bits of language just because they exist—without focusing on their use in communication" (Harmer 2007, p. 70). A framework for communicative language teaching that outlines its goals for language teaching and learning (as a set of competences) was first discussed by Canale and Swain (1980) and Canale (1983) and extended by Littlewood (2011):

- *"Linguistic competence* includes the knowledge of vocabulary, grammar, semantics and phonology that have been the traditional focus of second language learning.
- *Discourse competence* enables speakers to engage in continuous discourse, e.g. by linking ideas in longer written texts, maintaining longer spoken turns, participating in interaction, opening conversations and closing them.
- *Pragmatic competence* enables second language speakers to use their linguistic resources to convey and interpret meaning in real situations, including those where they encounter problems due to gaps in their knowledge.
- *Sociolinguistic competence* consists primarily of knowledge of how to use language appropriately in social situations, e.g. conveying suitable degrees of formality, directness and so on.
- *Sociocultural competence* includes awareness of the cultural knowledge and assumptions that affect the exchange of meanings and may lead to misunderstandings in intercultural communication." (Littlewood 2011, p. 546)

Accordingly, of the various principles that set communicative language teaching apart from other pedagogical approaches (see Richards and Rodgers 2001, p. 172), the principles of authenticity and meaningful communication along with an emphasis on fluency over accuracy necessitate university training of future English language teachers that, above all, highlights linguistic expertise and its relation to other disciplines of English Studies. In *ProfiWerk Englisch* future teachers interacted with communicatively meaningful classroom activities that were explicitly informed by discipline-specific content, methods and skills that help to fashion communicatively competent speakers enriched with the competences described above. Furthermore and essential to the tenets of the *Marburger Praxis Module* enterprise, this *ProfiWerk Englisch* also helped to implement the "cyclic" relationship between theory and practice, as stated by Lantolf and Poehner (2014) above, via the deliberate combination of discipline-specific review and didactic reflection. Thusly conducted, *ProfiWerk Englisch* was an ideal setting for future teachers to explore, apply and evaluate the distinct benefits of knowing exactly why "you just need to know more about language than your pupils do".

4.2   An Example of Linguistic Expertise in ProfiWerk Englisch

The following section shines a spotlight on an example topic from *ProfiWerk Englisch* that has linguistic expertise at its core, but also involves fundamental knowledge of the cultural context of language use. It also most starkly relates to the competences described by Littlewood (2011) above, since it not only assumes the need for attention to the linguistic system (linguistic competence), but also includes discourse, pragmatic, sociolinguistic and sociocultural competences. The following example topic was contextualized in phase 1 with a review of pragmatics, which entails the study of contextualized meaning, i.e. language as a communication system (see, e.g. Leech 1983). Pragmatics is one of those areas of linguistics that often leads to a sense of irritation on the part of students at university, because it has been engrained in them from their experiences at school that good English automatically equates correct English (in the sense of its structural properties). However, this sense of irritation can be harnessed from the linguistic point of view in order to give students a deeper understanding of what "good English" actually means. Students entering university with the expectation that good English means correct English have a very prescriptive view of language, which is difficult at first to reconcile with the descriptive view of language taken up in linguistics. Once a difference has been noticed between the prescriptive and descriptive views, students can attain a more realistic understanding that can be broadly stated as "good English is English that functions well (in a communicative sense)". This means that language can be more effectively viewed in the following way: it works as an efficient code (with all of its rules and conventions), but it also functions as an effective code for meaningful communication (which entails, at times, a culturally sanctioned break with these rules and conventions). This understanding is valuable for future teachers because they must attend to language as both an efficient and effective code, i.e. a more complex task than their previous expectations have led them to believe. Therefore, future language teachers need to keep in mind that "[l]earners need both linguistic competence in order to produce grammatically correct and meaningful speech" as well as "the ability to speak appropriately, to choose the language that suits the occasion, the topic and the person with whom one is speaking" (Byram 2008, p. 79).

In phase 2 *ProfiWerk Englisch* students reflected on the relevance of pragmatics for the classroom and came to the conclusion that studying meaning in context is useful for learners, because it highlights the cultural context and participants of language use. They, however, feared that this is too tall of an order for the language teacher, because utterances are context-bound and, thus, do not present overriding rules that are seen as helpful guidelines for teaching. In essence, they considered the teaching of pragmatic competence as "messy". Therefore, it was decided for phase 3 that we would consider specific examples in order to raise awareness of the contextuality of utterances on the part of the learner and to attempt to discover cultural forces at play. For these reasons, the lecturer confronted students with two examples of discourse that resulted in *pragmatic failure*. The term was introduced by Thomas (1983, p. 91) to refer to the "inability to understand 'what is meant by what is said'" and may also be regarded as an error in the sense discussed in Sect. 3.2). Students were then asked to speculate on why this was the case, an analytic task that could be replicated in the classroom. Example 1 entails a reconstructed dialogue that had actually occurred between a native speaker of American English (NS) and a non-native speaker of English whose native language was German and who was visiting the native speaker at her home (NNS).

Example 1
NS: You just feel free to stop by my house any time you like! Don't even knock, just come right on in.
NNS: Oh, thanks! I definitely will.

– Three weeks later –

NNS: (*opens door without knocking*) Hi, I've come to visit you.
NS: (*in her bathrobe*) AAAGGGHHH!! What are you doing here???

Students concluded—in a guided discussion with the lecturer—that the utterance "Don't even knock, just come right on in" was understood solely on the basis of its verbatim interpretation without any reference to cultural practices. That is, the non-native speaker's linguistic competence did not fail him, but he was missing essential elements of pragmatic, sociolinguistic and sociocultural competence and these knowledge gaps could be filled by a better understanding of the cultural implications behind such an utterance. It was assumed that the American native speaker was sincere in her intention to be welcoming towards her German visitor, by extending an invitation to enter her home without any warning, but that this shouldn't be taken seriously, i.e. actually entering the home without knocking. Hypothesizing about the cultural implications of such an utterance, students determined that American English speakers may be more likely to use indirect speech acts like "Don't even knock, just come right on in" to imply that the speaker is merely signaling friendliness in general, which contrasts with a more likely German understanding of a concrete invitation and these cultural differences resulted in the pragmatic failure.

For example 2 students were given a selection of responses to an actual question posed by an American English native speaker to another American English native speaker, who had been living overseas for a long period of time (and thus influenced by daily participation in a foreign culture). Students were ask to select the most appropriate response by drawing on their pragmatic, sociolinguistic and sociocultural competences of American English and contrast it with a response they would deem most appropriate in German, their first language (L1). For more context, students were made aware that these two native speakers were good friends, who had kept in touch, but hadn't seen each other for many years.

Example 2

NS1: Good to see you after all this time! (*whispers*) I've gained some weight, haven't I?
NS2a: Yes, you have!
NS2b: No, of course you haven't.
NS2c: Maybe a little bit, but so what. So have I.

In the discussion of example 2, the students, who were all native speakers of German, were at first perplexed by the question posed by native speaker 1. They found it difficult to determine what response would be considered most appropriate, since their consensus view was that Germans—even close friends— would generally not pose the question "I've gained some weight, haven't I?" after having not seen each other in a while. In terms of the responses, they speculated on the cultural implications of each answer and came up with the following ranking: "Yes, you have!" is more in line with German conventions because, in their opinion, blunt honesty is expected in a close friendship. "No, of course you haven't" is a more appropriate in American culture because a "white lie" would be a culturally sanctioned response (in contrast to telling the truth) in order to save the face of the questioner, who perhaps just wants a positive confirmation of her attractiveness and not a demonstrative response subject to truth conditions. They also determined that "Maybe a little bit, but so what. So have I" falls somewhere in the middle, since it speaks to the truth of the weight gain, but characterizes the responder as also having gained weight and thus also saves the face of the questioner. After this discussion, the lecturer, who herself was native speaker 2, disclosed the actual response that she had given, i.e. "Yes, you have!", which elicited a negative reaction from native speaker 1, who considered that response rude. This lent some support to the cultural differences the students had concluded (and also to the influence an extended stay in a different culture can have on one's use of language).

After analysis of these examples and those similar to it, students reflected again in phase 4 on the relevance an exercise like this has for the classroom. After having already concluded in phase 2 that pragmatic analysis of language in context is useful, but difficult to operationalize, they felt that it still raises awareness on the part of the learner and is thus worthwhile because it helps to train those levels beyond linguistic competence that are part of being communicatively competence. Their hope was that, by raising awareness of cultural implications of utterances in their pupils, they would be better equipped to deal with individual situations when they arise, because they would be more sensitized to the possibility of pragmatic failure. Furthermore, they were able to more clearly see the interplay of culture and language in these types of analysis tasks, which, in turn, puts more demands on the teacher, who, in order to prepare them well, must have linguistic expertise that extends to pragmatics (and thus cultural study of a language in context) and is not limited to knowledge of a language's structural properties and the rules governing them.

5 Summary

The present paper discussed the professionalization of future teachers of English as a foreign language in view of linguistic expertise that typically does not feature in a traditional school context. Therefore, from the outset of their university education, future language teachers have a tendency to be surprised by the linguistic content of their studies, which, in turn, leads to confusion on its relevance for the classroom and presents the challenge to their university instructors of shaping their view to accept its relevance. After a discussion of what linguistics has to offer the future language teacher in terms of the value of names, definitions and understanding the system, the rationale and structure of the course *ProfiWerk Englisch* was presented and illustrated by an example of an analysis task most closely aligned to the linguistic branch of pragmatics. The evaluation of this task suggested that students in *ProfiWerk Englisch* were not only able to see value in a heightened awareness of the interplay of language and culture, but also determined that linguistic expertise is more than just knowing the structural rules of a language, which denotes a reversal in their view of the relevance of linguistics to the classroom and, by extension, to their own professional development during their university education. It also helps to resolve the tension between their expectations of university-level training at the beginning of their course of studies and the demands of their linguistic coursework. Furthermore, it highlights linguistic expertise as an integral part of language teachers, who aim to foster communicatively competent learners of a language.

References

Babaee, R., Yahya, W. & Roselezam, W. (2014). Significance of Literature in Foreign Language Teaching. *International Education Studies*, 7 (4), 80–85.

Banciu, V. & Jireghie, A. (2012). Communicative Language Teaching. *The Public Administration and Social Policies Review*, 1 (8), 94–98.

Byram, M. (2008). *From Foreign Language Education to Education for Intercultural Citizenship*. Clevedon: Multilingual Matters.

Canale, M. & Swain, M. (1980). Theoretical bases of communicative approaches to second language teaching and testing. *Applied Linguistics*, 1 (1), 1–47.

Canale, M. (1983). From communicative competence to communicative language pedagogy. In J. C. Richards & R. W. Schmidt (Hrsg.), *Language and Communication* (S. 2–28). London: Longman.

Edge, J. (1988). Applying linguistics in English language teacher training for speakers of other languages. *ELT Journal*, 42 (1), 9–13.

Harmer, J. (2007). *The Practice of English Language Teaching* (4. Aufl.). Harlow: Pearson Longman.

Kreyer, R. (2015). The Marburg Corpus of Intermediate Learner English (MILE). In M. Callies & S. Götz (Hrsg.), *Learner Corpora in Language Testing and Assessment* (S. 13–34). Amsterdam and Philadelphia: John Benjamins.

Kreyer, R. & Güldenring, B. A. (2016). 'But sometimes that potential is not used at all'. Views on linguistics in EFL teacher training and teaching. In R. Kreyer et al. (Hrsg.), *Angewandte Linguistik in Schule und Hochschule. Neue Wege für Sprachunterricht und Ausbildung*. Forum Angewandte Linguistik—F.A.L (S. 265–297). Frankfurt a. M.: Peter Lang.

Lantolf, J. P. & Poehner, M. (2014). *Sociocultural Theory and the Pedagogical Imperative in L2 Education. Vygotskian Praxis and the Research/Practice Divide*. Routledge: New York.

Leech, G. N. (1983). *Principles of Pragmatics*. London and New York: Longman.

Lennon, P. (1991). Error: some problems of definition and identification. *Applied Linguistics*, 12 (2), 180–195.

Littlewood, W. (2011). Communicative Language Teaching: An Expanding Concept for a Changing World. In E. Hinkel (Hrsg.), *Handbook of Research in Second Language Teaching and Learning* (Volume II) (S. 541–557). New York and London: Routledge.

Richards, J. C. & Rodgers, T. S. (2001). *Approaches and Methods in Language Teaching* (2. Aufl.). Cambridge: Cambridge University Press.

Savignon, S. J. (2002). Communicative Language Teaching: Linguistic Theory and Classroom Practice. In S. J. Savignon (Hrsg.), *Interpreting Communicative Language Teaching: Contexts and Concerns in Teacher Education* (S. 1–27). New Haven & London: Yale University Press.

Thomas, J. (1983). Cross-Cultural Pragmatic Failure. *Applied Linguistics*, 4 (2), 91–112.

Trügerische Oberflächen: Verstehensschwierigkeiten Studierender in der Organischen Chemie

Problemanalyse und Lösungsvorschläge

Michael Schween und Philipp Lindenstruth

1 Einleitung

Wenn man die Ursachen offenbar grundsätzlicher Verstehensschwierigkeiten Studierender in der Organischen Chemie (OC) ermitteln möchte, liegt die Frage nahe, was man mit *Verstehen* in dieser Grundlagendisziplin der Chemie eigentlich meint. Bei aller semantischen Klarheit, die der Begriff auf den ersten Blick suggerieren mag, ist er aus Sicht der Hochschullehre in der OC ein schwer zu fassender. Das hat wenigstens zwei Ursachen: Er ist zum einen aus der historischen Entwicklung der Struktur des Fachwissens und dem sich parallel entwickelnden Verständnis von Lehre in der OC als im kontinuierlichen Wandel zu begreifen. Zu diesem Wandel hat maßgeblich beigetragen, dass im vergangenen Jahrhundert immer wieder bahnbrechende neue theoretische Konzepte in der OC entwickelt wurden und sich im Zuge dessen sozusagen auch die Natur des

M. Schween (✉) · P. Lindenstruth
Philipps-Universität Marburg, Marburg, Deutschland
E-Mail: schweenm@staff.uni-marburg.de

P. Lindenstruth
E-Mail: philipp.lindenstruth@chemie.uni-marburg.de

© Springer Fachmedien Wiesbaden GmbH, ein Teil von Springer Nature 2020
N. Meister et al. (Hrsg.), *Zur Sache. Die Rolle des Faches in der universitären Lehrerbildung*, Edition Fachdidaktiken,
https://doi.org/10.1007/978-3-658-29194-5_10

Fachs gewandelt hat.[1] Zwar fanden die Ergebnisse schrittweise Eingang in die Hochschullehre, die für Lernprozesse so wichtige Frage jedoch, wie diese neuen Erkenntnisse gewonnen wurden bzw. werden, spielt auch heute in der Lehre noch eine eher untergeordnete Rolle. Zum anderen ist zu vermuten, dass die Vorstellungen vom *Verstehen* von Fachwissenschaftlerinnen und Fachwissenschaftlern einerseits und Fachdidaktikerinnen und Fachdidaktikern andererseits auch heute, also zu einem konkreten Zeitpunkt, nicht übereinstimmen. So darf man den Titel eines wegweisenden neueren fachdidaktischen Artikels „Let's teach how we think instead of what we know" (Talanquer und Pollard 2010) als Appell an Hochschullehrende ansehen, ihre Lehre in dieser Hinsicht grundlegend zu ändern. Dieser Beitrag möchte eine Auseinandersetzung mit systematischen Verstehensschwierigkeiten in der OC mit dem Fokus auf Reaktionsmechanismen *aus Sicht der Fachdidaktik* leisten, bei der jedoch die praktizierte universitäre Lehre eine wichtige Rolle spielt. Zudem sollen ausgewählte Ansätze zur Überwindung der Schwierigkeiten vorgestellt werden.

2   Historische Entwicklung der Lehre in der Chemie

Zur historischen Entwicklung der Lehre in Chemie sowie der fachdidaktischen Forschung ist 2018 ein aktueller Überblick erschienen (vgl. Cooper und Stowe 2018). Dieser startet mit einer historischen Betrachtung der Triebkräfte zur Entwicklung der Lehre in Chemie. Danach hat bereits Ende des 19. Jahrhunderts vor allem die Einschätzung, dass Verstehen von Chemie einen Beitrag zur Erhöhung der Produktivität in Industrie und Landwirtschaft leisten könne, für eine Ausweitung der an Universitäten angebotenen Chemielehre geführt. Förderinnen und Förderer der frühen Chemielehre betonten vor allem die praktische Natur der Chemie und die Wichtigkeit, experimentelle Methoden zu kultivieren, um das diesbezügliche planerische Vermögen zu entwickeln. Aufgrund der starken Fokussierung auf praktische Anwendungen war die ursprüngliche Lehre in Chemie eher deskriptiver Natur und zudem auf Sachverhalte und Verfahren beschränkt, die industrielle oder agrikulturelle Anwendungen hatten. Aussagen, die in den ersten Veröffentlichungen zur Lehre in der Chemie getroffen wurden,

---

[1]Curricular spielten, um ein prominentes Beispiel zu nennen, Reaktionsmechanismen der Organischen Chemie, die heute ihren Kern ausmachen, in der universitären Lehre der 1950er Jahre noch keine Rolle (R.W. Hoffmann, persönliche Mitteilung, Marburg, Juli 2018).

basierten zumeist auf eigenen Erfahrungen Lehrender. In dem zitierten Review sprechen die Autorin und der Autor von der Zeitspanne von 1880 bis 1960 daher von einer *Ära der persönlichen Empirie* (vgl. ebd.). Der Persönlichkeit bzw. dem Enthusiasmus des/der Lehrenden sei (ohne jeden empirischen Nachweis) der größte Einfluss auf den Erfolg von Lehre zugeschrieben worden. Inhaltlich ging es in dieser frühen Phase darum zu beschreiben, was Lernende wissen sollten und darum, dass sie fähig sein sollten, dieses eher technische Wissen *anzuwenden*. Antrieb hierfür waren zumeist die Bedarfe der aufkommenden chemischen Industrie. Nur wenige Aufsätze seien in einem Maße datenbasiert gewesen, dass man sie als „empirisch" hätte bezeichnen können. In diesen wenigen Studien seien insbesondere Widersprüche zwischen dem erklärten Ziel, die theoretische Basis vermitteln zu wollen, und den Prüfungsfragen der Abschlussexamina aufgedeckt worden: sowohl in den Examina als auch in den frühen Lehrbüchern sei deskriptives Faktenwissen gefragt gewesen. Nach übereinstimmenden Deutungen von Autorinnen und Autoren in der naturwissenschaftlichen Fachdidaktik gehe jedoch besonders von der Gestaltung der Prüfungsaufgaben in Chemiekursen ein starkes Signal an die Lernenden dazu aus, welches Wissen die Lehrenden tatsächlich für wichtig erachteten. Ausgehend von diesen nichtempirischen Ursprüngen profitierte die Entwicklung der Fachdidaktik in der Chemie ab etwa 1960 von den kognitionspsychologischen Arbeiten zur Theorie des Lernens. Aufbauend auf empirischen Arbeiten Jean Piagets entwickelte sich die Vorstellung, dass neue Ideen Lernender jeweils aus bestehenden hervorgehen und von ihnen selbst *konstruiert* werden. Im Detail postulierte Piaget, dass neue Stimulationen sowohl eine auf persönlicher Vorerfahrung basierende Antwort als auch eine Änderung der Wissensstruktur hervorrufen. Das dahinterliegende Bild entspricht dem einer Störung von Wissensstrukturen und einer anschließenden Neuordnung. Für diese Auffassung des Lernens wurde der Begriff des Konstruktivismus geprägt, der auch starke Auswirkungen auf die chemiedidaktische Forschung hatte. So prägte Beryl Craig in einem Beitrag von 1972 ein Bild von Lernenden, die keine leeren Tafeln seien, die von Lehrenden beschrieben würden (vgl. ebd.). Stattdessen seien sie Individuen mit existierenden Wissensstrukturen, die neue Informationen im Lichte dessen aufnähmen, was sie schon wüssten. George Bodner (1986) als einer der Begründer der modernen organischen Chemiedidaktik führte Piagets Ideen in der Formel zusammen, dass Wissen in den Gehirnen der Lernenden konstruiert werde (vgl. ebd.). Nach diesem Konzept bedeute Lernen nicht, sozusagen mentale Kopien dessen anzufertigen, was man für wahr und richtig erachte, sondern selbstständig neue Wissensstrukturen aufzubauen, mit denen neue Aufgaben zu bewältigen seien. Während Piaget für eine Art „kognitiven Konstruktivismus" steht, indem sich seine Arbeiten auf das

Lernindividuum bzw. dessen kognitive Performanz beziehen, stehen die einige Jahrzehnte früher entstandenen Arbeiten von Lev S. Vygotsky für eine Art „sozialen Konstruktivismus", mit dem er die mikro- und makrokulturellen Einflüsse des Lernens, die sozialen Kontexte, in den Blick nahm (vgl. Cooper und Stowe 2018). Vygotsky betonte in seinen Arbeiten die Wichtigkeit bedeutungsvollen *kontextualisierten* Lernens, bei dem neben den Konzepten auch Individuen eine wichtige Rolle spielen: Lehrende (Instruktoren) sowie (befähigte) Mitlernende. Neben Piaget und Vygotsky hatte auch David Ausubel (1968) einen wichtigen Anteil an der Entwicklung der Theorie des Konstruktivismus. Bedeutungsvolles Lernen (engl. *Meaningful Learning*) als neuer Terminus in diesem Zusammenhang wird von ihm als Lernen definiert, das die Organisation und Einordnung von Wissen in ein Rahmenkonzept erlaubt. Nach Ausubel hat Meaningful Learning drei wesentliche Kriterien zu erfüllen: Eine Lernende bzw. ein Lernender muss über ausreichendes Vorwissen verfügen, mit dem er bzw. sie neues Wissen verknüpfen kann. Ferner muss das neue Wissen in Bezug auf das Vorwissen als relevant wahrgenommen werden. Und drittens muss sich die Lernende bzw. der Lernende dazu entscheiden, diese Verknüpfungen auch vornehmen zu *wollen* (vgl. ebd.). Joseph Novak et al. (1984) verallgemeinerte und erweiterte Ausubels Ansatz eines Meaningful Learning auf verschiedene Dimensionen des Lernens: der *kognitiven* (das, was zu lernen ist), der *affektiven* (die Einstellungen und Motivationen der Lernenden) und der *psychomotorischen* (die physische Aktivitäten, die Lernen begleiten). Allen konstruktivistischen Ansätzen ist die Position gemeinsam, dass bei Lernenden Verbindungen hergestellt werden müssen zwischen dem, was bekannt ist und dem, was gelernt werden soll.

3   Moderne Chemiedidaktik: Expertenwissen und Probleme der Lernenden

Die Entwicklung von kohärentem, zukunftsfähigem (expertennahem) Wissen (vgl. Cooper und Stowe 2018) von Studierenden fördern zu wollen, steht erst seit wenigen Jahrzehnten im Fokus der modernen Chemiedidaktik. Diese Arbeiten befassen sich jedoch im Wesentlichen mit Defizitanalysen und nehmen den Ausgang in der Beschreibung der Differenzen von Novizinnen- und Expertinnen- bzw. Novizen- und Expertenwissen. Bei letzterem (als dem anzustrebenden Wissen) geht es um zu erreichende Kompetenzen, die Cooper als eher *expertenähnliche Wissensstrukturen* beschreibt. Um diese näher zu charakterisieren, insbesondere um herauszuarbeiten, was dieses Wissen von Novizinnen- bzw.

Novizenwissen unterscheidet, bedarf es einer möglichst genauen Definition. Der US-amerikanische National Research Council hat 2001 ein Kompendium zum Stand der diesbezüglichen Forschung mit dem Titel „How People learn" veröffentlicht (The National Research Council 2000). Danach ist Expertinnen- bzw. Expertenwissen durch fünf Schlüsselcharakteristika gekennzeichnet:

1. Expertinnen und Experten bemerken Merkmale und Bedeutungsmuster von Informationen, die Novizen nicht registrieren.
2. Expertinnen und Experten haben erhebliches Faktenwissen erworben, das so organisiert ist, dass es tiefes Fachverstehen widerspiegelt.
3. Expertinnen- bzw. Expertenwissen kann nicht auf einzelne Fakten und Aussagen reduziert werden, sondern spiegelt Kontexte der Anwendung wider.
4. Expertinnen und Experten sind in der Lage, wichtige Aspekte ohne besondere Anstrengung flexibel abzurufen.
5. Obwohl Expertinnen und Experten ihr Fach durchdrungen haben, ist es nicht garantiert, dass sie andere darin unterrichten können.

Die zentrale Hypothese hierzu ist, dass Expertinnen- bzw. Expertenwissen in besonderer Weise organisiert und kontextualisiert ist. Expertinnen und Experten sind im Gegensatz zu Novizinnen und Novizen aufgrund vernetzter kohärenter Wissensstrukturen in der Lage, ihr Wissen auf verschiedenste Weisen in neuen Situationen anzuwenden und neues Wissen leichter in bestehende Strukturen zu integrieren. Vernetzte, kontextualisierte bzw. expertenähnliche Wissensstrukturen können damit als Endstufe erfolgreicher Wissenskonstruktionen Lernender angesehen werden.

Das Johnstone-Dreieck als Modell chemischen Wissens
Auch wenn einiges aus den allgemeinen Theorien des Lernens für die Chemiedidaktik abzuleiten ist, bestehen für letztere doch zusätzliche Anforderungen, um die Welt aus der molekularen Perspektive zu verstehen. So nutzen Expertinnen und Experten in der Chemie verschiedene gedankliche Ebenen, um chemische Phänomene zu beschreiben, zu erklären und über sie zu kommunizieren. Der augenscheinlichste Zugang zu den Gegenständen der Chemie besteht dabei über die Ebene der *makroskopischen Phänomene*. Wie Phänomene des Alltags sind auch chemische grundsätzlich mit den Sinnen beobachtbar bzw. mit Geräten messbar. Chemische Sachverhalte auf molekularer Ebene verstehen zu wollen, erfordert jedoch, sich auf Entitäten zu beziehen, die sich der sinnlichen Wahrnehmung entziehen und für deren Verständnis eine Vielzahl mehr oder weniger komplexer Modelle und Konzepte entwickelt wurden. Erklärungen von

Expertinnen und Experten für das, was sich auf molekularer Ebene ereignet, finden auf *submikroskopischer Ebene* statt. Schließlich bewegen sich Expertinnen und Experten in ihrem Denken auch auf der *Repräsentationsebene* (bzw. der *Symbolebene*), indem sie chemische Symbole und Formeln (wie LEWIS-Formeln und qualitative Energiediagramme) nutzen, um Strukturen und deren Eigenschaften sowie Reaktionsprozesse zu symbolisieren und zu kommunizieren. Diese drei Ebenen des Umgangs mit chemischem Wissen sind in Abb. 1 mit dem nach Johnstone (1982) benannten Dreieck dargestellt.

Johnstones Argumentationen zufolge sind Expertinnen und Experten in der Lage, sich synchron auf allen drei Ebenen zu bewegen, während dies Novizinnen und Novizen in der Regel nicht können. Insgesamt verdeutlicht das Johnstone-Dreieck damit zugleich die Problematik von Lehr-/Lernsituationen, die simultan auf allen Ebenen ablaufen. Johnstones Arbeiten lassen den Schluss zu, dass es für Lernende besonders schwer ist, Phänomene mit Symbolen und abstrakten Konzepten der submikroskopischen Ebene zu verbinden. Wenn Lernende beispielsweise eine chemische Gleichung wahrnähmen, sei das für sie u. U. ein mehr oder weniger loses Nebeneinander von Buchstaben und Zahlen, die sie auf verschiedenste Weise aufwendig zu verarbeiten trachteten. Expertinnen und Experten hingegen seien befähigt, jedem der Teile der Reaktionsgleichung eine Bedeutung zuzuschreiben, sodass eine raschere und effizientere Informationsverarbeitung möglich sei. Allgemeiner ausgedrückt ist Expertinnen- und Expertenwissen besser organisiert, besser vernetzt und stärker kontextualisiert als Novizinnen- und Novizenwissen. Studien haben überdies gezeigt, dass Expertinnen und Experten entlang von stützenden Konzepten argumentieren, während Anfängerinnen und Anfänger sich häufig ausschließlich auf oberflächliche Merkmale von chemischem Wissen fokussieren (vgl. Kozma und Russell 1997). Um deren chemisches Denken zu fördern, müsse dieses vor allem in Zusammenhängen präsentiert und jede Ebene chemischen Denkens in überschaubaren Portionen explizit adressiert werden.

Abb. 1 Ebenen chemischen Denkens. (abgewandelt nach Johnstone 1982)

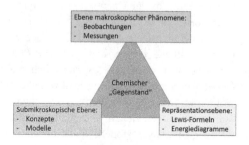

Konzept-Wandel bzw. Konzept-Wachstum bei Lernenden

Um die Entwicklung expertenähnlicher Wissensstrukturen bei Studierenden zu fördern, ist es erforderlich, den Prozess ihres Wissensaufbaus besser zu verstehen, für den Konzeptwandelprozesse eine zentrale Rolle spielen. In den 1970er und 1980er Jahren wurde aufgrund einer Reihe von Untersuchungen der Begriff der „falschen Annahmen" bzw. der „Fehlkonzepte" als Anlass für Veränderungen geprägt. Piaget argumentierte, dass kognitive Dissonanzen zwischen bestehendem Wissen und neuen Informationen zu Anpassungen bzw. Verfeinerungen konzeptueller Schemata führen. Nach Bodner (1986) ist die Fähigkeit, sehr unterschiedliche „Arbeitsmodelle der Realität" zusammenzutragen, verantwortlich für die Entwicklung von Fehlkonzepten. Fehlkonzepte in der Chemie entstehen nach seiner Deutung, wenn sie mit experimentellen Ergebnissen soweit übereinstimmen, dass sie von Lernenden bereitwillig in ihre Wissensstrukturen übernommen werden. Lernende entwickeln demnach „naive Theorien", die sie mit verschiedenen falschen Vorstellungen stützen, sofern diese soweit funktionieren, dass sie nicht verworfen werden müssen. Weitere Forschungsarbeiten in diesem Feld stärkten die Vorstellung, dass Studierende den Hörsaal/Seminarraum mit Überzeugungen und Vorwissen (bzw. Präkonzepten) betreten, die Lehrende unbedingt in Betracht ziehen und welchen sie mit sorgfältig reflektierter Instruktion begegnen müssten. Fehlkonzepte Lernender wurden lange Zeit als in sich konsistente, aber zu überwindende Denkstrukturen angesehen, an denen Lernende solange festhalten, bis ein Grund vorliegt, diese aus pragmatischen Gründen aufzugeben. Posner et al. (1982) etablierten eines der einflussreichsten Modelle eines „rationalen konzeptuellen Wandels". Der Ersatz eines Konzeptes durch ein neues erfolgt aus ihrer Sicht vor dem Hintergrund folgender Sachverhalte:

1. Aktuelle Konzepte sind ungeeignet, Fragestellungen von Interesse zu lösen.
2. Lernende erleben, dass ihre Erfahrungen durch ein neues Konzept strukturiert werden können, um die inhärenten Möglichkeiten zu untersuchen.
3. Das neue Konzept scheint das Potenzial zu haben, Probleme zu lösen, die mit den bisherigen Vorstellungen nicht lösbar schienen.
4. Das neue Konzept kann in sinnvoller Weise aufgebaut werden.

Implizit enthielt dieses Modell einer radikalen konzeptuellen Restrukturierung die Vorstellung, dass zentrale Konzepte „stabile, kohärente Strukturen" (Cooper und Stowe 2018, S. 6060) darstellen, die angenommen werden, um Erfahrungen einordnen bzw. verstehen zu können. Außerdem wurde von Posner et al. (1982) vorgeschlagen, dass ein produktiver konzeptueller Wandel im naturwissenschaftlichen

Unterricht jeweils durch einen kognitiven Konflikt (vgl. Cooper und Stowe 2018) ausgelöst werden könne, indem die gegenwärtigen Konzepte als inadäquat erkannt würden. Nur wenn Lernende sich nicht in der Lage sähen, ein Phänomen mit ihren gegenwärtigen inkorrekten Konzepten zu erklären, seien sie bereit, diese durch neue zu ersetzen.

Modernere Modelle von konzeptuellem Wandel sehen Fehlkonzepte als Manifestationen einer komplexen kognitiven Struktur an. Einige Wissenschaftlerinnen und Wissenschaftler hielten an der Sichtweise fest, dass der überwiegende Teil der Anfängerinnen- bzw. Anfängervorstellungen nach den dahinterliegenden Vorannahmen organisiert ist, wohingegen andere den Standpunkt vertraten, dass falsche Antworten Lernender jeweils in situ aus fein aufgegliederten intellektuellen Ressourcen der Lernenden generiert werden (vgl. ebd.). Die Vorstellung tiefergehender impliziter, die Ideen Lernender stärkender Konzepte entstanden aus der Untersuchung naiver Theorien von Kleinkindern. Forscherinnen und Forscher fanden heraus, dass Babys, lange bevor sie dies artikulieren können, vergleichsweise reife Vorstellungen von der physischen Welt zum Ausdruck bringen können, z. B., dass sich Objekte nicht von selbst bewegen können oder feste Objekte sich nicht durch andere hindurch bewegen können. Aus diesen Beobachtungen leiteten sie ab, dass schon Kleinkinder über eine implizite Rahmentheorie verfügen, die aus der Annahme besteht, dass *Ruhe* der natürliche Zustand von Objekten ist und ihre *Bewegung* daher einer Erklärung bedarf (vgl. Ioannides und Vosniadou 2002). Rahmenwerktheorien in diesem Sinne sind sozusagen *implizite* Konstrukte und nicht etwa rational konstruierte, wie Posner et al. (1982) sie verstehen.

Weitere bedeutende Theoretikerinnen und Theoretiker sehen naive Ideen als aus einfachen Bausteinen („Wissensstücken") bestehend an, die aus Erfahrung und Instruktion abgeleitet und dynamisch in verschiedenen Kontexten neu verwoben würden (vgl. Minstrell 1982). Viel Arbeit an dieser „Wissen-in-Stücken-Perspektive" ist im Zusammenhang mit *physikalischen* Ideen und Konzepten geleistet worden, d. h. hinsichtlich makroskopisch beobachtbarer Phänomene. DiSessa (1988, 1993) schlug vor, dass einige dieser einfachen Wissensstücke phänomenologische Grundformen seien (so genannte *Primitives*) d. h. intuitive, auf persönlicher Beobachtung beruhende Ideen zum Problemlösen in speziellen Kontexten. Sie seien nicht begründet, gingen jedoch aus der Art und Weise hervor, wie wir mit der Welt interagierten. Die vielleicht bekannteste phänomenologische Grundform ist die Idee, dass größere Anstrengung zu mehr Ergebnis und größerer Widerstand zu weniger Ergebnis führt. Unabhängig davon, ob man eine Couch versetzen oder die Ohm'schen Gesetze lernen wolle, seien diese Konzepte produktiv. Allerdings sei das „Je-mehr-desto-mehr-Konzept" als

Grundform nicht zwingend auch auf der Ebene molekularer Phänomene anwendbar. Studierende, die z. B. glaubten, dass größere Moleküle automatisch höhere Siedepunkte haben müssten, versäumten es sehr wahrscheinlich, Ideen darüber zu aktivieren, wie Moleküle mit Blick auf ihre molekulare Struktur untereinander interagieren (vgl. Cooper und Stowe 2018). Aus diSessas Wissen-in-Stücken-Perspektive (engl. *Knowledge in Pieces*) zeugen falsche Antworten auf eine spezielle Frage nicht notwendigerweise von einer dahinter liegenden falschen Theorie, sondern eher von einer unzureichenden Koordination bzw. Aktivierung von Wissenselementen im Kontext der gestellten Frage. Es geht nach diSessa also nicht darum, dass grundlegende Elemente des Konzepts richtig oder falsch sind, sondern darum, dass im Kontext der Frage die angeeigneten Ressourcen nicht aktiviert werden (können). Die Vorstellung eines „Konzepts" in diSessas Sinn ist so gesehen eine dynamischere als die in früheren Arbeiten zu Fehlkonzepten vertretene. Sie entspricht mehr der Idee einer konzeptuellen Ökologie als einem monolithischen Gesamtkonzept. Man sollte daher auch eher von Konzept*wachstum* als von Konzept*wandel* sprechen, da es nicht um einen „Kleiderwechsel" von einer falschen zu einer richtigen Idee gehe, sondern ein „Reparieren" einer beim Lernenden bestehenden konzeptuellen Ökologie (vgl. ebd.). Zusammenfassend ist festzuhalten, dass auch heute noch viele Unsicherheiten zum Charakter dieser Prozesse bestehen, zumal diese ja auch nicht disziplinübergreifend dieselben sein müssen. Wie auch immer sie im Detail verlaufen mögen: Für Verstehensprozesse in der OC spielen sie eine wichtige Rolle.

4 Diagnose von Verstehensschwierigkeiten am epistemischen Kern der OC – Reaktionsmechanismen

Ungeachtet einer genaueren Charakterisierung von „expertennahem Wissen" als oberstem Ziel von Lehr-/Lernprozessen Studierender bedarf das, was Hochschullehrende der OC als Expertinnen und Experten als „Verstehen" bzw. „Verstehensschwierigkeiten" bei Studierenden werten, einer vertieften Betrachtung. Dazu wäre es naheliegend, die praktizierte universitäre Lehre im Detail zu analysieren, d. h. zu ermitteln, welche Curricula national und international gelten, welche Lehr- und Lernformen praktiziert werden, welche genauen Prüfungsanforderungen bestehen und welche Lernergebnisse auf welchem Weg erzielt werden. Leider ist jedoch bis heute darüber wenig bekannt. In den letzten 15 Jahren wurde nur vereinzelt über neue curriculare Ansätze berichtet, die sich zum Beispiel dem spiralcurricularen Aufbau widmen (vgl. Grove et al. 2008), dem

Kernthema Reaktionsmechanismen (vgl. Flynn und Ogilvie 2015) oder eine ver-
stärkte Orientierung an wissenschaftlichen Denk- und Arbeitsweisen vorschlagen
(Lafarge et al. 2014). Zudem wurden Vorschläge zu neuen Lehr- und Lernformen
wie „flipped classrooms" unterbreitet (vgl. Flynn 2017). In diesen Ansätzen stehen
häufig Reaktionsmechanismen im Zentrum des Interesses, wobei der Begriff
„Mechanismus" nicht einheitlich verwendet wird (vgl. Bode et al. 2019). Nach wie
vor gibt es insbesondere hinsichtlich des zentralen Themas „Reaktionsmechanismen" keine Studien dazu, welche Art von Wissen und Können lehrende Fachwissenschaftlerinnen und Fachwissenschaftler als „Verstehen" von Studierenden werten.

Die Praxis von Prüfungen und was diese über die Lehre aussagt
Inwieweit lehrende Fachwissenschaftlerinnen und Fachwissenschaftler in der
OC Lernergebnisse Studierender als „Verstehen" bewerten oder bei ihnen
„Verstehensschwierigkeiten" feststellen, hängt sehr wesentlich von ihrer
Perspektive auf das eigene Fach und vom Erwartungshorizont ihrer jeweiligen
Lehraktivitäten ab. Geht man davon aus, dass Prüfungsanforderungen (z. B.
Klausurfragen) diesen Erwartungshorizont „irgendwie" abbilden und so gestaltet
werden, dass sie Lehre widerspiegeln und Verstehen überprüfbar werden lassen
sollen, dann sollte ihre Analyse Aussagen darüber zulassen, was Lehrende selbst
unter „Verstehen" verstehen. Beispiele von Prüfungsfragen aus dem Umfeld der
eigenen und anderer deutscher Hochschulen zeigen, dass die Aufgaben aus dem
Kernbereich von Reaktionsmechanismen oft ähnlich gestaltet sind: Lehrende
nutzen sogenannte LEWIS-Formeln als Repräsentationen organisch-chemischer
Moleküle, ferner Reaktionspfeile, die für die Frage nach einer zu erwartenden
chemischen Reaktion, nach ihrem Verlauf und/oder ihren Produkten stehen.[2] Sie
bewegen sich damit im Wesentlichen auf der Repräsentationsebene. Erwartet
wird von den Studierenden, erkennbar an Musterlösungen, dass sie sich bei
der Lösung der Prüfungsfragen ebenfalls dieser LEWIS-Formeln sowie der
gebogenen Pfeile (beide als gedachte „Träger" von Erklärungen) bedienen, mit
denen Elektronenpaarverschiebungen und damit die Transformationen der Aus-
gangs- in die Endstoffe *formal* beschrieben werden. Typische Prüfungsfragen
lauten: *„Formulieren Sie bitte das Produkt (LEWIS-Formel) der nachfolgenden*

---

[2]Lernende sind einer jüngeren Studie zufolge oftmals noch nicht einmal in der Lage,
den gebogenen Pfeilen die Bedeutung beizumessen, die ihnen in der Formelsprache der
Lehrenden zukommt. Dementsprechend wurde an der University of Ottawa ein neues
Curriculum entwickelt, in dem der Elektronenpfeil-Formalismus *vor* den eigentlichen
Reaktionen erlernt wird (vgl. Galloway et al. 2017).

Reaktionen!" oder: *„Formulieren Sie bitte den Mechanismus und das Produkt der nachfolgenden Reaktion unter Verwendung gebogener Pfeile!"* Dass zur Lösung der Aufgaben kausales Schlussfolgern anhand wissenschaftlicher Konzepte und kritisches Reflektieren gefordert wird, ist dabei eher die Ausnahme als die Regel (vgl. Stowe und Cooper 2017). Beobachtungen aus den USA aus dem Jahr 2016 belegen diese Einschätzung sowohl für die allgemeine wie auch für die organische Chemie, obwohl dies in der wissenschaftlichen Diskussion durchaus eingefordert wurde (Russ et al. 2009). So waren in weniger als 10 % der Prüfungsfragen der American Chemical Society (ACS) zur Allgemeinen Chemie wissenschaftliche Erklärungen gefordert (vgl. Laverty et al. 2016; Reed et al. 2017). Ein ACS-Examen zur Organischen Chemie habe gar die Befähigung der Studierenden zu wissenschaftlichen Erklärungen und Argumentationen gar nicht getestet (vgl. Stowe und Cooper 2017). In einem aktuellen Artikel gelangen Bode et al. zu der Einschätzung, dass Studierende in traditionellen Lehrformaten und Prüfungen wenig Gelegenheit hätten, Fähigkeiten zum wissenschaftlichen Argumentieren und Erklären zu entwickeln (vgl. Bode et al. 2019). Zum Lösen der oben beschriebenen Prüfungsfragen allein in Form von Sequenzen von Lewis-Strukturen und gebogenen Pfeilen bedarf es auch keiner kausalen Erklärungen und Argumentationen. Es reicht die Fähigkeit aus, die oberflächliche Struktur von Formeln und Gleichungen erfassen, memorieren und während der Prüfungen reproduzieren zu können. Bekanntermaßen arbeiten Studierende dabei mit einer Reihe von Merkregeln (vgl. Nyachwaya et al. 2014), die es Experten wie Anfängern erlaubt, auf kurzem Wege durch „Short-cut-Heuristiken" zu formal korrekten Lösungen zu gelangen. Während jedoch Expertinnen und Experten bzw. Lehrende die hinter diesen Formeln und Regeln liegenden *impliziten* Konzepte auf submikroskopischer Ebene verinnerlicht haben und zur Problemlösung vernetzt und situationsangemessen anzuwenden vermögen, sind Studierende damit überfordert. Für Expertinnen und Experten ist die Ebene der Lewis-Formeln also tatsächlich Träger von Erklärungen (vgl. Goodwin 2008), Studierende lösen damit mechanistische Fragen nur *scheinbar*, weil sie die impliziten konzeptuellen Hintergründe nicht kennen.[3] Das ist insofern trügerisch für sie (wie auch für

---

[3]In der fachdidaktischen Literatur wurde für diese Orientierung an Oberflächenmerkmalen das Bild eines Eisbergs geprägt. Danach sehen Studierende sozusagen nur die aus dem Wasser herausragende Spitze dieses Eisbergs. Der unter der Wasseroberfläche schwimmende, für das Verstehen wichtige konzeptuelle Teil bleibt ihnen verborgen (vgl. Graulich 2015).

die Lehrenden) als sie Prüfungen mit Faktenwissen bzw. mit algorithmischem Problemlösen bestehen können (und es insofern nicht um Verstehen geht) und ihnen Kompetenzen im mechanistischen Problemlösen bescheinigt werden, über die sie nicht wirklich verfügen. Ihr Wissen bleibt oberflächlich und ist nicht transferfähig. Streng genommen werden ihnen durch diese Aufgabenformate Einsichten in den epistemischen Kern der OC vorenthalten. Besonders in der Lehrerbildung kann das fatale Folgen haben, da anzunehmen ist, dass das „Verpassen" des fachlichen Kerns über die zukünftigen Lehrkräfte in der Schule nachwirkt.

Denken in Strukturen statt in Prozessen
Über die Strategie des Auswendiglernens und regelbasierten Problemlösens auf der Repräsentationsebene hinaus ist bekannt, dass Lernende eher in statischen Strukturen als in dynamischen Prozessen denken, wie es dem prozeduralen Wesen der Organischen Chemie entspräche. Sofern sie Prozesse erklären sollen, stehen dabei die angebotenen *Strukturen* von Ausgangs- und Endstoffen für sie im Fokus. Problemlösestrategien sind auf das Ergebnis ausgerichtet und kaum an den für die Prozesse relevanten Konzepten orientiert. Ihr Vorgehen wird in einem mit dem Titel „It get's me to the product" versehenen Artikel als „Connecting the dots-Strategie" beschrieben (vgl. Bhattacharyya und Bodner 2005). Damit ist gemeint, dass sie scheinbare Lösungen auf der Repräsentationsebene herbeiführen, indem sie den eigentlichen Reaktionsprozess ausklammern und stattdessen unter Nutzung der Systematik der gebogenen Pfeile „irgendwie" von den Strukturformeln der Ausgangsstoffe zu denen der vorgegebenen Endstoffe gelangen. Alle diese Beobachtungen und Studien lassen vermuten, dass lehrende Fachwissenschaftlerinnen und Fachwissenschaftler Vorlesungen und Seminare in der OC nach wie vor als Abfolge von curricular vorgegebenen Inhalten inszenieren, die sich im Wesentlichen durch Abfolgen von Lewis-Strukturformeln äußern und bei denen die Konzeptebene sozusagen nur hilfsweise mitläuft. Neben der aufgrund der Prüfungen zu vermutenden defizitären Lehrpraxis in OC hat das an Strukturen und nicht an Prozessen orientierte Problemlöseverhalten möglicherweise aber auch eine Ursache darin, dass Studierende im Fach Anorganische Chemie (AC) sozusagen chemisch primärsozialisiert werden.

Der Wandel beim Übergang von der anorganischen zur organischen Chemie: Prozesshaftigkeit, Multikausalität und das Denken in Alternativen
Im Gegensatz zur OC ist die AC als Grundlagendisziplin, die curricular schon in der Schule dominiert und mit der auch Bachelor- und Lehramtsstudiengänge in der Chemie curricular starten, primär auf chemische *Strukturen* von Ausgangs- (Edukte) und besonders Endstoffen (Produkte), aber kaum auf Reaktionsprozesse ausgerichtet (Abb. 2). Ursache dafür ist vermutlich, dass anorganisch-chemische Prozesse häufig sehr schnell ablaufen und oft kaum untersucht sind.

Abb. 2 Interessen der
Anorganischen Chemie
(Graulich und Schween
2017)

Der Übergang von der Lehre in der AC zur OC (ab etwa dem 3. bis 5. Fachsemester) stellt Lernende, auch aufgrund ihrer offenkundigen schulischen „Prägung" auf anorganische Denkweisen, vor die Herausforderung, ab diesem Zeitpunkt den Blickwinkel auf Reaktionsprozesse ausrichten und sich in neue Denkweisen einüben zu sollen (Abb. 3). Neben der Neuartigkeit im prozesshaften Charakter der für sie neuen Disziplin OC ist für Lernende zudem auch neu, dass Problemlösungen in der OC häufig nicht mehr nur *monokausal,* sondern unter Hinzuziehen und Abwägen *mehrerer* Konzepte herbeigeführt werden, über die

Abb. 3 Interessen der Organischen Chemie (Graulich und Schween 2017)

die Studierenden z. T. nicht verfügen. Ferner ist neu, dass es zum epistemischen Kern der Organischen Chemie gehört, dass es zu einer bestimmten Frage nicht nur eine, sondern verschiedene richtige Antworten gibt, z. B. in Form des Auftretens von Haupt- und Nebenprodukten bzw. damit verbundener alternativer Reaktionspfade. Aus qualitativen Studien weiß man, dass Studierende besonders mit dieser scheinbaren Uneindeutigkeit organisch-chemischer Reaktionen zu kämpfen haben (vgl. Grove und Bretz 2010).

Fazit

Die hochschuldidaktische Forschung der letzten beiden Jahrzehnte zur Lehre in der Organischen Chemie, die auch starke Auswirkungen auf die Lehrerbildung hat, hat wichtige Erkenntnisse zum verbreiteten defizitären Problemlöseverhalten Studierender besonders am Beispiel der Reaktionsmechanismen zutage gefördert. Aufgrund der vorliegenden Studien, die eine starke Orientierung Studierender an Oberflächenmerkmalen auf der Symbolebene belegen, ist davon auszugehen, dass drei miteinander in Verbindung stehende Faktoren für die besonderen Verstehensschwierigkeiten ursächlich sein könnten:

1. Zum einen kennzeichnet die Organische Chemie eine von anderen chemischen Disziplinen abweichende besondere fachliche Struktur,
   * indem sie statt mit mathematisch zu formulierenden Gesetzen (vgl. Goodwin 2008) mit Basiskonzepten und Subkonzepten arbeitet,
   * indem sie Denken in Prozessen statt in Strukturen fordert,
   * indem Lösungen nicht unidirektional und monokausal, sondern multikausal unter vernetzter Anwendung geeigneter Konzepte herbeizuführen sind und
   * indem in besonderer Weise das Denken in Alternativen gefordert ist, da bei vielen Reaktionen mehrere Möglichkeiten gleichzeitig realisiert werden.[4]
2. Zum zweiten dominieren bereits in der Schule die für die AC typischen fakten-bezogenen Denkweisen, die von den Studierenden möglicherweise bereits während der Schulzeit adaptiert wurden und in den ersten Semestern der universitären Lehre ihre Fortsetzung finden. Dies hat offenbar zur Folge, dass Studierende die neuen konzeptbasierten Denkweisen nicht bewältigen, wie sie beim curricularen Übergang von der AC in die OC auftreten.

---

[4]Typischerweise entstehen aus zwei Reaktanden über verschiedene Reaktionspfade unterschiedliche Reaktionsprodukte (sog. Haupt- und Nebenprodukte), s. dazu (vgl. Schmitt et al. 2019).

3. Drittens liegt aufgrund von Erfahrungen aus der Prüfungspraxis die Vermutung nahe, dass die universitäre Lehrpraxis in der OC auch heute noch stark auf leicht abzuprüfendes Faktenwissen und Regel-Anwenden ausgerichtet ist statt auf die Erarbeitung und Anwendung transferfähiger Konzepte. Sie bewegt sich im Sinne des Johnstone-Dreiecks vorwiegend auf der Repräsentationsebene von Formelsequenzen und vernachlässigt dabei die submikroskopische Ebene der Konzepte und Modelle, die eigentlich der rote Faden aller Lehr-/Lernbemühungen sein sollten. Eine alternative Erklärung wäre, dass sich Lehrende mühelos synchron auf allen drei Ebenen organisch-chemischen Denkens bewegen und dabei nicht berücksichtigen, dass dies für Studierende oft nicht möglich ist.

5   Verstehensschwierigkeiten beim mechanistischen Problemlösen begegnen – Lehrerbildung in der OC verbessern

Verstehensschwierigkeiten im Fach OC betreffen BSc-Studierende wie Studierende im Lehramt gleichermaßen. Während es jedoch für BSc-Studierende ausreichen mag, Verstehensschwierigkeiten durch verschiedene „Maßnahmen" seitens der Lehrenden anzugehen und zu überwinden, sollte Lehramtsstudierenden *zusätzlich* Gelegenheit gegeben werden, sich umfassend mit dem Ausdruck und den Ursachen auseinanderzusetzen. Der Ort dafür sind fachdidaktische Module, wie sie in Marburg z. B. mit dem Modul *ProfiWerk Chemie* eingerichtet worden sind (vgl. Schween et al. 2018). Auf beide Zielsetzungen, das Überwinden der Verstehensschwierigkeiten sowie das Wissen über die Ursachen von Verstehensschwierigkeiten auf einer Metaebene, soll im Folgenden beispielhaft eingegangen werden.

Denken in Konzepten mit geeigneten Lerngelegenheiten (Contrasting Cases) fördern
Für das Verständnis von Reaktionsmechanismen der OC spielt neben Basiskonzepten der Chemie (vgl. Demuth et al. 2005) eine ganze Reihe von Subkonzepten eine tragende Rolle: Mesomerie, Hyperkonjugation, Nucleophilie, Elektrophilie, Nucleofugie, sterische Hinderung, elektronische Substituenteneffekte, das HSAB-Konzept, Aromatizität, kinetische und thermodynamische Reaktionskontrolle u. a. m. Diese Subkonzepte sind sozusagen als Wissensbestände (ggf. „Wissensstücke") die strukturierende theoretische Basis von Reaktionen und Mechanismen in der OC, weil nur über sie der Transfer von

bekanntem zu neuem Wissen möglich ist. Grundanliegen der universitären OC-Lehre sollte es vor diesem Hintergrund sein, das Denken in Konzepten und Modellen als ordnendes und vernetzendes Prinzip der Mechanismen explizit zu fördern und die konkreten Reaktionen „nur noch" als Beispiele auszuweisen, in denen die Konzepte in immer wieder neuen Zusammenhängen zur Anwendung kommen. Zum Entwickeln evidenzbasierter, wissenschaftlicher Argumentationsfähigkeit ist es ferner notwendig, neue Lehrkonzepte, Lernaktivitäten und Prüfungsformen zu entwickeln (vgl. Talanquer 2018; Cooper 2015; Cooper et al. 2015). Aus kognitionspsychologischer Sicht gibt es Belege dafür, dass Lernen durch gezielte Fallvergleiche, so genannte „Contrasting Cases" (CC), Konzeptverstehen besser fördert als das Lernen an Einzelfällen (vgl. Alfieri et al. 2013). Statt sozusagen Fälle bzw. Aufgaben nacheinander abzuarbeiten, werden sie nach diesem Konzept parallel bearbeitet. Bezogen auf die Chemiedidaktik bedeutet das, neue (experimentelle) Lernaufgaben (z. B. zu Reaktionsmechanismen) so zu inszenieren, dass alle Reaktionsparameter zweier zu vergleichender Reaktionen gleich sind und sich die Aufgaben nur in genau einem Parameter unterscheiden (vgl. Graulich und Schween 2018). Das (experimentelle) Ergebnis dieses Vergleichs erlaubt es Studierenden, die Ursache für die unterschiedlichen Ergebnisse auf den variierten Reaktionsparameter zurückzuführen und so ein Konzept – wie die oben erwähnten – gezielt zu erarbeiten. Dieses neue Konzept können Studierende zukünftig zur Lösung neuer Aufgaben anwenden oder z. B. im Rahmen eines neuen Fallvergleichs verfeinern. Steht das Konzept den Lernenden in Zukunft zur Verfügung, unterstützt es nach dem chemischen Informationsverarbeitungsmodell von Johnstone (1982) sowie als „Wissensstück" im Sinne diSessas (1988) die raschere Informationsverarbeitung und senkt damit die kognitiven Anforderungen. Sofern diese Contrasting Cases-Lerngelegenheiten experimentell inszenierte sind[5], hat diese Verknüpfung von makroskopischer

---

[5]Jüngere Beispiele dazu: Trabert und Schween (2020): *„Wie wirken elektronische Substituenteneffekte? – Zusätzliche Contrasting Cases für eine differenzierte Betrachtung am Modellbeispiel der alkalischen Esterhydrolyse".* Schmitt et al. (2019): *„Learning to Think in Mechanistic Alternatives: S_N1 vs. E1 and the Gibbs-Helmholtz Equation".* Trabert und Schween (2018): *„Wie wirken elektronische Substituenteneffekte? – Entwicklung eines konzeptbasierten Zugangs durch Inventing with Contrasting Cases am Modellbeispiel der alkalischen Esterhydrolyse".* Schmitt et al. (2018): *„Wie wirkt sterische Hinderung? Experimenteller Vergleich der Reaktionsgeschwindigkeiten primärer und sekundärer Halogenalkane in konkurrierenden S_N2-Reaktionen".* Schmitt und Schween (2018): *„Using Trityl Carbocations to Introduce Mechanistic Thinking to German High School Students".* Schmitt et al. (2017): *„S_N1-Reaktionen anhand von Konkurrenzreaktionen verstehen. Experimentelles Design zum Einfluss von Substratstruktur und Abgangsgruppenqualität".*

(Beobachtungen, Messungen) und submikrokopischer Ebene (neue Konzepte) möglicherweise den wichtigen Begleiteffekt, dass das durch Messungen und Beobachtungen kontextualisierte Konzeptwissen bei Lernenden nachhaltiger abgespeichert wird; ob es diesen Effekt gibt, ob also experimentell unterlegte Constrasting Cases nachhaltiger wirken als nur theoretisch inszenierte, ist bisher jedoch nicht untersucht worden. Ein auf dem Design der CC-Aufgaben aufsetzendes nutzt ein mechanistisches Rahmenkonzept, in dem Studierende durch gezielte Fragen zur vergleichenden Analyse angeleitet werden, um so produktive Ressourcen zum Aufbau von Bezügen zu aktivieren, die sie sonst nicht nutzen (vgl. Caspari et al. 2018).

Neue Repräsentationen zur Senkung kognitiver Anforderungen: 3D-Prozessmodelle
Aus den in Abschn. 2 beschriebenen Studien zum defizitären Problemlösen Studierender in der OC und der Vermutung, dass sich die heutige Hochschullehre in der OC noch immer stark auf der Ebene der LEWIS-Strukturen bewegt und damit oft Auswendiglern-Strategien evoziert, resultiert der Ansatz, durch neuartige 3D-Prozessmodelle die Verbindung von Symbolebene und submikroskopischer Ebene zu stärken. Eine oft unterschätzte Hürde für Verstehen in der OC ist nämlich, dass organisch-chemische Reaktionen immer im dreidimensionalen Raum stattfinden und dynamisch sind, während die von Expertinnen und Experten auch in der Lehre genutzten Repräsentationen (LEWIS-Formeln) Abfolgen von (statischen) zweidimensionalen Bildern sind. 3D-Prozessmodelle werden nach diesem Ansatz so gestaltet, dass sie Lernenden zu konzeptuellen Einsichten verhelfen, die sie anhand von 2D-Formeln nur sehr mühevoll erreichen können (Konzepte sterische Hinderung, Nucleophilie etc.). Auch bei diesem Ansatz, über den wir an anderer Stelle berichten möchten, geht es letztlich darum, die kognitiven Anforderungen Lernender abzusenken.

Curriculare Ansätze, Neue Vermittlungsmethoden
Auf der Grundlage der Erkenntnis, dass organisch-chemische Reaktionstypen als Ordnungsprinzip der Lehre defizitäres Problemlösen zur Folge haben, wurde an einer kanadischen Universität der Vorschlag entwickelt und umgesetzt, Muster des Elektronenflusses und damit reaktionsmechanistische Beschreibungen an den Anfang der OC-Lehre zu stellen (vgl. Flynn und Ogilvie 2015). Konsequenterweise wurde das OC-Curriculum nach den leitenden Mechanismen umstrukturiert. Auch wenn dieser Ansatz in die richtige Richtung weist, ist am Ende doch kritikwürdig, dass er auf die fehlende Verknüpfung von Repräsentationsebene und Konzeptebene keine angemessene Antwort liefert.

Eine Erweiterung dieses Ansatzes um gezielte Konzeptlerneinheiten im Sinne der Contrasting Cases-Aufgaben wäre hier sicher hilfreich.

Gymnasiale Lehrerbildung – Das Wissen über Verstehensschwierigkeiten vermitteln

Neben dem Ziel, Verstehensschwierigkeiten Chemiestudierender *aller* Abschlüsse auf den Grund zu gehen und mit verschiedenen Ansätzen wirkungsvoll zu begegnen, besteht speziell für die Lehrerbildung der zusätzliche Anspruch, das Wissen darüber explizit zu vermitteln. Der curriculare Ort im Fach Chemie an der Philipps-Universität Marburg dafür ist das Modul ProfiWerk Chemie als fachdidaktischer Kern der Marburger Praxismodule (vgl. Schween et al. 2018). In der ersten Phase dieses Moduls werden mit den Lehramtsstudierenden die oben beschriebenen, literaturbekannten Schwierigkeiten Studierender beim Verstehen von OC anhand aktueller Aufsätze thematisiert. Zudem reflektieren die Studierenden in dieser Phase ihr eigenes Problemlöseverhalten in der OC, das dem aus der Literatur bekannten ähnelt. Ferner werden gemeinsam Beispiele schulrelevanter organisch-chemischer Grundlagenreaktionen fachlich elementarisiert und fachdidaktisch restrukturiert. Die Anforderung besteht darin, einen Fachgegenstand fachlich genauestens zu analysieren (Denkweisen, fachliche Basiskonzepte und Subkonzepte, Schlüsselideen, Modelle, …) und aus der Perspektive der Fachdidaktik zu entscheiden, welche davon so bedeutsam sind, dass sie auf andere Reaktionen transferiert und experimentell inszeniert werden können. In der sich anschließenden Laborpraxisphase verfolgen die Studierenden das primäre Ziel, die Ergebnisse ihrer Restrukturierungen experimentell umzusetzen, indem sie Lerngelegenheiten nach dem Konzept der Contrasting Cases entwickeln, die insbesondere das Konzept-Lernen fördern sollen. Am Ende zielt das Modul darauf ab, Einsichten in die Epistemik der OC und die große Bedeutung tiefen Fachverständnisses und daran gebundener fachdidaktischer Reflexionen und Entscheidungen für das professionelle Handeln in der Schule zu erzeugen. Nach der Terminologie des doppelten Praxisverständnisses im Marburger ProPraxis-Projekt geht es hier um die *Praxis erster Art* (vgl. Laging et al. 2015).

6 Fazit und Ausblick – Konsequenzen für die Lehrerbildung

Verstehensschwierigkeiten Studierender in der Organischen Chemie sind ein weltweit beobachtetes Phänomen und bedürfen Anstrengungen auf verschiedenen Ebenen, um ihnen wirksam und nachhaltig zu begegnen. Da auch in Zukunft die fachwissenschaftliche Lehre für Lehramtsstudierende in der OC weiterhin von Fachwissenschaftlern verantwortet werden wird, bedürfte es zwingend deren systematischer fachdidaktischer bzw. hochschuldidaktischer Qualifizierung. Nur bei entsprechender Qualifizierung und Einblicken in die Erkenntnisse der Fachdidaktik wäre zu erwarten, dass Hochschullehrende im Lehralltag fachdidaktische Forschungsergebnisse berücksichtigen. Ein ganz wesentlicher Faktor für den Erfolg der Bemühungen und im Einklang mit historischen Erfahrungen ist dabei zweifellos auch die Kohärenz von Lehre und Prüfungen. Studierende werden adäquate Denkweisen und Problemlösestrategien, die sie in Lehrveranstaltungen neuer Art erwerben, nur dann bereitwillig übernehmen, wenn sie dafür „belohnt" werden, sich also mit der Lehre auch die Prüfungsanforderungen ändern. Um Verstehen in der OC auf submikroskopischer Ebene zu überprüfen, bedarf es neuer Typen von Fragestellungen, die sich nicht mit „Short-cut-Heuristiken", Merkregeln oder Auswendiglernen bewältigen lassen, sondern wissenschaftliche Erklärungen auf der Basis kausaler Begründungen fordern.

Für Lehramtsstudierende bedeuten Verstehensschwierigkeiten in der OC die Notwendigkeit und zugleich die Chance, sich an der Schnittstelle von Fach und Fachdidaktik mit Schlüsselideen und -konzepten der OC und den daraus resultierenden Anforderungen für die Gestaltung wirksamer Lehr-/Lernprozesse auseinanderzusetzen. Für die fachdidaktische Forschung geben sie u. U. Anlass, die Thematik eines besonderen Fachwissens von Gymnasiallehrern zu reflektieren und eine neue Zielstellung zu entwerfen. Sehr gute Ansätze dazu wurden bereits in einem Projekt der Qualitätsoffensive Lehrerbildung mit dem Konstrukt des „erweiterten Fachwissens für den schulischen Kontext" entwickelt (vgl. Woehlecke et al. 2017).

Literatur

Alfieri, L., Nokes-Malach, T. J. & Schunn, C. D. (2013). Learning Through Case Comparisons: A Meta-Analytic Review. *Educ. Psychol.*, 48, 87–113.

Ausubel, D. (1968). *Educational Psychology: A Cognitive View.* New York: Holt, Rinehart and Winston.

Bhattacharyya, G. & Bodner, G. (2005). "It Get's Me to the Product": How Students Propose Organic Mechanisms. *J. Chem. Ed.*, 82, 1402–1407.

Bode, N. E., Deng, J. M. & Flynn, A. B. (2019). Getting Past the Rules and to the Why: Causal Mechanistic Arguments When Judging the Plausibility of Organic Reaction Mechanisms. *J. Chem. Ed.*, 96, 1068–1082.

Bodner, G. (1986). Constructivism: A Theory of Knowledge. *J. Chem. Ed.*, 63, 873–878.

Caspari, I., Kranz, D. & Graulich, N. (2018). Resolving the complexity of organic chemistry students' reasoning through the lens of a mechanistic framework. *Chem. Ed. Res. Pract.*, 19, 1117–1141.

Cooper, M. M. (2015). Why Ask Why?. *J. Chem. Ed.*, 92, 1273–1279.

Cooper, M. M. & Stowe, R. L. (2018). Chemistry Education Research – From Personal Empiricism to Evidence, Theory, and Informed Practice. *Chem. Rev.*, 118, 6053–6087.

Cooper, M. M., Caballero, M. D., Ebert-May, D., Fata-Heartley, C. L., Jardeleza, S., Krajcik, J. S. & Underwood, S. M. (2015). Challenge faculty to transform STEM learning. *Science*, 350, 281–282.

Craig, B. S. (1972). The Philosophie of Jean Piaget and its Usefulness to Teachers of Chemistry. *J. Chem. Ed.*, 49, 807–809.

Demuth, R., Ralle, B. & Parchmann, I. (2005). Basiskonzepte – eine Herausforderung an den Chemieunterricht. *CHEMKON*, 12, 55–60.

diSessa, A. A. (1988). Knowledge in Pieces. In G. Forman & P. Pufall, *Constructivism in the computer age* (S. 49–70). Hillsdale, New York: Lawrence Erlbaum Associates.

diSessa, A. A. (1993). Toward an Epistemology of Physics. *Cogn. Instr.*, 10, 105–225.

Flynn, A. B. (2017). Flipped Chemistry Courses: Structure, Aligning Learning Outcomes, and Evaluation. *ACS Symposium Series*, 1261, 151–164.

Flynn, A. B. & Ogilvie, W. (2015). Mechanisms before Reactions: A Mechanistic Approach to the Organic Chemistry Curriculum Based on Patterns of Electron Flow. *J. Chem. Ed.*, 92 (5), 803–810.

Galloway, K. R., Stoyanovich, C. & Flynn, A. B. (2017). Students'interpretations of mechanistic language in organic chemistry before learning reactions. *Chem. Educ. Res. Pract.*, 18, 353–374.

Goodwin, W. M. (2008). Structural formulas and explanation in organic chemistry. *Found. Chem.*, 10, 117–127.

Graulich, N. (2015). The tip of the iceberg in organic chemistry classes: how do students deal with the invisible? *Chem. Educ. Res. Pract.*, 16, 9–21.

Graulich, N. & Schween, M. (2017). Carbenium-Ionen – Schlüsselstrukturen für prozessorientierte Betrachtungen organisch-chemischer Reaktionen. *PdN-ChiS*, 66 (1), 24–28.

Graulich, N. & Schween, M. (2018). Concept-Oriented Task Design: Making Purposeful Case Comparisons in Organic Chemistry. *J. Chem. Educ.*, 3, 376–383.

Grove, N. P. & Bretz, S. L. (2010). Perry's Scheme of Intellectual and Epistemological Development as a framework for describing student difficulties in learning organic chemistry. *Chem. Ed. Res. Pract.*, 11, 207–211.

Grove, N. P., Hershberger, J. W. & Bretz, S. L. (2008). Impact of a Spiral Organic Curriculum on Student Attrition and Learning. *Chem. Educ. Res. Pract.*, 9, 157–162.

Ioannides, C., & Vosniadou, S. (2002). The Changing Meaning of Force. *Cogn. Sci. Q.*, 2, 5–61.

Johnstone, A. H. (1982). Macro- and Microchemistry. *Sch. Sci. Rev.*, 64, 377–379.

Kozma, R. & Russell, J. (1997). Multimedia and Understanding: Expert and Novice Responses to Different Representations of Chemical Phenomena. *J. Res. Sci. Teach.*, 34, 949–968.

Lafarge, D., Morge, L. & Meheut, M. (2014). A New Higher Education Curriculum in Organic Chemistry: What Questions Should Be Asked? *J. Chem. Ed.*, 91, 173–178.

Laging, R., Hericks, U. & Saß, M. (2015). Fach:Didaktik – Fachlichkeit zwischen didaktischer Reflexion und schulpraktischer Orientierung. Ein Modellkonzept zur Professionalisierung in der Lehrerbildung. In D. Di Fuccia, S. Lin-Klitzing & R. Stengl-Jörns (Hrsg.), *Auf die Lehrperson kommt es an? Beiträge zur Lehrerbildung nach John Hatties "Visible Learning"* (S. 91–113). Bad Heilbrunn: Klinkhardt.

Laverty, J., Underwood, S., Matz, R., Posey, L., Carmel, J., Caballero, M. & Cooper, M. (2016). Characterizing College Science Assessments; The Three-Dimensional Learning Assessment Protocol. *PLoS One*, S. No. e0162333, 11 (9).

Novak, J. D., Gowin, D. B. & Kahle, J. B. (1984). Learning How to Learn, 1st ed.; Cambridge University Press. Cambridge, U.K.

Minstrell, J. (1982). Explaining the "at Rest" Condition of an Object. *Phys. Teach.*, 20, 10–14.

Nyachwaya, J. M., Warfa, A. M. & Roehrig, G. H. (2014). College chemistry students' use of memorized algorithms in chemical reactions. *Chem. Educ. Res. Pract.*, 15, 81–93.

Posner, G. J., Strike, K. A., Hewson, P. W. & Gertzog, W. A. (1982). Accomodation of a Scientific Conception: Toward a Theory of Conceptual Change. *Sci. Educ.*, 66, 211–227.

Reed, J., Brandriet, A. & Holme, T. (2017). Analyzing the Role of Science Practices in ACS Exam Items. *J.Chem.Ed.*, 94 (1), 3–10.

Russ, R. S., Coffey, J., Hammer, D. & Hutchinson, P. (2009). Making Classroom Assessment More Accountable to Scientific Reasoning: A Case for Attending to Mechanistic Reasoning. *Sci. Educ.*, 93, 875–891.

Schmitt, C., Bender, M., Trabert, A. & Schween, M. (2018). Wie wirkt sterische Hinderung? Experimenteller Vergleich der Reaktionsgeschwindigkeiten primärer und sekundärer Halogenalkane in konkurrierenden S_N2-Reaktionen. *CHEMKON*, 25, 231–237.

Schmitt, C. & Schween, M. (2018). Using Trityl Carbocations to Introduce Mechanistic Thinking to German High School Students. *World J. Chem. Educ.*, 6, 18–23.

Schmitt, C., Seel, L. & Schween, M. (2017). S_N1-Reaktionen anhand von Konkurrenzreaktionen verstehen. Experimentelles Design zum Einfluss von Substratstruktur und Abgangsgruppenqualität, *NiU-Chemie, 28 (160)*, 32–38.

Schmitt, C., Kaiser, L. & Schween, M. (2019). Learning to Think in Mechanistic Alternatives: S_N1 vs. E1 and the Gibbs-Helmholtz Equation. *World J. Chem. Ed.*, 7, 102–108.

Schween, M., Trabert, A. & Schmitt, C. (2018). ProfiWerk und PraxisLab Chemie – Hochschuldidaktische Innovationen zur kohärenten Professionalisierung angehender Gymnasiallehrkräfte im Rahmen des Projekts ProPraxis. In K. Hellmann, J. Kreutz, M. Schwichow & K. Zaki (Hrsg.), *Kohärenz in der Lehrerbildung – Theorien, Modelle und empirische Befunde* (S. 183–197). Wiesbaden: Springer VS.

Stowe, R. L. & Cooper, M. M. (2017). Practising What we Preach: Assessing "Critical Thinking" in Organic Chemistry. *J.Chem.Ed.*, 94 (12), 1852–1859.

Talanquer, V. (2018). Importance of Understanding Fundamental Chemical Mechanisms. *J. Chem. Ed.*, 95, 1905-1911.

Talanquer, V. & Pollard, J. (2010). Let's teach how we think instead of what we know. *Chem. Educ. Pract.*, 11, 74–83.

The National Research Council (2000). *How People Learn: Brain, Mind, Experience, and School: Expanded Ed.*, 2nd ed., Washington, DC: National Academies Press.

Trabert, A. & Schween, M. (2018). Wie wirken elektronische Substituenteneffekte? – Entwicklung eines konzeptbasierten Zugangs durch Inventing with Contrasting Cases am Modellbeispiel der alkalischen Esterhydrolyse, *CHEMKON*, 25, 334–342.

Trabert, A. & Schween, M. (2020). Wie wirken elektronische Substituenteneffekte? – Zusätzliche Contrasting Cases für eine differenzierte Betrachtung am Modellbeispiel der alkalischen Esterhydrolyse, *CHEMKON*, 27, 22–23

Woehlecke, S., Massolt, J., Goral, J., Hassan-Yavuz, S., Seider, J., Borowski, A. & Glowinski, I. (2017). Das erweiterte Fachwissen für den schulischen Kontext als fachübergreifendes Konstrukt und die Anwendung im universitären Lehramtsstudium. *Beiträge zur Lehrerinnen- und Lehrerbildung*, 35 (2), 1–13.

Theologie studieren zwischen universitärer Fachwissenschaft und individueller Religiosität

Empirische Befunde zu Studienherausforderungen von Lehramtsstudierenden

Lena Nickel und Sven-Sören Woernle

1 Einleitung

Das Lehramtsstudium der evangelischen Theologie steht am Beginn der berufsbiographischen Entwicklung zukünftiger Religionslehrerinnen und Religionslehrer. Als erste institutionalisierte Phase der Lehrerbildung hat das universitäre Studium einen besonderen, sozialisierenden Einfluss auf die Studierenden. Aktuelle Studien auf dem Gebiet der Fachkulturforschung zeigen, dass insbesondere die Studienfächer mit ihren jeweiligen fachkulturellen Besonderheiten eine zentrale Rolle für die Entwicklung eines spezifischen Fach- und Professionsverständnisses bei Lehramtsstudierenden spielen (vgl. Meister 2019). Diese empirischen Erkenntnisse der Fachkulturforschung sprechen dafür, das Theologiestudium als einen berufsbiographisch bedeutsamen Sozialisationsprozess zu verstehen, der sich in den Kontexten einer universitären Fachkultur vollzieht.

So entscheidend die Sozialisation in universitären Fachkulturen für die berufliche Entwicklung der Studierenden ist, kann sie nicht isoliert von anderen biographischen Zusammenhängen betrachtet werden. Über die universitäre und

L. Nickel (✉) · S.-S. Woernle
Philipps-Universität Marburg, Marburg, Deutschland

S.-S. Woernle
E-Mail: sven-soeren.schmidt@staff.uni-marburg.de

© Springer Fachmedien Wiesbaden GmbH, ein Teil von Springer Nature 2020   191
N. Meister et al. (Hrsg.), *Zur Sache. Die Rolle des Faches*
in der universitären Lehrerbildung, Edition Fachdidaktiken,
https://doi.org/10.1007/978-3-658-29194-5_11

fachliche Ebene hinaus haben auch die Primärsozialisation der Studierenden und die Antizipation ihrer zukünftigen beruflichen Tätigkeit erheblichen Einfluss auf ihre Studienpraxis und ihren fachspezifischen Habitus (vgl. Huber 1991, S. 423). Die Annahme, dass die Herkunftskultur und die antizipierte Berufskultur der Studierenden in ihrer Studienpraxis zum Tragen kommen, scheint für das Lehramtsstudium der Theologie in spezifischer Weise zuzutreffen. So kommt der Religionssoziologe Andreas Feige in einer empirischen Untersuchung zu Studienmotivationen von Lehramtsstudierenden der evangelischen und katholischen Theologie zu dem Befund, dass der überwiegende Anteil der Studierenden ihr Theologiestudium als eine „Identitätsbaustelle" betrachtet, auf der sie ihr Verhältnis zur religiösen Praxis klären lernen wollen (Feige et al. 2007, S. 75). Bei einem genaueren Blick auf die Ergebnisse der Studie wird deutlich, woraus Feige diese zuspitzende Interpretation ableitet: Auf die Frage nach vorrangigen Ausbildungsinteressen geben nahezu alle Studierenden an, von ihrem Theologiestudium eine „Klärung theologischer Grundfragen" zu erwarten (ebd., S. 20). Neben diesem ausgeprägten persönlichen Interesse an theologischen Fragen entscheidet sich eine Mehrheit der Befragten aber auch deshalb für ein Theologiestudium, weil sie sich „mehr Klarheit in Glaubensfragen" oder eine „Vertiefung der Religiosität" verspricht (ebd., S. 14).

Diese empirischen Erkenntnisse legen nahe, dass für Lehramtsstudierende der Theologie ein objektiver Bedarf und ein subjektives Bedürfnis besteht, sich in ihrem Studium mit individuell bedeutsamen religiösen Frage- und Problemstellungen auseinanderzusetzen und auf diese Weise das wissenschaftliche Studium mit ihrem Glauben und der eigenen religiösen Praxis in Verbindung zu bringen (vgl. Lück 2012, S. 226). Das Interesse der Studierenden an der Verbindung von wissenschaftlicher Arbeit und der Klärung eigener Glaubensfragen deutet zugleich auf einen Aspekt hin, der für theoretische Beschreibungen des Theologiestudiums und des Religionslehrerberufs grundlegend ist und durch empirische Erkenntnisse bestätigt wird: Wer Theologie studiert oder Religion unterrichtet, stammt in der Regel aus einem Sozialisationskontext, der zumindest durch einen Minimalkontakt zu kirchlichem Leben und durch religiöse Erfahrungen geprägt ist (vgl. Feige et al., S. 10). Bisherige empirische Erkenntnisse zur berufsbiographischen Entwicklung von Theologiestudierenden und Religionslehrerinnen und -lehrern sprechen dafür, dass einer religiösen Sozialisation nicht nur eine entscheidende Bedeutung dafür zukommt, sich für ein Theologiestudium zu entscheiden, sondern dass sie auch ein wichtiger Einflussfaktor für das professionelle Handeln von Religionslehrerinnen und -lehrern ist. So kann eine qualitativ-rekonstruktive Studie zur „‚Religion' bei

ReligionslehrerInnen" zeigen, dass die gelebte Religion von Religionslehrkräften – die eigene Frömmigkeitspraxis, die eigene Lebensdeutung, der eigene religiöse Bildungsfundus – auch in ihrer Unterrichtspraxis an der Schule durchscheint (Feige et al. 2000). Gelebte Religion ist eine Ressource, aus der im Religionsunterricht geschöpft wird (vgl. Dressler 2006, S. 108). Allerdings wird auf die gelebte Religion im Unterricht nicht unmittelbar zurückgegriffen. Sie wird vielmehr mittels didaktischer Überlegungen in eine reflexive Distanz zur jeweiligen Unterrichtspraxis gerückt. Die Autoren der Studie kommen zu dem Befund, dass die angestrebten Bildungsprozesse im Religionsunterricht umso lebendiger und produktiver werden, je „unverkrampfter ReligionslehrerInnen das Spannungsverhältnis zwischen ihrer gelebten und der gelehrten Religion gestalten" und es für eine reflexive Bearbeitung offen halten (Feige et al. 2000, S. 202). Insofern dürfe es als zentrales Merkmal der Professionalität von Religionslehrerinnen und -lehrern gelten, die eigene religiöse Biographie und die darin wirksamen Prägungen reflektieren und zu den eigenen unterrichtlichen Ziel- und Gestaltungspräferenzen ins Verhältnis setzen zu können (vgl. Dressler 2006, S. 109).

Sowohl die empirischen Befunde aus den Befragungen von Theologiestudierenden als auch die Rekonstruktion der Berufsbiographien von Religionslehrerinnen und -lehrern deuten darauf hin, dass Religion und individuelle Religiosität gewissermaßen als Gravitationszentren der berufsbiographischen Entwicklung von Religionslehrerinnen und -lehrern gelten können. Das Theologiestudium kann damit als erste institutionalisierte Phase dieser Entwicklung begriffen werden, die unter anderem dadurch bestimmt ist, dass die individuellen religiösen Sozialisationskontexte der Studierenden mit den Anforderungen und Logiken wissenschaftlicher Theologie aufeinandertreffen. Dass dieses Aufeinandertreffen für das Theologiestudium konstitutiv zu sein scheint, kommt in den empirisch erhobenen Antworten von Studierenden zu ihren Studienmotivationen und -voraussetzungen darin zum Ausdruck, dass sich das Interesse an theologischen Fragen mit dem Interesse an einer Auseinandersetzung mit Glaubensfragen verbindet. So deutlich die Motivlagen der Studierenden über quantitative Instrumente herausgearbeitet werden können, geht aus den vorliegenden empirischen Studien zum Theologiestudium eines nicht hervor: Wie die Studierenden ihr Studium selbst erleben und wie sie das Verhältnis von individueller Religiosität und fachwissenschaftlicher Logik wahrnehmen.

In diesem Beitrag greifen wir diese weitgehend offene Frage auf, indem wir anhand von Auszügen aus einer Gruppendiskussion mit Lehramtsstudierenden der evangelischen Theologie exemplarisch skizzieren, wie Theologiestudierende

ihr Studium erleben und wie sie ihre Erlebnisse diskursiv verhandeln.[1] Im
Zentrum unserer rekonstruktiven Analyse stehen Diskussionspassagen, in denen
sich dokumentiert, wie die Studierenden über Anforderungen und fachwissenschaftliche Gegenstände der Theologie sprechen und wie sie ihre individuelle
Religiosität dazu ins Verhältnis setzen. Über die Analyse der Gruppendiskussion
unternehmen wir den Versuch, einen exemplarischen Einblick in die fachspezifische Sozialisation im theologischen Lehramtsstudium zu geben. Damit verbindet sich zugleich die Zielsetzung, die Perspektiven und die sozialen Praktiken
von Studierenden so zu rekonstruieren, dass sie für die Diskurse der religions-
und schulpädagogischen Fachkultur- und Professionsforschung zugänglich
werden (vgl. Woernle i. V.).

2   Theoretischer und methodisch-methodologischer Rahmen

Im Hinblick auf die Sozialisation in Fachkulturen ist entscheidend, dass sich die
Studierenden nie nur individuell mit einem Fach auseinandersetzen, sondern in
kollektive Kommunikationspraxen eines Faches einbezogen werden. Studierende
bewegen sich in Fachkulturen, die in der deutschsprachigen Fachkulturforschung
als „voneinander unterscheidbare, in sich systematisch verbundene Zusammenhänge von Wahrnehmungs-, Denk- und Handlungsmustern verstanden werden"
(Liebau und Huber 1985, S. 315). Die Fachkulturforschung greift damit
Pierre Bourdieus Theorie des Habitus auf, die davon ausgeht, dass Menschen
in Prozessen individueller und kollektiver Sozialisation die sie umgebenden
Wahrnehmungs-, Denk- und Handlungsmuster reproduzieren, inkorporieren
und habitualisieren (vgl. Bourdieu 1993, S. 101). Unter Habitus versteht
Bourdieu einerseits das generative Prinzip oder die strukturierende Struktur
dieser Muster, die in der Handlungspraxis einer Gruppe zum Ausdruck kommt.
Zugleich bezeichnet Habitus aber auch die schon immer strukturierte Struktur
solcher Muster, wie sie aus den historischen und sozialen Lebensbedingungen
einer Gruppe hervorgeht. (vgl. ebd., S. 98). So wie der Habitus in den geschicht-
lich gewordenen kulturellen Praktiken und Einrichtungen einer Gruppe

---

[1]Die in diesem Beitrag analysierte Gruppendiskussion mit Theologiestudierenden entstand
im Kontext des Dissertationsprojekts von Sven-Sören Woernle mit dem Arbeitstitel: ‚Theologie studieren. Rekonstruktionen einer universitären Fachkultur aus der Perspektive von
Lehramtsstudierenden.‘

institutionalisiert ist, wird er von den Individuen dieser Gruppe übernommen und immer wieder hervorgebracht. (vgl. ebd., S. 102).

Im Anschluss an Bourdieus Habitustheorie gehen wir davon aus, dass die fachliche Sozialisation von Studierenden wesentlich durch die kollektiven Wahrnehmungs-, Denk- und Handlungsmuster einer Fachkultur beeinflusst wird. Umgekehrt zeigen und aktualisieren sich diese kollektiven Muster einer Fachkultur dann, wenn Studierende eines Faches in Gruppendiskussionen ihre Erfahrungen und Erlebnisse im Studium diskursiv verhandeln. Diese Annahme liegt unserer Analyse der Gruppendiskussion mit Theologiestudierenden zugrunde. Methodologisch orientieren wir uns bei der Analyse am Interpretationsverfahren der Dokumentarischen Methode, die einem praxeologisch-rekonstruktiven Ansatz folgt und davon ausgeht, dass menschliche Wissens- und Handlungsformen im sozialen Raum verwurzelt sind und sich in Erzählungen über Erlebnisse und Erfahrungen dokumentieren (vgl. Mannheim 1952, S. 53; Bohnsack 2014, S. 87). Ziel und Spezifikum der Dokumentarischen Interpretation von Gruppendiskussionen ist es, gemeinsame Erlebnis- und Erfahrungszusammenhänge der Akteurinnen und Akteure zu rekonstruieren, die im Anschluss an Karl Mannheim auch als „konjunktive Erfahrungsräume" (Mannheim 1980, S. 271) bezeichnet werden und aus denen heraus sich habituelle Übereinstimmungen und Wissensbestände entwickeln, die für die Akteurinnen und Akteure handlungsleitend sind (vgl. Nentwig-Gesemann 2013, S. 296). Solche konjunktiven Erfahrungsräume werden in Gruppendiskussionen auf spezifische Weise deutlich. Gruppendiskussionen sind als autopoietische Systeme zu verstehen, die eigenen, von der Gruppe kollektiv erzeugten Regeln folgen (vgl. Bohnsack 2014, S. 123). Analysen zur Diskursorganisation in Gruppendiskussionen zeigen, dass sich ein Gespräch von mehreren Teilnehmenden rasch auf Zentren des gemeinsamen Erlebens und damit auf diejenigen Erfahrungsdimensionen zubewegt, in denen es strukturelle Gemeinsamkeiten gibt (vgl. Przyborski 2004, S. 36). Dadurch, dass die Gesprächsteilnehmenden die Gruppendiskussionen gemeinsam strukturieren und weitgehend selbst bestimmen, was in der Diskussion thematisch wird, aktualisieren sich in ihren Äußerungen tendenziell diejenigen Erfahrungen, die von der Gruppe kollektiv geteilt werden. Auf diese Weise bilden sich in den Diskussionen die konjunktiven Erfahrungsräume einer Gruppe ab. Entscheidend ist, dass sich diese Formen der Vergemeinschaftung unabhängig von der Intention der einzelnen Beteiligten, aber abhängig von Gemeinsamkeiten und Unterschieden der sozialisationsgeschichtlichen Erfahrungen und Milieuzugehörigkeiten der Beteiligten konstituieren (vgl. ebd., S. 37). Auch wenn damit nicht das Subjekt und seine Intention, sondern die kollektive Entfaltung konjunktiver Erfahrungen im Vordergrund steht, werden in der Analyse von Gruppendiskussionen auch individuelle Fokussierungen rekonstruiert, um in ihrer gemeinsamen Betrachtung umso genauer die kollektiven Erlebniszusammenhänge deutlich zu machen (vgl. ebd., S. 31). Aus der praxeologischen Sicht der Dokumentarischen Methode kommen in den konjunktiven Erfahrungen einer Gruppe gemeinsam geteilte Wissensbestände zum Tragen, die für die Gruppe selbstverständlich sind und auf einer habituellen Ebene ihre Handlungen und ihre Kommunikation orientieren (vgl. Asbrand und Martens 2018, S. 49). Vor diesem Hintergrund wird das konjunktive Wissen auch als Habitus oder Orientierungsrahmen bezeichnet (vgl. Bohnsack 2013, S. 179). Welche Orientierungen sich in konjunktiven Erfahrungsräumen von Lehramtsstudierenden der Theologie dokumentieren, möchten wir anhand ausgewählter Passagen aus einer Gruppendiskussion mit Studierenden analysieren.

3 Interpretation der Gruppendiskussion mit Theologiestudierenden

An der vorliegenden Gruppendiskussion nehmen drei Studierende teil, die in der Interpretation anonymisiert Niklas, Tobias und Nele genannt werden. Sie studieren an einer hessischen Universität evangelische Theologie im gymnasialen Lehramtsstudiengang und befinden sich zum Zeitpunkt der Diskussion im Hauptstudium, also einer fortgeschrittenen Phase ihres Studiums. Bei den ausgewählten Sequenzen handelt es sich um Diskussionsausschnitte, die sich durch die Selbstläufigkeit des Diskurses, vielfältige Gegenhorizonte und ihre interaktive Dichte auszeichnen und insofern geeignet sind, um konjunktive Erfahrungen der Studierenden zu rekonstruieren (vgl. Bohnsack 2014, S. 125). Auffallen mag, dass Nele in den ausgewählten Sequenzen nicht am Diskurs teilnimmt, was damit zusammenhängt, dass sie sich insgesamt nur phasenweise beteiligt oder einbezogen wird. In den Sequenzen verhandeln Niklas und Tobias drei unterschiedliche und zugleich aufeinander verweisende Themen: 1) Erfahrungen im Theologiestudium im Verhältnis zu schulischen und kirchengemeindlichen Erfahrungsräumen, 2) ihren Umgang mit fachwissenschaftlichen Frage- und Problemstellungen und 3) das Verhältnis ihrer individuellen Religiosität zu fachwissenschaftlichen Frage- und Problemstellungen.

3.1 „Das sind doch zum Teil zwei verschiedene Welten"

In der ersten Sequenz[2] beschreibt Niklas zunächst eine Gesprächssituation mit einem fiktiven Gegenüber und thematisiert Anfragen, die an ihn als Theologiestudent gerichtet werden.

Niklas: häufig wenn ich außerhalb von [Name des Studienortes] so unterwegs bin (.) komm eher aus so nem eher dörflichen Kontext, dann wird häufig die Frage gestellt (.) ja so (.) bist du gläubig [Tobias: mhm] also, das muss doch zusammenpassen [Tobias: mhm] wenn du evangelische Theologie studierst musst du doch automatisch gläubig sein [Tobias: mhm] am besten in der Kirche besonders aktiv und engagiert sein, und wenn du da nich jeden Sonntag bist, dann stimmt dann auch irgendwo was nich [Tobias: mhm] und ja, das zu vermitteln, dass eben das eine Wissenschaft is und das eine Glaube (.) ä:hm (.) und das doch zwei verschiedene Welten zum Teil sind (.) und mir das auch selbst manchmal so vorkommt im universitären Kontext, dass das, was ich in der Kirchengemeinde erlebe manchmal auch völlig losgelöst is von dem, was ich dann in Seminaren oder Vorlesungen lerne [Tobias: ja] und da merkt man okay, manchmal sitzt man doch hier im Elfenbeinturm

Tobias: auf jeden Fall, ja

Niklas verortet das fiktive Gespräch in einem Kontext außerhalb seines Studienortes, nämlich im Kontext seiner dörflichen Herkunft. Dort werde häufig die Frage an ihn gerichtet, ob er als Theologiestudent gläubig sei. Zugleich verbinde sich damit aufseiten seiner Gesprächspartnerinnen oder -partner die Erwartung, dass Theologiestudium und Glaube „doch zusammenpassen" müssen. Daraus ergeben sich für seine Gesprächspartnerinnen oder -partner eine Reihe weiterer Schlussfolgerungen: Als Theologiestudent „musst du doch automatisch gläubig" und „in der Kirche besonders aktiv und engagiert sein". Glaube, kirchengemeindliches Engagement und Theologiestudium werden in den Anfragen an Niklas derart miteinander in Verbindung gebracht, dass eine Abweichung von dieser Erwartung zu Irritationen zu führen scheint und beinahe schon pathologisiert wird: „wenn du da nich jeden Sonntag bist, dann stimmt auch irgendwo was nich". Während Niklas die Anfragen und Erwartungen an ihn paraphrasierend

---

[2]Die Sequenzen aus der Gruppendiskussion werden teilweise in einer gekürzten Fassung abgebildet. Die eckige Klammer [...] zeigt an, dass eine Passage ausgelassen wurde, (.) steht für eine kurze Sprechpause, @ für Lachen. Kurze Äußerungen oder Einwürfe, die während eines Sprechaktes des Gesprächspartners zu hören sind, werden ebenfalls in eckige Klammern [Tobias: mhm] gestellt.

wiedergibt und damit die Gesprächssituation anschaulich darstellt, erwähnt er an
keiner Stelle, wie er selbst in solchen Gesprächen reagiert. Anstatt zu berichten,
was er seinen Gesprächspartnern entgegnet, schildert er auf einer reflexiven
Ebene, wie er das Verhältnis von Glaube und Wissenschaft selbst wahrnimmt.
Die normativen Erwartungen seiner Gesprächspartner, die auf der Vermutung
beruhen, dass Glaube, Theologiestudium und kirchliches Engagement zwangsläufig zusammenpassen und einander bedingen, decken sich nicht mit seinen
eigenen Erlebnishorizonten. „Wissenschaft" und „Glaube" stehen sich in seiner
Wahrnehmung gegenüber und sind für ihn „zwei verschiedene Welten". Ob und
inwiefern Niklas seine Wahrnehmung in den beschriebenen Gesprächssituationen
anspricht, bleibt unklar. Seine Äußerung „und ja, das zu vermitteln, dass das eine
Wissenschaft is und das eine Glaube" könnte andeuten, dass Niklas die Notwendigkeit sieht oder zumindest den Wunsch hat, die von ihm erlebte Differenz
zwischen Wissenschaft und Glaube in solchen Situationen zur Sprache zu
bringen. Deutlicher hingegen kommt zum Tragen, dass Niklas die „zwei Welten"
von Wissenschaft und Glaube nicht abstrakt beschreibt, sondern mit konkreten
Kontexten identifiziert, die ebenfalls zwei voneinander getrennte Sphären bilden.
Wissenschaft verbindet Niklas mit einem „universitären Kontext", Glaube
mit Kontexten der „Kirchengemeinde". Ausgehend von dieser Zuordnung
spitzt Niklas die von ihm wahrgenommene Sphärendifferenz nun nochmals zu,
indem er davon redet, dass das, was er in der Kirchengemeinde erlebe, „völlig
losgelöst" von den Lerninhalten sei, die ihm in Seminaren oder Vorlesungen
begegnen. Wie sehr seine Erfahrungen in der heimatlichen Kirchengemeinde
und in universitären Veranstaltungen auseinanderliegen und wie wenig sie aus
seiner Sicht miteinander zu tun haben, drückt sich schließlich in der Metapher
des „Elfenbeinturms" aus. Obwohl Niklas damit eine Unverbundenheit zwischen
der universitären Sphäre und den Kontexten seiner Kirchengemeinde beschreibt,
deutet sich an, dass er es prinzipiell für möglich hält, beide Welten miteinander
zu verbinden. Es handele sich „zum Teil" um zwei verschiedene Welten und er
merke, dass man „manchmal hier" im Elfenbeinturm sitze. Auf welche Weise
Niklas eine Vermittlung für möglich oder sogar für erstrebenswert hält, geht aus
seinem Redebeitrag jedoch nicht hervor. In jedem Fall scheinen sich seine Wahrnehmungen mit denen von Tobias zu decken. Fast allen seiner Aussagen stimmt
Tobias durch bestätigende Einwürfe zu. Die durchgängige Zustimmung könnte
darauf hindeuten, dass Tobias ähnliche Erfahrungen gemacht hat und ebenfalls mit Erwartungen an die Passung von Theologiestudium, Glaube und kirchlichem Engagement konfrontiert wird. Dass sich beide auf strukturidentische
Erfahrungen beziehen, bestätigt sich in einem Redebeitrag, in dem Tobias
wenig später die Metapher des Elfenbeinturms nochmals aufgreift und auf das

Verhältnis zwischen seinem Theologiestudium und der künftigen Berufspraxis als Religionslehrer bezieht.

> Tobias: mir kam gerade noch so der Gedanke, als du gesagt hast (.) ja, man sitzt da'n bisschen in seinem Elfenbeinturm (.) mir kommt das manchmal auch so'n bisschen vor (.) @manchmal würd ich mir wünschen, es würde alles'n bisschen einfacher sein irgendwie@ (3) um später, also mir fällt es dann manchmal schwer, das was man (.) alles lernt an der Uni in Vorlesungen, in Seminaren, in der Systematik (3) das is manchmal so abgehoben von der Lebenswirklichkeit irgendwie und da fehlt mir manchmal in Bezug auf die Schule die Sinnhaftigkeit irgendwie oder die Frage, was mach ich damit eigentlich so

Tobias adaptiert die Metapher des „Elfenbeinturms", indem er im Anschluss an Niklas eine weitere Sphärendifferenz beschreibt. Im Gegensatz zu seinem Gesprächspartner nimmt Tobias die Sphären von „Lebenswirklichkeit" und Schule in den Blick. Dass Tobias die von ihm wahrgenommene Differenz als problematisch empfindet, drückt sich im allgemein gehaltenen Wunsch aus, es solle „alles'n bisschen einfacher sein irgendwie". Tobias weist damit auf die Schwierigkeit hin, einen Bezug herzustellen zwischen dem Studium als dem Ort, an dem er etwas für seine berufliche Zukunft lernt, und der Schule als dem Ort, an dem das Gelernte wirksam werden kann. Was er in den Lehrveranstaltungen seines Studiums lerne, sei „manchmal so abgehoben von der Lebenswirklichkeit". Dass er unmittelbar im Anschluss daran den „Bezug auf die Schule" anspricht, deutet darauf hin, dass für ihn „Lebenswirklichkeit" in einer engen Verbindung mit der schulischen Sphäre steht. Vorlesungen und Seminare an der Universität hingegen bilden für Tobias eine eigene Sphäre, die nahezu unvermittelt neben den Sphären von Schule und Lebenswelt stehen. Diese Differenz führt dazu, dass Tobias die Relevanz des universitären Wissens für seine zukünftige Berufspraxis nicht erkennen kann und die „Sinnhaftigkeit" dessen, was er im Theologiestudium lernt, zumindest im Hinblick auf die schulische Praxis, infrage stellt: „was mach ich damit eigentlich so". Niklas knüpft an Tobias an, indem er ebenfalls von Schwierigkeiten berichtet, die ihn im Hinblick auf seine zukünftige Berufspraxis beschäftigen.

> Niklas: ja (.) ja, also vor allen Dingen, ich hab häufig die Befürchtung, das sind ja zum Teil so große Konzepte, gerade im Bereich der Dogmatik, die ich ja selbst nich für mich ganz erschließen kann, wie @will ich dann Schülerinnen und Schülern@ das, was ich eigentlich selbst noch nich verstehe, verständlich machen (.) das is ja eigentlich eine Unmöglichkeit (.) und da nich dran zu verzweifeln, is schon ne Herausforderung (.)

Ähnlich wie Tobias nimmt Niklas eine Problemlage in den Blick, die für ihn aus der Struktur des universitären Wissens erwächst und aus seiner Sicht Auswirkungen auf seine zukünftige berufliche Praxis haben wird. Ausgangspunkt seiner „Befürchtung" ist die Auseinandersetzung mit fachwissenschaftlichen Fragen, durch die Niklas den Eindruck gewonnen hat, dass er im Theologiestudium mit „großen Konzepten" konfrontiert wird, die er für sich selbst nicht immer „ganz erschließen" könne. Problematisch erscheint für Niklas nun aber nicht nur, dass er diese Konzepte selbst nicht in vollem Umfang erfassen zu können glaubt. Beunruhigend ist für ihn vor allem die Perspektive, zukünftigen Schülerinnen und Schülern theologisches Wissen nicht adäquat vermitteln zu können. Darin deutet sich sein Anspruch an, theologisches Wissen selbst gedanklich so durchdringen zu können, dass die Schülerinnen und Schüler wiederum daran anknüpfen können. Es entsteht der Eindruck, als erhebe er fachwissenschaftliches Wissen zum Maßstab des schulischen Religionsunterrichts. Sein Anspruch führt in das von ihm beschriebene Problem: Niklas redet von der „Unmöglichkeit", Schülerinnen und Schülern etwas verständlich zu machen, was er selbst noch nicht verstehe. Im Gegensatz zu Tobias stellt Niklas nicht infrage, dass universitäres Wissen für seine zukünftige Tätigkeit in der Schule von Relevanz sein wird. Im Gegenteil: In seinen Äußerungen affirmiert er die Vorstellung, dass sich die Vermittlungstätigkeit in der Schule an fachwissenschaftlichen Inhalten orientiere. Zwar nimmt Niklas ebenso eine Differenz zwischen Universität und Schule wahr, macht es sich aber anscheinend zur Aufgabe, beide Sphären miteinander zu vermitteln. Obwohl die beiden Studierenden den Stellenwert universitären Wissens unterschiedlich bewerten, zeigt sich in ihren Äußerungen ein konjunktiver Erfahrungsraum: Sie erleben das Theologiestudium als einen Raum, der sich erheblich von „lebensweltlichen" Kontexten unterscheidet. Die Wahrnehmung dieser Differenz veranlasst sie zu der Frage, ob und inwiefern das fachwissenschaftliche Studium an diese Kontexte anschlussfähig ist.

3.2   „Oder is das doch irgendwie anders zu verstehen"

Die erste Gesprächssequenz hat gezeigt, dass Niklas und Tobias unterschiedliche Sphären wahrnehmen, die mit jeweils spezifischen Erwartungen an sie verbunden sind. In der Wahrnehmung der Studierenden resultieren daraus Sphärendifferenzen, die durchaus spannungsreich sind. In der folgenden Sequenz thematisieren Niklas und Tobias die fachwissenschaftliche Sphäre. Darin, dass sie fachliche Fragen im Anschluss an ihre eigenen Erfahrungshorizonte aufwerfen, sie argumentativ verhandeln und sich dabei selbst positionieren, zeigt sich eine performative Dimension, die darauf hinweist, wie sie mit theologischen Frage- und Problemstellungen umgehen.

> Niklas: generell einfach die Entstehung der Bibel, also (.) bei einem Vortrag gestern kam (.) ja das mit der Bibel das is doch auch irgendwie (.) so (.) so (.) so menschen- gemacht, oder viele Dinge (2) was wir heute glauben oder so Trinität, dass Jesus der Sohn Gottes ist, das sind doch Konzilsbeschlüsse (.) und jemand im Publikum meinte: joa, das is doch eigentlich nur ne Meinung letztendlich, das könnte man doch dann auch einfach anders sehen, warum sollte man das so hochhalten (.) wenn das Jesus gar nich so von sich aus gesagt hat oder wir das heute auch nich mehr nachvollziehen können, ob die Jünger ihn einfach so interpretiert haben (.) natür- lich (.) können wir das nachvollziehen oder wir versuchen es immer mehr in der Forschung nachzuvollziehen, dass die Bibel natürlich nich einfach vom Himmel gefallen is und da war, aber dennoch dass es nicht so einfach is (.) die Menschen haben damals einfach mal in Nizäa oder Konstantinopel irgendetwas beschlossen (.) und das können wir jetzt einfach über Bord werfen [...] wir würden ja nicht @ernst- haft@ hier jemanden finden, der jetzt sagt och [...] Sohn Gottes, nee: is egal wer

Niklas beschreibt in dieser Passage Herausforderungen, die sich für ihn aus der Frage nach der Entstehung und der Verbindlichkeit christlicher Traditionen ergeben. Dabei bezieht er sich auf einen Vortrag, den er kürzlich besucht hat. Dort kam die Frage auf, inwiefern überlieferte Traditionen und Lehrmeinungen „menschengemacht" sind, ob sie letztlich nicht nur eine „Meinung" wider- spiegeln und inwiefern sie überhaupt eine verbindliche Geltung beanspruchen können. Auf diese Problemanzeige reagiert Niklas mit einem Verweis auf die rekonstruktive Auseinandersetzung mit biblischen Überlieferungen und christ- lichen Traditionen in der Theologie. Sie geht zum einen davon aus, dass die Bibel nicht „einfach vom Himmel gefallen" sei. Theologische Wissenschaft wird als eine Instanz beschrieben, die die geschichtliche und damit kontingente Ent- stehung christlicher Überlieferungen untersucht. Niklas unterstellt zugleich, dass man im Kontext wissenschaftlicher Theologie („hier") niemanden finden könne, der diese Traditionen angesichts wissenschaftlicher Erkenntnisse „einfach über Bord werfen" und damit revidieren würde. Darin deutet sich eine Spannungslage an: Die wissenschaftliche Praxis der Rekonstruktion und die Verbindlichkeit von Traditionen, die für die christliche Glaubensgemeinschaft konstitutiv sind, treffen in Niklas' Wahrnehmung im Theologiestudium spannungsvoll aufeinander. Wie sehr er selbst in diese fachspezifische Spannungslage involviert ist, wird daran erkennbar, dass er in der persönlichen ersten Person Plural redet und sich inner- halb eines Kollektivs verortet. Auffällig ist, dass dieses Kollektiv zwei Sphären umspannt: In Niklas' Äußerungen verbinden sich die Bereiche von Glauben und

Wissenschaft, indem er sowohl auf eine Glaubensgemeinschaft mit kollektiven Glaubensüberzeugungen („wir glauben") als auch auf eine Forschungsgemeinschaft verweist („wir versuchen es immer mehr in der Forschung nachzuvollziehen"). In der Art und Weise, wie Niklas über das fachwissenschaftliche Problem redet, deutet sich an, dass Glaube und theologische Wissenschaft für ihn nicht zwangsläufig hermetisch gegeneinander abgeschlossene Sphären sind. Er scheint sich mit den Logiken beider Sphären zumindest identifizieren zu können. Zugleich löst Niklas die wahrgenommene Spannung zwischen den Sphären nicht auf. Auch wenn die Entstehung der christlichen Überlieferung immer mehr nachvollzogen werden könne, sei die Lage „nicht so einfach": Während auf wissenschaftlicher Ebene die Entstehung und Tradierung biblischer Texte untersucht wird, haben die damit gewonnenen Erkenntnisse in seiner Sicht nur bedingt Auswirkungen auf die Sphäre des Glaubens: „wir würden ja nicht ernsthaft hier jemanden finden, der jetzt sagt och, Gottes Sohn, is egal wer." Niklas spricht der Sphäre des Glaubens letztlich eine vorrangige Geltung zu, der gegenüber die wissenschaftliche Perspektive auf Tradition und Überlieferung in den Hintergrund tritt. Als Christ sieht sich Niklas geradezu in der Verantwortung, überlieferte Traditionen und Glaubenssätze ernst zu nehmen und sich mit ihnen so auseinanderzusetzen, dass sie für ihn nicht obsolet oder beliebig werden. Bestimmte Überlieferungen hält er für den substanziellen und verbindlichen Kern christlichen Glaubens. Als Theologiestudent muss er sich demgegenüber jedoch alltäglich damit auseinandersetzen, dass diese Verbindlichkeit durch kritische Anfragen, wie sie beispielsweise im Rahmen des von ihm besuchten Vortrags formuliert werden, und durch die rekonstruktive Praxis der theologischen Wissenschaft selbst infrage gestellt wird. Insgesamt wird damit deutlich, dass er die Kontingenz von Traditionen und Überlieferungen als eine gedankliche Herausforderung wahrnimmt, aber selbst keine für ihn tragfähige Umgangsweise mit dieser Herausforderung formulieren kann. Die theologische Wissenschaft nimmt Niklas als eine Rekonstruktionspraxis wahr, die seine eigenen Glaubensüberzeugungen anficht, aber nicht fundamental infrage stellen kann. Glaube und Wissenschaft sind für ihn aufeinander bezogen, zugleich aber auf eigentümliche Weise voneinander isoliert. Zu einem späteren Zeitpunkt der Gruppendiskussion berichtet auch Tobias von theologischen Fragestellungen, mit denen er sich im Rahmen des Studiums auseinandersetzt. Dabei wird deutlich, dass er auf andere Weise mit diesen Fragen umgeht.

> Tobias: ja (.) ich hab auch immer so eins, zwei Fragen (.) also bei mir is es immer
> so (2) periodenhaft, dass mich eine Frage irgendwie beschäftigt, so aus (.) dem
> Semester von den Modulen, die ich mache (.) zum Beispiel is das gerade einfach

so (.) was is eigentlich die Bibel (.) wie soll ich die Bibel lesen, is das wirklich (2) eins zu eins Gottes Wort was da steht oder is das Menschenwort, is das inspiriert, is das nich inspiriert, was is das eigentlich [...] und daraus ergeben sich dann halt häufig oft so Fragen wie zum Beispiel was ist die Bibel, is das wirklich was, was Gott offenbart hat (.) oder is das was, was der Mensch gemacht hat und was ich demnach auch so untersuchen muss (.) is das wirklich so, dass'n Gott sich offenbart und ich dann auch sage: okay, es gibt jetzt einen Weg durch Jesus (.) oder is das doch irgendwie anders zu verstehen und ich muss es irgendwie anders deuten und so

Tobias berichtet davon, dass im Kontext seiner aktuellen Studienschwerpunkte immer wieder Fragen aufkämen, die ihn für eine bestimmte Zeit besonders beschäftigen. Momentan liege sein Fokus beispielsweise auf der Frage, was „eigentlich die Bibel" sei und wie er „die Bibel lesen" solle. Letzteres gibt einen Hinweis darauf, dass sich diese Fragestellung für Tobias durch einen starken Praxis- bzw. Lebensbezug auszeichnet. Das Problem, das hinter seiner Frage nach einem für ihn angemessenen Bibelverständnis steht, spitzt Tobias in der Gegenüberstellung von zwei alternativen Annahmen zu. Man könne entweder annehmen, dass die Bibel „wirklich eins zu eins Gottes Wort sei" und damit etwas, „was Gott offenbart hat", oder davon ausgehen, dass die Bibel „Menschenwort" sei und damit etwas, „was der Mensch gemacht hat". Das zweimal verwendete „wirklich" weist dabei darauf hin, dass das Verständnis der Bibel als „eins zu eins Gottes Wort" für ihn der Ausgangspunkt (gewesen) sein könnte, der durch das Studium hinterfragt wird.

In seinen Ausführungen deutet sich an, dass mit der Frage nach dem Umgang mit der Bibel auch die Frage nach ihrer Entstehung einhergeht und Tobias sich im Kern mit einer ähnlichen Frage auseinandersetzt wie Niklas. Allerdings zeigen sich sowohl auf sachlicher als auch auf sprachlicher Ebene erhebliche Unterschiede zu der Art und Weise, wie Niklas mit dieser Frage umgeht. Auffällig ist, dass Tobias die Frage nach dem Bibelverständnis nicht an eine kollektive Glaubens- oder Forschungsgemeinschaft zurückbindet, sondern konsequent in der ersten Person Singular redet. Darin deutet sich an, dass Tobias theologische Frage- und Problemstellungen auf eine Weise bearbeitet, die es ihm ermöglicht, persönliche Glaubensfragen mit wissenschaftlichen Sichtweisen ins Gespräch zu bringen. In seinen Äußerungen entfaltet Tobias so etwas wie eine hermeneutische Umgangsweise mit den beiden alternativen Annahmen, die er zuvor gegenübergestellt hat. Je nachdem, welche Annahme man verfolgt, ergeben sich für ihn unterschiedliche Umgangsweisen mit der Bibel. Favorisiert man die Annahme, dass die Bibel inspiriertes Gotteswort und göttliche Offenbarung ist, wäre es in Tobias' Augen möglich, Grundaussagen der Bibel ohne Weiteres zu affirmieren und zu sagen „okay, es gibt jetzt einen Weg durch Jesus". Bevorzugt man die

Annahme, dass die Bibel menschengemacht ist, müsse man sie „demnach auch so untersuchen", was für Tobias anscheinend zur Folge hat, dass „das doch irgendwie anders zu verstehen" sei. In diesem Fall ergibt sich für Tobias die Notwendigkeit eines interpretativen Umgangs mit der Bibel: „ich muss irgendwie anders deuten". Tobias expliziert nicht, welche Umgangsweise er selbst bevorzugen würde. Womöglich hält er sein eigenes Vorgehen auch bewusst offen. In jedem Fall deutet sich an, dass Tobias durch die Auseinandersetzung mit theologischen Fragestellungen im Studium einen methodischen Zugang gefunden hat, um seine eigenen (Glaubens-)Fragen mit wissenschaftlichen Zugangsweisen zu vermitteln.

3.3   „Weil das nix is, was man von sich losgelöst betreiben kann"

Das spannungsreiche Verhältnis von Glauben und Wissenschaft wird von Niklas und Tobias in einer späteren Passage noch einmal unter dem Aspekt individueller Religiosität verhandelt und damit auf eine Sphäre persönlicher religiöser Praxis ausgeweitet. Ausgangspunkt dafür ist eine Sequenz, in der Niklas über seine private Bibellektüre spricht:

> Niklas: die Bibel hat für mich auch immer etwas Heiliges und ich würde da nie einfach wie über'n Drama oder oder'n Gedicht einfach so drüber hinwegfegen einfach, also das is immer irgendwie so, dass ich mich auch da innerlich auch drauf einstelle, ich nehme keine Bibel in die Hand und sage: och jetzt hab ich Lust zu lesen [Tobias: mhh] sondern ich möchte da auch irgendwie innerlich @beteiligt sein@
>
> Tobias: ja: weil sie
>
> Niklas: es ergibt keinen Sinn für mich sonst
>
> Tobias: weil's halt immer diese innere Beteiligung irgendwie miteinschließt so
>
> Niklas: genau
>
> Tobias: das Theologiestudium und weil das nix is was man von sich selbst losgelöst betreiben kann
>
> Niklas: ja ja
>
> Tobias: also vielleicht sollte man das können (.) muss man ja mal überlegen oder (.) aber ich kann's bisher nich irgendwie

Niklas schildert seine Sicht auf die Bibel, die er als „etwas Heiliges" bezeichnet. Das Lesen der Bibel nimmt für ihn eine von anderen Lektüren zu unterscheidende Rolle ein. Während er über Drama oder Lyrik „einfach so hinwegfegen" könne, schließe das Lesen der Bibel eine innere Vorbereitung ein. Unter Zustimmung von Tobias beschreibt er seinen Wunsch, sich nicht nur innerlich vorbereitet auf die Bibellektüre einzulassen, sondern auch während des Lesens selbst „irgendwie innerlich beteiligt" zu sein. Innerliche Beteiligung ist für Niklas überhaupt erst die Voraussetzung dafür, sich angemessen mit der Bibel auseinanderzusetzen: „es ergibt keinen Sinn für mich sonst".

Tobias scheint diese Überzeugung zu teilen, stellt sie aber in einen anderen Kontext, indem er die Formel der „inneren Beteiligung" auch auf das Theologiestudium überträgt. Was die beiden Studierenden unter dieser „inneren Beteiligung" im Theologiestudium verstehen, deutet sich in dieser Passage lediglich an, wird aber in späteren Passagen genauer elaboriert: Beide teilen die Erfahrung, dass in der Auseinandersetzung mit fachwissenschaftlichen Frage- und Problemstellungen persönliche Glaubensfragen und religiöse Orientierungen nicht ausgeblendet werden können. Diese konjunktive Erfahrung verhandeln sie zunächst auf einer recht abstrakten Ebene. Begleitet von zustimmenden Gesten seines Gesprächspartners beschreibt Tobias seinen Blick auf das Verhältnis zwischen Theologiestudium und innerer Beteiligung in drei Schritten. Er beginnt mit der Aussage, dass das Theologiestudium „immer diese innere Beteiligung miteinschließt". In seinem Verständnis ist sie als notwendiger Bestandteil des Theologiestudiums zu verstehen. Das Theologiestudium sei nichts, „was man von sich selbst losgelöst betreiben kann". Allerdings stellt Tobias in einem nächsten Schritt diese Aussage wieder infrage. Die Formulierung „vielleicht sollte man das können" deutet darauf hin, dass Tobias hinterfragt, ob die „innere Beteiligung" einem wissenschaftlichen Studium angemessen ist und eine stärkere Distanzierung gegenüber persönlichen Orientierungen notwendig wäre. In seiner abschließenden Äußerung weist Tobias darauf hin, dass er eine solche Distanzierungsleistung selbst (noch) nicht erbringen kann: „ich kann es bisher nich". Niklas schließt bestätigend an Tobias an und schlägt dabei eine Brücke zwischen dem von ihm beschriebenen innerlichen Beteiligtsein in der Bibellektüre und der inneren Beteiligung im Theologiestudium, wie Tobias sie beschrieben hat:

Niklas: ja ja (.) also klar, ich kenn das bei andern Büchern auch, da weiß ich auch wo meine Lieblingstextstellen stehen, so hab ich in der Bibel auch so meine eigenen Lieblingstextstellen dann fühl ich mich da gleich zuhause sozusagen wenn ich mal (2) so vom Alltag entfliehen möchte, dann weiß ich welcher Text erbaut mich und dann (.) is auch egal ob ich den schon fast auswendig kann, weil er mir immer was Neues zeigt und (3) man weiß, man wird nie ganz (.) fertig sein einfach (.) und dann kommen auch noch die Urtexte, die rekonstruierten Urtexte dazu und das wird immer größer und manchmal hab ich das Gefühl (.) dass mir der Text eigentlich bei zunehmender Beschäftigung manchmal fremder wird @und nicht zugänglicher@ weil ich immer mehr merke: ah okay, wenn du das jetzt historisch-kritisch hinterfragst, dann misstraust du auch fast dem Text schon wieder @so'n bisschen@ und dann ja (.) schwierig

Niklas reagiert auf die vorangegangenen Äußerungen von Tobias damit, dass er
den Aspekt der inneren Beteiligung nun nochmals aufgreift und konkretisiert, wie
sich sein persönlicher Zugang zur Bibel und die wissenschaftlichen Arbeitsweisen
der Theologie zueinander verhalten. Niklas beschreibt einerseits seinen persönlichen Zugang zur Bibel mit Attributen der Beheimatung und der Vertrautheit. So
habe er seine „Lieblingstextstellen", fühle sich „da gleich zuhause" und wisse,
welcher Text ihn erbaue. Bibellektüre scheint für Niklas wie ein Refugium zu
sein, dessen Vertrautheit er jedoch verlassen muss, sobald er sich wissenschaftlich
mit den Bibeltexten auseinandersetzt. Seine Äußerungen erwecken den Eindruck,
dass es für Niklas zwei unterschiedliche Sphären der Begegnung mit Bibeltexten
gibt. Neben die erbauliche Privatlektüre tritt die historisch-kritische Exegese, durch
die ihm biblische Texte „manchmal fremder" werden „und nicht zugänglicher".
Diese Entfremdung gipfelt darin, dass Niklas bei der Anwendung wissenschaftlicher Methoden das Gefühl habe, dem Text zu misstrauen. Dass dem Text vertraut
oder misstraut werden kann und er damit personalisiert wird, hebt nicht nur seine
besondere Bedeutung für Niklas hervor, sondern verdeutlicht auch die Spannungen,
mit denen sich Niklas konfrontiert sieht, sobald er die Sphäre seiner privaten
religiösen Praxis verlässt und sich mit wissenschaftlichen Zugängen zur Bibel auseinandersetzt. Auf welche Weise er diese Spannungen für sich bearbeitet, wird in
seinen Äußerungen nicht deutlich. Sein abschließender Kommentar „schwierig"
deutet jedoch darauf hin, dass er bisher keine für ihn befriedigende Umgangsweise
mit diesem Spannungsverhältnis gefunden hat. Eine nahezu konträre Umgangsweise mit dem Verhältnis von persönlicher Religiosität und wissenschaftlicher
Logik deutet sich hingegen bei Tobias an. Auf die Frage des Interviewers, welche
Situationen rund um das Studium den Studierenden besonders in Erinnerung
geblieben seien, berichtet Tobias von Erlebnissen zu Beginn seines Studiums, die er
in der Retrospektive als irritierend und herausfordernd beschreibt:

Tobias: ich erinner mich noch sehr sehr gut an (.) die Einführung in die Systematik
(2) besonders an Schleiermacher, den wir gelesen haben (3) und wie mich das (2)
in meinem Denken über Religion und Glaube und alles was damit irgendwie so
zusammenhängt (.) auf ne ganz neue Art und Weise extrem herausgefordert hat (.)
weil das sehr widersprüchlich war zu dem, was ich bisher (2) persönlich irgendwie
geglaubt habe (.) und da auch (.) lange mit ringen musste (.) zu gucken (.) was von
dem, was Schleiermacher sagt find ich eigentlich gut (.) und was find ich eigentlich nich so gut und (.) gucken musste da ne eigene Position zu (.) finden irgendwie (.) und das war irgendwie so'n Prozess, den hab ich noch nie so erlebt davor
(.) deswegen kann ich mich da sehr gut dran erinnern und da musste ich dann auch
ma mit'n paar Leuten irgendwie dann drüber reden und so die sich'n bisschen auskannten nochma (.) das fand ich auch sehr wertvoll irgendwie weil ich so dann
gemerkt hab okay (.) es macht mir auch Spaß so, ne?

Tobias thematisiert in dieser Passage persönliche Irritationserlebnisse durch das Theologiestudium, indem er sich an eine Einführungsveranstaltung in der Systematischen Theologie erinnert. Diese Veranstaltung habe sein „Denken über Religion und Glaube" auf eine „ganz neue Art und Weise extrem herausgefordert". Schon zu diesem frühen Zeitpunkt des Studiums scheint Tobias das Verhältnis zwischen seinem persönlichen Glauben und den Anforderungen theologischer Wissenschaft als spannungsreich wahrgenommen zu haben. Auslöser dafür war für ihn die Lektüre von Texten des Theologen Friedrich Schleiermacher, bei der Tobias auf ein theologisches Denkmuster gestoßen ist, das „sehr widersprüchlich war" zu dem, was er „bisher persönlich geglaubt" habe. Seine Auseinandersetzung mit dem Denken Schleiermachers beschreibt Tobias als ein prozesshaftes „Ringen" um eine eigene Position. Dass dieser Prozess nicht nur spannungsvoll, sondern womöglich auch krisenhaft gewesen sein könnte, wird daran deutlich, dass er sich hilfesuchend an Personen gewendet habe, die „sich'n bisschen auskannten". Bei seiner Standpunktsuche scheint sich Tobias insgesamt weniger an wissenschaftlichen, sondern vor allem an subjektiv-normativen Kriterien orientiert zu haben. Theorieangebote klassifiziert er auf Basis subjektiver Bewertungsmaßstäbe als „gut" oder „nicht so gut". In seinem Sprechen bestätigt sich damit seine Aussage, dass das Theologiestudium nichts sei, was er „losgelöst von sich selbst betreiben" könne. Subjektive Orientierungen bilden für ihn den Rahmen, in dem sich seine Auseinandersetzung mit fachwissenschaftlichen Wissensbeständen vollzieht.

Tobias beschreibt seine Standpunktsuche als eine Initiation in das Theologiestudium und in theologische Denkwelten, die für ihn in der Retrospektive positiv konnotiert ist. Genau darin unterscheidet er sich von seinem Gesprächspartner. Während Tobias davon redet, dass die Beschäftigung mit bisher fremden Positionen „Spaß" mache, führt die Auseinandersetzung mit historisch-kritischen Methoden der Bibelexegese bei Niklas dazu, dass ihm biblische Texte „fremder" und „nicht zugänglicher" werden und er ihnen fast schon misstraut. Gemeinsam ist ihnen hingegen die Erfahrung, dass die wissenschaftliche Perspektive des Theologiestudiums und ihre persönliche Religiosität spannungsvoll aufeinander bezogen sind. Diese Erfahrung dokumentiert sich darin, dass ihre bisherige religiöse Praxis und ihr persönlicher Glaube durch das Theologiestudium irritiert und herausgefordert werden. Wie sie diese Irritation im Laufe ihrer Studienbiographie bearbeiten, ist jedoch recht unterschiedlich. Während die Spannungen zwischen eigener Religiosität und wissenschaftlicher Logik bei Niklas dazu führen, dass sich persönliche und wissenschaftliche Bibellektüre konträr gegenüberstehen und „entfremden", stößt das „Ringen" mit theologischen Denkweisen und Positionen bei Tobias eine eigene Standpunktsuche an, die er im Rückblick als „wertvolle" Bereicherung beschreiben kann. Die Art und Weise, wie die beiden Studierenden ihre persönlichen religiösen Orientierungen mit den Anforderungen wissenschaftlicher Theologie ins Verhältnis setzen, wirft zugleich die grundsätzliche Frage auf, ob eine reflexive Distanznahme zu habitualisierten Orientierungen im Theologiestudium überhaupt möglich ist.

4   Orientierungen der Gruppe. Zusammenfassung und Ausblick

In den besprochenen Sequenzen der Gruppendiskussion zeigt sich, dass die Studierenden Tobias und Niklas universitäre Fachwissenschaft und individuelle Religiosität auf je eigene Weise zueinander ins Verhältnis setzen. Über die unterschiedlichen Passagen hinweg lassen sich jedoch auch strukturidentische Erfahrungen rekonstruieren, die auf einen konjunktiven Erfahrungsraum der Studierenden hinweisen: In ihren Äußerungen dokumentiert sich, dass sie das Theologiestudium als eine Sphäre wahrnehmen, die sich von anderen Kontexten ihrer Lebenswelt unterscheidet, aber zugleich mit ihnen verwoben ist. Was die Studierenden im Theologiestudium erleben, wirkt in die Kontexte von Kirchengemeinde, persönlicher religiöser Praxis oder antizipierter beruflicher Tätigkeit hinein. Umgekehrt haben diese Kontexte einen Einfluss darauf, wie sie Theologie studieren und sich mit fachwissenschaftlichen Frage- und Problemstellungen auseinandersetzen. Über die verschiedenen Diskussionspassagen hinweg wird deutlich, dass die Studierenden darum bemüht sind, diese unterschiedlichen Sphären und ihre je eigenen Denk- und Handlungslogiken miteinander in Beziehung zu setzen. Dabei zeigt sich, dass die Vermittlungsbemühungen zwischen der wissenschaftlichen Logik der Theologie und den anderen angesprochenen Sphären nicht zu einer harmonischen Integration führen, sondern mit Spannungen verbunden sind, die sich nicht ohne Weiteres auflösen lassen. Diese Spannungen sind es, die im Mittelpunkt ihres Diskurses stehen. Sie weisen auf das zentrale Orientierungsproblem dieser Gruppe hin, das sich in der Frage bündelt, ob und inwiefern eine Vermittlung zwischen den disparat wahrgenommenen Sphären notwendig und möglich ist.

Auch wenn die Passagen der Gruppendiskussion nur einen exemplarischen Einblick in Erfahrungsräume von Theologiestudierenden geben können und durch weitere rekonstruktive Analysen validiert werden müssen, deutet sich in ihnen an, dass das Theologiestudium die Wahrnehmungs-, Denk- und Handlungsmuster von Studierenden irritieren und infrage stellen kann. In der Art und Weise, wie Studierende die damit einhergehenden Spannungen kollektiv wahrnehmen und individuell bearbeiten, dokumentieren sich Studienherausforderungen, die für das Lehramtsstudium der evangelischen Theologie charakteristisch sein könnten. In den Perspektiven der Studierenden auf das Theologiestudium werden zugleich die Konturen einer universitären Fachkultur deutlicher. Insofern wollen wir die empirischen Beobachtungen aus den Diskussionspassagen zum Ausgangspunkt nehmen, um solche Konturen entlang der drei besprochenen Sequenzen andeutungsweise und explorativ zu skizzieren.

1. In den Äußerungen der Studierenden deutet sich an, dass die wissenschaftliche Logik des Theologiestudiums und die Handlungslogik ihrer zukünftigen Berufspraxis in ihrer Wahrnehmung weitgehend unvermittelt nebeneinanderstehen. Die wahrgenommene Differenz führt dazu, dass sie beide Logiken kaum sinnvoll zueinander in Beziehung setzen können. So scheint die wissenschaftliche Auseinandersetzung mit theologischen Inhalten für Tobias derart abgehoben von lebensweltlichen Zusammenhängen zu sein, dass ihm die Relevanz fachwissenschaftlicher Zugänge für die spätere Vermittlungstätigkeit in der Schule fraglich wird. Niklas hingegen zweifelt gerade nicht an der Relevanz fachwissenschaftlichen Wissens für den schulischen Unterricht. Im Hinblick auf seine zukünftige Berufspraxis folgt er vielmehr der Vorstellung, dass sich die schulische Vermittlungsaufgabe am fachwissenschaftlichen Wissen der Universität orientieren müsse. Daher wird für ihn nicht die Frage nach der Sinnhaftigkeit wissenschaftlichen Wissens zum Problem, sondern die Frage, wie es sich in schulische Kontexte transferieren lasse. Diese Perspektiven der Studierenden verweisen nicht nur auf Herausforderungen, die die Studierenden in ihrer Studiengestaltung selbst betreffen. Sie legen auch die Frage nahe, inwiefern es in Lehramtsstudiengängen der Theologie gelingt, die Funktion wissenschaftlichen Arbeitens für die berufsbiographische Entwicklung der Studierenden angemessen zu bestimmen und den Studierenden gegenüber transparent zu machen. Dass die erste Phase der Religionslehrerbildung zunächst auf eine Auseinandersetzung mit den Fragestellungen, Methoden und Wirklichkeitszugängen der Fachwissenschaft zielt, scheint angesichts der diachronen Struktur der gesamten Lehrerbildung schlüssig. Die bewusste und reflektierte Auseinandersetzung mit der Sache geht einem unterrichtspraktischen Können notwendig voraus (vgl. Laging et al. 2015, S. 99). Zugleich zeichnet sich vor dem Hintergrund der Erfahrungshorizonte der Studierenden ab, dass die Auseinandersetzung mit fachwissenschaftlichen Inhalten und Konzepten vermutlich gerade dann als subjektiv ertragreich wahrgenommen und mit Sinn unterlegt werden kann, wenn sie antizipativ in die Perspektive der zukünftigen Vermittlungstätigkeit rückt (vgl. Hericks

2006, S. 83). Eine solche reziproke Bestimmung von Wissenschafts- und Berufsorientierung für das theologische Lehramtsstudium geltend zu machen, entspricht letztlich auch dem Selbstverständnis evangelischer Theologie als einer Wissenschaft, die sich wesentlich über die Aufgabe der Vermittlung und Kommunikation konstituiert (vgl. Grethlein 2013, S. 35).

2. In der Art und Weise, wie die Studierenden theologische Frage- und Problemstellungen in der Diskussion miteinander verhandeln, deutet sich an, dass die Auseinandersetzung mit fachwissenschaftlichen Inhalten in der Theologie durch Diskursivität und ein gewisses Maß an Unbestimmtheit geprägt ist. Diese kommunikative Grundstruktur ergibt sich daraus, dass es die Theologie mit religiösen Sprachformen zu tun hat, die sie einerseits in die Formen propositionaler wissenschaftlicher Sprache transformieren muss, ohne dabei wieder die Mehrdeutigkeit der religiösen Sprache auszulöschen noch Glaubensaussagen als Sachverhaltsbehauptungen zu deklarieren (vgl. Dressler et al. 2017, S. 197). In dieser Spannung bewegen sich Niklas und Tobias, wenn sie sich an der Frage nach einem Bibelverständnis abarbeiten, das sowohl eigenen religiösen Überzeugungen als auch den Anforderungen einer wissenschaftlichen Reflexion angemessen ist. In ihrer Suche nach einem eigenen Standpunkt zeigt sich, dass sie mit der Struktur der fachlichen Kommunikation individuell unterschiedlich umgehen. Während Tobias einen hermeneutischen Zugang zum Problem des Bibelverständnisses entfaltet, wird bei Niklas deutlich, dass die Unbestimmtheit und Diskursivität theologischer Fragestellungen irritierende bis krisenauslösende Wirkungen haben kann.

3. In ihrem diskursiven Umgang mit fachwissenschaftlichen Problemstellungen deutet sich schließlich an, dass sich die Studierenden grundlegend mit der Frage auseinandersetzen, in welchem Verhältnis ihre individuelle Religiosität und die wissenschaftliche Praxis des Theologiestudiums stehen. Diese Frage steht implizit im Hintergrund, wenn sie davon berichten, wie einige ihrer religiösen Überzeugungen und Sichtweisen durch das Theologiestudium irritiert wurden. Auf einer expliziten Ebene dokumentiert sich diese Frage, wenn Tobias davon spricht, dass man Theologie nicht von sich selbst losgelöst beitreiben könne, er aber zugleich darüber nachdenkt, ob man genau das in einem Theologiestudium nicht können müsse. In der Art und Weise, wie die Studierenden das Verhältnis von Wissenschaft und Religiosität in ihrem Studium erleben und reflektieren, scheint eine methodische Unterscheidung durch, die in der jüngeren protestantischen Theologiegeschichte von zentraler Bedeutung ist: Es handelt sich um die Unterscheidung von Theologie und Religion, mit der die Theologie einerseits als wissenschaftliche Theorie der christlichen Religion verstanden wird und insofern eine reflexive Distanz zur

Religionspraxis einnimmt, damit aber zugleich auf religiöse Praxis als Gegenstand der Reflexion bezogen bleibt. Gegenüber Tendenzen, diese beiden Pole unterschiedlich zu gewichten oder die Unterscheidung zu unterlaufen, erinnert der systematische Theologe Martin Laube an das „dynamische Unruhepotenzial" der Unterscheidung von Theologie und Religion (Laube 2015, S. 456), das es erforderlich mache, beide Pole in der Schwebe zu halten und aufeinander zu beziehen. Laubes Überlegungen sind nun aber nicht nur wissenschaftstheoretisch aufschlussreich, sondern auch im Hinblick auf die berufsbiographische Entwicklung von Religionslehrkräften relevant. Sie deuten darauf hin, dass es religionsprofessionelle Berufe mit einer bisweilen widersprüchlichen Gleichzeitigkeit von Binnen- und Außenperspektive, von Teilhabe und Reflexion zu tun haben. So zeigt die Studie zur „‚Religion' bei ReligionslehrerInnen" (Feige et al. 2000), dass die gelebte und die gelehrte Religion von Religionslehrkräften in einem spannungsvollen Verhältnis stehen und die Gestaltung dieses Spannungsverhältnisses eine entscheidende Rolle in ihrer beruflichen Praxis spielt. In den Sequenzen der Gruppendiskussion deutet sich ein äquivalentes Spannungsverhältnis an – mit dem Unterschied, dass die Studierenden ihre individuelle Religiosität nicht im Vollzug des Unterrichtens, sondern in der handlungsentlasteten Begegnung mit fachwissenschaftlichen Inhalten reflektieren müssen. Theologie zu studieren bedeutet in diesem Sinne, die Spannungen zwischen einer gelebten und einer wissenschaftlich zu reflektierenden Religion wahrzunehmen und zu bearbeiten.

Literatur

Asbrand, B. & Martens, M. (2018). *Dokumentarische Unterrichtsforschung*. Wiesbaden: Springer VS.

Bohnsack, R. (2013). Dokumentarische Methode und die Logik der Praxis. In A. Lenger, C. Schneickert & F. Schumacher (Hrsg.), *Pierre Bourdieus Konzeption des Habitus. Grundlagen, Zugänge, Forschungsperspektiven* (S. 175–200). Wiesbaden: Springer VS.

Bohnsack, R. (2014). *Rekonstruktive Sozialforschung. Einführung in qualitative Methoden* (9. Aufl.). Opladen & Toronto: Barbara Budrich.

Bourdieu, P. (1993). *Sozialer Sinn. Kritik der theoretischen Vernunft*. Frankfurt a. M.: Suhrkamp.

Dressler, B. (2006). Religionslehrerinnen und Religionslehrer. In M. Wermke, G. Adam & M. Rothgangel (Hrsg.), *Religion in der Sekundarstufe II. Ein Kompendium* (S. 97–118). Göttingen: Vandenhoeck & Ruprecht.

Dressler, B., Feige, A., Fischer, D., Korsch, D. & Schöll, A. (2017). *Innenansichten. Zum professionellen Umgang mit Religion im Pfarramt*. Leipzig: Evangelische Verlagsanstalt.

Feige, A., Dressler, B., Lukatis, W. & Schöll, A. (2000). ,Religion' bei
ReligionslehrerInnen. Religionspädagogische Zielvorstellungen und religiöses Selbstverständnis in empirisch-soziologischen Zugängen. Berufsbiographische Fallanalysen
und eine repräsentative Meinungserhebung unter evangelischen ReligionslehrerInnen
in Niedersachsen. Münster: LIT Verlag.

Feige, A., Friedrichs, N. & Köllmann, M. (2007). Religionsunterricht von morgen?
Studienmotivationen und Vorstellungen über die zukünftige Berufspraxis bei
Studierenden der ev. und kath. Theologie/Religionspädagogik. Eine empirische Studie
an Baden-Württembergs Hochschulen. Ostfildern: Schwabenverlag.

Grethlein, C. (2013). Universitäre Religionslehrerbildung zwischen Berufsfeld- und
Wissenschaftsbezug. In T. Heller & M. Wermke (Hrsg.), Universitäre Religions-
lehrerbildung zwischen Berufsfeld- und Wissenschaftsbezug (S. 29–44). Leipzig:
Evangelische Verlagsanstalt.

Hericks, U. (2006). Dem Beruf ein Gesicht verleihen. Entwicklungsaufgaben als Modell
beruflichen Kompetenzerwerbs in der ersten Phase der Lehrerausbildung. In A. Hilligus
& H.-D. Rinkens (Hrsg.), Standards und Kompetenzen – neue Qualität in der Lehrerbildung? Neue Ansätze und Erfahrungen in nationaler und internationaler Perspektive
(S. 79–87). Berlin: LIT Verlag.

Huber, L. (1991). Sozialisation in der Hochschule. In K. Hurrelmann & D. Ulich (Hrsg.),
Handbuch der Sozialisationsforschung (S. 417–441). Weinheim & Basel: Beltz.

Laging, R., Hericks, U. & Saß, M. (2015). Fach:Didaktik. Fachlichkeit zwischen
didaktischer Reflexion und schulpraktischer Orientierung. Ein Modellkonzept zur
Professionalisierung in der Lehrerbildung. In S. Lin-Klitzing, D. Di Fuccia & R.
Stengl-Jörns (Hrsg.), Auf die Lehrperson kommt es an. Beiträge zur Lehrerbildung nach
John Hatties Visible Learning (S. 91–113). Bad Heilbrunn: Klinkhardt.

Laube, M. (2015). Die Unterscheidung von Theologie und Religion. Überlegungen zu einer
umstrittenen Grundfigur in der protestantischen Theologie des 20. Jahrhunderts. Zeitschrift für Theologie und Kirche, 112, 449–467.

Liebau, E. & Huber, L. (1985). Die Kulturen der Fächer. Neue Sammlung, 25, 314–339.

Lück, C. (2012). Religion studieren. Eine bundesweite empirische Untersuchung zu der
Studienzufriedenheit und den Studienmotiven und -belastungen angehender Religions-
lehrer/innen. Münster: LIT Verlag.

Mannheim, K. (1952). Ideologie und Utopie. Frankfurt a.M.: Schulte-Bulmke.

Mannheim, K. (1980). Strukturen des Denkens. Frankfurt a. M.: Suhrkamp.

Meister, N. (2019). Fachkultur und Distinktion. Zum Fach- und Professionsverständnis von
Sport-Lehramtsstudierenden. In T. Sander & J. Weckwerth (Hrsg.), Das Personal der
Professionen (S. 146–169). Weinheim und Basel: Beltz Juventa.

Nentwig-Gesemann, I. (2013). Die Typenbildung der dokumentarischen Methode. In R.
Bohnsack, I. Nentwig-Gesemann & A.-M. Nohl (Hrsg.), Die dokumentarische Methode
und ihre Forschungspraxis. Grundlagen qualitativer Forschung (S. 295–323). Wiesbaden: Springer VS.

Przyborski, A. (2004). Gesprächsanalyse und dokumentarische Methode. Qualitative Auswertung von Gesprächen, Gruppendiskussionen und anderen Diskursen. Wiesbaden:
Springer VS.

Woernle, S.-S. (i. V.). Theologie studieren. Rekonstruktionen einer universitären Fachkultur
aus der Perspektive von Lehramtsstudierenden. Marburg.

Teil IV
Beiträge zur Fachlichkeit in der Lehrerbildung

Einführung: Fachlichkeit verstehen lernen

Ralf Laging

Das Lehren fachlicher Inhalte als Vermitteln zwischen „Kind und Sache" (Duncker und Popp 1994) beschreibt die Kernaufgabe des professionellen Auftrags von Lehrerinnen und Lehrern. Dies setzt neben (fach)didaktischen und pädagogische Kompetenzen wie auch Kompetenzen in der Schulentwicklung und Unterrichtsgestaltung, vor allem aber ein reflektiertes Verständnis des Fachlichen eines Faches voraus. Das *Fachliche verstehen lernen* – so die Überschrift zu diesem vierten Teil des Buches – fokussiert auf den Gegenstand derjenigen Fachdisziplinen, die in der Lehrerbildung mit den Schulfächern korrespondieren. Das Fachliche wäre unzulänglich beschrieben, würden wir es mit dem Fachwissen oder den Fertigkeiten eines praktischen Könnens – seien sie handwerklicher, musischer, künstlerischer oder sportlicher Art – gleichsetzen. Fachliche Inhalte sind nicht „einfach" als quasi objektives Wissen und Können in der Welt, sie werden vielmehr durch einen systematisch kontrollierten Erkenntnisprozess konstituiert, der das Wissen und Können überhaupt erst verstehbar macht, und sie erlangen im Lebenskontext von Lernenden und Lehrenden explizit und implizit je individuelle Bedeutung. Zugleich erweist sich die Aneignung des Fachlichen in der unmittelbaren Begegnung oft als sperrig und widerständig – sonst gäbe es hier auch nichts zu lernen (vgl. die Einführung von Meister i. d. B.). Fachlichkeit konstituiert insofern die *Sache,* um die es beim Lernen und in der Bildung von Menschen geht. Die Sache wäre dann der „Zweck unseres Denkens und Handelns und gleichzeitig sein Antrieb und Beweggrund" (Heipcke 1985, S. 130). Aber dies erklärt noch nicht, warum wir uns von dieser Sache angetrieben fühlen. Dazu

R. Laging (✉)
Philipps-Universität Marburg, Marburg, Deutschland
E-Mail: laging@staff.uni-marburg.de

© Springer Fachmedien Wiesbaden GmbH, ein Teil von Springer Nature 2020   215
N. Meister et al. (Hrsg.), *Zur Sache. Die Rolle des Faches
in der universitären Lehrerbildung,* Edition Fachdidaktiken,
https://doi.org/10.1007/978-3-658-29194-5_12

muss die Sache als „Widerständiges verändernd-herausfordernd in unser Leben treten. Es ist die Gegen-ständigkeit des Gegenstandes, die ihn für uns zu einem Ding, einer Sache werden lässt" (vgl. ebd., S. 130)[1]. Erst das Wider-ständige der Sache wirft Fragen auf, erzeugt Staunen oder Krisen, auf die Antworten und Lösungen gewusst werden und gekonnt sein wollen, die mit Wagenschein (1982, S. 46, 59) gesprochen eine „Einwurzelung" in das Gesamt der Sache verlangen, damit es nicht zu einem „Scheinwissen" kommt. Das Wider-ständige verlangt nach Bewältigung und Lösung. Durch Denken und Handeln

> „kann sich der Gegen-stand als Sache in einer situationsbildenden Wechsel-beziehung uns zeigen. Der Umgang mit dem Gegenstand ist ein tätiger. Er ist tätiges Ent-decken, Auseinander-setzen, Sich-zurechtlegen und herstellendes Zusammen-fügen" (Heipcke 1985, S. 132).

Das Fachliche muss insofern in seiner Genese mit differenten und kontingenten Antworten und Welterklärungen verstanden und reflektiert werden. In diesen Prozess einzudringen und ihn zu verstehen ist Aufgabe des Studiums an den Universitäten und bedeutet für die Profession des Lehrerberufs (vgl. Hericks und Meister i. d. B.), dass Lehren immer das „Verstehen des zu Lernenden" voraussetzt und erst auf dieser Grundlage „Bildungsbewegungen" bei Lernenden anstoßen kann (Gruschka 2011, S. 20 f.).

Aus diesem Verständnis von Fachlichkeit leiten sich Anforderungen an die Lehrerbildung ab, die bereits lange vor der aktuellen Diskussion um eine Reform durch die geförderte Qualitätsoffensive formuliert worden sind:

> „Was also heute [in den 1960er Jahren; Anmerk. v. R.L.] dem künftigen Lehrer [...] in seinem Fachstudium fehlt [...], das ist die *genetische Metamorphose* des sogenannten Stoffes, ohne die jene pädagogisch-psychologischen Vorlesungen [in der heutigen Terminologie wären die Bildungswissenschaften gemeint; Anmerk. v. R.L.] überhaupt nicht richtig ‚ankommen' können; nicht so nämlich, daß sie sich mit der Fachwissenschaft zu verbinden vermögen. Ein Umstand, der in den Diskussionen um die Lehrerbildung häufig nicht bemerkt wird." (Wagenschein 1982, S. 83)

---

[1]Heipcke (1985, S. 168, dort die Anmerkungen 2 und 3) bezieht sich in der Bestimmung von Ding und Gegenständlichkeit des Gegenstands im Kontext des Staunens auf Heidegger.

Vor diesem Hintergrund hat sich das Professionalisierungsforum *(ProfiForum)* seit seiner Einrichtung im Jahr 2015 im Rahmen des Marburger Projektes „ProPraxis" der Qualitätsoffensive Lehrerbildung mit der Frage des Fachlichen schulischer Studienfächer in der universitären Lehrerbildung befasst. Die regelmäßigen Treffen von Mitwirkenden im Projekt aus den Fachwissenschaften und Fachdidaktiken sowie der Schulpädagogik als Vertreter/innen der Bildungswissenschaften haben einen andauernden Diskurs über das Fachliche in einem epistemischen und bildungstheoretischen Sinne angestoßen (Laging et al. 2018). In der Weiterführung dieses Diskurses geht es schließlich um die didaktische Rekonstruktion ausgewählter Kern- und Schlüsselfragen des Faches. Die Vernetzung von Fachwissenschaft, Fachdidaktik und Bildungswissenschaft findet dabei auf zwei Ebenen statt, zum einen auf der Ebene von fachlichem Wissen und Fachmodellen oder -konzepten sowie fachdidaktischen Ansätzen im Kontext von professions- und bildungswissenschaftlichen Theorien zur Lehrerbildung und zum anderen in der Verzahnung der Fächer untereinander durch Reflexion von Gemeinsamkeiten und Divergenzen in den Denkfiguren, Fragen und Kernideen der fachlichen Studieninhalte. In diesem Sinne befasst sich das *ProfiForum* mit spezifischen fachlichen Perspektiven zur Aufklärung von und Auseinandersetzung mit Wirklichkeit sowie den zentralen Ideen und Methoden der Fachwissenschaften selbst (bzw. ihrer Teildisziplinen). Im Mittelpunkt des interdisziplinären Diskurses stehen also Fragen zum Kern des Fachlichen und zum Verstehensprozess der Sache (vgl. die Einführung von Kreyer und Laging i. d. B.) – mit Gruschka (2014, S. 157) gesprochen:

> „Ausgangspunkt … ist nicht das fachlich bereits ‚Auskristallisierte', also etwa der ‚Pythagoras' als Unterrichtsstoff, sondern das Problem, auf das der historische Pythagoras reagierte, das diesen beschäftigte und das dann als sein Erkenntnisprozess nachgestellt werden soll."

Insofern modellieren die disziplinären Perspektiven der Fachwissenschaften unter Bezug auf je spezifische Fragestellungen, Methoden und Modelle immer auch das Fachliche als Gegenstand des Studiums. Als systematischer Ort in der Lehrerbildung bereitet das Studium dieser fachwissenschaftlichen Perspektiven auf den fachlichen Kern schulischer Fächer vor. Aus der Lehrerwissensforschung wissen wir jedoch, dass allein fachliches Wissen noch nicht zu einem erfolgreichen schulischen Unterricht führt. Vielmehr bedarf es einer didaktischen Perspektive auf die Sache des Fachlichen. Fachdidaktisches Wissen ist in diesem Verhältnis unmittelbar mit dem fachwissenschaftlichen Wissen verbunden und verschmilzt zudem implizit zum Können (Neuweg 2014). Gemeinsamer Bezugspunkt fachwissenschaftlichen und fachdidaktischen Wissens und Könnens ist das Fachliche einer Fachwissenschaft oder eines wissenschaftlichen Teilgebietes. Zur didaktischen Rekonstruktion gehören dann die

> „innere Organisation des Fachwissens, die Fähigkeit, Zentrales von Peripherem zu unterscheiden, und Wissen um die Beziehungen der disziplinären Aussagen untereinander, mit anderen Disziplinen und mit der Lebenspraxis" (ebd., S. 592).

Es gehe darum, die „Eigenlogik" oder besser, die Ordnung der Sache zu verstehen und als reflektierte Fachlichkeit zur Geltung zu bringen, sodass daraus eigene und später schulisch inszenierte Bildungsprozesse entstehen können. Dazu muss das Fachliche mit seinen Fragen und Krisen in den Horizont der Studierenden gerückt werden. Erst im Verstehen der Sache selbst können sie fachlich kompetent unterrichtliches Lernen als *Verstehen des zu Lernenden* anregen und inszenieren.

Fachlichkeit umfasst in diesem Sinne – in Anlehnung an Saß (2019, S. 19) – mindestens die folgenden drei Bestimmungsstücke: 1. eine erkenntnistheoretische Klärung, die sich auf die Einsicht in die Kontextualität und Positionalität fachlichen Wissens bezieht, also auf das Verstehen der Ordnung der Dinge, 2. eine professionstheoretische Klärung, die die Differenz von universitärem Studium und schulischer Wissens- und Könnensvermittlung bearbeitet und schließlich 3. eine bildungstheoretische Bestimmung, die den Blick auf fachliche Bildung als „Differenzierungskompetenz" richtet, also auf die Verschiedenheit der fachlichen Zugänge als je spezifische Weltzugangsweisen, wie sie von Baumert (2002) beschrieben worden sind.

Das bildende Potenzial des Fachlichen zeigt sich aber vor allem im Wechsel der Perspektiven von *Teilnahme* und *Beobachtung* (im Sinne Luhmanns als Beobachtung erster und zweiter Ordnung), der „gleichsam ins Innere von Bildungsprozessen zu integrieren" ist (Dressler 2018, S. 307). Der Wechsel von *Teilnahme* und *Beobachtung der Teilnahme* muss in und zwischen den Fächern als *intra-* und *inter*disziplinärer Perspektivenwechsel stattfinden, da nicht nur innerhalb des Faches, sondern immer auch *über* das Fach und das Fachliche kommuniziert wird. Insofern können mögliche Denkfiguren des Fachlichen transparent gemacht und reflektiert werden (vgl. Dressler 2018, S. 308).

Damit ist nun hinreichend umrissen, was von den Beiträgen dieses Kapitels erwartet werden kann. Es geht um den Kern des Fachlichen, seine epistemische Ordnung und didaktische Rekonstruktion im Rahmen der Professionalisierung angehender Lehrpersonen. Die Realisierung dieser fachlichen Auseinandersetzung findet für die Studierenden in einem Modul mit Werkstattcharakter statt, der sogenannten Professionalisierungswerkstatt *(ProfiWerk)*. Im Folgenden werden die Beiträge mit ihrem jeweiligen fachlichen und professionstheoretischen Bezug vorgestellt und die Thematik des Kapitels zur Fachlichkeit an den einzelnen Fächern geschärft.

Der Beitrag von **Uli Vogel** und **Simone Petzoldt** fragt nach dem philosophischen Kern des *Ethik- und Philosophieunterrichts* in den Schulen *(„Vielleicht wahr? Philosophie als Wissenschaft und als Unterrichtsfach")*. Was nun der Kern philosophischen Denkens ist, lässt sich nicht objektiv vermessen, sondern nur in Spannungsverhältnissen unterschiedlicher Theorien, Positionen und Perspektiven verorten, die je sowohl historisch als auch zeitgenössisch Antworten auf eine differenziert gestaltete Wirklichkeit anbieten. Insofern geht es um die Kompetenz im Umgang mit dem Verschiedenen, über das sich Menschen in einer freiheitlichen Demokratie diskursiv verständigen müssen. Wie sich aber die unterschiedlichen Positionen mit ihrem jeweiligen Geltungsanspruch rechtfertigen lassen und damit beanspruchen können, Wahrheit hervorzubringen, ist eine in der Philosophie selbst zu klärende Herausforderung, die nur methodisch und argumentativ nachvollziehbar gelingen kann.

Der Beitrag fokussiert auf ein Fachverständnis, das der Philosophie einen Geltungsanspruch mit einem exklusiven Status zuschreibt, freilich jeweils mit gleichberechtigten nebeneinander existierenden, aber sehr wohl konkurrierenden Ansätzen. Insofern ist die Pluralität verschiedener Ansätze konstitutiv für das Fach. Vor diesem Hintergrund entfaltet das Autorenteam an gegensätzlichen Denkansätzen von John Locke und Immanuel Kant die Grundlagen des Philosophierens über allgewärtige lebenspraktische Fragen. Dabei rücken die Differenzen von Positionen – seien sie historisch oder zeitgenössisch – immer an konkreten Gegenständen des Philosophierens in den Blick. Für diesen Prozess der Selbstaufklärung liefert die Philosophie Kriterien rationaler Beurteilung. Verdeutlicht wird diese Problematik einerseits an der Trennung des „Objektiven" von den „Empfindungen" im Gesamtzusammenhang – wie bei Locke – und andererseits an der Einheit von Gegenständen der Erfahrung mit der Wahrnehmung dieser Gegenstände als Bedingung der Möglichkeit für Erfahrung, um sie begrifflich und verstandesmäßig bearbeiten zu können. Die verschiedenen Ansätze zu lebenspraktischen Fragen und damit für die Suche nach „Wahrheit" sind nicht nur eine „Tätigkeit ein und derselben Vernunft" – wie die Autor/innen in Anlehnung an Hegel schreiben –, sondern bieten je spezifische methodische Zugänge der Antwortsuche. An ein solches grundlagentheoretisches Verständnis von Philosophie müssen letztlich auch fachdidaktische Fragen und Konzepte zurückgebunden werden, wenn es um einen Transformationsprozess des Fachlichen der Philosophie in fachdidaktische Überlegungen für den schulischen Ethik- und Philosophieunterricht geht.

In einem ganz anderen fachlichen Kontext stellen sich die Fragen zum Prozess von Abläufen bis zu einem Urteil oder einem Produkt auf eine andere Weise und verlangen nach eigenen Wegen der Aufklärung und Transparenz im Weltverstehen. Das Studienfach *Chemie* beispielsweise muss die Erkenntnisse einer naturwissenschaftlichen Disziplin auf eine Weise verstehbar machen, die das fachliche Wissen nicht nur als solches vermittelt, sondern auch in den Prozess der Entstehung dieses Wissens einführt und vertieft. Am Beispiel der *Organischen Chemie* zeigen die Autoren **Philipp Lindenstruth** und **Michael Schween,** wie Reaktionsprozesse mithilfe von 3D-Prozessmodellen für Lernende durch Anschauung erfassbar und die gedankliche Abstraktion über taktile Wahrnehmungsprozesse in Erfahrungen überführt werden können *(„Organisch-chemische Reaktionsprozesse anhand von 3D-Prozessmodellen verstehen").* Um die Organische Chemie zu verstehen, müssen die Reaktionsprozesse von Molekülen verstanden werden. Üblicherweise werden die Reaktionsmechanismen mit einer zweidimensionalen Strukturformel unter Verwendung von Symbolen für chemische Elemente und Striche für Bindungen dargestellt. Diese Darstellung ist uns allen aus unserem eigenen Chemieunterricht bekannt. Ein tieferes Verstehen der dynamischen Prozesse als Kern des Fachlichen in der Organischen Chemie bleibt durch diese Darstellung meist verborgen und wird nur durch eine gedankliche Abstraktion möglich, nicht aber durch Anschauung und sinnliche Erfahrung (vgl. auch den Beitrag von Schween und Lindenstruth i. d. B).

Die Autoren haben nun einen fachlichen Zugang zu den Reaktionsprozessen durch dynamische 3D-Modelle entwickelt, die sie an zwei Beispielen exemplifizieren, einem Beispiel zur Geometrie von Molekülen als Folge von elektronischen Wechselwirkungen und einem Reaktionsmechanismus. Dabei geht es darum, mehr von den impliziten Strukturinformationen der üblichen Strukturformeln sicht- und fassbar zu machen. Die Verstehensschwierigkeiten, die bei Lernenden in der Schule und ebenso bei Studierenden in der Chemie zu beobachten sind, verweisen auf ein unzureichendes Konzeptverständnis der ablaufenden Reaktionsprozesse. Die von den Autoren entwickelten 3D-Prozessmodelle erlauben eine Verknüpfung der symbolischen mit der submikroskopischen Ebene. Zum einen zeigen sie, wie sich 2D-Modelle in 3D-Modelle überführen lassen und welche Chancen sich für das bessere Verstehen z. B. einer tetraedrischen Struktur ergibt. Zum anderen werden durch ein neuartiges dreidimensionales Prozessmodell die dynamischen Reaktionsmechanismen unmittelbar durch haptisches Tun in Erfahrung gebracht. Gerade an diesem Beispiel wird gezeigt, wie bedeutsam der Zugang über taktile Wahrnehmungen ist, um Verstehensprozesse auf eine andere Weise anzuregen. Diese

neuen Lernhorizonte eröffnen allen Lernenden Zugänge zu neuartigen Erfahrungsmöglichkeiten, aber vor allem erlangen sie dort grundlegende Bedeutung, wo die
visuellen Zugänge eingeschränkt oder nicht verfügbar sind. Daher sind die Arbeiten
der Autoren im Kontext von sehbehinderten und blinden Schülerinnen und
Schülern an der Marburger Blindenstudienanstalt (blista) entstanden. Diese neuen
Lernzugänge werden zugleich mit Studierenden im Fachdidaktikmodul *ProfiWerk*
erprobt und für eigene Verstehensprozesse von Reaktionsmechanismen in der
Organischen Chemie genutzt.

Das im Beitrag zum besseren Verstehen chemischer Reaktionsprozesse
aufscheinende Problem zwischen abstraktem Fachwissen und praktischen
Erfahrungsmöglichkeiten zeigt sich in einem Studienfach, das seinen Kern in
körperlich-sportlichen Bewegungsvollzügen hat, noch einmal weit zugespitzter.
Im Lehramtsfach *Sport* sind Studierende zum einen mit fachwissenschaftlichem
Wissen über Körper und Bewegung im Kontext sozialwissenschaftlicher und
naturwissenschaftlich-medizinischer Zugänge sowie über Konzepte körperlicher
Bildung und Erziehung befasst. Zum anderen erfahren, reflektieren und erweitern
sie ihre Bewegungsmöglichkeiten im Rahmen sportpraktischer Veranstaltungen.
Zwischen beiden Zugängen kommt der Sportdidaktik die Aufgabe zu, Fachwissen
im Kontext des sportpraktischen Bewegungshandelns für das Lehren und Lernen
im Unterricht erfahrungsgestützt zu reflektieren und daraus Folgerungen für den
Umgang mit Bewegungs- und Spielaufgaben im sozialen Handlungskontext des
Sportunterrichts zu ziehen.

Der Beitrag von **Ralf Laging** und **Meike Hartmann** thematisiert das bereits
für das Fach Chemie skizzierte Theorie-/Praxisproblem im Lehramtsstudium
unter der Perspektive der Differenz von Wissen und Können (*„Fachlichkeit und
didaktische Rekonstruktion im Lehramtsstudium Sport"*). Am Fach Sport wird diese
Problematik geschärft und mit dem Veranstaltungskonzept *ProfiWerk* konkretisiert.
Die dabei notwendige Unterscheidung von explizitem und implizitem Wissen verweist auf eine theoretische und eine praktische Beziehung zur Welt, die sich im
sportlichen Bewegungshandeln zwar nicht exklusiv, aber in besonderer Weise zeigt.
Daher klären die Autor/innen zunächst die Frage, was das Fachliche eines Faches
ist, das es didaktisch zu rekonstruieren und für unterrichtliche Inszenierungen auf-
zubereiten gilt. Fachlichkeit basiert ganz generell auf epistemische Zugänge
der Fachwissenschaften mit ihren je spezifischen methodischen Erkenntnis-
prozessen, die sich als kontingent, different und kontextualisiert erweisen. Das
Sich-Bewegen als fachlicher Gegenstand wird nicht im Sinne eines materialen
Objektes, sondern als ein ständig neu hervorzubringendes kulturelles Phänomen
zugespitzter körperlicher Aufführungen verstanden (vgl. auch den Beitrag von Bietz
i. d. B.). Insofern stellt das Sich-Bewegen eine leiblich gebundene Erkenntnisweise

ästhetischer Weltbegegnung dar. Mit diesem Verständnis beschreiben die Autor/
innen einen bewegungstheoretischen Ansatz, der auf wechselseitigen Bezügen von
Situations-Aktions-Effekten beruht und die fachliche Grundlage für das Modul
ProfiWerk Sport bildet. Dabei machen die Autor/innen deutlich, wie sehr didaktische
Vorstellungen vom Lehren und Lernen im Sportunterricht mit der eigenen Sport-
karriere verknüpft sind.

Wie die Studierenden dieses Modul einschätzen, wird abschließend mit
Ergebnissen aus einer qualitativen Evaluationsstudie gezeigt. Die unter Sportstudierenden geteilten positiv konnotierten körperlichen Erfahrungen im Sport als
Kern ihres Faches werden gleichsam im transitiven Sinne auf zukünftige Lebenssituationen von Schülerinnen und Schülern verlängert. Dabei haben sie offenbar vor allem ihren selbst erlebten Sportartensport im Sinn. Aus dem durchaus
positiv konnotierten Seminar *ProfiWerk* erwächst dann in der Übersetzung in
schulischen Unterricht ein Bruch, der sich auf die impliziten handlungsleitenden
Orientierungen sportbiographischer Erfahrungen zurückführen lässt.

Um die Frage der Differenz geht es auch in dem Beitrag von **Marcell
Saß** *("Glaubst du das?" Evangelische Theologie und die Kunst der Unter-
scheidung")*, der die Unterscheidung zwischen *Religion und Glaube* thematisiert
und damit auf die Frage nach dem Fachlichen im universitären Studium bzw. im
Kontext von Wissenschaft im Unterschied zur praktisch-religiösen Gemeinde-
arbeit oder zum schulischen *Religionsunterrichts* rekurriert. Ähnlich wie im Fach
Sport stellt sich auch hier die Frage nach der wissenschaftlichen Bearbeitung von
Religion und Glaube als einer an sich im Lebensalltag verankerten Praktik. Die
Theologie gewinnt erst durch die produktive Verarbeitung der Aufklärung – und
hier vor allem durch die Arbeiten von Schleiermacher – ihren fachlichen und
wissenschaftlichen Ort an der Universität, in dem sie in einem Prozess der Selbstverständigung klärt, was Wissenschaft und praktischen Glauben unterscheidet.
Damit wird Religion stärker auf das Persönliche/das Individuum fokussiert und
die wissenschaftliche Theologie macht den Einzelnen mit seinem Glauben zum
Bezugspunkt wiederum ihrer eigenen Reflexion, auch der kollektiven Religionspraxis (Kirche). Ausgehend von der Aufklärung argumentiert der Autor für eine
Unterscheidung von Theologie, Religion, Glaube und Kirche, wodurch es überhaupt erst möglich werde, Analyse, Deskription und Reflexion religiöser Praxis
wissenschaftlich zu betreiben. Die Entwicklung der wissenschaftlichen Theologie zeigt sich besonders deutlich an ihrem Verständnis der Bibel sowohl für
die religiöse Praxis in der Kirche (Gottes Wort verkünden) als auch in der eigenständigen historisch kontextualisierten Deutung von Bibeltexten zur Reflexion
menschlicher Lebenssituationen und religiös-kultureller Praxen. Die im Beitrag
von Saß traktierte Frage der *Unterscheidung* wird nun bildungstheoretisch als

Differenz unterschiedlicher Weltzugänge diskutiert. Am Beispiel einer Wundergeschichte *(Stillung des Seesturms),* wie solche vor allem in Grundschulen thematisiert werden, zeigt der Autor zu was unterschiedliche Lesarten dieser Geschichten führen. Im Gegensatz zur Dichotomie zwischen naturwissenschaftlichem Blick und normativer Botschaft diskutiert er in Anlehnung an Alkier und Dressler das Beispiel der Wundergeschichte als Text zur „Entdeckung fremder Welten". Am griechischen Originaltext kann nachvollzogen werden, dass die in Schulen verwendete Lesart nur deswegen möglich ist, weil von der ursprünglichen Erzählung abgerückt worden ist. Hier nun beginnt die Auslegung der fachwissenschaftlichen Perspektive mit Folgen für das fachdidaktische Verständnis der Theologie als Wissenschaft. Studierende lernen in der *ProfiWerk Ev. Theologie* die Unterscheidung von Wissenschaft und privater religiöser Praxis durch Auseinandersetzung mit grundlegenden fachlichen Fragen. Erst hieraus gewinnen Studierende einen Umgang mit diesen Spannungen und Unterscheidungen für ihre professionelle Entwicklung als Lehrperson.

Die vier Beiträge dieses Kapitels zeigen exemplarisch, wie in den Studienfächern *Ethik/Philosophie, Chemie, Sport und Ev. Religion* das Fachliche in der Verzahnung von Fachwissenschaft und Fachdidaktik so aufgeschlossen werden kann, dass Studierende darin Ordnung(en) erkennen, die es zu verstehen gilt. Diskutiert werden Möglichkeiten und Wege zu einem reflektierten Verständnis von Fachlichkeit. Dabei geht es um den Prozess der didaktischen Rekonstruktion bzw. Restrukturierung fachspezifischer Sachverhalte – schließlich bildet die fachliche Klärung die Grundlage für mögliche schulische Lehr- und Lernprozesse. Die Autoren und Autorinnen gehen der Frage nach dem fachlichen Kern eines Studienfaches in systematischer Absicht nach und zeigen, wie professionstheoretische Zugänge zum Fach im Rahmen des Moduls *ProfiWerk* praktisch werden können.

Literatur

Baumert, J. (2002). Deutschland im internationalen Bildungsvergleich. In N. Killius, J. Kluge & L. Reisch (Hrsg.), *Die Zukunft der Bildung* (S. 100–150). Frankfurt a.M.: Suhrkamp.

Dressler, B. (2018). Bildungsprozesse im Wechsel der Perspektiven von Teilnahme und Beobachtung. Vorschlag eines Theorierahmens. In R. Laging & P. Kuhn (Hrsg.), *Bildungstheorie und Sportdidaktik. Ein Diskurs zwischen kategorialer und transformatorischer Bildung* (S. 293–316). Wiesbaden: Springer VS.

Duncker, L. & Popp, W. (Hrsg.).(1994). *Kind und Sache. Zur pädagogischen Grundlegung des Sachunterrichts.* Weinheim und München: Juventa.

Gruschka, A. (2011). *Verstehen lehren. Ein Plädoyer für guten Unterricht.* Stuttgart: Reclam.

Gruschka, A. (2014). *Lehren.* Stuttgart: Kohlhammer.

Heipcke, K. (1985). Die Wirklichkeit der Inhalte. In H. Rauschenberger (Hrsg.), *Unterricht als Zivilisationsform – Zugänge zu unerledigten Themen der Didaktik* (S. 129–172). Königstein: Atheneum.

Laging, R., Peter, C. & Schween, M. (2018). ProfiForum – Ein Ort des wissenschaftlichen Diskurses von Fachwissenschaft, Fachdidaktik und Bildungswissenschaft. In I. Glowinski, A. Borowski, J. Gillen, S. Schanze & J. v. Meien (Hrsg.), *Kohärenz in der universitären Lehrerbildung. Vernetzung von Fachwissenschaft, Fachdidaktik und Bildungswissenschaften* (S. 237–262). Potsdam: Universitätsverlag.

Neuweg, G. H. (2014). Das Wissen der Wissensvermittler. In E. Terhart, H. Bennewitz & M. Rothland (Hrsg.), *Handbuch der Forschung zum Lehrerberuf* (2. überarb. und erweit. Aufl.) (S. 583–614), Münster/New York: Waxmann.

Saß, M. (2019). „…von Walnüssen, Windmühlen und der Welt" – Epistemische Perspektiven auf Fachlichkeit in der Lehrer*innenbildung. In M. Hartmann, R. Laging & Ch. Scheinert (Hrsg.), *Professionalisierung in der Sportlehrer*innenbildung – Konzepte und Forschungen im Rahmen der „Qualitätsoffensive Lehrerbildung"* (S. 12–23). Baltmannsweiler: Schneider.

Wagenschein, M. (1982). *Verstehen lehren* (7. Aufl.). Weinheim und Basel: Beltz.

Vielleicht wahr?

Philosophie als Wissenschaft mit Blick auf das Unterrichtsfach Ethik

Ulrich Vogel und Simone Petzoldt

Dass sich philosophische Fragen dem Menschen überhaupt stellen, halten wir für selbstverständlich, wenn auch in unterschiedlicher Hinsicht. Vielleicht fragen sich nicht mehr alle von uns, ob die Welt einen Anfang und ein Ende hat oder nicht. Viele aber beschäftigen sich (ohne das so zu benennen) dagegen mit Fragen, die noch für Kant klassisch metaphysische Fragen sind, die er im Rahmen menschlicher Erkenntnis für nicht beantwortbar, der Sache nach dennoch für ‚unabweislich‘ gehalten hat: der nach Gott, nach der Freiheit des Menschen und nach der Unsterblichkeit der Seele.

Dabei sprechen wir über im engeren Sinne *ethische* Fragen dauernd: Diese betreffen schließlich Sachverhalte, die unser Miteinander unmittelbar angehen. Weder diese Sachverhalte, noch die darin geschehenden Handlungen und die daraus regelmäßig entstehenden Konflikte sind offenbar zu vermeiden. Entsprechend ist neben dem andauernden lebenspraktischen Sich-darüber-Verständigen auch eine wissenschaftliche Erörterung dessen, was angesichts des bescheidenen „Ist" ein vorzuziehendes „Soll sein" wäre, immer angeraten. Inwieweit daraus eine angemessene Perspektive auf eine entsprechende Praxis im Schulunterricht entwickelt werden kann, ist damit jedoch noch nicht gesagt.

Bezüglich *philosophischer* Fragen im weiteren Sinne ist das Ganze etwas komplizierter: Sei es, dass man sich hier (zwar etwas naiv, aber nicht ganz zu Unrecht) realitätsferne Konstruktionen metaphysischer Art vorstellt, sei es, dass

U. Vogel (✉)
Philipps-Universität Marburg, Marburg, Deutschland
E-Mail: vogel@staff.uni-marburg.de

S. Petzoldt
Elisabeth-Schule Marburg, Marburg, Deutschland

© Springer Fachmedien Wiesbaden GmbH, ein Teil von Springer Nature 2020
N. Meister et al. (Hrsg.), *Zur Sache. Die Rolle des Faches in der universitären Lehrerbildung*, Edition Fachdidaktiken,
https://doi.org/10.1007/978-3-658-29194-5_13

man unter diesem Etikett eine Art „weltweise" Betrachtung vermutet, deren lebensweltliche Vermittlung überhaupt und im Kontext von Schule erst recht und schon aus Altersgründen schwierig ist.

Wir möchten im Folgenden ein Verständnis philosophischen Denkens vorschlagen, das wir aus dem zu begründen versuchen, was wir für den Kern dieser Disziplin halten. Aus diesem Fachverständnis heraus wollen wir dann Möglichkeiten fachdidaktischer Explikationen aufzeigen, um zumindest einen Eindruck davon zu geben, worin die speziellen Möglichkeiten der Fachunterrichte als der schulischen Anwendungsfälle der Disziplin liegen können.

Dazu werden wir jedoch nicht mit der Philosophie, sondern der Ethik beginnen und damit zunächst (1.) etwas über das Fach sagen, das in Hessen Ersatz des Religionsunterrichtes ist. Aus einer Betrachtung von Bildungsauftrag, Inhaltsfeldern und Lernerwartungen (i. S. von Kompetenzzuschreibungen) versuchen wir, (2.) den philosophischen Kern auch des Unterrichtsfaches Ethik zu entwickeln, um dann (3.) anhand zweier unterschiedlicher philosophischer Zugänge die jeweiligen Potenziale anschaulich zu machen und (4.) schließlich eine im engeren Sinne fachdidaktische Perspektive daraus zu entfalten.

1   Ethik: Vom Allwissen und Nichtskönnen oder wozu und zu welchem Ende?

Gleichgültig, wie genau Aufgabe und Funktion des Fachs „Ethik" im Kontext schulischer Bildung bestimmt werden, sicher ist, dass es mit einer Vielfalt von Positionen und Perspektiven ausgestattet ist. Dies findet seinen Ausdruck im aktuellen Kerncurriculum der gymnasialen Oberstufe (Hessisches Kultusministerium 2016, hier: KC Ethik). Dort wird unter dem Stichwort „Beitrag des Faches zur Bildung" dessen „besondere Bedeutung" (ebd., S. 10) hervorgehoben, die aus der speziellen biographischen Situation des Übergangs von „familiärem Umfeld" zur Lebenswelt Erwachsener und dem damit verbundenen Streben nach „Autonomie, Identität und Sinn" (ebd.) erwachse.

Als eigentlicher Kern des Ethik-Unterrichts, dessen genauere Ausrichtung dann nachfolgend über fünf Kompetenzbereiche und drei Inhaltsfelder entwickelt wird[1], wird dabei die „selbstorientierende Reflexion des Individuums" (ebd.) ausgemacht, wobei Bedeutung und Relevanz der in diesem Prozess zu erwerbenden

[1]Bei den Kompetenzbereichen handelt es sich um Wahrnehmen und Deuten, Analysieren und Reflektieren, Argumentieren und Urteilen, Interagieren und Sich-Mitteilen,

Kompetenzen sich vor dem Hintergrund „des weltanschaulich-moralischen Pluralismus unserer Zeit" (ebd.) ergeben.

Dabei ist dieser Pluralismus weniger Ausdruck liberalen Denkens als solchem, sondern erscheint auch als Reflex einer sich im Einzelnen differenziert gestaltenden Wirklichkeit. Die Entwicklung hin zu einer immer vielfältigeren, immer individueller verfassten Gesellschaft ist seit der Einführung des Ethik-Unterrichts (die ja dezidiert auf den Sachverhalt Bezug nahm, dass zunehmend mehr Schülerinnen und Schüler nicht am Religionsunterricht teilnahmen) rapide vorangeschritten und eines der wesentlichen Kennzeichen unserer Zeit. Sie zeigt sich in den letzten Jahren besonders in unseren Schwierigkeiten im Umgang mit den widersprüchlichen Resultaten einer einerseits ökonomisch gewollten Globalisierung (Aufweichung oder Aufhebung nationaler und regionaler Beschränkungen zwecks freien Verkehrs von Waren, Geld und Arbeitskräften) und andererseits deren weniger bis gar nicht gewollten Folgeproblemen (wie z. B. unerwünschte Migrationsströme mit unterschiedlichen Ursachen und Folgen).

Durch dieses hier nur skizzenhaft Beschriebene ergeben sich Denk- und Handlungsanforderungen, die den Kern unseres Selbstverständnisses betreffen und die vor allem unsere Kompetenz im Umgang mit Verschiedenheit ins Licht rücken. Unser Selbstverständnis wird dabei offensichtlich nicht nur in einem diffusen Sinn angesprochen (etwa als Menschen überhaupt, als Freie und Gleiche usw.). Angesprochen sind wir vielmehr als je konkrete, differente, mit unterschiedlichen Stellungen und Ressourcen versehene Bürger*innen unterschiedlicher Gesellschaften. Dabei genügen nur die wenigsten dieser Gesellschaften den Freiheitskriterien, die wir als Bürger*innen hiesiger Gesellschaft für hinreichend halten.

Es ist ein Privileg und deshalb vielleicht auch eine besondere Aufgabe der Freien und Gleichen, die auch Bürger*innen freiheitlicher Demokratien sind, sich über die Grundlagen ihres Verhältnisses diskursiv verständigen zu können. Sieht man das so, dann könnte man als sachlichen Kern eines Ethik- und Philosophie-Unterrichts die Klärung folgender Frage verstehen: „Was brauchen wir an Gemeinsamkeiten, um mit all unseren Unterschieden zusammenzuleben?" (Scheffer 2016, S. 62).

Sich-Orientieren und Handeln; die Inhaltsfelder sind Individuum, Gesellschaft und Vergleichende Ideengeschichte. – Vgl. zu den Kompetenzen auch im KC (2016) weiter unten, S. 15–17; zu deren Herkunft: vgl. Anita Rösch (2009).

2 Philosophie und Ethik: das Denken im wirklichen Leben

Ambiguitätstoleranz, Differenzerfahrung, Pluralität der Weltanschauungen: In einer solchen Perspektive kommen sich schulischer Auftrag (Erziehung und Bildung der *gesamten* Persönlichkeit *aller* Schülerinnen und Schüler) und die politische Notwendigkeit, derartig unterschiedliche Weltzugänge erfahr- und handhabbar im Sinne der Sicherstellung eines friedlichen Miteinanders zu machen, sichtbarer als sonst nahe.

Einschlägig könnte das Unterrichtsfach Ethik hierfür in *einem weiten Sinne* sein: dann nämlich, wenn man dessen „akademische Leitdisziplin", die Philosophie, mit dem sich hier auf Kant (1912) berufenden Herbert Schnädelbach (1993) nicht als Geistes-, sondern als Orientierungswissenschaft verstehen will; eine Disziplin, die nicht vor allem vorhandenes Wissen nur auslegt und deutet, sondern gleichsam ‚vermisst', ihm Rolle, Funktion und Grenze bestimmt.

Betrachtet man diese Funktionszuschreibung nun näher, so zeigt sich jedoch, dass auf ihrer Grundlage nur ungenau verstanden werden kann, was der im eigentlichen Sinne *philosophische* und damit am Ende für *ethische Perspektiven* (im Sinne eines curricular eigenständigen Zugangs) relevante Gehalt dieses Fachverständnisses sein soll. Denn alleine dadurch, dass schon (in absteigender Folge) von Grundgesetz, Landesverfassung und Schulgesetz normativ geklärt ist, *dass* Philosophie und Ethik im Schulkontext „orientieren" sollen, ist dies noch nicht vollständig bestimmt und insofern auch nicht unumstritten, wie es genau zu geschehen hat (vgl. Schaber 2010). Dies wechselt in Selbstwahrnehmung wie Fremdzuschreibung des Faches zwischen autonomer Gegenstandsbestimmung einerseits (was sind die Themen und Fragen der Fächer, und wie sind sie vor dem Hintergrund der Entwicklung junger Menschen zu verstehen?) und der Abhängigkeit von gesellschaftlichen Erfordernissen wie den oben genannten ‚Zuständigkeitszuschreibungen' für Themen wie Toleranz, aber auch für Fragen, die den Schüler*innen lebensweltlich näher sein mögen andererseits.

Unterbestimmt bleibt in dieser Hinsicht jedenfalls so oder so, dass *Philosophie selbst* es aus sich heraus immer schon damit zu tun hat, zu allen wesentlichen Fragen der Selbst- und Weltdeutung Positionen zu formulieren, die mit *Anspruch auf Geltung* ausgestattet sind. Diese sind (a) *rechtfertigungsbedürftig* und müssen (b) auch *rechtfertigungsfähig* sein bzw. gemacht werden. Dazu aber haben sie eine bestimmte, auch von anderen allgemein nachvollziehbare, regelhaft beschreibbare Struktur aufzuweisen – das meint, wenn man so will, die Frage nach Wahrheit, wie sie seit Platon klassisch verstanden wird, nämlich als eine methodisch und sachlich (d. h. regelgeleitet und argumentativ) gestützte Rechtfertigung von Meinungen, die so zu wahrem Wissen werden.

Bei näherer Hinsicht scheint sich hier zu bewahrheiten, dass die Philosophie regelmäßig mit dem vermessenen Anspruch auftritt, jede Frage sei (a) prinzipiell eindeutig und (b) ein für alle Mal, sozusagen „mit Ewigkeitsanspruch" klärbar.

Nun kann (b) schon durch einen kurzen Blick in die Geschichte der Philosophie als ernst zu nehmende Möglichkeit ad acta gelegt werden: Wie wollte man auf einer solchen Grundlage erklären, wie gleichzeitig existierende, der Sache nach aber unterschiedliche (wenn nicht widersprüchliche) Antworten auf ein und dieselbe Frage nebeneinander bestehen können (was sie ja zweifelsohne tun)?

Der Auffassung (a) ist nicht so leicht etwas zu entgegnen, jedenfalls dann nicht, wenn man sich vergegenwärtigt, dass philosophische Zugänge auch in ihrem Prinzip unterschiedlich sein können: Naturalistische Prinzipien führen zu anderen Ergebnissen bei der Untersuchung der Möglichkeit der Willensfreiheit als nicht-naturalistische; pflichtorientierte Ethiken begründen anders und führen i. d. R. zu anderen Ergebnissen als konsequentialistische. Dann nämlich ergäbe sich ein Nach- und Nebeneinander unterschiedlicher Antworten und Konzepte, das dann (ob unter Zuhilfenahme externer oder interner Kategorien) in einen Zusammenhang gebracht werden könnte. Zu klären bliebe aber immer noch, ob und wie man das Ganze in einem derartigen Verständnis überhaupt noch als einen irgendwie einheitlichen Erkenntnisprozess begreifen kann (eine Einheit aufeinander bezogener, differenter Erklärungsversuche) oder nicht besser von „den Philosophien" sprechen müsste – und ob es überhaupt erforderlich ist, in irgendeinem dieser Zusammenhänge mit der Annahme einer derartigen Einheit zu operieren.

Doch schon das Zurückweisen von (b) ist als Hinweis stark genug, um von der Behauptung *absoluter Geltungsansprüche* philosophischer Theorien Abstand zu nehmen und reicht für unsere Zwecke, insofern es hilft, den Blick weniger für das *Nach-* als mehr für das *Nebeneinander je unterschiedlich legitimierter Welt- und Selbstverständnisse* zu öffnen. Dazu sind allerdings „Modi der Weltbegegnung", wie sie im Anschluss an Jürgen Baumert im Post-Pisa-Diskurs an dieser Stelle angeführt werden (Baumert 2002), aus *philosophischer* Perspektive ein begrifflich eher unpassendes Konstrukt: Denn die Pointe philosophischer Welt- und Selbstdeutung besteht, jedenfalls dann, wenn sie sich selbst ernst nimmt, gerade in der Formulierung von Geltungsansprüchen mit *exklusivem* Status, die *zugleich* davon *wissen,* dass es eine Vielzahl mit gleichem Anspruch auftretender Ansätze und Modelle gibt. Dass Philosophie nur im Plural existiert, ist für das Fach konstitutiv, wenn es auch für die einzelne Theorie begrenzend wirkt. Die, wenn wir das Fach als Ganzes sehen, gleichsam ‚plural' formulierbaren, als Einzelne jedoch immer auf einer Ebene miteinander sich in Konflikt befindlichen Ansätze und Geltungsansprüche sind damit Problem und Potenzial des Faches zugleich.

Wir machen es uns zu einfach, wenn wir uns der Sache nur *historisch* nähern, wie das oft in früheren Philosophie-Unterrichten geschah. Wendet man sich dem jedoch *systematisch* zu, dann ergibt sich aus der Frage nach Wahrheit für zeitgenössisches Denken eine Aufgabe, die (wenn überhaupt) jedenfalls nicht leicht zu lösen ist. Die bloße Zeitgenossenschaft ist dabei kein Argument: Es gibt überhaupt keinen Grund für die Annahme, zeitgenössische Positionen seien schon deshalb angemessener als vergangene, weil sie zeitgenössisch sind, und vergangene wären ‚überholt' oder gar ‚überwunden'; eine derartige Sicht ist eher Ausdruck einer gewissen eigenen Geschichtsvergessenheit, als dass sie sachlich begründet wäre. Auch ein zeitgenössisches Philosophieren bedarf also einer Weitung des Blicks, um die Grundlagen der Differenz der Positionen sichtbar zu machen und jene Differenz selbst produktiv zu nutzen. Dies aber bleibt nicht dem theorieimmanenten Rekurs überlassen, sondern geschieht immer auch an konkreten Gegenständen. Selbst die akademische Philosophie liefert hierfür hinreichend Beispiele: Die auch öffentlich in großen Zeitungen geführten Debatten um Willensfreiheit mögen hierfür als Beleg dienen; das gegenwärtig prominenteste Beispiel dürften die Genderdiskurse sein. Aber auch das nach wie vor eher randständige Bemühen um eine interkulturelle Philosophie und die im Zentrum der Gesellschaft stattfindende Auseinandersetzung um Fragen der Gerechtigkeit, wie sie seit den 80er Jahren des vergangenen Jahrhunderts erneut aufgekommen ist, zeigen an, wie kompliziert und anforderungsreich das begründete Stellungnehmen in Diskursen ist, in denen das jeweils andere als mit prinzipiell gleichen Geltungsansprüchen anzuerkennen ist.

Schaut man sich das Ganze von einer lebenspraktischen Seite an, dann entspringt die genannte Aufgabe (Aufmerksamwerden auf Differenz) dem Leben selbst und stellt sich gerade deshalb auch im Kontext von Philosophie- oder Ethikunterricht. Sie verweist am Ende wieder auf die anfänglich konstatierten gesellschaftlichen Erfordernisse. Nur sollte jetzt klar geworden sein, was man unter einer philosophischen Perspektive auf derartige Fragen verstehen kann: dass es nämlich hier wie dort darum geht, Argumente für die *je eigene* Position aus dem Kontext *philosophisch-ethischer Theoriebildung* und *lebenspraktisch verfügbarer* oder sonst wie angezeigter Sachverhalte und Lagen zu entwickeln. Diese sollen in geregelten Verfahren unterrichtlichen Handelns explizit gemacht werden, um sie am Ende begründen, die eigene Haltung also gerechtfertigt vertreten zu können – oder aber zu der Einsicht zu gelangen, dass diese aus Gründen, die mit der Kraft von Argumenten zu tun haben, überdacht werden sollte. Anders ausgedrückt: Es geht um die Entfaltung fundamentaler, wechselseitig permanent zu aktualisierender Rechtfertigungsverhältnisse, in der philosophische Perspektiven sachliche wie methodische Stützlasten tragen und insofern eine wesentliche Funktion bei der Genese von Urteilen gewinnen.

3 Die Exklusivität des Philosophierens

Unabhängig von der jeweils eingenommenen Position funktioniert das Philosophieren methodisch also immer gleich:

1. Es werden Behauptungen vorgetragen, für die Gründe angegeben werden, die angreifbar, zu verteidigen oder aufzugeben sind.
2. Dies geschieht im Ausgang von Voraussetzungen, die nur zum Teil anfänglich expliziert werden können. Ihre Angemessenheit ergibt sich meist erst im Durchgang des Ganzen – die Eule der Minerva beginnt auch hier ihren Flug erst in der Dämmerung.
3. Jene Ausgangspunkte oder das Verständnis, ausgehend von dem philosophiert wird, müssen selbst wieder explizit gemacht und philosophisch begründet werden.

In unserem Verständnis bezeichnet das Philosophieren einen Prozess der Aufklärung, genauer: der Selbstaufklärung. Dies ist kein ungewöhnliches Verständnis dieses Unternehmens, denn die als ‚Deutscher Idealismus' in die Philosophiegeschichte eingegangene Denkweise hat dies heutigen Interpreten zufolge ebenfalls getan. Sie ging dabei davon aus, dass Philosophie dies leiste, indem sie zur „Rekonstruktion der natürlichen Weltauffassung" (Horstmann 1991, S. 14) des ursprünglichen, vorphilosophischen Bewusstseins beitrage. Sie sei insofern weder Fundamentalwissenschaft noch für den Aufbau von Weltanschauungen zuständig, trägt *in dieser Hinsicht* nichts bei zur „Orientierung für Selbstdeutung und Lebensführung" (Dressler 2010, S. 112 ff.). Dagegen liefert sie aber in der Rekonstruktion von Argumenten Kriterien rationaler Beurteilung und sorgt für Transparenz, ohne selbst dabei überzeugungslos oder indifferent zu sein, insofern sie immer von einem eigenen Standpunkt aus argumentiert.[2]

---

[2]Anschlussfähig ist dies auch an grundsätzliche Positionen, die Rainer Forst (2007, 2011) rechtfertigungstheoretisch als radikale Theorie der Gerechtigkeit formuliert hat.

Wie aber geschieht dies, wie verhält sie sich zum vorphilosophischen Bewusstsein? Dies soll hier exemplarisch an zwei gegensätzlichen Positionen verdeutlicht werden. Wir gehen dazu von dem aus, was neben vielem anderen das vorphilosophische Bewusstsein („der gemeine Menschenverstand") für ausgemacht hält: die Realität der Außenwelt und die Identität des Bewusstseins. Bei den beiden Positionen handelt es sich um die John Lockes und Immanuel Kants.

John Locke vertritt einen konsequenten Empirismus, der sich der aufklärerischen Aufgabe der Selbstüberprüfung allen Erkennens verpflichtet weiß. Ausgangspunkt ist die Frage nach dem objektiven Gehalt und den Grenzen der Erkenntnis, die Locke durch eine psychologische Behandlungsweise der Gegenstände klären will. Dazu beobachtet und zergliedert er die psychischen Phänomene, ohne dabei auf irgendeinen sie fundierenden, sei es psychischen, sei es physischen Urgrund (bspw. angeborene Ideen) Bezug zu nehmen.

Die infrage stehenden psychischen Tatsachen sind zunächst *sensation* und *reflexion,* die den Stoff unserer Erkenntnis *(ideas)* ausmachen. Wir stoßen darauf durch Abstraktion von den „realen" Bedingungen des Erkenntniserwerbes. Wenn wir nämlich Sinnesvorstellungen *(sensations,* Wahrnehmungen) haben, die das „empty cabinet" (das ‚leere Zimmer', als das Locke (1689) unsere Seele beschreibt) einrichten, entsteht daraus in der Seele unmittelbar eine Reaktion, durch die eine neue Klasse von Inhalten begründet wird: nämlich nicht die Wahrnehmung von äußeren, der Seele ‚objektiv' entgegentretenden Inhalten, sondern diejenige von internen, in uns selbst vorgehenden mentalen Prozessen, also eine Art Selbstwahrnehmung *(reflexion).* Jene *reflexion* ist bei Locke im Wortsinn eine Spiegelung und insofern etwas, was die Seele ebenso erleidet (d. h. passiv aufnimmt) wie die Sinneswahrnehmungen. Doch erschöpft sich die *reflexion* nicht darin, sie kann auch die einzelnen Vorstellungen miteinander verknüpfen. Und genau darin, in der Verbindung und Trennung der Empfindungsbestandteile, bestehen für Locke alle Tätigkeiten, die der Geist am sinnlichen Stoff ausführt, mehr noch: Alle Wissenschaft fußt im Grunde auf diesem Vermögen der Vergleichung, Verknüpfung und Auflösung der primitiven Wahrnehmungselemente (vgl. ebd., §§ 6 und 9).

Sicher sind diese an sich flüchtigen Geistesaktivitäten jedoch nur so lange, wie es eine Instanz gibt, die uns dazu befähigt, über eine begrenzte Zeit hinauszublicken und uns eines andauernden und zeitlos gültigen Bestandes ideeller Wahrheiten zu versichern. Diese meint Locke in einem Vermögen zu finden, das er *intuition* nennt. Dies soll mit einem einzigen Blick den Gesamtzusammenhang eines Sachverhaltes erfassen, setzt also gerade nicht zusammen und dividiert nicht auseinander, sondern befähigt sogar zur Antizipation klassisch noch nicht gewusster Inhalte.[3]

Zusammengefasst: In unserem Wissen haben wir einerseits die Resultate eines induktorischen Sammelns, andererseits den Blick auf einen ideellen Gesamtzusammenhang. Zwischen beiden ist kein Übergang möglich, doch gibt es für die Ideen eine feste Ordnung, die objektiv gilt und dem einzelnen Denken wie eine eigene Realität gegenübersteht. Kompatibel sollen – Locke zufolge – beide Wissensarten sein, weil sie sich auf unterschiedliche Gegenstandsbereiche beziehen: *sensation* und *reflexion* beziehen sich auf empirisches Wissen, *intuition* auf ein solches, in dem es um die notwendige Verknüpfung von Ideengehalten geht (wie in Mathematik und Moral).

Kant wendet sich nun den gleichen Fragen auf andere Weise zu. Ihm geht es darum zu zeigen, wie Erfahrungsurteile möglich sind, die zugleich Anspruch auf wahre und notwendige Erkenntnis erheben können. Ausgangspunkt hier ist die Annahme, dass es „zwei Stämme der menschlichen Erkenntnis"[4] (Kant 1980 [1787]: KrV B, S. 29) gibt: nämlich Sinnlichkeit, der aposteriorische, eigentliche Erfahrungserkenntnis betreffende „Stamm", und Verstand, der durch apriorisch-begriffliche Erkenntnis gekennzeichnet ist. Beide wirken derart notwendig zusammen, dass einer der „Stämme" allein keine wirkliche Erkenntnis ausmachen kann: Etwas vereinfacht gesagt *gibt* die Sinnlichkeit die Gegenstände, die der Verstand *denkt* (vgl. ebd.).

Zunächst lehrt Kant, dass Gegenstände, sollen sie für uns erkennbar sein, Gegenstände uns möglicher Erfahrung sein müssen. Dazu müssen diesen Gegenständen a priori notwendige Vorstellungen zugrunde liegen, die Kant als reine, apriorische Formen der Anschauung vorstellt: Raum und Zeit. Das heißt, ein Gegenstand wird für uns erfahrbar nur dann, wenn ihm a priori die Vorstellung eines Raumes und einer Zeit zugrunde gelegt wird (vgl. ebd., S. 37 ff. und 46 ff.), die ihrerseits auch im Subjekt selbst einen Widerhall findet, nämlich „als die formale Beschaffenheit desselben, von Objekten affiziert zu werden" (ebd., S. 41).

Sodann behauptet Kant, dass es reine Verstandesbegriffe (die sog. Kategorien) gibt, die ebenfalls „als Bedingungen a priori der Möglichkeit der Erfahrung" (ebd., S. 126) gelten müssen. Diese Kategorien gründen sich auf „logische Funktionen in Urteilen" (ebd., S. 131) und setzen als *Verstandesbegriffe*

---

[3]Vgl. Thiel (2006) zu Lockes Konzept der *intuition* als Beschreibung, wie Identität und Distinktheit gedacht werden können.

[4]Immanuel Kant: Kritik der reinen Vernunft (KrV), nach der ersten (1781) und zweiten (1787) Originalausgabe; im Folgenden KrV genannt, gefolgt von A (für die Ausgabe von 1781) und B (für die von 1787).

Kant zufolge eine Einheit voraus, die er „transzendentale Einheit des Selbstbewußtseins" nennt. Diese enthalte „selbst den Grund der Einheit verschiedener Begriffe im Urteile, mithin der Möglichkeit des Verstandes, sogar in seinem höchsten Gebrauche" (ebd.). Einfach ausgedrückt: Die Möglichkeit der Erkenntnis a priori gründet sich für Kant in dem einen „Ich denke", das „in allem Bewußtsein ein und dasselbe ist" (ebd., S. 132). Damit will Kant nicht nur gezeigt haben, wie in einem Subjekt (oder in Subjekten überhaupt) begriffliche Einheit und Konsistenz des Mannigfaltigen etabliert wird, indem das Subjekt die ihm verstandesmäßig verfügbaren Begriffe korrekt in Aussagen über sinnlich Wahrnehmbares verwandelt und dabei zugleich weiß, dass es in diesen Akten immer ein und dasselbe ist.

Kant behauptet darüber hinaus, etwas über die Konstitutionsbedingungen von Gegenständlichkeit und die Natur überhaupt angegeben zu haben: „Die Bedingungen a priori einer möglichen Erfahrung überhaupt sind zugleich Bedingungen der Möglichkeit der Gegenstände der Erfahrung." (Kant 1980 [1781]: KrV A, S. 111) Gegenstand der Erkenntnis und gewusst kann also nur werden, was sinnlich gegeben ist und begrifflich verarbeitet werden kann. Über andere Gegenstände (wie etwa die Dinge an sich, Gott oder die anderen Vernunftideen wie Freiheit und Unsterblichkeit der Seele) wissen wir in diesem Sinne nichts: Was unser Verstand hier hervorbringt, sind nichts als „leere Vernünfteleien" (Kant 1980 [1781]: KrV B, S. 88), in denen er seine bloß formalen Prinzipien material gebraucht, indem er eben über Gegenstände urteilt, die uns nicht gegeben sind bzw. nicht gegeben werden können (vgl. ebd.).

Zusammengefasst: Bei Kant gibt es im Ausgang vom sinnlich Mannigfaltigen durch die Synthesisleistung des Bewusstseins am Ende Erfahrungsurteile, die notwendigen, aber nicht (nur) mathematischen Gesetzen unterliegen. Gegenstand ist, was im Erkenntnisakt zum Gegenstand für uns wurde.

Während Lockes Erkenntnistheorie das Vermögen der *intuition* entweder (wie Descartes) voraussetzen muss (was dem empiristischen Ausgangspunkt nicht gut tut) oder es doch nur unbestimmt lassen kann, wenn beschrieben werden soll, was für ein mentaler Akt *intuition* (im Vergleich mit *sensation* und *reflexion*) eigentlich ist, kann Kant aufgrund seiner Verknüpfung und gleichzeitiger Restriktion empiristischer und rationalistischer Elemente ein komplett anderes Konzept von ‚Erkenntnis' anbieten, ohne auf bestimmte Lockesche Einsichten (Stichwort: Erfahrungsbezug) verzichten zu müssen, deren Funktion und Gestalt im Erkenntnisprozess aber grundlegend unterschiedlich konzipiert werden: In dieser Hinsicht ist das kantische Konzept deutlich reichhaltiger.

4   Didaktische Potenziale der Philosophie

Beide Beispiele waren bewusst so gewählt, dass sie weit entfernt von moral-philosophischen Problemen oder gar vom normalen Gegenstandsbereich des Ethikunterrichts liegen: Und zwar deshalb, weil man an ihnen das Verhältnis philosophischer Theorien (gerade hinsichtlich der erhobenen Wahrheits-ansprüche) zueinander gut erkennen kann und weil man darüber hinaus aus ihnen Potenziale entwickeln kann, die über die jeweilige Theorie hinausweisen und didaktisch fruchtbar gemacht werden können. So kann beispielsweise der empiristische Ansatz Lockes mit seiner Idee der ‚Möblierung‘ des leeren Zimmers ‚Seele‘ und seiner differenzierten Beschreibung der Verarbeitung von sinnlich Gegebenem als analytisches Werkzeug im Zusammenhang der Förderung von Wahrnehmungskompetenz dienen. Die Kantische Idee, dass wir Gegenstände nicht vorfinden, sondern sie zu Gegenständen im Erkenntnisprozess allererst machen, enthält in sich Grundelemente jeglicher Form von Konstruktivismus, auch einer konstruktivistischen Didaktik.

Um es noch einmal von einer anderen Seite anzugehen, möchten wir Zusammenhang und Differenz der beiden vorgestellten Zugänge über einen dritten Ansatz deutlich machen: denjenigen Hegels. Der nämlich unternimmt schon in einer sehr frühen Schrift den Versuch, die konkurrierenden Entwürfe der Philosophie historisch und systematisch als Tätigkeit ein und derselben Vernunft (an ein und demselben Projekt) zu verstehen und gleichzeitig so etwas wie Entwicklung und Fortschritt in der „denkenden Betrachtung der Gegenstände" (Hegel 1986, S. 41) zu erkennen.[5] Zu behaupten (wie Hegel dies tut), jede wahre Philosophie habe sich ihre Aufgabe gelöst, ermöglicht es eben, „Wahrheit" gleichzeitig als ein übergreifendes Ganzes und als ein konkretes Einzelnes zu verstehen. Damit gibt es Fortschritt als immer umfassenderen Begriff von Wahrheit (er wird sozusagen immer „voller"), ohne dass auf die konkreten Erscheinungs-weisen von Wahrheit in diesem oder jenem System verzichtet werden müsste.

---

[5]Vgl. dazu bei Hegel (1801) in der sog. Differenz-Schrift: „Das wahre Eigentümliche einer Philosophie ist die interessante Individualität, in welcher die Vernunft aus dem Bauzeug eines besonderen Zeitalters sich eine Gestalt organisiert hat; die besondere spekulative Vernunft findet darin Geist von ihrem Geist, Fleisch von ihrem Fleisch (…)" (ebd., S. 10). Zum didaktischen Anschluss an Hegel (gegen dessen eigene didaktische Haltung als Philo-sophie-Lehrer) vgl. Johannes Rohbeck (1981).

Wir aber können hieraus noch etwas Anderes lernen, und zwar sowohl für unser Verständnis von Philosophie wie auch für unsere Perspektive auf Ethik- und Philosophieunterricht.

Ganz offensichtlich nämlich findet sich in allen philosophischen Theorien neben dem, was dort jeweils sachlich angeboten wird, ein je spezifisch methodisches Verfahren, das dort nicht von seinem jeweiligen Inhalt gelöst werden kann, sondern für diesen konstitutiv ist. Johannes Rohbeck (2008, S. 12 ff.) spricht in diesem Zusammenhang davon, philosophische Verfahren fachdidaktisch nicht reduktionistisch, sondern transformativ zu behandeln. Dagegen ist so wenig einzuwenden, dass es sich lohnt, es auszuprobieren.

Tun wir das in den vorgeführten Fällen, so könnte man im Falle Lockes von einem induktiven Verfahren sprechen, das sich aus der Zergliederung komplexer Wahrnehmungsphänomene ergibt und diese dann zu Gegenständen formt. Dieses Verfahren ist auf besondere Weise erkenntniskritisch; sein methodisches Potenzial entfaltet sich besonders gut in Form von Gedankenexperimenten, wie sie in der theoretischen Philosophie durchaus üblich sind. Derart gewendet, ist es philosophisch und unterrichtlich gleichermaßen verwendbar, und zwar unabhängig von der Herkunftstheorie.

Ähnlich (nur mit anderem Gehalt) verhält es sich hinsichtlich der Einheit des Bewusstseins bei Kant. Das letztendliche Ziel, dass eine Ich-Identität (als Einheit des Bewusstseins) angenommen werden muss, wird nicht in einem strengen Sinne, sondern nur transzendental-deduktiv bewiesen. Eine transzendentale Deduktion ist nun eine, derer es bedarf, wenn die zu tragende Begründungslast sehr groß ist und (was ja der Ausgangspunkt Kants war) es keine objektive, uns im Wissen zugängliche Instanz gibt (kein „Absolutes" etwa), die hier einspringen könnte. Sie versucht evident zu machen, was wir notwendigerweise annehmen müssen, wenn (wie man natürlich zuvor gezeigt haben muss) dieses oder jenes der Fall ist – eine Voraussetzung, auf die nicht verzichtet werden kann. Sie reflektiert im Erkennen des Gegenstandes zugleich die Begrenztheit unseres Erkenntnisvermögens. Die Einsatzmöglichkeiten eines solchen Verfahrens sind ebenfalls solche der Kritik. Es wirkt in Theorietypen, die Erkenntnisprozess und Gegenstandskonstitution verschränkt denken, und hilft beispielsweise, einen naiven Realismus zu vermeiden.

Beide Verfahren sind aufklärerisch in dem oben beschriebenen Sinne: Sie helfen Vorurteile zu klären, mit denen unser natürliches Bewusstsein sich die Welt zu erklären versucht, wozu ein Verständnis der Dinge der Außenwelt, demzufolge diese einfach „da sind", ebenso gehört, wie die unhinterfragte Voraussetzung der Subjektidentität im Erkenntnisprozess, um die Beispiele zu wiederholen, die hier diskutiert wurden. Aber natürlich geht es ebenso um die Überprüfung prinzipiell jeder Behauptung, die mit Verbindlichkeitsansprüchen auftritt.

5 Schluss

Unser Thema war die Frage, wie der Zusammenhang von Philosophie als akademischer Disziplin, von Philosophie als fachdidaktischem Transformationsmedium und den Unterrichtsfächern Ethik und Philosophie und deren Gegenständen aufgefasst werden kann.

Der Vorschlag, Philosophie als Aufklärung im obigen Sinne zu verstehen, betont dabei ihren kritischen Gehalt. Das Verständnis von Philosophie als Orientierungswissenschaft tut dies nicht in gleicher Weise – und doch scheint es der Vielfalt philosophischer Zugänge ebenso wie schulischen Erfordernissen besser zu entsprechen, gerade wenn man bezüglich letzterer bedenkt, dass die Vorgabe, Kinder und Jugendliche zu selbst denkenden, mündigen Bürger*innen zu bilden, alterstypisch je unterschiedlich geschehen muss.

Um welche Aufklärung geht es am Ende also, und vor allem: für wen? Der beschriebene Prozess, soviel sollte klar geworden sein, ist nur einer, doch erfordert er auf unterschiedlichen Entwicklungsstufen unterschiedliche Zugänge. Aufklärung, ‚broadly construed' meint also, dass Ethik- und Philosophieunterricht je altersdifferent das Vermögen schulen sollte, aufgestellte Behauptungen kritisch zu überprüfen.

Das hört sich nach wenig an, ist aber ausgesprochen anspruchsvoll. Denn dies kann Philosophie nur, wenn es ihr gelingt, ihre fachlich besonderen Methoden wie ihre eigenen Themen unterrichtspraktisch verfügbar zu machen und damit den Ausgang vom natürlichen Bewusstsein zu einem philosophisch reflektierten zu ermöglichen. Philosophisch gebildet zu sein ist mehr, als sich in der Vielfalt von Meinungen, Haltungen, Ansprüchen usw. auszukennen und einzusortieren – oder zu orientieren. Denn, von der anderen Seite her formuliert, begreift Philosophie den *Prozess der Bildung* zugleich als *Prozess der Selbsterkenntnis*. Insofern die Philosophie sich die Aufgabe stellt, uns über unsere Vorurteile und Beschränkungen zu informieren, bildet sie uns qua *Wissen über die Sachen* (also das Wissen über den philosophischen Gegenstand im engeren Sinne) und *Wissen über uns selbst*. Genau deshalb ist sie wesentlich *kritisch* und muss dies in allen ihren Gestalten auch sein. Dass ihre entsprechenden Verfahren alterstypisch ebenso didaktisch transformiert werden müssen wie ihre sachlichen Positionen, sollte kein Problem darstellen. Wie gehaltvoll ich über meine Stellung in der Welt, die Freiheit, Gerechtigkeit, einen letzten Grund der Dinge, die Relevanz der Sprache im Erkenntnisprozess usw. spreche, hängt eben auch davon ab, ob die Transformation vorheriger theoretischer Zugriffe auf diese Fragen in meine Lebenswirklichkeit gelingt. Genau das zu denken und es in der Folge

unterrichtsmethodisch verfügbar zu machen, ist die Aufgabe einer philosophischen Fachdidaktik, die dementsprechend (gleichgültig, wie sie im Einzelnen auftritt) selbst philosophisch sein muss und sich nie in (ansonsten wie auch
immer wünschenswerten) Ersatzorientierungen verlieren darf.

Literatur

Baumert, J. (2002). Deutschland im internationalen Bildungsvergleich. In L. Reisch, J.
    Kluge & Nelson Killius (Hrsg.), *Die Zukunft der Bildung* (S. 100–150). Frankfurt a. M.:
    Suhrkamp.
Dressler, B. (2010). Religion im Ethikunterricht. Problemanzeigen. *Zeitschrift für
    Pädagogik und Theologie, 2*, 112–128.
Forst, R. (2007). Zwei Bilder der Gerechtigkeit. In R. Forst, M. Hartmann, R. Jaeggi & M.
    Saar (Hrsg.), *Sozialphilosophie und Kritik* (S. 205–228). Berlin: Suhrkamp.
Forst, R. (2011). *Kritik der Rechtfertigungsverhältnisse. Perspektiven einer kritischen
    Theorie der Politik.* Berlin: Suhrkamp.
Hegel, G.W.F. (1801). Differenz des Fichteschen und Schellingschen Systems der Philo-
    sophie. In E. Moldenhauer & K.-M. Michel (Hrsg.), *G.W.F. Hegel: Werke.*, Bd. 2,
    (S. 2–96). Frankfurt a. M.: Suhrkamp.
Hegel, G.W.F. (1986 [1830]). Enzyklopädie der philosophischen Wissenschaften im Grund-
    risse. In E. Moldenhauer & K.-M. Michel (Hrsg.), *G.W.F. Hegel: Werke.* Bd. 8. (S. 41).
    Frankfurt a. M.: Suhrkamp.
Hessisches Kultusministerium (2016). *Kerncurriculum gymnasiale Oberstufe. Ethik.*
    https://kultusministerium.hessen.de/sites/default/files/media/kcgo-et_0.pdf. Zugegriffen
    am: 11.11.2019).
Horstmann, R.-P (1991). *Die Grenzen der Vernunft. Eine Untersuchung zu Motiven und
    Zielen des Deutschen Idealismus.* Frankfurt a. M.: Hain.
Kant, I. (1980 [1781/1787]). Kritik der reinen Vernunft. In R. Schmidt (Hrsg.), *Immanuel
    Kant: Kritik der reinen Vernunft.* Hamburg: Felix Meiner Verlag.
Kant, I. (1912 [1787]). Was heißt: Sich im Denken orientieren? In Königlich Preußische
    Akademie der Wissenschaften (Hrsg.), *Kants Werke.* Bd. VIII. (S. 131–148). Berlin.
Locke, J. (1981 [1689]). *Versuch über den menschlichen Verstand.* Bd. 2, Hamburg: Meiner
    Felix Verlag.
Rohbeck, J. (1981). Hegels Didaktik der Philosophie. In B. Heidtmann, *Dialektik. Beiträge
    zu Philosophie und Wissenschaften 2. Hegel: Perspektiven seiner Philosophie heute*
    (S. 122–137). Köln: Pahl-Rugenstein.
Rohbeck, J. (2008). *Didaktik der Philosophie und Ethik.* Dresden: Thelem.
Rösch, A. (2009). *Kompetenzorientierung im Philosophie- und Ethikunterricht.* Münster:
    LIT.
Schaber, P. (2010). Wertevermittlung und Autonomie. In K. Meyer (Hrsg.), *Texte zur
    Didaktik der Philosophie* (S. 139–155). Stuttgart: Reclam.

Scheffer, P. (2016). Gesucht wird ein neues Wir. Für einen realistischen Humanismus in der Integrationsdebatte. *Blätter für deutsche und internationale Politik, 3*, 61–71.
Schnädelbach, H. (1993). Philosophie der Gegenwart. In: ders. & G. Keil (Hrsg.), *Philosophie der Gegenwart – Gegenwart der Philosophie* (S. 11–20). Hamburg: Junius Verlag GmbH.
Thiel, U. (2006). Der Begriff der Intuition bei Locke. *Aufklärung, 18*, 95–112.

Organisch-chemische Reaktionsprozesse anhand von 3D-Prozessmodellen verstehen

Heterogenität als didaktische Chance

Philipp Lindenstruth und Michael Schween

1 Einleitung

Organische Chemie wird von Lernenden in Schule und Universität immer wieder als besonders schwierig und unverständlich beschrieben (vgl. Grove et al. 2012a). Dies lässt sich neben der außerordentlichen stofflichen Fülle und deren komplexer innerer Logik vor allem auf die Darstellungsweisen des organisch-chemischen Wissens mit abstrakten „chemischen Formeln" und die damit verknüpften Denkweisen zurückführen (ebd.). In der Organischen Chemie kompetent zu sein, bedeutet daher auch stets, Repräsentationen entschlüsseln und in dynamischer Weise interpretieren zu können (vgl. Wu und Shah 2004). Das dafür notwendige tiefe Fachverständnis ist bei Lernenden in Schule und Universität jedoch häufig noch nicht weit genug ausgebildet, sodass für den weiteren Wissensaufbau oft größere Schwierigkeiten entstehen (vgl. Galloway et al. 2017). Um Lernende bei der Entwicklung eines solchen Fachverständnisses unterstützen zu können, ist es gerade für Studierende des Lehramts unabdingbar, sich auch mit den spezifischen Zugangsschwierigkeiten zu den fachlichen Inhalten zu befassen und diese bei der Gestaltung von Lernsettings zu beachten. Dieser

P. Lindenstruth (✉) · M. Schween
Philipps-Universität Marburg, Marburg, Deutschland
E-Mail: philipp.lindenstruth@chemie.uni-marburg.de

M. Schween
E-Mail: schweenm@staff.uni-marburg.de

© Springer Fachmedien Wiesbaden GmbH, ein Teil von Springer Nature 2020
N. Meister et al. (Hrsg.), *Zur Sache. Die Rolle des Faches
in der universitären Lehrerbildung,* Edition Fachdidaktiken,
https://doi.org/10.1007/978-3-658-29194-5_14

Beitrag legt seinen Fokus daher vor allem auf die Darstellungsweisen fachlicher Inhalte in der Organischen Chemie und die damit verbundenen Zugangs- und Verständnisprobleme. Als neuen Ansatz zum Umgang mit den thematisierten Verständnisschwierigkeiten werden zwei in unserer Arbeitsgruppe neu entwickelte *3D-Prozessmodelle* vorgestellt, die durch ihren besonderen Aufbau, ihre besondere Funktionalität und die taktil zugänglichen, sozusagen *zusätzlichen* Informationen einen leichteren Zugang durch eine verbesserte Basis zu fachlichen Darstellungen eröffnen können und damit auch in heterogenen Lernsettings mit blinden und sehbeeinträchtigten Lernenden einsetzbar sind.

2 Reaktionsmechanismen und deren Darstellung in der Organischen Chemie

Die Organische Chemie befasst sich vor allem mit Reaktionsprozessen, deren Erklärung und deren Vorhersage. Ein wichtiges Instrument, mit dem sich die Vielzahl der verschiedenen Prozesse charakterisieren lässt, sind Reaktionsmechanismen (vgl. Grove et al. 2012b). Diese sind schematische Verläufe im Sinne von Protoreaktionen, denen ein gleiches Muster zugrunde liegt und die dadurch eine Einordnung und Beschreibung des (groben) Verlaufs von Reaktionsprozessen ermöglichen. In der Lehre der Organischen Chemie werden die Reaktionsmechanismen daher auch als ordnendes Instrument genutzt und auch immer zur Klassifizierung der gerade beobachteten Reaktionsprozesse eingesetzt. Die Einordnung der Reaktionsmechanismen erfolgt dabei zum einen anhand struktureller Veränderungen im betrachteten Molekül, z. B. als *Eliminierung* oder *Substitution* von Gruppen, zum anderen anhand der Prozesstypen, über die die Veränderung eintritt, z. B. *nucleophilen* oder *radikalischen* Reaktionsprozessen[1]. Die strukturellen Veränderungen werden dabei nach dem Modell von Johnstone auf der *symbolischen Ebene* (bzw. *Repräsentationsebene*) beschrieben, während die konzeptuelle Einteilung nach Prozessverläufen auf der *submikroskopischen Ebene* beschrieben wird (vgl. Johnstone 2010; Talanquer 2011). Die unterschiedlichen

---

[1]Organisch-chemische Reaktionen sind immer Prozesse, bei denen Elektronenbewegungen bzw. -übertragungen eintreten. Nucleophile Teilchen sind solche mit Elektronen*überschuss*. Als solche teilen sie in einer chemischen Reaktion mit einem Partner mit Elektronen*unterschuss* ein Elektronen*paar* durch Ausbildung einer neuen Bindung. In radikalischen Prozessen finden hingegen keine Übertragungen von Elektronen*paaren,* sondern von Einzelelektronen statt. Beide Prozesse unterscheiden sich grundlegend in ihren Verläufen und den Einflüssen auf diese voneinander.

Ebenen charakterisieren die Betrachtung des unsichtbaren und damit abstrakten „chemischen Gegenstands", beispielsweise eines Reaktionsprozesses. Dabei wird auf symbolischer Ebene der abstrakte Gegenstand mittels der Darstellungsformen der Lewis-Strukturformeln und der Energiediagramme betrachtet, während auf submikroskopischer Ebene die theoretischen Konzepte angesiedelt sind, mit denen sich Eigenschaften und deren Veränderungen vorhersagen lassen. Auf *makroskopischer Ebene* werden wiederum die wahrnehmbaren bzw. messbaren makroskopischen Phänomene beschrieben, wie z. B. direkt sichtbare Farbänderungen oder Änderungen beobachtbarer Messwerte und analytischer Daten. Um Reaktionsprozesse zu verstehen, müssen diese daher auf symbolischer *und* submikroskopischer Ebene sowie zusätzlich auf makroskopischer Ebene betrachtet und analysiert werden (Abb. 1). Eine Betrachtung der Prozesse auf nur einer, z. B. der symbolischen Ebene lässt eine fundierte Einschätzung nicht zu, da nicht alle dafür notwendigen Informationen auf dieser Ebene zugänglich sind. Der Reaktionsprozess ist nicht erklärbar und muss somit unlogisch und zufällig erscheinen (vgl. Johnstone 2010; Graulich 2015; Talanquer 2018).

Reaktionsprozesse werden in der Organischen Chemie mit dem System der Lewis-Strukturformelschreibweise dargestellt. Dieses System stellt zusammen mit den Energiediagrammen das grundlegende Instrument in der Organischen Chemie dar, mit dem organisch-chemisches Wissen abgebildet, kommuniziert und weiterentwickelt werden kann (vgl. Goodwin 2008). Die Lewis-Strukturformelschreibweise bedient sich dabei eines festgelegten Kanons an Symbolen für chemische Elemente (z. B. steht der Buchstabe *C* für das Element Kohlenstoff) sowie verschiedener Striche als Symbole für bindende und nicht-bindende Elektronenpaare. Diese werden nach semantischen Regeln (z. B. der Oktett-Regel) zu zweidimensionalen Strukturformeln zusammengefügt und erlauben so die Repräsentation der Strukturen beliebiger organisch-chemischer Verbindungen (Abb. 2).

Abb. 1 Ebenen chemischen Denkens, abgewandelt nach Johnstone. (© Michael Schween)

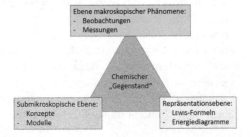

Abb. 2 1-Brombutan in LEWIS-Formelschreibweise und verkürzter Skelettformel-Schreibweise. (© Philipp Lindenstruth)

Die strukturellen Informationen entsprechen der symbolischen Ebene und lassen grundsätzlich auch Schlüsse auf die Eigenschaften einer Verbindung und damit deren Verhalten in Reaktionsprozessen zu (vgl. Goodwin 2008; Graulich 2015). Dies ist aufgrund des mit dem Struktur-Eigenschafts-Prinzip zu beschreibenden Zusammenhangs von Molekülstruktur einer Verbindung und deren beobachtbaren Eigenschaften möglich (vgl. Graulich und Schreiner 2011; Cooper et al. 2013; Talanquer 2018; Kozma et al. 2000). Über die Anwendung verschiedener, hinter der LEWIS-Strukturformel verborgener Konzepte (z. B. Konzept der Nucleophilie, entspricht submikroskopischer Ebene) lassen sich Informationen zu den Eigenschaften des betrachteten Teilchens ableiten. Die angewendeten Konzepte begründen dabei die spezielle Reaktivität von Teilchen auf submikroskopischer Ebene und wurden bzw. werden bei deren Entwicklung stets auf die LEWIS-Strukturformelschreibweise bezogen und in diese eingebunden (vgl. Graulich 2015; Goodwin 2008). Die LEWIS-Strukturformelschreibweise ermöglicht damit auch immer die Abbildung des aktuellen Forschungstandes, der über diese auch Einzug in die Beschreibung von Reaktionsprozessen und damit in die Lehre in der Organischen Chemie findet (vgl. Goodwin 2008). Dies hat jedoch eine stetig ansteigende Komplexität der Schreibweise zur Folge.

Der Anteil von *explizit* abgebildeten Informationen in LEWIS-Strukturformeln ist bedeutend kleiner als der nur über Konzepte zugängliche *implizite* Informationsanteil. Dieser Sachverhalt lässt sich mit dem Bild eines Eisberges beschreiben, dessen größter Teil unter der Wasseroberfläche verborgen und damit nicht direkt erkennbar und zugänglich ist (vgl. Graulich 2015). Gerade die impliziten Informationen sind aber zur Interpretation des Verhaltens von Verbindungen in Reaktionsprozessen unerlässlich. Der Zugang zu diesen ist jedoch kognitiv sehr anspruchsvoll, da die notwendigen Konzepte und deren Anwendung auf Strukturformeln Lernenden zunächst einmal bekannt sein müssen, damit sie diese kreativ als Problemlösungswerkzeuge nutzen können (vgl. ebd.; Talanquer 2018). Ebenso müssen hierfür symbolische und submikroskopische Ebene miteinander verknüpft betrachtet werden (vgl. Dickmann et al. 2019).

Um beispielsweise die Nucleophilie eines Teilchens einzuschätzen, müssen verschiedene, sich z. T. verstärkende, z. T. miteinander in Konkurrenz tretende Effekte wie Elektronendichte, Polarisierbarkeit, sterischer Anspruch u. a. m. aus den Repräsentationen erfasst und in ihrer Wirkungsstärke sorgfältig abgewogen werden.

Neben der Abbildung von Strukturen erlaubt die Lewis-Schreibweise auch die prozesshafte Darstellung von Reaktionsverläufen, eine für die Darstellung von Reaktionsmechanismen ebenfalls grundlegende Funktion. Hierfür bedient sich die Formelschreibweise eines Systems gebogener Pfeile, mit denen Elektronenverschiebungen angezeigt und dargestellt werden können, der sogenannte *electron-pushing-formalism* (vgl. Bhattacharyya und Bodner 2005). Diese Pfeile werden zwischen Strukturformeln eingefügt, an denen im folgenden Reaktionsschritt eine Veränderung der elektronischen Umgebung eintritt (Abb. 3). Dabei geht der Pfeil stets von derjenigen Stelle aus, an der sich die betrachteten Elektronen vor der Veränderung befinden, während die Spitze des Pfeils an die Stelle zeigt, zu der sich die Elektronen im Reaktionsschritt hin bewegen. Die genaue Veränderung wird über die Konzepte auf submikroskopischer Ebene beschrieben (vgl. Galloway et al. 2017). Der dynamische Prozess selbst wird nur über die Pfeile in (statischen) 2D-Strukturformeln *angedeutet* und muss vom Betrachter noch aus diesen symbolischen Einzelbildern gedanklich konstruiert werden.

Lewis-Strukturformeln lassen sich zusammenfassend als *symbolisch-ikonische Visualisierungen* mit hohem abstrakten Informationsgehalt charakterisieren (vgl. Dickmann et al. 2019), die es erlauben, vielfältige organisch-chemische Prozesse, deren Hintergründe sowie deren Verläufe abzubilden. Strukturformeln übernehmen in der Organischen Chemie also die Funktion von Trägern fachlicher Inhalte und fachlicher Bedeutung im weitesten Sinne und sind damit grundlegende Instrumente fachlicher Auseinandersetzung in der Organischen Chemie (vgl. Goodwin 2008). Verstehen von Organischer Chemie setzt daher das Verständnis und die kompetente Anwendung der Lewis-Strukturformelschreibweise voraus (vgl. Galloway et al. 2017).

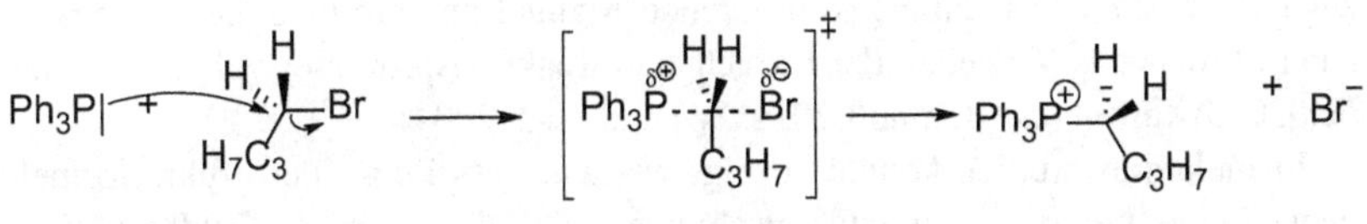

Abb. 3 Mechanismus der S_N2-Reaktion von Triphenylphosphan mit 1-Brombutan in verkürzter Lewis-Formelschreibweise. (© Philipp Lindenstruth)

3   Strukturformeln und Verstehensschwierigkeiten bei Lernenden

Expertinnen und Experten verfügen über ein gut organisiertes, breites und ver-
netztes Konzeptwissen und Konzeptverständnis, das es ihnen erlaubt, die notwendigen Informationen zum Einschätzen eines Reaktionsprozesses aus
Lewis-Strukturformeln zu extrahieren. Sie sind zudem in der Lage, die benötigten
Konzepte korrekt und in kurzer Zeit zu aktivieren, diese in angemessener Weise
anzuwenden und mit den so erarbeiteten Informationen einen Prozessverlauf vor-
zuschlagen und fundiert zu diskutieren. Sie betrachten und argumentieren dabei
auf allen von Johnstone beschriebenen Ebenen gleichzeitig (vgl. Galloway et al.
2018). In der Lehre der Organischen Chemie werden die oben genannten Denk-
und Vorgehensweisen jedoch kaum oder gar nicht explizit gemacht, und auch
die Darstellung und die Diskussion von Mechanismen und Reaktionsprozessen
erfolgt meist nur auf *einer* Ebene, nämlich der symbolischen (Talanquer 2011;
Galloway et al. 2017; Nyachwaya et al. 2014; Stull et al. 2018; vgl. auch Beitrag Schween und Lindenstruth i. d. B.). Häufig gehen Lehrende davon aus,
dass bereits das Vorführen der Denk- und Vorgehensweisen auf der Symbolebene ausreicht, um bei Lernenden Lern- und damit Verstehensprozesse anzuregen (vgl. Stull et al. 2018). Eine genaue Diskussion von Mechanismen auf
allen Ebenen (und mit allen impliziten Details) bleibt auch wegen der stofflichen
Fülle und der vermeintlichen Verpflichtung des Behandelns möglichst vieler
Inhalte häufig aus und wird in Tutorien oder Selbstlernphasen ausgegliedert.
Es ist daher wenig verwunderlich, dass Lernende besonders im Umgang mit
Reaktionsprozessen größere Schwierigkeiten haben (vgl. Galloway et al. 2017).
Die Verstehensschwierigkeiten Lernender lassen sich unter anderem auf ein
noch nicht ausreichend ausgebildetes und organisiertes Konzeptverständnis
sowie die mit der gleichzeitigen Betrachtung der drei genannten Ebenen einhergehenden deutlich höheren kognitiven Anforderungen bei der Erarbeitung
vor allem impliziter Informationen aus Lewis-Formeln zurückführen. Lernende
sind daher häufig nicht dazu in der Lage, die Informationen in den abstrakten
Repräsentationen zu erkennen und zu verarbeiten, die Expertinnen und Experten
zugänglich sind. Der daraus resultierende Mangel an Informationen verhindert
dann oftmals das Verstehen der betrachteten Reaktionsprozesse (vgl. ebd.; Graulich 2015; Taskin und Bernholt 2014; Wu und Shah 2004).

In mehreren Studien konnte gezeigt werden, dass Lernende Strukturformeln
meist keine tiefere Bedeutung zuschreiben und diese nur als bildhafte Darstellungen verstehen (vgl. Galloway et al. 2017). Dies hat häufig eine Reduktion

der Betrachtung auf die direkt zugänglichen, expliziten Oberflächenmerkmale zur Folge, die von Lernenden oftmals als einzige Quelle für Informationen zur Beschreibung von Reaktionsprozessen erkannt werden. Eine notwendige Verknüpfung von symbolischer und submikroskopischer Ebene findet daher nur bedingt statt (ebd.). Da die so zugänglichen Informationen für eine fundierte Einschätzung von Reaktionsprozessen jedoch nicht ausreichen, müssen Reaktionsprozesse für Lernende willkürlich und nicht nachvollziehbar erscheinen. Der Zugang zu in Strukturformeln implizit enthaltenen Informationen ist für Lernende aufgrund des noch nicht ausreichend ausgebildeten Konzeptverständnisses jedoch äußerst anspruchsvoll und kann durch kognitive Überforderung dazu führen, dass Informationen nicht erarbeitet werden können (vgl. ebd.; Taskin und Bernholt 2014). Um dennoch Zugang zu den benötigten Informationen zu erhalten, greifen Lernende daher oftmals auf regelbasierte Heuristiken zurück, die einen schnelleren und kognitiv weniger fordernden Zugang zu impliziten Informationen erlauben (vgl. Nyachwaya et al. 2014). Im Gegensatz zu Expertinnen und Experten wenden sie die Heuristiken und die damit erhaltenen Informationen aber meist nicht reflektiert an. Die erhaltenen Informationen und deren Einfluss auf den Reaktionsprozess können Lernende deshalb oft nicht nachvollziehen und mit den zugrunde liegenden Konzepten verknüpfen. Die erarbeiteten Informationen bleiben also abstrakt, werden nicht verstanden und können nicht zum Aufbau eines tieferen Fachverständnisses genutzt werden. Die Folge ist ein monokausales Argumentieren auf Basis nur teilweise verstandener Informationen, welches häufig zu falschen Aussagen und Folgerungen führt (vgl. ebd.; McClary und Talanquer 2011). Als sozusagen letzten Ausweg aus diesem Dilemma werden Reaktionsprozesse daher oft schlichtweg auswendig gelernt (vgl. Galloway et al. 2017; Nyachwaya et al. 2014). Lernende, die diese Strategien anwenden, können im Rahmen der Lehre vorgestellte Problemlösungen deswegen oftmals nicht nachvollziehen und kein adäquates Problemlösevermögen entwickeln.

Ebenso verhält es sich mit den im *electron-pushing-formalism* angedeuteten Prozessen: Lernende sind nur bedingt dazu in der Lage, aus den statischen Abbildungen und den Pfeilen gedanklich *dynamische* Prozesse zu entwickeln (vgl. Galloway et al. 2017). Statt wie Expertinnen und Experten die Einflussfaktoren auf den Prozess aus den Strukturen abzuleiten und auf deren Grundlage den Prozess logisch zu konstruieren und mittels Pfeilen darzustellen, verwenden Lernende häufig *connecting-the-dots*-Strategien und eine *it-gets-me-to-the-product*-Herangehensweise, deren Logik und Ziel darin besteht, auf beliebigen bzw. an der Oberflächenstruktur orientierten Schritten zur Zielstruktur zu gelangen, ohne dabei auf der submikroskopischen Ebene begründete logische Schritte zu gehen (vgl. Bhattacharyya und Bodner 2005).

Ein dabei häufiger beobachtetes Problemlöseverhalten ist das sogenannte *backward-oriented reasoning*, bei dem die Zielstruktur als Ausgangspunkt der Argumentation genommen wird und rückwärts ein Weg zur Struktur des Edukts bzw. der Edukte gesucht wird (vgl. Grove et al. 2012b; Caspari et al. 2018). Dabei „dekorieren" Lernende die Strukturformeln meist erst im Nachhinein mit Pfeilen, anstatt die Elektronenverschiebung als Ausgangspunkt der Veränderungsprozesse zu sehen (vgl. Grove et al. 2012b). Dies stützt die Annahme, dass Lernende oft nur begrenzt dazu in der Lage sind, dynamische Prozesse aus Strukturformeln abzuleiten und auf diese zu beziehen.

4   Taktil zugängliche 3D-Prozessmodelle

Wie gezeigt wurde, beziehen sich die Schwierigkeiten Lernender in der Organischen Chemie vor allem auf den Zugang zu impliziten Informationen aus Lewis-Strukturformeln und damit auf die Verknüpfung von symbolischer und submikroskopischer Ebene. Ein Ansatz, mit dem sich die beschriebenen Zugangsschwierigkeiten verringern lassen, besteht darin, die impliziten Informationen, die dahinterstehenden Konzepte und deren Einfluss auf Reaktionsprozesse in einer für Lernende besser zugänglichen Form explizit darzustellen (vgl. Wang und Barrow 2011; Bodemer et al. 2004). Hierfür bieten sich unter anderem virtuelle Lernhilfen an, da sie es vergleichsweise einfach ermöglichen, wichtige Zusammenhänge und Veränderungsprozesse zu visualisieren. Es existieren bereits vielfältige virtuelle Modelle und Visualisierungen von Reaktionsprozessen, mit denen implizite Informationen im Kontext der Organischen Chemie zugänglich gemacht werden können und deren Wirksamkeit bereits im Rahmen verschiedener Studien gezeigt werden konnte (vgl. Wang und Barrow 2011; Wu und Shah 2004; Ealey 2004; Abraham et al. 2010; Bodemer et al. 2004; Barrett et al. 2015). Bei der expertennahen Interpretation von Lewis-Strukturformeln als Voraussetzung erfolgreichen Lernens in der Organischen Chemie spielt jedoch auch das räumliche Vorstellungsvermögen eine wichtige Rolle. Dies liegt in der Anforderung begründet, die nur visuell dargestellten zweidimensionalen Strukturformeln in gedankliche dreidimensionale Modelle zu übertragen und diese interpretieren zu können (vgl. Wu und Shah 2004; Miller und Halpern 2013; Höffler 2010). Lernende mit geringerem räumlichen Vorstellungsvermögen oder visuellen Zugangsschwierigkeiten stellen diese Transformationsprozesse vor deutlich höhere kognitive Anforderungen, die auch durch den Einsatz virtueller Modelle meist erhalten bleiben (vgl. Barrett et al. 2015). Gerade für blinde und sehbeeinträchtigte Lernende besitzen virtuelle und damit vor allem rein visuell zugängliche Modelle keinen Zusatznutzen, da sie für diesen Personenkreis nicht oder nur eingeschränkt zugänglich sind (vgl. Fernández et al. 2019). Die gebräuchlichen taktil zugänglichen Adaptionen der LEWIS-Schreibweise (Braille-Chemieschrift, taktile Zeichnungen, Magnetlegetafeln (vgl. Supalo und Kennedy 2014)) beinhalten jedoch grundsätzlich die gleichen Zugangsschwierigkeiten wie LEWIS-Strukturformeln für Sehende, da sie auf demselben Formelsystem aufbauen. Allerdings erhöhen sie die kognitive Anforderung für Blinde und Sehbeeinträchtigte aufgrund des komplexeren taktilen Zugangs nochmals deutlich (vgl. Harshman et al. 2013; Micklos Lewis und Bodner 2013; Argyropoulos 2002). Die bisher bekannten taktil zugänglichen dreidimensionalen Modelle, wie z. B. Kugel-Stab-Modelle, sind allerdings *statische* 3D-Repräsentationen, die meist nur die räumliche Struktur von Verbindungen abbilden können. Wie die LEWIS-Formelschreibweise können sie die submikroskopische Ebene aber nur sehr eingeschränkt repräsentieren.

Um implizite Informationen und Konzepte explizit darzustellen und die symbolische mit der submikroskopischen Ebene stärker zu verknüpfen, haben wir neue, taktil zugängliche, konkrete 3D-Prozessmodelle entwickelt (vgl. Lindenstruth et al. 2019; Lindenstruth 2016). Mit diesen lassen sich einerseits die Struktur von Verbindungen als Folge bestimmter Einflussgrößen und andererseits Konzepte und die in diesen beschriebenen Einflüsse auf die Struktur von Verbindungen in einer expliziten Form erfahren. Sie ermöglichen es zudem, Reaktions- und andere Veränderungsprozesse in einer *dynamischen Form* zu verfolgen und dabei auch verschiedene Einflüsse auf diese Prozesse zu betrachten. Die neuen Modelle sind also nicht nur Struktur-, sondern zugleich auch Prozessmodelle! Der mit den Modellen neben dem visuellen Zugang zusätzliche taktile Zugang ermöglicht es, die Modelle auch in heterogenen Lernsettings mit blinden und sehbeeinträchtigten Lernenden und sehenden Lernenden mit geringer ausgebildetem räumlichen Vorstellungsvermögen einzusetzen. Weiterhin bietet der taktile Zugang auch für Sehende einen zusätzlichen Weg, auf dem sie neue Perspektiven und Informationen erschließen können. Die am Modell zugänglichen taktilen Informationen ermöglichen darüber hinaus noch einen Zugang zu Informationen, die in visuellen Darstellungsweisen nicht oder nur eingeschränkt repräsentiert werden können. Dies sind unter anderem Informationen zu energetischen Aspekten, die konkret als benötigter Kraftaufwand bei Übergängen einer räumlichen Struktur der Modelle in eine andere erfühlt werden können und von denen wir erwarten, dass sie dadurch leichter erfahren und verstanden werden können (vgl. Taskin und Bernholt 2014; Barrett et al. 2015; Micklos Lewis und Bodner 2013).

Besonders für Studierende des Lehramts ist es wichtig, sich neben den fachlichen Inhalten des Studiums auch mit den Erkenntnis- und Lernprozessen sowie den besonderen Verstehensschwierigkeiten in der Organischen Chemie reflexiv auseinanderzusetzen. Um fachliche Inhalte didaktisch zu restrukturieren, Lernsettings zu planen und Lernprozesse anzuregen, ist es daher notwendig, neben den fachlich-inhaltlichen auch die mit den Repräsentationen verbundenen Verständnisprobleme zu kennen und zu berücksichtigen. Durch die curriculare Integration der entwickelten Modelle in die Marburger Lehramtsausbildung im Rahmen des Moduls *ProfiWerk Chemie* können die beschriebenen Zugangsschwierigkeiten und Ansätze zum Umgang mit diesen an den Modellen thematisiert und reflektiert werden. Die taktile Erfahrbarkeit der Modelle ermöglicht dabei auch eine Betrachtung heterogener Lernsettings, der dort auftretenden Schwierigkeiten, aber auch möglicher neuer Zugänge zum Fach. Anhand der Modelle können in diesem Kontext auch direkt Lernsettings unter Berücksichtigung des zusätzlichen taktilen Zugangs geplant und ausgetestet werden.

5   Vorstellung der Modelle

Im Folgenden werden zwei der von uns entwickelten und im 3D-Druckverfahren hergestellten Modelle kurz vorgestellt, die bereits im Chemie-Unterricht an der Deutschen Blindenstudienanstalt Marburg (blista) sowie in Schüler/innen-Workshops erfolgreich eingesetzt werden. Es werden die Modelle selbst und ihre fachlichen und fachdidaktischen Hintergründe sowie der mögliche Erkenntnisgewinn beschrieben.

5.1   2D-/3D-Transformationsmodell[2]

Chemische Verbindungen besitzen stets eine dreidimensionale Struktur, die auf Wechselwirkungen der äußeren Elektronenpaare der in der Verbindung enthaltenen Atome zurückzuführen ist und die Eigenschaften und die Reaktivität der Verbindungen in Reaktionsprozessen mit beeinflusst. Die auftretenden Wechselwirkungen und deren Einfluss auf Reaktionsprozesse sind komplex und auf verschiedene Faktoren zurückzuführen (Fernández et al. 2009).

---

[2]Bereits veröffentlicht bei Lindenstruth et al. (2019).

Vereinfacht lassen sie sich über das *Valenzelektronenpaar-Abstoßungskonzept* (VSEPR-Konzept) als Abstoßung negativer Ladungen der zu den Atomen zugeordneten äußeren, sogenannten *Valenzelektronenpaaren* beschreiben. Nach dem VSEPR-Konzept werden die Valenzelektronenpaare bzw. die Bindungspartner so auf einer Kugeloberfläche, in deren Mitte sich das betrachtete Atom befindet, angeordnet, dass sie maximalen Abstand zueinander einnehmen. Dieser maximale Abstand entspricht dabei dem Zustand geringster abstoßender Wechselwirkungen und stellt ein energetisches Minimum dar (Abb. 4). Für Kohlenstoff-Atome und die meisten anderen Atome mit vier Valenzelektronenpaaren ergibt sich so jeweils eine tetraedrische Struktur, in der die vier Valenzelektronenpaare zueinander den größtmöglichen Abstand einnehmen. Dies lässt sich am Beispiel des Methan-Moleküls beobachten, in dem an ein zentrales Kohlenstoff-Atom vier Wasserstoff-Atome gebunden sind (Abb. 4). Die dreidimensionale Struktur der Valenzelektronen, aus der sich die gegenseitige Abstoßung nach dem VSEPR-Konzept ableiten lässt, kann mathematisch über *Orbitale* beschrieben werden. Ein Orbital definiert dabei einen dreidimensionalen Raum, in dem ein Elektron mit einer bestimmten Aufenthaltswahrscheinlichkeit (meist >90 %) anzutreffen ist. Mithilfe der Orbitale lassen sich die vereinfachten Wechselwirkungen der Elektronenpaare und damit auch die räumlichen Gegebenheiten organischer Moleküle gut beschreiben (Abb. 4).

In der LEWIS-Strukturformelschreibweise werden Elektronenpaare nur durch einfache, zweidimensionale Striche symbolisiert, die keine expliziten Aussagen über die räumliche Ausdehnung der Elektronenpaare enthalten. Diese zweidimensionalen Strukturformeln müssen nun gedanklich in eine dreidimensionale Struktur überführt werden (vgl. Abb. 4). Dieser Prozess ist vor allem für Lernende mit schwächer ausgebildetem räumlichem Vorstellungsvermögen sehr

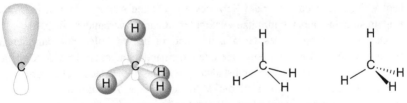

Tetraeder wegen Elektronenpaar-Abstoßung

Abb. 4 v. l. n. r.: einzelnes sp³-Hybridorbital eines Kohlenstoff-Atoms, Anordnung der Orbitale gemäß VSEPR-Konzept im Methan, angedeutete Dreidimensionalität in LEWIS-Formelschreibweise sowie in Keilstrichschreibweise. (© Philipp Lindenstruth)

beanspruchend, da er hohe Anforderungen an das räumliche Denken stellt. Dies gilt in verstärktem Maße für blinde und sehbeeinträchtigte Lernende (vgl. Wu und Shah 2004; Lindenstruth et al. 2019). Durch die Konvention der Keilstrich-Schreibweise kann die 3D-Struktur in Form ausgemalter bzw. gestrichelter Keile angedeutet werden (vgl. Abb. 4 rechts) und so eine Unterstützung beim Erfassen der drei-dimensionalen Molekülstruktur gegeben werden. Dabei wird jedoch die für die Struktur verantwortliche Elektronenpaarabstoßung, die über das VSEPR-Konzept beschrieben wird, nicht explizit dargestellt und somit auch nicht die Auseinander-setzung mit diesem gefördert. Dreidimensionale Molekülstrukturen lassen sich hingegen auch mit 3D-Modellen explizit darstellen und je nach Modell kann auch die räumliche Ausdehnung der einzelnen Elektronenpaare angedeutet werden. Diese Modelle sind jedoch statische Gebilde, stellen also nur den Endpunkt der gedanklichen Transformation zweidimensionaler Strukturformeln in drei-dimensionale Strukturen dar und können die Wirkungsweise der entscheidenden Elektronenpaarabstoßung bei dieser Transformation ebenfalls nicht explizit abbilden. Dadurch unterstützen sie den gedanklichen Umwandlungsprozess und das Verstehen des VSEPR-Konzeptes ebenfalls nur sehr bedingt (vgl. ebd.; Wu und Shah 2004).

Um Lernende bei der gedanklichen Transformation zu unterstützen, haben wir taktile 3D-Modelle der einfachsten Wasserstoffverbindungen der Elemente Kohlenstoff, Stickstoff, Sauerstoff und Fluor entwickelt, die einerseits den Prozess der gedanklichen Transformation von 2D-LEWIS-Strukturformeln in 3D-Strukturen und umgedreht explizit verfolgbar machen und anderer-seits die elektronischen Wechselwirkungen der Valenzelektronenpaare und deren Wirkungsweise als Ursache der 3D-Struktur organisch-chemischer Ver-bindungen explizit darstellen (Lindenstruth et al. 2019). Diese Modelle bestehen aus „Eiern" als Repräsentation der bindenden Elektronenpaare und „Kugeln" als Repräsentation der freien, nicht-bindenden Elektronenpaare, die sich nach dem VSEPR-Konzept näher am Kern des betrachteten Atoms befinden. Eier und Kugeln sind über einen Gummizug flexibel miteinander verbunden (Abb. 5).

Durch die Wirkung des Gummizugs und in dessen Folge der räumlichen Wechselwirkung (Eier und Kugeln stoßen aneinander) nehmen die vier Modelle für CH_4, NH_3, H_2O und HF selbstständig jeweils eine tetraedrische Form ein. Durch Plattdrücken lassen sich die Modelle in eine zweidimensionale Form bringen, die mit vereinfachten LEWIS-Strukturformeln übereinstimmt. Der zum Erreichen dieses Zustandes notwendige und haptisch fühlbare Kraftauf-wand ermöglicht es, diesen als einen im Vergleich zur tetraedrischen 3D-Form energetisch ungünstigeren Zustand zu deuten. Werden die Modelle nun

Abb. 5 Aufbau der 2D-/3D-Transformationsmodelle. (Lindenstruth et al. 2019)

losgelassen, klappen sie aufgrund des Gummizugs wieder von allein in ihre
ursprüngliche dreidimensionale Tetraeder-Form bzw. in den energetisch
günstigsten Zustand zurück (Abb. 6) (vgl. Lindenstruth et al. 2019).

Während bei der Verwendung von Lewis-Strukturformeln und statischen
3D-Modellen nur die Anfangs- und Endpunkte des 2D-/3D-Transformationsprozesses
explizit dargestellt werden können und die restlichen Schritte gedanklich konstruiert
werden müssen, erlauben die entwickelten dynamischen Modelle durch ihren Aufbau
eine explizite Erfassung der Ursachen der Molekülgeometrien und eine Verfolgung
des gesamten Prozesses, auf dem diese erreicht werden (Abb. 6). Hierdurch können
Lernende das Vorgehen Schritt für Schritt direkt am Modell nachvollziehen, einüben
und in der Folge auch auf beliebige organische Verbindungen übertragen. Durch die
dreidimensionale Darstellung werden zudem die Anforderungen an das räumliche
Denken reduziert, da Lernende die Veränderungen direkt am Modell nachvollziehen
können, anstatt diese aus gedanklich konstruierten Strukturen abzuleiten (Lindenstruth
et al. 2019).

Darüber hinaus ermöglicht die haptische Erfahrbarkeit der entwickelten
Modelle im Vergleich zu virtuellen Modellen Lernenden den Zugang zu
zusätzlichen Informationen über die Wirkungsweise der im VSEPR-Konzept
beschriebenen elektronischen Wechselwirkung und deren Einfluss auf das
Zustandekommen der 3D-Struktur. Diese taktil zugänglichen Informationen
sind direkt am Modell erfahrbar und können auch ohne Experten-nahes Wissen
von Lernenden erhalten und interpretiert werden. So lässt sich zum Beispiel
der fühlbare Widerstand beim Plattdrücken der Modelle auf den räumlichen
Anspruch der Modellbauteile und damit der repräsentierten Elektronenpaare
zurückführen. Diese Informationen lassen sich auf die Wirkungsweise der
Elektronenpaar-Wechselwirkung übertragen. Das abstrakte Konzept und dessen
Bedeutung zur Ermittlung der Molekülgeometrie werden durch die explizite

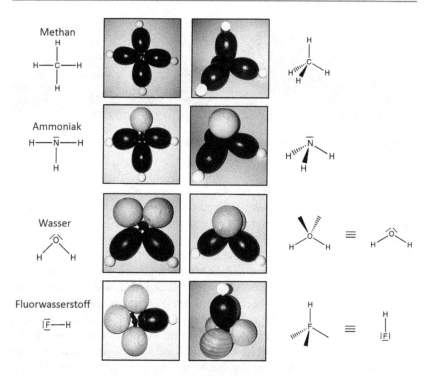

Abb. 6 2D- und 3D-Repräsentation der einfachsten binären Nichtmetall-Wasserstoff-verbindungen in LEWIS-Strukturschreibweise und im 2D-/3D-Transformationsmodell. (Lindenstruth et al. 2019)

Darstellung im Modell also direkt erfahrbar, was eine „explizite Betrachtung" der Vorgänge auf submikroskopischer Ebene ermöglicht.

Wir erwarten, dass hierdurch die zum Erarbeiten dieser Informationen notwendige kognitive Leistung geringer wird, da wesentliche Vorgänge und Transformationsprozesse nun nicht mehr ausschließlich gedanklich konstruiert werden müssen, sondern direkt im Modell dargestellt sind und dadurch unmittelbar zugänglich werden. Durch die Übertragung der am Modell generierten Einsichten auf eine fachliche Ebene und weiter auf LEWIS-Strukturformeln kann das Konzept auch in einer abstrakten Form von Lernenden verstanden und in der Folge auch auf ihnen unbekannte Strukturen angewendet werden. Das verinnerlichte Modell kann dabei stets als Analogie herangezogen werden.

5.2   Dreidimensionales S$_N$2-Prozessmodell

Chemische Reaktionen sind stets im dreidimensionalen Raum ablaufende dynamische Prozesse. Die LEWIS-Strukturformeln, mit denen diese dargestellt werden, sind hingegen zweidimensional und statisch. Sie lassen sich als „chemischer Comic" auffassen, bei dem der dynamische „Prozess-Film" aus einzelnen, für den Prozess charakteristischen Abbildern, sozusagen Zwischenstationen, erdacht werden muss. Um den Verlauf eines Reaktionsprozesses auf der Grundlage der Comic-haften Einzelbilder der LEWIS-Formeln einschätzen zu können, müssen neben den einzelnen Strukturen auch die Einflüsse auf den Prozess, also die Einflüsse der Bestandteile des Reaktionssystems und die damit verbundenen Konzepte in einer dynamischen und prozesshaften Weise verstanden werden (vgl. Caspari et al. 2018). Dies soll hier kurz am Beispiel der *nucleophilen Substitution*[3] und dem Einfluss des Nucleophils und der Abgangsgruppe auf diesen Reaktionstyp dargestellt werden.

In Reaktionen werden bestehende Elektronenpaarbindungen zwischen Atomen gebrochen und neue zwischen Bindungspartnern geformt. Kennzeichnend für diesen Prozess sind einerseits die Stärke und damit das energetische Niveau der zu brechenden bzw. der zu formenden Bindung (je energieärmer die Bindung ist, desto stabiler ist sie) und andererseits die Möglichkeit, Elektronen zur Ausbildung einer Bindung bereitzustellen oder diese aufzunehmen. Die Ausprägung dieser Eigenschaft lässt sich über die Anwendung verschiedener Konzepte ermitteln. In der LEWIS-Schreibweise wird dieser Prozess über den weiter oben beschriebenen *electron-pushing-formalism* abgebildet. In nucleophilen Substitutionsreaktionen findet der Austausch einer sogenannten Abgangsgruppe, die an ein Kohlenstoff-Atom in dem *Substrat* genannten Molekül gebunden ist, gegen ein Nucleophil statt (Abb. 7).

Das Nucleophil Nu$^-$ ist ein angreifendes Teilchen, das ein freies Elektronenpaar möglichst schnell zur Ausbildung einer Bindung mit dem Substrat bereitstellt. Die Abgangsgruppe X wird im Reaktionsprozess aus dem Substrat verdrängt, da die Bindung zwischen Substrat und Abgangsgruppe vergleichsweise schwach ist. Um diese Bindung zu brechen, muss also nur noch wenig Energie hinzugefügt werden. Die Qualität von Abgangsgruppen und Nucleophilen lässt sich über verschiedene Konzepte vorhersagen, wobei gute

---

[3]Die folgenden Ausführungen basieren auf Vollhardt und Schore (2007, S. 239–299) und Sykes (1988, S. 89–117).

$$Nu^{\ominus} \mid + \overset{H}{\underset{R}{\overset{H_{\prime\prime}}{\diagdown}}} X \longrightarrow Nu \overset{H}{\underset{R}{\diagup}} H + \mid \overset{\ominus}{X}$$

Abb. 7 S_N2-Reaktion in LEWIS-Schreibweise. Reste, Nucleophil und Abgangsgruppe sind mit R, Nu bzw. X abgekürzt. (© Philipp Lindenstruth)

Nucleophile ihr Elektronenpaar schnell zur Verfügung stellen und gute Abgangsgruppen das Substrat schnell verlassen. Je nach Qualität von Nucleophil und Abgangsgruppe sowie einigen zusätzlichen Faktoren, z. B. den räumlichen Gegebenheiten des Substrats, verläuft die Reaktion unterschiedlich rasch. Hat das angreifende Nucleophil ausreichende Qualität, kann es die Abgangsgruppe aktiv aus dem Substrat verdrängen. Im Reaktionsverlauf nähert sich das Nucleophil durch den sogenannten *Rückseitenangriff* dem Substrat von der der Abgangsgruppe gegenüberliegenden Seite. Dabei verlagert das Nucleophil Elektronendichte zum zentralen Kohlenstoff-Atom und baut so schrittweise eine Bindung auf. Synchron wird die Bindung zwischen dem zentralen Kohlenstoff-Atom und der Abgangsgruppe X gelöst und Elektronendichte in Richtung Abgangsgruppe verschoben (Abb. 8). Durch den Einfluss der Elektronen des Nucleophils werden gemäß dem VSEPR-Konzept auch die restlichen drei Bindungspartner des Kohlenstoff-Atoms aus ihrer ursprünglichen Position verdrängt. Die Reaktion verläuft über einen sogenannten *Übergangszustand,* in dem Abgangsgruppe und Nucleophil gleichermaßen teilweise an das Kohlenstoff-Atom gebunden sind und die Bindungen jeweils halb gebrochen bzw. halb geformt sind. Dieser Zustand stellt den energiereichsten und damit instabilsten Zustand des Reaktionssystems dar. Die geometrische Anordnung im Übergangszustand entspricht infolge der Wirkung von fünf Bindungspartnern nach dem VSEPR-Konzept einer trigonalen Bipyramide (Abb. 8, Mitte). Im weiteren Verlauf nähert sich das Nucleophil unter Ausbildung der Bindung zum Kohlenstoff-Atom, während sich die Abgangsgruppe immer weiter entfernt und die Bindung

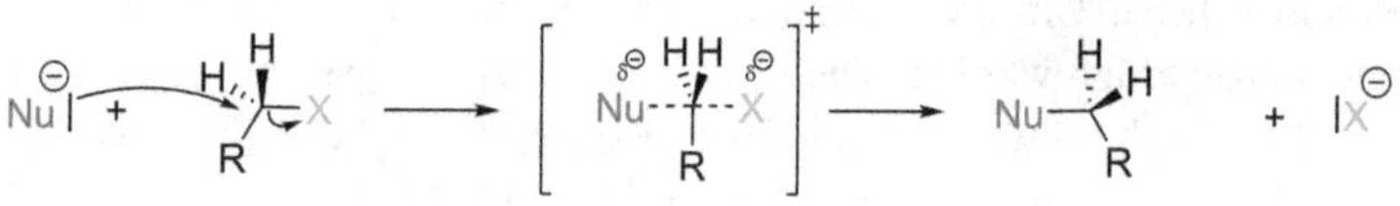

$$Nu^{\ominus} \mid + \overset{H}{\underset{R}{\overset{H_{\prime\prime}}{\diagdown}}} X \longrightarrow \left[Nu \overset{\ominus}{\text{--}} \overset{H\ H}{\underset{R}{\mid}} \overset{\ominus}{\text{--}} X \right]^{\ddagger} \longrightarrow Nu \overset{H}{\underset{R}{\diagup}} H + \mid \overset{\ominus}{X}$$

Abb. 8 Vollständiger S_N2-Reaktionsmechanismus mit Übergangszustand in LEWIS-Schreibweise. Nucleophil, Abgangsgruppe und Reste sind mit Nu bzw. X und R abgekürzt, der Übergangszustand ist mit eckigen Klammern und dem „double dagger-Symbol" repräsentiert. (© Philipp Lindenstruth)

zum Kohlenstoff-Atom gebrochen wird. Am Ende des Reaktionsprozesses ist die Abgangsgruppe vollständig verdrängt worden und die neue Bindung mit dem vormaligen Nucleophil ist vollständig ausgebildet. Durch dessen elektronischen Einfluss rücken die restlichen Bindungspartner auf die andere Seite und nehmen sozusagen eine invertierte Position ein (Abb. 8, rechts). Die Verschiebung der Elektronendichte wird dabei im jeweiligen Reaktionsschritt mit dem *electron-pushing-formalism* dargestellt.

Der gesamte Reaktionsprozess verläuft über nur einen Reaktionsschritt und wird mit dem S_N2-Reaktionsmechanismus beschrieben. Je schwächer das Nucleophil ist, desto weniger gut ist es in der Lage, die Abgangsgruppe zu verdrängen. Je schwächer die Abgangsgruppe an das Substrat gebunden ist, desto leichter wird diese auch von weniger guten Nucleophilen verdrängt. Sehr gute Abgangsgruppen wie z. B. Iodid können unter bestimmten Voraussetzungen auch ohne Einfluss eines Nucleophils aus dem Substrat abgespalten werden. In diesem Fall läuft die Reaktion nach einem zweistufigen S_N1-Mechanismus ab, der sich in mehrfacher Hinsicht vom S_N2-Mechanismus unterscheidet, hier jedoch nicht näher beschrieben werden soll[4].

Um den Verlauf einer nucleophilen Substitutionsreaktion nach S_N2 zu beschreiben, ist es also wichtig, den Einfluss von Nucleophil und Abgangsgruppe auf den Reaktionsprozess sowie die räumlichen Veränderungen einschätzen zu können. In der LEWIS-Formelschreibweise wird dieser komplexe Vorgang unter Verwendung des *electron-pushing-formalism* in nur drei Strukturformeln dargestellt (Abb. 8). Der dynamische Verlauf des Reaktionsprozesses und der dynamische Einfluss des Nucleophils und der Abgangsgruppe auf diesen werden dabei jedoch nur angedeutet und bleiben implizit. Für Lernende und gerade solche, denen der Zugang zu LEWIS-Strukturformeln erschwert ist, stellt das dazu notwendige prozessbezogene Denken ein größeres Problem dar. Da Lernende vor allem die Oberflächenmerkmale der statischen LEWIS-Strukturformeln betrachten, konstruieren sie auch häufig statische Vorstellungen von Reaktionsprozessen und den dahinterliegenden Konzepten und können deren Einfluss auf den Reaktionsprozess daher nur bedingt einschätzen (vgl. Wu und Shah 2004). Und auch die elektronischen Veränderungen und deren Darstellung über

---

[4]Ob eine nucleophile Substitutionsreaktion nach dem S_N1- oder dem S_N2-Mechanismus abläuft, ist neben der Qualität von Abgangsgruppe und Nucleophil noch von der Substratstruktur, dem verwendeten Lösungsmittel und der Temperatur des Reaktionsgemisches abhängig (Sykes 1988, S. 89–117).

den *electron-pushing-formalism* werden in ihrer Bedeutung für die Reaktion nicht verstanden (vgl. Caspari et al. 2018; Grove et al. 2012a).

Um die impliziten und angedeuteten Prozesse in einer dynamischen Form abzubilden, haben wir neuartige dreidimensionale Prozessmodelle entwickelt. An diesen lässt sich der geschilderte S_N2-Reaktionsmechanismus in dynamischer Form in expliziter Weise dreidimensional darstellen und nachvollziehen. Dabei werden die räumlichen Veränderungen im Verlauf des Reaktionsprozesses und der Einfluss von Nucleophilen und Abgangsgruppen auf diese in taktil und visuell erfahrbarer Weise dargestellt. Ebenso lassen sich am Modell auch Aussagen über die relative Stärke von Bindungen und damit die Qualität von Nucleophilen und Abgangsgruppen und den energetischen Verlauf der Reaktion treffen. Und auch die Elektronenbewegungen in der Reaktion können am Modell verfolgt werden. Über verschiedene Anpassungen des Modells ist auch ein Vergleich zwischen S_N2- und S_N1-Mechanismus möglich. Durch die Verwendung der Modelle erwarten wir einen leichter nachvollziehbaren und dadurch besseren Zugang zu den gezeigten Reaktionsprozessen und den dahinterstehenden Konzepten.

Bei den neuen 3D-Prozessmodellen werden, wie bereits bei den 2D-/3D-Transformationsmodellen, eiförmige Repräsentationen der Elektronen- paare zur Darstellung der räumlichen Gegebenheiten verwendet. In der Mitte des Modells befindet sich eine schwarze, speziell konstruierte Kugel, die das zentrale Kohlenstoff-Atom symbolisiert (Abb. 9).

Abb. 9 Zentralkugel des Prozessmodells. (© Volker Lindenstruth)

An dieser sind zwei gegenüberliegende Eisenscheiben eingeklebt, an denen Abgangsgruppe und Nucleophil über verschieden starke Magnete haften können. Über drei bewegliche Stifte können drei graue Eier als Repräsentationen der restlichen Bindungspartner des Zentralatoms (Abb. 10 links) an der Kugel so befestigt werden, dass diese sich während der Reaktion nicht lösen (Abb. 11). Sie lassen sich lediglich entlang festgelegter Bahnen bewegen. Die Bewegungsmöglichkeit wird dabei auch von deren räumlicher Ausdehnung begrenzt, sodass sich die Eier in einer tetraedrischen Anordnung allesamt berühren. In die Eier ist auf der gegenüberliegenden Seite noch ein zusätzliches Loch eingefügt, über das mit dem *Molekülbaukasten 1* der Firma Hedinger[5] weitere zusammengebaute Molekülbauteile an das Modell angebaut werden können. Dadurch lassen sich auch die sterischen Gegebenheiten komplexerer Substrate im Modell darstellen. Nucleophile und Abgangsgruppen sind ebenfalls über eiförmige Repräsentationen dargestellt, wobei die Unterscheidung durch die Verwendung grüner Eier für die Abgangsgruppen und roter Eier für die Nucleophile in Anlehnung an die farbliche Codierung von Lewis-Formeln in gängigen Lehrbüchern getroffen wird. In diese Eier ist jeweils ein Neodym-Magnet eingeklebt, über den sie an das Zentralatom gebunden werden können. Die Stärke des jeweiligen Magneten wird durch unterschiedliche tastbare Ringe auf den Eiern codiert: Je stärker der Magnet ist, desto mehr Ringe besitzt das Ei (Abb. 10). Die Stärke der Magnete symbolisiert dabei die unterschiedliche Qualität der Nucleophile und der Abgangsgruppen. Für die Abgangsgruppen, die eher schwach gebundene Teilchen repräsentieren, werden schwache Magnete eingesetzt, für Nucleophile hingegen starke Magnete. Je zwei verschieden starke Abgangsgruppen und zwei verschieden starke Nucleophile sind über einen Nylonfaden mit dem Modell so verbunden, dass ein vollständiges Herunterfallen der Modellbestandteile während der Reaktion verhindert wird. Dies ist vor allem bei der Verwendung des Modells in heterogenen Settings mit blinden und sehbeeinträchtigten Lernenden wichtig, um eine langwierige Suche heruntergefallener Modellbestandteile zu vermeiden. Das gesamte Modell ist zur besseren Handhabung auf einem Fotostativ befestigt (Abb. 11).

Um eine nach dem S_N2-Mechanismus ablaufende Reaktion darzustellen, wird das Modell so aufgebaut, dass eine grüne Abgangsgruppe mit dem zentralen Kohlenstoff-Atom verbunden wird (Abb. 11). Nun wird ein rotes Nucleophil

---

[5]https://www.der-hedinger.de/18474 (Letzter Zugriff: 23.07.2019).

Abb. 10 Elektronenpaar-Repräsentationen, v. l. n. r.: Rest, Abgangsgruppe mit Magnet, Nucleophil mit Markierungen. (© Volker Lindenstruth)

langsam von der gegenüberliegenden Seite in Richtung des Zentralatoms bewegt. Sobald dieses die grauen Bindungspartner berührt, entsteht durch die räumliche Enge am Zentralatom ein fühlbarer Widerstand. Um das Nucleophil noch näher an das Zentralatom zu bewegen, muss dieser durch festeres Drücken überwunden werden. Die dabei verrichtete Arbeit repräsentiert die Aktivierungsenergie, die bei dieser *Elementarreaktion* aufgewendet werden muss (Abb. 12). Sie ermöglicht es Lernenden zu begreifen, dass bei jeder chemischen Elementarreaktion Teilchen in einem energetischen Minimum *(Reaktanden)* durch Aufnahme von Energie einen Zustand maximaler Energie (als *aktivierter Komplex* bzw. Übergangszustand) erreichen und schließlich unter Abgabe von Energie in ein neues energetisches Minimum (die *Produkte*) übergehen.

Im Modell drückt das Nucleophil die grauen Bindungspartner in eine planare Position (Abb. 13, Mitte). Diese drücken wiederum gleichzeitig gegen die Abgangsgruppe, wobei sich diese aufgrund des schwächeren Magneten und der damit schwächeren Bindung an das Zentralatom löst und die Abgangsgruppe abfällt. Durch den freiwerdenden Raum klappen die grauen Bindungspartner

Abb. 11   Zusammengebautes Prozessmodell. (© Volker Lindenstruth)

vollständig um und das Nucleophil bindet über den Magneten fühlbar am Zentralatom. Die Bindungspartner befinden sich nun auf der anderen Seite, in einer
inversen Konfiguration. Je nach Verwendung der verschiedenen Nucleophile und
Abgangsgruppen muss bei diesem Prozess mehr oder weniger Kraft aufgewendet
werden.

Eine Rückreaktion, in der eine grüne Abgangsgruppe ein rotes Nucleophil
verdrängt, benötigt einen fühlbar höheren Kraftaufwand und macht dadurch die
höhere Energiebarriere für diesen Reaktionsschritt taktil deutlich erfahrbar. Durch
die Verwendung der Abgangsgruppe mit dem schwächsten Magneten lässt sich
im Übrigen auch eine S_N1-Reaktion darstellen. Dies ermöglicht es Lernenden, die
erfahrbaren Einflüsse auch auf andere Reaktionsprozesse zu beziehen.

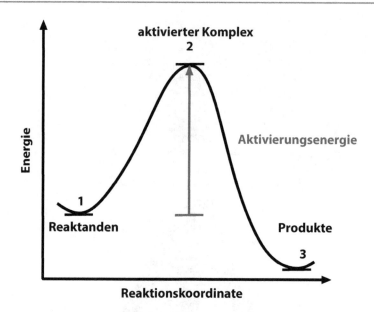

Abb. 12 Schematisches Reaktionsdiagramm einer S_N2-Reaktion. Die Aktivierungsenergie beschreibt die für eine erfolgreich ablaufende Reaktion notwendige Energie. (© Philipp Lindenstruth)

Abb. 13 Schematischer Verlauf der S_N2-Reaktion am Prozessmodell mit Übergangs- zustand (Mitte). (© Volker Lindenstruth)

Durch die Verwendung unterschiedlicher Magnete für den Bindungsmechanis- mus und der räumliche Darstellung der Elektronenpaare werden wie bereits beim 2D-/3D-Transformationsmodell in den LEWIS-Strukturformeln implizit abgebildete Informationen im Modell in taktiler und visueller Weise explizit erfahrbar. So lässt sich der Einfluss der Nucleophile und der Abgangsgruppen auf die Reaktion zunächst auch ohne vollständige Kenntnis der zugrunde liegenden Konzepte erfassen und in qualitative Eigenschaften übersetzen (Nucleophil bindet stark und verdrängt Abgangsgruppe, Abgangsgruppe bindet schwach und wird verdrängt). Ebenso können qualitative Aussagen über Bindungsstärken und das Energieprofil der Reaktion getätigt werden, und auch die geometrische Veränderung der Entitäten während der Reaktion ist direkt zugänglich. Dabei ermöglicht das entwickelte Modell die Darstellung der Reaktion als dynamischen Prozess, der an verschiedenen Stellen, z. B. dem Übergangszustand angehalten und eingehend analysiert werden kann. Im Zusammenspiel mit der Darstellung der Reaktion in der LEWIS-Strukturformelschreibweise lassen sich die Comic-haften Einzelbilder durch den Prozess-Film des Modells ergänzen und auf diesen beziehen. Auch die mit dem *electron-pushing-formalism* angezeigten Elektronenbewegungen können am Modell direkt nachverfolgt werden und auf die LEWIS-Strukturformeln übertragen werden. Durch die Verwendung unterschiedlich starker Nucleophile und Abgangsgruppen können Lernende auch Vorhersagen zur Reaktion unter veränderten Bedingungen (bezogen auf Nucleophile und Abgangsgruppen) treffen und diese am Modell überprüfen. Und über die Erweiterung mit dem *Molekülbaukasten 1* der Firma Hedinger lässt sich zudem der Einfluss der Substratstruktur auf den Verlauf der Reaktion abbilden.

Wir gehen davon aus, dass Lernende durch das selbstständige modellhafte Durchführen der Reaktion am Prozessmodell und die direkte Beobachtung der ablaufenden Prozesse dazu angeregt werden, LEWIS-Strukturformeln nicht als schematische 2D-Abbildungen zu verwenden, sondern ihnen eine tiefere Bedeutung zuweisen und sie als symbolische Repräsentationen submikroskopischer 3D-Prozesse zu begreifen und anzuwenden. Dabei ermöglicht es das Modell ebenfalls, symbolische Darstellungskonventionen aufzuschlüsseln und mit konkreten Gegebenheiten und Veränderungsprozessen in Verbindung zu bringen. Die Verwendung von Prozessmodell und LEWIS-Strukturformelschreibweise zur Darstellung der ablaufenden Reaktion ermöglicht es Lernenden, die Dynamik und Prozesshaftigkeit chemischer Reaktionen sowie unterschiedliche Einflüsse auf diese zu diskutieren und zu verstehen. Durch die zusätzliche taktile Erfahrbarkeit wichtiger impliziter Informationen können diese einfacher erfasst und verstanden werden. Vor allem für Lernende mit verringertem Sehvermögen und schlechter ausgebildetem räumlichen Vorstellungsvermögen ist dies von Vorteil. Wir erwarten daher eine bessere Kompatibilität der kognitiven Anforderungen beim Prozess des Verstehens mit den Voraussetzungen der Lernenden, da die gedanklich zu konstruierenden Vorstellungen über das explizite Modell erzeugt werden können. Wie bereits das

2D-/3D-Transformationsmodell können auch die Erkenntnisse aus der Verwendung des S_N2-Prozessmodells analog auf andere Reaktionsprozesse übertragen werden.

6 Fazit

Der Zugang zu in LEWIS-Strukturformeln organischer Moleküle dargestellten fachlichen Informationen und die Verknüpfung der unterschiedlichen Betrachtungsebenen stellt, wie in unserem Beitrag herausgearbeitet wurde, für Lernende eine große Herausforderung dar. Die im Beitrag beschriebenen neuen 3D-Prozessmodelle ermöglichen es, die zum Verstehen organisch-chemischer Prozesse notwendigen, in LEWIS-Strukturformeln implizit enthaltenen Informationen in einer expliziten und leichter zugänglichen Weise darzustellen. Sie ermöglichen damit einen unterstützten Zugang zu fachlichen Gegenständen. Ihre Wirkung resultiert aus der taktil-ästhetischen Wahrnehmung chemischer Prozessstrukturen, insbesondere durch praktische Erfahrung der Vorgänge, aus denen heraus leichter abstrakte Vorstellungen der betrachteten Prozesse und Konzepte entstehen können. Dadurch können sie Lernprozesse in der Organischen Chemie unterstützen. Durch die taktile Erfahrbarkeit der Modelle wird dabei der Zugang für blinde und sehbeeinträchtigte Lernende ermöglicht. Doch auch für Sehende bietet die taktile Erfahrbarkeit zusätzliche Informationen, anhand derer die impliziten Konzepte und deren Bedeutung leichter nachvollziehbar werden. Die dreidimensionale und explizite Darstellung der Reaktionsprozesse in den Modellen ermöglicht auch eine Übertragung der erarbeiteten Informationen auf die Strukturformelschreibweise und kann so ein dynamisches und dreidimensionales Denken auf verschiedenen Ebenen des Johnstone-Dreiecks fördern. Das für heterogene Lernsettings ausgelegte taktile Design der Modelle bietet daher durch die taktile Erfahrbarkeit visuell nicht zugänglicher Informationen für alle Anwendenden zusätzliche Möglichkeiten des Erkenntnisgewinns. Indem die vorgestellten Modelle auch in der Lehramtsausbildung eingesetzt und diskutiert werden, können die grundsätzlichen Zugangshürden für Lernende thematisiert und Ansätze zum Umgang mit diesen erarbeitet werden. Lehramtsstudierenden ermöglicht dies ferner eine Reflexion und eine Restrukturierung ihres fachlichen Wissens und fördert fachdidaktische Denkweisen.

Literatur

Abraham, M., Varghese, V. & Tang, H. (2010). Using Molecular Representations To Aid Student Understanding of Stereochemical Concepts, *J. Chem. Educ.*, 87 (12), 1425–1429. https://doi.org/10.1021/ed100497f.

Argyropoulos, V. S. (2002). Tactual shape perception in relation to the understanding of geometrical concepts by blind students, *Br. J. Vis. Impair.*, 20 (1), 7–16. https://doi.org/10.1177/026461960202000103.

Barrett, T. J., Stull, A. T., Hsu, T. M. & Hegarty, M. (2015). Constrained interactivity for relating multiple representations in science: When virtual is better than real, *Comput. Educ.*, (81), 69–81. https://doi.org/10.1016/j.compedu.2014.09.009.

Bhattacharyya, G. & Bodner, G. M. (2005). "It Gets Me to the Product": How Students Propose Organic Mechanisms, *J. Chem. Educ.*, 82 (9), 1402–1407. https://doi.org/10.1021/ed082p1402.

Bodemer, D., Ploetzner, R., Feuerlein, I. & Spada, H. (2004). The active integration of information during learning with dynamic and interactive visualisations, *Learn. Instr.*, 14 (3), 325–341. https://doi.org/10.1016/j.learninstruc.2004.06.006.

Caspari, I., Weinrich, M. L., Sevian, H. & Graulich, N. (2018). This mechanistic step is "productive": organic chemistry students' backward-oriented reasoning, *Chem. Educ. Res. Pract.*, 19 (1), 42–59). https://doi.org/10.1039/c7rp00124j.

Cooper, M. M., Corley, L. M. & Underwood, S. M. (2013). An investigation of college chemistry students' understanding of structure-property relationships, *J. Res. Sci. Teach.*, 50 (6), 699–721. https://doi.org/10.1002/tea.21093.

Dickmann, T., Opfermann, M., Dammann, E., Lang, M. & Rumann, S. (2019). What you see is what you learn? The role of visual model comprehension for academic success in chemistry, *Chem. Educ. Res. Pract.* 20 (4), 804–820. https://doi.org/10.1039/c9rp00016j.

Ealey, J. B. (2004). Students' Understandig is Embalanced Through Molecular Modeling. *J. Sci. Educ. Technol.*, 13 (4). https://link.springer.com/content/pdf/10.1007/s10956-004-1467-x.pdf.

Fernández, G. A., Ocampo, R. A., Costantino, A. R. & Dop, N. S. (2019). Application of Didactic Strategies as Multisensory Teaching Tools in Organic Chemistry Practices for Students with Visual Disabilities, *J. Chem. Educ.*, 96 (4), 691–696. https://doi.org/10.1021/acs.jchemed.8b00816.

Fernández, I., Frenking, G. & Uggerud, E. (2009). The interplay between steric and electronic effects in S(N)2 reactions, *Chem. Eur. J.*, 15 (9), 2166-2175. https://doi.org/10.1002/chem.200801833.

Galloway, K. R., Leung, M. W. & Flynn, A. B. (2018). A Comparison of How Undergraduates, Graduate Students, and Professors Organize Organic Chemistry Reactions, *J. Chem. Educ.*, 95 (3), 355–365. https://doi.org/10.1021/acs.jchemed.7b00743.

Galloway, K. R., Stoyanovich, C. & Flynn, A. B. (2017). Students' interpretations of mechanistic language in organic chemistry before learning reactions., *Chem. Educ. Res. Pract.*, 18 (2), 353–374. https://doi.org/10.1039/c6rp00231e.

Goodwin, W. M. (2008). Structural formulas and explanation in organic chemistry, *Found. Chem.*, 10 (2), 117–127. https://doi.org/10.1007/s10698-007-9033-2.

Graulich, N. (2015). The tip of the iceberg in organic chemistry classes. How do students deal with the invisible? *Chem. Educ. Res. Pract.*, 16 (1), 9–21. https://doi.org/10.1039/c4rp00165f.

Graulich, N. & Schreiner, P. R. (2011). Struktur-Eigenschafts-Beziehungen in der Organischen Chemie, *CHEMKON*, 18 (3), 109–114. https://doi.org/10.1002/ckon.201110155.

Grove, N. P., Cooper, M. M. & Cox, E. L. (2012a). Does Mechanistic Thinking Improve Student Success in Organic Chemistry? *J. Chem. Educ.*, 89 (7), 850–853. https://doi.org/10.1021/ed200394d.

Grove, N. P., Cooper, M. M. & Rush, K. M. (2012b). Decorating with Arrows: Toward the Development of Representational Competence in Organic Chemistry, *J. Chem. Educ.*, 89 (7), 844–849. https://doi.org/10.1021/ed2003934.

Harshman, J., Bretz, S. L. & Yezierski, E. (2013). Seeing Chemistry through the Eyes of the Blind: A Case Study Examining Multiple Gas Law Representations, *J. Chem. Educ.*, 90 (6), 710–716. https://doi.org/10.1021/ed3005903.

Höffler, T. N. (2010). Spatial Ability: Its Influence on Learning with Visualizations – a Meta-Analytic Review, *Educ. Psychol. Rev.*, 22 (3), 245–269. https://doi.org/10.1007/s10648-010-9126-7.

Johnstone, A. H. (2010). You Can't Get There from Here, *J. Chem. Educ.*, 87 (1), 22–29. https://doi.org/10.1021/ed800026d.

Kozma, R., Chin, E., Russell, J. & Marx, N. (2000). The Roles of Representations and Tools in the Chemistry Laboratory and Their Implications for Chemistry Learning, *J. Learn. Sci.*, 9 (2), 105–143. https://doi.org/10.1207/s15327809jls0902_1.

Lindenstruth, P. (2016). Entwicklung neuer 3-D-Modelle zur Einführung des Mesomerie-Konzepts für den inklusiven Oberstufenunterricht mit blinden und sehbehinderten Schülerinnen und Schülern. (Unveröffentlichte Wissenschaftliche Hausarbeit im Rahmen der Ersten Staatsprüfung im Fach Chemie, Philipps-Universität Marburg).

Lindenstruth, P., Gruber, N., Graulich, N. & Schween, M. (2019). Von 2D zu 3D und zurück – Dreidimensionalität von Molekülen modellieren, *Unterricht Chemie, 30* (171), 28–32.

McClary, L. & Talanquer, V. (2011). Heuristic Reasoning in Chemistry: Making decisions about acid strength, *Int. J. Sci. Educ.*, 33 (10), 1433-1454. https://doi.org/10.1080/0950 0693.2010.528463.

Micklos Lewis, A. L. & Bodner, G. M. (2013). Chemical reactions. What understanding do students with blindness develop? *Chem. Educ. Res. Pract.,* 14 (4), 625–636. https://doi.org/10.1039/c3rp00109a.

Miller, D. I. & Halpern, D. F. (2013). Can spatial training improve long-term outcomes for gifted STEM undergraduates? *Learn. Individ. Differ.*, (26), 141–152. https://doi.org/10.1016/j.lindif.2012.03.012.

Nyachwaya, J. M., Warfa, A. M., Roehrig, G. H. & Schneider, J. L. (2014). College chemistry students' use of memorized algorithms in chemical reactions, *Chem. Educ. Res. Pract.*, 15 (1), 81–93. https://doi.org/10.1039/c3rp00114h.

Stull, A. T., Gainer, M. J. & Hegarty, M. (2018). Learning by enacting: The role of embodiment in chemistry education, *Learn. Instr.*, (55), 80–92. https://doi.org/10.1016/j.learninstruc.2017.09.008.

Supalo, C. A. & Kennedy, S. H. (2014). Using Commercially Available Techniques To Make Organic Chemistry Representations Tactile and More Accessible to Students with Blindness or Low Vision, *J. Chem. Educ.* 91 (10), 1745–1747. https://doi.org/10.1021/ed4005936.

Sykes, P. (1988). Reaktionsmechanismen der Organischen Chemie. Eine Einführung (9. überarb. Aufl.). Weinheim: VCH.

Talanquer, V. (2011). Macro, Submicro, and Symbolic: The many faces of the chemistry "triplet"., *Int. J. Sci. Educ.*, 33 (2), 179–195. https://doi.org/10.1080/09500690903386435.

Talanquer, V. (2018). Progressions in reasoning about structure-property relationships, *Chem. Educ. Res. Pract.*, 19 (4), 998-1009. https://doi.org/10.1039/c7rp00187h.

Taskin, V. & Bernholt, S. (2014). Students' Understanding of Chemical Formulae: A review of empirical research, *Int. J. Sci. Educ.* 36 (1), 157–185. https://doi.org/10.1080/09500693.2012.744492.

Vollhardt, K. P. C. & Schore, N. E. (2007). Organische Chemie (4. Aufl., 1. korr. Nachdruck). Weinheim: Wiley VCH.

Wang, C. & Barrow, L. H. (2011). Characteristics and Levels of Sophistication: An Analysis of Chemistry Students' Ability to Think with Mental Models, *Res. Sci. Educ.*, 41 (4), 561–586. https://doi.org/10.1007/s11165-010-9180-7.

Wu, H. & Shah, P. (2004). Exploring visuospatial thinking in chemistry learning, *Sci. Ed.*, 88 (3), 465–492. https://doi.org/10.1002/sce.10126.

Fachlichkeit und didaktische Rekonstruktion im Lehramtsstudium Sport

Bewegungspädagogische Überlegungen in hochschuldidaktischer Perspektive

Ralf Laging und Meike Hartmann

1 Das Theorie-Praxis-Problem der (Sport) Lehrer*innenbildung

Die in der Lehrer*innenbildung auf politischer und curricularer Ebene vielfach beklagte Differenz zwischen dem fachwissenschaftlichen Wissen der Universität und dem praktischen Nutzen für den schulischen Unterricht hat vielerorts zu Konzepten mit einer Angleichung des universitären Studiums an die schulpraktische Verwertung und mehr methodischer Einübung unterrichtspraktischen Handelns durch die Universitäten geführt. Dies zeigt sich u. a. in häufigeren und längeren schulpraktischen Studien bis hin zur Einführung des sogenannten Praxissemesters. Dahinter steht eine grundlegende bildungstheoretische und wissenschaftstheoretische Problematik. Zu fragen wäre daher, was eigentlich die Differenz meint, die zwischen Theorie und Praxis beklagt wird. Im Kern geht es um die Differenz von Wissen und Können und ihren je eigenen Logiken, die im Verhältnis von universitärem Studium und schulischer Praxis besonders deutlich werden:

R. Laging (✉) · M. Hartmann
Philipps-Universität Marburg, Marburg, Deutschland
E-Mail: laging@staff.uni-marburg.de

M. Hartmann
E-Mail: meike.hartmann@staff.uni-marburg.de

© Springer Fachmedien Wiesbaden GmbH, ein Teil von Springer Nature 2020
N. Meister et al. (Hrsg.), *Zur Sache. Die Rolle des Faches in der universitären Lehrerbildung*, Edition Fachdidaktiken,
https://doi.org/10.1007/978-3-658-29194-5_15

„Erst der Abstand von der Vorstellung, Wissen könne oder solle unmittelbar handlungsleitend sein, bringt die Tätigkeit des Studierens wieder als das in Stellung,
was sie eigentlich ist: ein abständiges Betrachten, Sezieren und Verstehen, das am
Maßstab des praktisch Nützlichen nicht abgetragen werden kann." (Neuweg 2011,
S. 42)

Vor dem Hintergrund dieses Verständnisses gälte es – so Neuweg –, das Verhältnis von Theorie und Praxis nicht weiter mit dem Missverständnis zu befördern,
das darin bestehe, dass „Könnerschaft [...] ein irgendwie zum Laufen gebrachtes
Wissenschaftswissen" sei (ebd.). Die universitäre Lehrer*innenbildung hätte dann
die Aufgabe, die schulische Praxis in den Reflexionshorizont des Studierens zu
heben und nicht umgekehrt, die Universität an die Verwertbarkeitserwartungen
der schulischen Praxis anzupassen.

    Wissenschaftstheoretisch beschreibt die Differenz zwischen Theorie und Praxis
unterschiedliche Beziehungen zur Welt, eine *theoretische* und eine *praktische*.
Unser Wissen auf der Ebene von Theorien ist grundlagentheoretisch angelegt und
von epistemologischer Art. Es versammelt unser Wissen über Akteure, soziales
Handeln und unsere Erkenntnisse aus den Wissenschaften zu einem enzyklo-
pädischen Weltwissen. Dieses Wissen umfasst aber nicht die Praxis des Handelns
selbst und auch nicht die Praxis der Erkenntnisgewinnung. Daher unterscheidet
Bohnsack (2003, 2010, 2013) auf der Grundlage der Wissenssoziologie von Karl
Mannheim (1980) zwischen „theoretische[m] Welt-Erkennen" und „praktische[m]
Orientierungswissen" (Bohnsack 2010, S. 25). Das praktische Wissen bezieht sich
auf die „selbsterlebte Praxis", in die die Akteure eingebunden sind. Ein „solcher
Begriff des ‚Praktischen'" meint dann nicht das „Nützliche oder instrumentell Ver-
wertbare" (ebd., S. 27), sondern rückt das Praktische in den Bereich des *impliziten
und atheoretischen Wissens,* das sich im Können der Akteure zeigt.

    Im Lehramtsstudium evozieren die Differenzen zwischen *fachwissenschaft-
lichem, schulcurricularem Wissen* und *Alltagswissen* einerseits sowie diesen
Wissensbeständen und dem impliziten Wissen des praktischen *Könnens* andererseits oftmals tief greifende Bruchstellen bei Studierenden. Im Fach Sport zeigen
sich die Differenzen verstärkt in der Handlungspraxis – und dies in zweifacher
Weise: Zum einen – wie in allen Fächern – im *unterrichts*praktischen Können
und zum anderen im praktischen *Bewegungs*können und den damit verbundenen
leiblichen Erfahrungen. Letzteres verweist auf die Beziehung von Körperlichkeit
und Bewegung als fachlichen Gegenstand der Vermittlung von Mensch und Welt.
Das körperliche Sich-Bewegen erfährt im Sinne einer nicht-sprachlichen Praktik
eine „quasi ästhetische Bedeutungsstruktur" (Franke 2007, S. 177). Im Kantschen
Sinne geht es dabei um die „Zweckmäßigkeit ohne Zweck", also um ein Bewegen
in der Selbstbezüglichkeit körperlichen Tuns. Bewegungen können in diesem

Verständnis als Funktion bestimmt werden, „durch die sich die Beziehung [zur Welt] auszeichnen soll" (Funke-Wieneke 2010, S. 187). Insofern bilden wir „unser Weltverhältnis ,am Leitfaden' der leiblichen Bewegung" aus (Hildenbrandt 2005, S. 208). Damit sind die fachlichen und didaktischen Orientierungen des Faches Sport auf die „prozessualen Erlebnis- und Erfahrungsqualitäten" des Bewegungshandelns im Zusammenspiel von Wahrnehmen und Bewegen verwiesen (Scherer und Bietz 2013, S. 24).

Dieses zweifache Theorie-Praxis-Problem ist in den vergangenen Jahren in der Sportpädagogik und nicht zuletzt im Zuge der Qualitätsoffensive Lehrer*innenbildung erneut zum Gegenstand curricularer und wissenschaftlicher Arbeiten geworden (vgl. Hartmann et al. 2019; Neumann und Balz 2017; Wiesche et al. 2016). Beobachtungen und empirische Studien zum Lehramtsstudium Sport (vgl. Fischer et al. 2017; Fischer und Mombeck 2018; Begall 2018; Meier 2018) zeigen, dass Studierende für sich und ihr künftiges Berufsfeld kaum einen Mehrwert in der Auseinandersetzung mit fachdidaktischen und fachwissenschaftlichen Inhalten sehen. Ihre Einschätzung wird zum einen durch ein an vielen Studienorten vorherrschendes, unverbundenes und damit letztlich für die Studierenden nicht-thematisiertes Nebeneinander von sportpraktischen, fachdidaktischen und fachwissenschaftlichen Veranstaltungen untermauert. Zum anderen wird die Einschätzung der Studierenden durch die empirische Erkenntnis verschärft, dass sie für die Gestaltung ihres Sportunterrichts insbesondere an ihr sportbiografisch verankertes Bewegungskönnen sowie ihre impliziten Vermittlungserfahrungen aus Schule und Verein anknüpfen (vgl. Klinge 2009; Volkmann 2008; Miethling und Schierz 2017; Ernst 2018). Dieses implizit handlungsleitende, alltagspraktische Erfahrungswissen unterläuft letztlich das im Lehramtsstudium Sport erworbene fachwissenschaftliche und -didaktische Wissen und macht dieses zu dem, was schon aus PISA als ,träges Wissen' bekannt ist.

Vor dem skizzierten Problemhorizont befasst sich dieser Beitrag mit den Differenzen zwischen Wissen und Können bzw. Theorie und Praxis im spezifischen Kontext des Lehramtsstudiums mit dem Fach Sport. Er will zeigen, auf welcher Grundlage im Projekt der Marburger Praxismodule (MPM) der Umgang mit den genannten Differenzen in der Praxis erprobt wird. Nach dieser Einführung geht es in Kap. 2 zunächst um das professionstheoretische und fachdidaktische Verständnis von Fachlichkeit, bevor dann in Kap. 3 der Gegenstand des Sich-Bewegens im sportpädagogischen Diskurs dargelegt wird. Daran schließt sich in Kap. 4 das curriculare Konzept und die Umsetzung des Moduls *ProfiWerk Sport* an. Der Beitrag schließt im 5. Kap. mit einer zusammenfassenden Vorstellung und Diskussion ausgewählter Ergebnisse aus dem qualitativen Evaluationsprojekt zur Marburger Lehrer*innenbildung im Fach Sport ab.

2 Didaktische Rekonstruktion des Fachlichen aus professionstheoretischer Sicht

Die Frage nach dem Umgang mit den beschriebenen Differenzen kann insgesamt als konstitutiv für die Reform der Lehrer*innenbildung angesehen werden. Das professionstheoretische Problem besteht darin, wie Lehrpersonen die Differenzen zwischen „Schulfach und Fachwissenschaft" sowie „Alltagswissen und reflektiertem Wissen" in der Handlungspraxis des Unterrichts handhaben (Tenorth 1999, S. 193; auch Hericks und Meister i. d. B.). Aufgrund der körperlichen Präsenz und Imprägniertheit des sportlichen Bewegungshandelns gewinnt nun das implizite Wissen, von Neuweg (2015) treffend als „Schweigen der Könner" beschrieben, in der *unterrichtlichen* und *sportlichen* Handlungspraxis eine grundlegende Bedeutung für die Professionalisierung von Lehramtsstudierenden mit dem Fach Sport, denn: Im sportlichen Tun vermitteln sich immer auch Aneignungsformen des Lehrens und Lernens von Bewegungen sowie weiterhin soziale Umgangsformen mit anderen, ihren unterschiedlichen Werthaltungen der Sache gegenüber und Bewertungen der anderen, wie sie später im Unterricht der Schule handlungsleitend werden.

Wenn also die Handhabung von Differenzen zur Kernaufgabe von Lehrpersonen gehört, bleibt die Frage, wodurch sich professionelles Lehrer*innenhandeln auszeichnet. Zur Klärung dieser Frage beziehen wir uns auf einen professionstheoretischen Rahmen, wie ihn Hericks (2015) und Bonnet und Hericks (2013, 2014) in Anlehnung an Oevermann (1996) und Helsper (1996, 2014) entworfen haben und wie er auch diesem Band zugrunde gelegt wird (Hericks und Meister i. d. B.; siehe auch Hericks und Laging 2020): Lehrpersonen haben es als Professionelle mit einem definierten Aufgabenbereich zu tun, der gemeinhin mit „Unterrichten" treffend beschrieben ist. Strukturtheoretisch gehört zur Profession des Lehrer*innenberufs die Unterstützung von Klienten (hier Schüler*innen) in der Bewältigung von Krisen, die sie alleine nicht lösen können. Lehrpersonen lösen allerdings in ihrem Kernbereich des Unterrichtens – so Bonnet und Hericks (2013, S. 42 f.) – zuallererst Krisen aus und dies nicht nur in ihrem spezifischen Klientenbezug, der sie „permanent in den Bereich der persönlichen Integrität der Lernenden" eingreifen lässt, „sondern auch als Sachwalter fachlich vorkonstruierter Inhalte" (ebd.).

Die hier gemeinten Krisen sind zugleich potenzielle Anlässe möglicher Lern- und Bildungsprozesse in Schule und Hochschule. Daher basieren die Marburger Praxismodule (MPM) auf einem doppelten Praxisverständnis, nämlich dem der Praxis des forschenden Studierens als eigenständiger Praxis der Auseinandersetzung mit fachlichen Fragen und Erkenntnissen sowie der Praxis des schulischen Unterrichtens als Inszenierung des fachlichen Lernens. Für beide Praxiskontexte ist zunächst zu klären, was das *Fachliche* eines Faches bzw. einer Fachwissenschaft meint, wenn es als „Bezugsgröße des Professionellen" (Hericks und Laging 2020, S. 121) zu verstehen ist.

In der Konzeption der Marburger Praxismodule bezieht sich *Fachlichkeit* auf den in der Fachkultur fokussierten *fachlichen Kern* einer Fachwissenschaft bzw. seiner fachwissenschaftlichen Teilgebiete. Epistemologisch betrachtet geht es dabei nicht allein um das erzeugte Wissen an sich, sondern vor allem um die Genese dieses Wissens und die Bedingungen und Prozesse der Erkenntnisgewinnung (mithilfe fachspezifischer Arbeitsmethoden) – es geht mithin um die Episteme, aus denen heraus eine Ordnung der Dinge entsteht, die sich in Systematiken und Konzepten der Fachwissenschaften wiederfinden. Dieser Zugang zur Fachlichkeit bleibt jedoch mit Blick auf die Fachdidaktiken in der Lehrer*innenbildung noch unzureichend:

> „In Lehrer*innenbildung und -beruf ist mit der Einsicht in die Kontextualität und Positionalität von Wissen (epistemisch), in die Differenz von Welterschließungsmodi (bildungstheoretisch) sowie durch deren kompetente Handhabung (professionstheoretisch) ein dynamisches Verständnis von Fach:Didaktik verbunden." (Saß 2019, S. 21)

Daher ergeben sich aus diesem Verständnis von Fachlichkeit, für jedes schulische Fach und für das jeweilige universitäre Studium des Faches eine je spezifische Sicht auf die daran gebundenen bildungs- und professionstheoretischen Zugangsweisen zum Verstehen der Welt.

Vor diesem Hintergrund gewinnt das epistemologische Wissen eines Faches seine Bedeutung für die Lehrer*innenbildung erst in der engen Verzahnung mit fachdidaktischen Fragen, die auf das Lehren und Lernen und die subjektive Aneignung des Fachlichen gerichtet sind (vgl. Gruschka 2014). Auf dieser Folie – so die bildungstheoretische Annahme – entstehen erst die unterrichtlichen Inszenierungen des fachlichen Lernens. Was dabei als Fachlichkeit zur Geltung kommt, hängt von dem Gegenstandsverständnis eines Faches ab. Für das Studien- und Unterrichtsfach Sport wird im nächsten Kapitel ein gegenstandsbezogenes Fachverständnis entfaltet, wie es der Marburger Modulkonzeption zugrunde gelegt wird (vgl. auch Bietz i. d. B; Laging und Bietz 2017; Hartmann et al. 2019). Zunächst soll jedoch die enge Beziehung zwischen fachlichem Gegenstand und fachdidaktischer Bearbeitung reflektiert werden.

Schaut man sich die fachliche Struktur eines Studienfaches genauer an, so lässt sich das didaktische Wissen *nicht* eindeutig vom Fachwissen trennen. Neuweg (2014, S. 591) spricht in diesem Zusammenhang von der „implizite[n]

fachdidaktische[n] Dimension des Fachwissens", die darauf verweise, dass
jede Form von Wissensrepräsentation didaktisch geleitet ist – sie gründet auf
Strukturen und Überzeugungen zum fachlichen Gegenstand. Professions-
bezogene *Überzeugungen* haben dabei eine „orientierende und handlungsleitende Funktion" (Felbrich et al. 2010, S. 297) für das Können. Am Beispiel des
Faches Sport lässt sich nachvollziehen, dass sportliche Bewegungen zwar einer
inneren Ordnung folgen, die aber dem Bewusstsein nicht unmittelbar zugänglich ist und sich dennoch als handlungsleitend erweist. Erst als wissenschaftliche
Erkenntnis *über* Prozesse der Ordnungsbildung können Bewegungen bewusst
reflektiert und gedeutet werden (vgl. Bietz i. d. B.; Scherer und Bietz 2013).
So folgen das Treppensteigen oder das Handstandturnen im Bewegungsvollzug
einer Ordnung, die implizit das *Können* leitet und sich erst im Nachgang durch
Reflexion erschließen lässt. Sportliches Bewegungshandeln unterliegt insofern
einer impliziten „Reflexion *im* Vollzug" und einer expliziten „Reflexion *über* den
Vollzug" (Franke 2008, S. 204). Demnach ist *implizites* Wissen, einschließlich
handlungsleitender Überzeugungen, dafür verantwortlich, dass wir uns nicht nur
bewegen, sondern überhaupt flüssig handeln können. Das *explizite* Wissen hingegen hilft uns, über unser Handeln reflektieren zu können.

Implizites und explizites Wissen unterscheiden sich also grundlegend sowohl
in ihrer Genese als auch in ihrer praktischen Bedeutung: Während das Fachwissen einer systematischen Erkenntnisgewinnung folgt, entsteht das Können
auf der Grundlage von implizitem *Erfahrungswissen* im Tun selbst (vgl. Combe
und Kolbe 2008). Beide Wissensformen folgen ihren je eigenen Logiken. Eine
reflektierte Fachlichkeit nimmt sowohl Bezug auf den Erkenntnisprozess des *entstandenen Fachwissens* als auch auf die Tatsache, dass Fachliches immer auch als
implizites Wissen im Können vorliegt.

Wenn es nun um die Professionalisierung von Lehrer*innen im Modus von
Fachlichkeit unter diesen beiden hier fokussierten Aspekten des Epistemischen
(Prozess der Wissensgewinnung) und des Impliziten (Erfahrungswissen) geht,
dann wächst der *Fachdidaktik* eine entscheidende Aufgabe in der Übersetzung
des *Fachlichen* für das Lehren und Lernen im Unterricht zu. Die Herausforderung für die universitäre Lehrer*innenbildung besteht dementsprechend
darin, für angehende Lehrpersonen in nachvollziehbarer Weise „das Fachliche
in seinem *epistemischen* und *erfahrungsbezogenen* Charakter tiefer" verstehbar
und didaktisch rekonstruierbar zu machen und auf diese Weise Möglichkeiten zu
schaffen, „aus dem Fachlichen in seiner rekonstruierten Struktur Übersetzungen
für den schulischen Unterricht vorzunehmen" (Hericks und Laging 2020, S. 126).

Für das Lehramtsstudium mit dem Fach Sport müssen darüber hinaus aufgrund der oben beschriebenen zweifachen *impliziten* Erfahrungsstruktur sowohl

das bewegungsbiographische Können als auch das biographisch verankerte Vermittlungskönnen in den Reflexionsprozess zur Rekonstruktion des Fachlichen einbezogen werden. Das auf Erfahrung der eigenen Sportkarriere beruhende sportliche Können impliziert immer auch didaktische Vorstellungen, aus denen scheinbar selbstverständliche Aufgabenstellungen zur Unterrichtsgestaltung hervorgehen und deren bewegungsfachliche Strukturen zuvor nicht hinreichend geklärt worden sind, z. B.: Was ist das zu bearbeitende Bewegungsproblem, wofür steht es im Kontext der Bewegungskultur, wie kann die Genese und Problemstruktur der gekonnten Bewegung rekonstruiert werden und wie können Lernende einen Zugang zu diesem Problem finden? Auf diese Weise springen die impliziten, gleichsam körperlich gewussten Lehrwege unreflektiert in unterrichtliche Inszenierungen über. Insofern lässt sich am fachlichen Gegenstand des Sports die handlungsleitende Funktion des impliziten Erfahrungswissens besonders gut zeigen.

Die bisherigen Studien zum Zusammenhang von Körperbiographie, Studium und Professionalisierung verweisen bei angehenden Lehrpersonen mit dem Fach Sport auf eine hohe Passung zu den Studieninhalten und den fachlichen Vorstellungen und Überzeugungen zum schulischen Sportunterricht – die Wirksamkeit des Studiums wird in diesem Prozess der Professionalisierung eher als gering eingeschätzt (vgl. Klinge 2000, 2009; Alkemeyer 2019; Miethling 2013; Volkmann 2008; Ernst 2018). Die neuen Studien von Meister (2018, 2019) zur ersten Kohorte im Projekt der Marburger Praxismodule (MPM) verweisen allerdings darauf, dass der fachspezifische Habitus von Sportstudierenden durch die spezifischen Studieninhalte Irritationen und krisenhafte Situationen mit Bildungspotenzial erfährt. Sie resümiert:

> „Die fachkulturelle, standortspezifische Ausrichtung kann potenzielle Nicht-Passungen zu den primärsozialisatorisch erworbenen, habituellen Orientierungen aufweisen und damit als Spannung oder Krise erlebt werden, die individuell bearbeitet wird." (Meister 2018, S. 235)

Vor diesem Hintergrund gewinnt die aufgezeigte Problematik der Differenzen für die Gestaltung der Studienmodule eine konstruktive Bedeutung. Die erzeugten Krisen in den Studiensituationen könnten eine Chance eröffnen, das Spannungsverhältnis zwischen theoretischem und praktischem Erkennen der Welt durch Reflexion zu bearbeiten. Hierfür wurden im Rahmen der Marburger Praxismodule sogenannte Professionalisierungswerkstätten (ProfiWerk Fach) geschaffen, in denen Studierende in die Lage versetzt werden, den fachspezifischen Gegenstand für sich zu klären und mit Erkenntnissen zur Logik des fachspezifischen

Lernens in Beziehung zu setzen, um daraus dann unterrichtliche Lernaufgaben für Schüler*innen zu modellieren. Erst daran schließen sich in einem zweiten Schritt Erprobungen dieser modellierten Lernaufgaben im Rahmen eines mehrwöchigen Schulpraktikums (PraxisLab) an. Das zuvor angesprochene doppelte Praxisverständnis generiert sich also daraus, dass sich die Studierenden zunächst einmal selbstständig, aber hochschuldidaktisch begleitet, mit Fragen zum Gegenstand und den Möglichkeiten der unterrichtlichen Inszenierung auseinandersetzen und ihre Unterrichtserfahrungen aus der Schulpraxis anschließend zu den eigenen fachbezogenen Reflexionen in Beziehung setzen. Letzteres geschieht in einer weiteren universitären Professionalisierungswerkstatt, (ProfiWerk EGL) die von der Schulpädagogik verantwortet wird.[1]

Um diesen professionstheoretisch begründeten Ansatz nachvollziehen zu können, wird im Folgenden ausgehend von der Frage des Gegenstandsverständnisses im Fach Sport gezeigt, was als Fachlichkeit im Rahmen der *didaktischen Rekonstruktion* hervortritt und in der Professionalisierungswerkstatt zum Gegenstand von Reflexionsprozessen wird.

3 Der fachliche Gegenstand in bewegungspädagogischer Perspektive

Was der Gegenstand des Faches Sport ist, erweist sich als eine normative Frage. In der Sportpädagogik lässt sich diesbezüglich eine lange Diskurstradition nachzeichnen, in welcher sich dieser Gegenstand immer wieder aufgrund politischer Lagen, aber auch aufgrund sich verändernder Bildungsverständnisse gewandelt hat (vgl. Prohl 2006). Insbesondere sportdidaktische Konzepte weisen mit ihren verschiedenen pädagogischen Begründungslinien und als didaktisch-methodische Gestaltungsfolien für den Sportunterricht darauf hin, dass die Fragen nach dem, was den Gegenstand des Faches im Kern auszeichnet und was ‚das Bildende' an diesem Gegenstand ist, bis heute unterschiedlich beantwortet werden (vgl. Aschebrock und Stibbe 2013; Laging 2013). Im Zuge von PISA hat nun jedoch die empirische Bildungsforschung seit den 2000er Jahren darauf aufmerksam gemacht, dass Lernen fach- bzw. domänenspezifisch ist (vgl. Klieme et al. 2007). Für die Gestaltung von Sportunterricht als domänenspezifischer Fachunterricht bedeutet das, dass nicht mehr nur die Gegenstandsklärung, sondern zugleich auch

---

[1]EGL steht für den *E*rziehungs- und *G*esellschaftswissenschaftlichen Anteil des Marburger *L*ehramtsstudiums. Vgl. auch den Beitrag von Hericks und Meister i. d. B.

die Aufklärung darüber relevant ist, wie der normativ bestimmte Fachgegenstand grundsätzlich gelernt wird. Um also die theoretischen und empirischen Grundlagen für die Gestaltung des ProfiWerk-Seminars im Fach Sport offen zu legen, soll im Folgenden erläutert werden, wie der Gegenstand im Marburger Konzept einer Bewegungspädagogik verstanden wird und welche bildungstheoretischen Überlegungen sowie lernrelevanten Erkenntnisse mit diesem Gegenstandsverständnis verbunden sind.

Im Marburger Konzept der Bewegungspädagogik wird nicht der Sport als materielles Objektphänomen mit „fertigen Bewegungsprodukten" (Scherer und Bietz 2013, S. 23) ins Zentrum gerückt. Vielmehr wird das „Bewegen", genauer das „sportlich-spielerische Sich-Bewegen" als begriffliches Fundament zur Konzeptbildung herangezogen (ebd.). Diese Begriffs- und Gegenstandsbestimmung resultiert aus einer Auseinandersetzung mit kulturanthropologischen, leibphänomenologischen, bewegungs-, ästhetik- sowie bildungstheoretischen Ansätzen (vgl. Bietz et al. 2005). Die Ansätze nehmen zusammengenommen die durch den Menschen hervorgebrachte, soziokulturelle Gewordenheit sportspezifischer Phänomene und ihre strukturelle Spezifik in den Blick.

Das Sich-Bewegen wird als ein spezifischer und „fundamentaler Modus" verstanden (Scherer und Bietz 2013, S. 17), die Welt und sich selbst insbesondere auf einer sinnlich-leiblichen Ebene zu verstehen und über diese Ebene die eigenen, aber auch soziokulturellen Handlungsmöglichkeiten zu erweitern. Das Reflexivpronomen „sich" verweist dabei auf den Menschen als ein Subjekt, das sich aktiv und intentional ausgerichtet bewegt bzw. bewegen muss, um etwas über die Welt und sich selbst in Erfahrung bringen zu können. In Verbindung mit dem Reflexivpronomen wird das Verb „Bewegen" als eine spezifische Form des Handelns begriffen, das Erkenntnis überhaupt erst möglich macht. Wesentlich dabei ist, dass dieser Erkenntnisgewinn nicht ohne den Bezug des Subjekts zur Welt generiert werden kann. Mensch und Welt werden in einem sich wechselseitig beeinflussenden Bezugsverhältnis, sprich in einer relationalen Grundstruktur gedacht. Daraus folgt, dass Erkenntnis stets im handelnden, in diesem Falle im *bewegten* Umgang des Menschen mit seiner materialen und sozialen Welt entsteht. Aus leibphänomenologischer Sicht kann Erkenntnis dabei genau an der Stelle gewonnen werden, wo im bewegten Umgang eines Menschen leibliche Widerständigkeit gespürt werden kann. Bei der Bearbeitung dieser Widerstände obliegt dem Menschen dann die Möglichkeit, das persönliche Selbst-Welt-Verhältnis weiter aufzuklären und die eigenen Denk- und Handlungsweisen umzustrukturieren (Meyer-Drawe 2008).

Bewegungstheoretische Überlegungen spezifizieren diesen leibgebundenen Erkenntnisgewinn über ein zirkuläres Ineinanderandergreifen von Wahrnehmungs- und Bewegungsprozessen (vgl. Prohl 2006; Scherer und Bietz 2013). So kann einem Menschen im Wahrnehmen „ein ihm schon auf spezifische Weise bekanntes Bewegungsphänomen [...] in veränderter Weise in den ‚Sinn'" (Hartmann 2019b, S. 86) kommen. Das in der aktuellen Situation Wahrgenommene steht dabei in Differenz zu bisherigen Bewegungserfahrungen. Dieses Differenzerleben eröffnet dem Menschen die Möglichkeit, sich anders zu bewegen sowie vice versa die Situation auf veränderte Weise wahrzunehmen. In der Wechselbeziehung zwischen Wahrnehmen und Bewegen entstehen für den Menschen in Bezug auf die je situationsspezifischen Bewegungskontexte leibgebundene bzw. „motorische Bedeutungen" (Tamboer 1979, S. 16). Diese motorischen Bedeutungen zeigen sich in Form funktionaler, sprich auf die Bewegungssituation bezogener Umgangsweisen eines Menschen mit der material und sozial gegebenen Welt. Über dieses funktionsbezogene Bezugsverhältnis strukturiert und spezifiziert der Mensch im praktischen Tun sein Verständnis von und sein Verhältnis zur Welt und zu sich selbst (vgl. Scherer und Bietz 2013). Bedeutsam für diese leibgebundenen Strukturierungsprozesse ist, dass sie sich auf einer impliziten, nicht rationalen Ebene vollziehen. Das bedeutet nicht, dass sie nicht bewusstseinsfähig sein können, jedoch liegt ihr Ausgangspunkt zunächst einmal im situativen, bewegungsgebundenen Vollzug und unterliegt damit nicht schon einer rationalen, sondern einer sinnlich-leiblich gebundenen Handlungslogik.

Auf den Unterschied der mit diesen jeweiligen Logiken verbundenen Erkenntnismöglichkeiten weisen schon seit langer Zeit Ästhetiktheorien hin (vgl. Brandstätter 2008; Franke 2008). Während der ästhetische Zugang sich auf ein an Körperlichkeit und Sinneswahrnehmungen gebundenes Erkennen bezieht, das ausschließlich im Vollzug zu haben ist, handelt es sich beim rationalen Zugang um ein Erkennen auf einer begrifflich-propositionalen Ebene durch geistige Abstraktion. In beiden Erkenntnisweisen werden Bedeutungen generiert, die es einem Menschen jeweils ermöglichen, die Welt und sich selbst zu verstehen. Sie sind miteinander verwoben, gehen dabei jedoch nie vollständig ineinander auf (vgl. Brandstätter 2008), denn im ästhetischen Zugang bedeutet „die kontinuierliche Rückbindung an das sinnliche Erleben [...], dass das Besondere der Wahrnehmung nicht hinter dem Allgemeinen des Begriffs verschwindet" (ebd., S. 103). Ein konkretes Beispiel soll die theoretischen Ausführungen zum Gegenstandsverständnis noch einmal nachvollziehbar(er) machen:

„[E]in Kind (Subjekt), das bisher auf rutschfesten Böden laufen gelernt hat, betritt im Winter einen zugefrorenen See (Umwelt) und stellt fest, dass es darauf nicht so wie in gewohnter Weise gehen kann. Die Wirkung seines Gehens hat hier zunächst nicht die gewohnte Funktion des Vorwärtskommens, sondern des Wegrutschens auf der Stelle (Differenzerleben). Während seiner Gehversuche auf dem

See (sich aktualisierende Handlungspraxis) wird ihm am funktionalen Unter-schied von Eis zu (Erd)Boden deutlich, dass es auf dem Eis anders gehen oder andere Arten des Bewegens als auf dem (Erd)Boden vollziehen muss, um darauf vorwärtskommen zu können (Funktionsorientierung). Das Kind entdeckt im interaktiven und variierenden Umgang mit dem Eis, was z. B. ‚gleiten' bedeutet (Bedeutungsgenerierung/-änderung). Das interaktive Tun wird dabei sowohl durch die glatte Beschaffenheit des Eises und dessen Wirkung auf die Bewegungs(un) möglichkeiten des Kindes, als auch durch das vom Kind auf Stabilität im Vorwärts-kommen gerichtete Einwirken auf das Eis bestimmt (Wechselverhältnis Subjekt/ Umwelt)." (Hartmann 2019a, S. 42 f.)

Auf Basis dieser theoretischen Annahmen und Überlegungen wird das Bildende des Faches Sport im Marburger Fachkonzept in der genuinen Möglichkeit des ästhetischen Erlebens und Erkennens im Sich-Bewegen gesehen. Der Sport als soziokulturelles Phänomen bietet für solche *Bewegungsbildungs-prozesse* in besonderer und zugespitzter Weise viele Anlässe, das eigene Selbst-Welt-Verhältnis weiter zu klären. Sportlich-spielerisches Sich-Bewegen wird „als ästhetische Form" (Bietz und Scherer 2017, S. 69) begriffen, die es Menschen ermöglicht, ihre

„naturgegebenen Bewegungsmöglichkeiten aufgrund ihrer Weltoffenheit und Nicht-Determiniertheit [...] zu überschreiten und kulturell zu überformen. Daraus entstanden und entstehen [...] die künstlichen Bewegungswelten des Spiels, des Sports und andere Bewegungskulturen" (Scherer und Bietz 2013, S. 23).

Die Spezifik dieser künstlich geschaffenen Bewegungswelten besteht darin, dass das Ziel des Sich-Bewegens nicht außerhalb seiner selbst liegt. Sich sportlich-spielerisch zu bewegen, bedeutet zunächst einmal sehr grundsätz-lich, sich um der Sache selbst willen zu bewegen und die damit verbundenen Erlebensqualitäten für sich zu entdecken und auszuloten. Miteinher geht dabei, dass die mit sportlich-spielerischem Sich-Bewegen verbundenen Bewegungs-phänomene, wie das Fußballspielen oder das Springen auf einem Trampolin, von flüchtiger Natur sind. Um solchen Phänomenen auf die Spur kommen zu können, müssen Menschen diese immer wieder von Neuem umsetzen und hervorbringen – „[d]as Wirken der Akteure vergegenständlicht sich nicht in einem überdauernden Werk" (ebd., S. 25). In der Notwendigkeit des Immer-wieder-neu-Hervorbringens sowie aufgrund der Selbstbezüglichkeit sportlich-spielerischen Sich-Bewegens liegt der Sinn und „Eigenwert" (ebd., S. 26) dieses Tuns im Bewegungsvollzug selbst. Menschen entdecken und entwickeln für sich sportlich-spielerische Hand-lungsfelder mit eigensinnigen Regeln, in denen sie von Alltagszwecken losgelöst sich dem ästhetischen Erleben in der Gegenwart hingeben können. Dabei rücken insbesondere Fragen nach dem Ge- und Misslingen, nach der Vervollkommnung und dem damit verbundenen stetigen Lernen und Üben sportlich-spielerischen Sich-Bewegens in den Mittelpunkt.

Aus bewegungspädagogischer Sicht erweist sich deshalb das sportlich-spielerische Sich-Bewegen als genuiner Gegenstand des Faches Sport. Aus dieser Perspektive wird das Kerngeschäft für Sportlehrpersonen darin gesehen, für Schüler*innen das sportlich-spielerische Sich-Bewegen in seiner soziokulturell verankerten Themenbreite und seinen vielfältigen Sinnbezügen erfahrbar zu machen. Daraus folgt für die Vermittlung im Sportunterricht die Frage, wie Menschen sich überhaupt bewegen lernen.

Bewegungswissenschaftliche Modelltheorien und diesbezügliche empirische Erkenntnisse geben Aufschluss darüber, welche strukturellen Prinzipien für das Bewegungslernen bedeutsam und dementsprechend bei der Vermittlung sportlich-spielerischen Sich-Bewegens zu berücksichtigen sind (vgl. Bietz et al. 2015). Ein aktueller bewegungswissenschaftlicher Ansatz, der anschlussfähig ist an die zuvor genannten theoretischen Bezüge, stellt das ideomotorische Paradigma dar (vgl. Müller 2015; Künzell 2015). Gemeinsam geteilte Annahme der darin zu verortenden Modelle und ihrer bisherigen zumeist experimentellen Erkenntnisse zum Bewegungslernen ist, dass Bewegungshandlungen durch die „antizipative Vorwegnahme eines gewünschten und erwarteten Bewegungsergebnisses" (Laging und Bietz 2017, S. 65) initiiert und zugleich dadurch in ihrer je spezifischen Umsetzung organisiert werden. Diese Organisation im Bewegungsvollzug findet dabei nicht auf einer rationalen Ebene statt, sondern organisiert sich auf der Ebene der Sensomotorik weitestgehend ohne den bewussten Zugriff des Menschen auf seine Art und Weise des Sich-Bewegens. Die wahrnehmungsgebundene Vorwegnahme von Bewegungseffekten basiert dabei auf individuellen Erfahrungen, die ein Mensch im Umgang mit Bewegungssituationen, den darin von ihm umgesetzten Bewegungsaktionen und an diese Bewegungsaktionen wiederum gebundenen erlebten Effekten gesammelt hat. Zur Verfügung stehen diese bewegungsbezogenen Erfahrungen dem Menschen als konkrete Situations-Aktions-Effekt-Bezüge, die im Sinne funktionaler Zusammenhänge einverleibt werden und sich in nachfolgenden Bewegungssituationen aktualisieren und ggf. verändern. Sich auf eine spezifische Art und Weise zu bewegen wird also dadurch gelernt, dass in der Bewegungsumsetzung eine Differenz zwischen intendierten, antizipierten und realisierten Bewegungseffekten erlebt wird. Dieses Differenzerleben bildet den Ausgangspunkt für die Modifikation bzw. Umstrukturierung der einverleibten Funktionszusammenhänge. Zur konkretisierenden Erläuterung der bewegungswissenschaftlichen Erkenntnisse wird noch einmal das Beispiel des auf dem Eis gleitenden Kindes aufgegriffen:

Zunächst intendiert das Kind, über das Eis zu gehen. Da es bisher noch keine Erfahrungen im Sich-Bewegen auf dem Eis gesammelt hat, erwartet es, dass es sich darauf genauso bewegen kann, wie auf gewohnten Untergründen, z. B. dem Erdboden. Bei der Umsetzung seines Gehens auf dem Eis erlebt das Kind jedoch den Effekt des Wegrutschens – weder der intendierte (Gehen) noch der antizipierte Effekt (Gehen wie auf dem Erdboden) treten ein. Das Kind muss sowohl seine Art des Fortbewegens auf dem Eis als auch seine Wahrnehmung in Bezug auf die aktuellen Situationsbedingungen verändern. Diese Modifikation findet über das Ausprobieren und Spezifizieren der Bewegungsmöglichkeiten auf dem Eis statt, ist also an den leiblichen Vollzug im situativen Kontext (Eis) gebunden, in welchem auf der neuronal vernetzten, sensomotorischen Ebene ein stetiger Abgleich von intendierten, antizipierten und realisierten Effekten stattfindet.

Sowohl die bewegungspädagogischen Überlegungen als auch die bewegungswissenschaftlichen Erkenntnisse weisen darauf hin, dass das Lernen sportlich-spielerischen Sich-Bewegens an bestimmte Bedingungen geknüpft ist, die es bei der Vermittlung von bewegungskulturellen Phänomenen zu berücksichtigen gilt. An diesem Punkt setzt das Marburger Konzept der Professionalisierungswerkstatt an. Die Konzeption von *ProfiWerk* ist darauf gerichtet, den fachlichen Kontext im Seminar zu entfalten und zur Reflexion zu bringen (vgl. Laging et al. 2015).

4   Das Marburger Konzept der Professionalisierungswerkstätten (ProfiWerk Sport)

Im Allgemeinen orientiert sich das Lehramtsstudium im Fach Sport an klassischen Sportarten und ihren normierten Regeln und Bewegungstechniken sowie an Vermittlungskonzepten für das Erlernen von idealtypischen Bewegungsabläufen und Technikleitbildern der präferierten Sportarten. Dabei rekurrieren die Sportstudierenden zumeist intuitiv auf bewegungswissenschaftliche Vorstellungen und Modellierungen zum Bewegungslernen, die ihnen aus der eigenen sportlichen Praxis bekannt sind. Mit Bezug auf den Fachlichkeitsbegriff stellt die Bewegungs- bzw. Sportbiografie den impliziten Erfahrungsbestand dar, der die Auseinandersetzung mit fachwissenschaftlichen und fachdidaktischen Wissensbeständen der Universität deutlich prägt (vgl. Klinge 2009). Für die Professionalisierung von (angehenden) Sportlehrpersonen stellt sich die Frage, wie dieser bewegungs- und sportspezifische Erfahrungsbestand nicht zur Begrenzung wird, sondern durch Reflexion und Wissenserweiterung zur Ressource für didaktisches Handeln genutzt werden kann. An dieser Frage orientiert sich das Veranstaltungsformat ProfiWerk Sport.

Das zweiteilige Seminar *ProfiWerk Sport* knüpft an die bewegungs- und sportbiografische Ausgangslage der Studierenden an und thematisiert die Differenzen zwischen fachlichem und fachdidaktischem Wissen einerseits und sportbiographischem Alltagswissen andererseits. Zugleich geht es um die Reflexion von handlungsleitenden Orientierungen in der Kontrastierung zu bewegungstheoretischen und fachdidaktischen Ansätzen des sportlich-spielerischen Sich-Bewegens und Bewegungslernens. Der Ausgangspunkt liegt dabei zunächst in der Herausforderung, das bewegungs- und vermittlungsbiografisch mitgebrachte, technologische Grundverständnis zum Bewegungslernen von Sportstudierenden zu problematisieren und für die Bewegungsvermittlung verstehbar zu machen. So steht das studentische Grundverständnis nicht nur in Widerspruch zu aktuellen bildungstheoretischen und bewegungspädagogischen Ansätzen, sondern es erweist sich auch aus bewegungswissenschaftlicher Sicht als technologische Illusion. Um diese Illusion zu verdeutlichen, wird zunächst einmal an sportunterrichtlichen Vermittlungsszenen im Sinne einer fachspezifischen Fallarbeit (vgl. Combe und Kolbe 2008; Lüsebrink und Wolters 2017) gearbeitet. In dieser Fallarbeit geht es darum, den Blick von der allgemeinen Unterrichtsebene hin zur Ebene der konkreten Beziehung zwischen Lernendem und fachlichem Gegenstand zu lenken, um die bewegungsbezogenen Probleme von Lernenden zu analysieren und ins Verhältnis zu setzen zu den Vermittlungsversuchen von Sportlehrpersonen. In der Reflexion auf dieses Wechselverhältnis von Lernen und Vermitteln kann für Studierende zum einen deutlich werden, wie sie selbst diese Szene interpretieren, auf welcher (alltags-)theoretischen Grundlage sie diese Interpretation vollziehen und was dementsprechend für sie in Bezug auf das Lernen sportlich-spielerischen Sich-Bewegens vermeintlich klar ist und was nicht. In einem zweiten Schritt werden dann in der Veranstaltung die herausgearbeiteten Vorstellungen und Überzeugungen der Studierenden mit bewegungstheoretischen Überlegungen und Erkenntnissen konfrontiert und reflektiert. Dabei geht es um ein Differenzerleben zwischen den eigenen Erfahrungsbeständen und dem, was Fachwissenschaft und Fachdidaktik an Erkenntnissen zur Klärung der Frage einer reflektierten Fachlichkeit aufzubieten haben. Im weiteren Seminarverlauf werden dann grundlegende Konzepte des Bewegungslernens und deren Konsequenzen für das Lehren im Sport besprochen. In einem dritten konzeptionellen Schritt der ProfiWerk Sport folgen Überlegungen zur Transformation des fachdidaktisch rekonstruierten Lerngegenstands in unterrichtliche Inszenierungen im Sportunterricht. Dabei bleibt die leiblich gebundene Rekonstruktionsebene stets präsent. Gefragt wird danach, welche „Sinnstrukturen" im Sinne funktionaler

Bewegungs- oder Spielideen für das jeweilige Bewegungsphänomen grundgelegt sind und welche „Prozessmerkmale" bzw. typischen Bewegungsprobleme Menschen beim Erlernen dieser Bewegungsphänomene bearbeiten müssen (Scherer und Bietz 2013, S. 23). Um Bewegungsaufgaben für die unterrichtliche Vermittlung zu modellieren, muss die Problemstruktur der Bewegungshandlung in ihrem Bezug auf die Anforderungsstruktur der intendierten Bewegung berücksichtigt werden. Genau das wird als relevante Transferleistung zur Übersetzung von Fachwissen in fachdidaktisches Wissen bei Sportlehrpersonen angesehen. Damit soll der fachliche Gegenstand in den Horizont des Bewegungslernens geholt werden (vgl. Bietz et al. 2015).

Nach dieser Konfrontations-, Reflexions- und didaktischen Rekonstruktionsphase in der Semesterveranstaltung erfolgt eine zweite konstruktive Phase als Blockveranstaltung zum Lehren und Lernen von Bewegungen mit Blick auf die unterrichtliche Inszenierung vor Beginn des Schulpraktikums. Für diesen Teil der ProfiWerk Sport bereiten die Studierenden eine Praxissequenz auf der Grundlage einer Gegenstandsanalyse zu einem gewählten Bewegungsphänomen vor und bearbeiten diese mit der Seminargruppe. Im Anschluss daran wird der Lehr-Lernprozess gemeinsam in zweifacher Weise reflektiert: Zum einen hinsichtlich des eigenen Auseinandersetzungsprozesses und zum anderen hinsichtlich einer möglichen schulischen Vermittlung. Dieser eigene Lern- und Erfahrungsprozess zu einem ausgewählten Bewegungsphänomen wird von den Studierenden in einem Projektbericht theoretisch erörtert und reflektiert sowie in mögliche Vermittlungskonzepte für den schulischen Unterricht überführt.

5 Ergebnisse der qualitativen Evaluationsstudie mit Ausblick auf die Weiterentwicklung der MPM-Sport

Was nehmen die Studierenden nun aus diesem neuen Modul zur Fachlichkeit und didaktischen Rekonstruktion für ihren kumulativen Professionalisierungsprozess im Rahmen der Marburger Praxismodule (MPM) mit? In einer qualitativen Evaluationsstudie sollte geprüft werden, ob und inwieweit die neuen Module, insbesondere das Modul *ProfiWerk Sport,* den Umgang mit Differenzen im Theorie-Praxis-Verhältnis des Studiums konstruktiv wenden und die Studierenden durch Irritationen und Brüche in ihren handlungsleitenden Orientierungen neue fachdidaktische Perspektiven auf die Sache und die Vermittlung gewinnen. Die Fragestellung, die dieser Auswertung zugrunde liegt, fokussiert daher auf die fachbezogenen handlungsleitenden Orientierungen von Sportstudierenden im

Hinblick auf die professionelle Aufgabe des Unterrichtens. Es geht um ihre fachlichen Vorstellungen im Horizont ihres Studiums und um ihre unterrichtspraktischen Erfahrungen im Rahmen des Schulpraktikums.

Für die Untersuchung wurden insgesamt fünf Gruppendiskussionen geführt. An der Eingangserhebung nahmen 22 Studierende in drei Gruppen teil, von denen sich noch 9 Studierende an der Abschlusserhebung, aufgeteilt in zwei Gruppen, beteiligten. Die Studierenden befanden sich zu Beginn der Erhebung am Anfang des dritten und in der Abschlusserhebung am Ende des vierten Fachsemesters, sodass zwischen den beiden Erhebungszeitenpunkten etwa ein Jahr lag. Vor der Eingangserhebung haben die Studierenden im zweiten Semester das erste Modul der neuen Studienkonzeption in der Schulpädagogik zur Reflexion eigener schulischer Erfahrungen und zum Aufbau einer fachlichen Perspektive auf das Unterrichten studiert. Der Eingangserhebung folgte das Modul *ProfiWerk,* das sich – wie oben beschrieben – mit den bewegungstheoretischen Grundlagen des Sich-Bewegens und des Lehrens und Lernens im Sport befasste. Im vierten Semester fand das achtwöchige Schulpraktikum mit einem abschließenden Kompaktmodul der Schulpädagogik zur Frage des Fachlichen im Professionalisierungsprozess auf der Grundlage eigener Vermittlungserfahrungen im Praktikum statt. Im Übergang zwischen Praktikum und dem schulpädagogischen Kompaktmodul fand die Abschlusserhebung statt.

Die Auswahl von Sequenzen aus den Gruppendiskussionen für die Auswertung orientiert sich an inhaltlich und thematisch einschlägigen Erzählungen, Beschreibungen und Bewertungen der Studierenden zu fachdidaktischen Vorstellungen, unterrichtlichen Praktikumserfahrungen und der universitären Vorbereitung auf das Praktikum. Die folgende zusammenfassende Auswertung bezieht sich auf zwei Gruppendiskussionen aus der Eingangs- und Abschlusserhebung.[2]

Die Ergebnisse zwischen den Gruppendiskussionen vor und nach dem Durchlauf durch die Marburger Praxismodule unterscheiden sich zunächst einmal dadurch, dass die Studierenden anfangs den selbsterlebten Sport und die mit ihm verbundenen positiven Wirkung übereinstimmend als fundamental für die Existenz des Faches ansehen. Fachliche Inhalte zur Plausibilisierung der unersetzbaren Erfahrungen werden vor Beginn der *ProfiWerk Sport* erst gar nicht genannt, da diese offenbar mit „Sport" hinreichend bezeichnet sind. In der ersten Gruppendiskussion vor Beginn des MPM-Durchgangs lässt sich eine kollektive handlungsleitende Orientierung ausmachen, die die Fachkultur als potenziellen

---

[2]Eine differenzierte Beschreibung und Grundlegung des Evaluationsprojektes mit ausführlicher Ergebnisdarstellung und -diskussion findet sich in Laging (2020).

Erfahrungsraum für alle Herausforderungen des alltäglichen Lebens auslegt. Fachlichkeit erweist sich hier weniger als vertieftes Verstehen der Problemstruktur sportlicher Spiel- und Bewegungshandlungen, sondern vielmehr als körperlich erlebter Erfahrungsraum für zukünftige Lebenssituationen. Dabei greifen die Studierenden auf ihre eigenen sportbiographischen Erfahrungen zurück, die nicht konkretisiert werden, sondern als gefühltes Wohlgefallen („auf irgendwie angenehme Art und Weise") mit Wirkungsbedingungen verbunden werden („mal durchbeißen", „lernen, wie man mit seinem Körper umgeht"). Zugleich werden auf der Ebene eigener sportbiographischer Erfahrungen aber auch Problembereiche („Ausgrenzung") identifiziert, die den Sportunterricht als schwierig erscheinen lassen („schlimmer als in anderen Fächern"). Die fachlichen Lerngegenstände sind in ihrer Erscheinung bzw. Bedeutungsstruktur und in ihrer Vermittlung kein Thema in dieser eingangs geführten Gruppendiskussion. Die Diskursorganisation läuft über die Elaboration des eingebrachten Themas mit kollektiver Bestärkung und Validierung. Diese handlungsleitenden Vorstellungen vom ‚Sport in der Schule' befassen sich in dieser Anfangsphase der MPM also eher mit der Wertigkeit und Legitimation sowie mit einem potenziellen normativen Horizont in Form von Zielen und Praktiken des Faches.

Erst in der unmittelbaren Konfrontation mit der Unterrichtspraxis treten Inhalte und Vermittlungskonzepte in den Mittelpunkt der Diskursorganisation. In der Erzählaufforderung der zweiten Gruppendiskussion nach dem MPM-Durchgang werden die Studierenden mit ihren Praktikumserfahrungen sowie den fachdidaktischen Seminarinhalten aus der ProfiWerk Sport konfrontiert. Die Studierenden erinnern die Konzepte und praktischen Erprobungen einzelner Sportarten im Rahmen der Blockveranstaltung der ProfiWerk Sport. Sie thematisieren dabei das Theorie-Praxis-Verhältnis, vergleichen dies mit den Verhältnissen in anderen Fächern und benennen eine Differenz zwischen dem universitären Didaktikkonzept und der Unterrichtspraxis. Sie reflektieren diese Differenz unter der Perspektive der Machbarkeit in der Schule und differenzieren nach eingespurten *klassischen* Inhalten und noch offenen *modernen* Formen des Sports. Hier zeigen sich die kollektiven handlungsleitenden Orientierungen aus den sportbiografischen Erfahrungen mit klassischen Techniken und Vermittlungsverfahren der Sportarten. Die bisherige Passung zwischen sportbiografischen Erfahrungen und universitärer Lehr-Praxis wendet sich zu einer Nicht-Passung dieser Konzeption für den schulischen Kontext, jedenfalls teilweise für die traditionellen Sportarten, und in eine Passung mit modernen Spiel- und Bewegungsweisen (z. B. Trendsportarten). Die positiven Erfahrungen, die den *„Kindern über Sport vermittelt werden sollen"*, bedürfen offenbar der Routine klassischer Inhalte und Vermittlungsformen. Von

Vermittlungserfahrungen moderner Spiel- und Bewegungsweisen wird letztlich nicht berichtet. Die Unterscheidung zwischen klassischen und modernen Sportarten geht auf eigene sportbiografische Erfahrungen der Studierenden zurück, die ihnen eindeutige Vermittlungswege aus dem klassischen Sport aufzeigen. Die kollektiven handlungsleitenden Orientierungen aus der Zielprojektion für den Sportunterricht finden insofern ihre Fortsetzung in der spezifizierenden Einschätzung zur Anwendbarkeit des Marburger Konzepts im Praktikum.

Obwohl die Inhalte in der ProfiWerk Sport zur didaktischen Rekonstruktion der bewegungsfachlichen Inhalte als hilfreich eingeschätzt wurden, gelingt die Übersetzung in unterrichtliche Inszenierungen derzeit nur teilweise. Dies hat nicht nur mit schulischen Bedingungen, Vorgaben, Ausstattungen und konzeptionellen Vorstellungen der Mentor*innen zu tun, sondern vor allem mit der Reflexion der eigenen eingespurten Wege klassischer Sportvermittlung. Hier braucht es vor dem Praktikum oder als weitere Begleitung zum Praktikum eine differenziertere und nochmalige Auseinandersetzung mit der Übersetzung der fachlichen Gegenstandsanalyse in Lehr- und Unterrichtskonzepte unter Einbeziehung der Lernendenperspektive. Dafür müssten andere Kooperationsbeziehungen zwischen Universität und Schule entstehen, die das Praktikum als universitäres *Versuchslabor* für unterrichtliche Inszenierungen begreift. Dies hört sich möglicherweise sehr gewagt an, aber es geht nicht um ein beliebiges Experimentieren mit Kindern, sondern um einen tatsächlichen Freiraum zur Erprobung gut begründeter und von der Universität begleiteter unterrichtlicher Konzepte in einer sehr engen Verzahnung von Universität und Schule mit Mentor*innen, die an der Entwicklung dieser Konzepte im universitären Rahmen beteiligt werden. Das ist nicht sonderlich neu, da es solche Universitäts- oder Übungsschulen bereits in der Reformpädagogik der 1920er Jahre gegeben hat, welche seit den 1970er Jahren neu belebt worden sind, wie beispielsweise mit der Laborschule in Bielefeld oder seit den 1990er Jahren mit den hessischen Versuchsschulen.

Die Irritation der Studierenden bezüglich der Marburger Konzeption zeigt aber deutlich, dass die fachliche Analyse zu Fragen und Reflexionen führt, die sie mit ihrem eigenen sportiven Erfahrungshintergrund konfrontieren und die Kontinuität der eigenen Sportler*innenkarriere zur Gestaltung von Unterricht brüchig werden lässt. Darauf machen bereits die Ergebnisse aus den Studien von Meister (2018, 2019) zur ersten Kohorte der Marburger Praxismodule aufmerksam.

Die Ergebnisse der hier vorgestellten Studie sollten zu einer Weiterentwicklung des Marburger Konzepts führen, in der deutlicher betont wird, dass fachliche Analysen von Gegenständen des Sports nicht in klassische und moderne Sport- und Bewegungsformen aufgeteilt werden können. Strukturell ist es nämlich zunächst einmal unerheblich, in welchem Kontext (eng sportiv und klassisch oder wenig sportiv und offen) eine Bewegungsform hervorgebracht wird. Dem prozessualen Vollzug liegt vielmehr eine fortgesetzte Problemlösung zugrunde, deren je gefundenen Formen im Bewegungsvollzug zum Ausdruck kommen und sich als mehr oder weniger funktional oder gelungen erweisen. Jede Sport- und Bewegungspraxis folgt einer Bewegungs- oder Spielidee, die es in ihrer Genese zu verstehen gilt. Hier müssen sowohl das bisherige Lehrformat der ProfiWerk Sport im Übergang zum Schulpraktikum als auch das Praktikum selbst unter Beteiligung der Akteure und Akteurinnen weiterentwickelt werden.

Unter Berücksichtigung der unterschiedlichen Logiken von Schule und Universität und ihren jeweiligen Deutungen des fachlichen Gegenstands kann es jedoch nicht um die pragmatische Angleichung von universitärem Konzept und schulischer Machbarkeit gehen, sondern vielmehr um die jeweilige Durchdringung der Gegenstandskonstitution und der daran gebundenen Vermittlungsansätze im wechselseitigen Austausch. Die Theorie-Praxis-Differenz lässt sich nicht durch Angleichung, sondern nur durch Reflexion und Austausch des Verschiedenen klären und in eine fruchtbare Beziehung bringen.

Dies bedeutet für das Studium der Fächer, hier speziell für das Fach Sport, die impliziten Vorstellungen und Praktiken von Vermittlungskonzepten durch fallorientierte Arbeit mit erzählten Situationen aus der ProfiWerk und dem Praktikum in den Reflexionshorizont der Studierenden zu heben. Auch Vermittlungswissen entsteht erst aus der Reflexion leiblich erfahrener Sport- und Vermittlungs-Praktiken und nicht umgekehrt. Offen bleibt jedoch, wie dieses Potenzial in die Weiterentwicklung der MPM-Konzeption einfließen kann. Hierzu sind strukturtheoretische Klärungen ebenso notwendig wie Evaluationen durch Gespräche mit den beteiligten Studierenden, Dozenten und Lehrpersonen auf der Grundlage von Gruppendiskussionen und Auswertungen mit der dokumentarischen Methode. Eine solche Weiterentwicklung könnte im Rahmen der Dokumentarischen Evaluationsforschung von Bohnsack (2010) und Nentwig-Gesemann (2010) zu moderierten *Feedbackgesprächen* mit allen Beteiligten führen. Dies wäre ein Schritt, die vorliegenden Studien in der Weiterentwicklung zu berücksichtigen.

Literatur

Alkemeyer, T. (2019). „Mit dem Körper studieren" oder „Studieren und seine Körper"? Theoretisch-methodische Zugänge und ihre Körper-Konzepte. In M. Hartmann, R. Laging & Ch. Scheinert (Hrsg.), *Professionalisierung in der Sportlehrer*innenbildung – Konzepte und Forschungen im Rahmen der „Qualitätsoffensive Lehrerbildung"* (S. 24–38). Baltmannsweiler: Schneider.

Aschebrock, H. & Stibbe, G. (Hrsg.). *Didaktische Konzepte für den Schulsport*. Aachen: Meyer & Meyer.

Begall, M. (2018). Welches Fachwissen benötigen Sportlehrkräfte? Eine Analyse des Fachwissens in der Sportlehrkräftebildung. *Sportunterricht*, 67 (29), 398–402.

Bietz, J., Laging, R. & Roscher, M. (2005). *Bildungstheoretische Grundlagen der Bewegungs- und Sportpädagogik*. Baltmannsweiler: Schneider.

Bietz, J., Laging, R. & Pott-Klindworth, M. (Hrsg.). (2015). *Didaktische Grundlagen des Lehrens und Lernens von Bewegungen*. Baltmannsweiler: Schneider.

Bietz, J. & Scherer, H.-G. (2017). Sportliches Bewegen zwischen Krisen des Handelns und ästhetischer Erfahrung. Ein Beitrag zu einer sportpädagogischen Gegenstandsbestimmung. *Zeitschrift für Sportpädagogische Forschung (ZSF)*, 5 (2), 67–86.

Bohnsack, R. (2003). *Rekonstruktive Sozialforschung. Einführung in Methodologie und Praxis qualitativer Forschung* (5. Aufl.). Opladen: Leske u. Budrich.

Bohnsack, R. (2010). Qualitative Evaluationsforschung und dokumentarische Methode. In R. Bohnsack & I. Nentwig-Gesemann (Hrsg.). *Dokumentarische Evaluationsforschung. Theoretische Grundlagen und Beispiele aus der Praxis* (S. 23–62). Opladen & Farmington Hills: Barbara Budrich.

Bohnsack, R. (2013). Dokumentarische Methode und die Logik der Praxis. In A. Lenger, Ch. Schneickert & F. Schumacher (Hrsg.), *Pierre Bourdieus Konzeption des Habitus* (S. 175–200). Wiesbaden: Springer VS.

Bonnet, A. & Hericks, U. (2013). Professionalisierung bildend denken – Perspektiven einer erziehungswissenschaftlichen Professionstheorie. In K. Müller-Roselius & U. Hericks, (Hrsg.), *Bildung – empirischer Zugang und theoretischer Widerstreit* (S. 35–54). Opladen u. a.: Budrich.

Bonnet, A. & Hericks, U. (2014). Professionalisierung und Deprofessionalisierung im Lehrer/innenberuf. Ansätze und Befunde aktueller empirischer Forschung. *Zeitschrift für interpretative Schul- und Unterrichtsforschung*, (3), S. 3–13.

Brandstätter, U. (2008). *Grundfragen der Ästhetik. Bild – Musik – Körper – Sprache*. Köln u. a.: Böhlau.

Combe, A. & Kolbe, F.-U. (2008). Lehrerprofessionalität: Wissen, Können, Handeln. In W. Helsper & J. Böhme (Hrsg.), *Handbuch der Schulforschung* (S. 857–875), Wiesbaden: Springer VS.

Ernst, C. (2018). *Professionalisierung, Bildung und Fachkultur im Lehrerberuf. Rekonstruktionen zur biographischen Entwicklung von Sportlehrkräfte*. Wiesbaden: Springer VS.

Felbrich, A., Schmotz, C. & Kaiser, G. (2010). Überzeugungen angehender Primarstufenlehrkräfte im internationalen Vergleich. In S. Blömeke, G. Kaiser & R. Lehmann (Hrsg.), *TEDS-M 2008 – Professionelle Kompetenz und Lerngelegenheiten angehender Mathematiklehrkräfte für die Sekundarstufe I im internationalen Vergleich* (S. 297–326). Münster: Waxmann.

Fischer, B., Holzamer, A.-K. & Meier, S. (2017). *Professionelle Entwicklung in der universitären (Sport-)Lehrerbildung. Grundlagen und Konzeption von Unterstützungsangeboten*. St. Augustin: Academia.

Fischer, B. & Mombeck, M. (2018). „Ich möchte Lehrerin werden, weil...“ Eine empirische Untersuchung zur Motivation für die Aufnahme eines Lehramtsstudiums und ihre Bedeutung für die Zielorientierung von Sportstudentinnen und Sportstudenten. *Zeitschrift für Studium und Lehre in der Sportwissenschaft*, 1 (1), 5–11.

Franke, E. (2007). Qualitätssicherung aus der Perspektive ästhetisch-expressiver Schulfächer. Am Beispiel des Schulsports. In D. Benner (Hrsg.), *Bildungsstandards. Chancen und Grenzen. Beispiele und Perspektiven* (S. 169–186). Paderborn: Schöningh.

Franke, E. (2008). Erfahrungsbasierte Voraussetzungen ästhetisch-expressiver Bildung – zur Entwicklung einer domänenspezifischen „Sprache" physischer Expression. In E. Franke (Hrsg.), *Erfahrungsbasierte Bildung im Spiegel der Standardisierungsdebatte* (S. 195–216). Baltmannsweiler: Schneider.

Funke-Wieneke, J. (1995). Vermitteln. Schritte zu einem ökologischen Unterrichtskonzept. *Sportpädagogik,* 19 (5), 10–17.

Funke-Wieneke, J. (2010). *Bewegungs- und Sportpädagogik. Wissenschaftstheoretische Grundlagen, zentrale Ansätze, entwicklungspädagogische Konzeption.* (2. überarb. Aufl.). Baltmannsweiler: Schneider.

Gruschka, A. (2014). *Lehren.* Stuttgart: Kohlhammer.

Hartmann, M. (2019a). Ästhetische Aktivierung. Eine Perspektive der bewegungspädagogischen Fachdidaktik auf Vermittlungsprozesse im Sportunterricht. In J. Wibowo, C. Krieger & F. Buekers (Hrsg.), *Aktivierung im Sportunterricht* (S. 37–51). Universität Hamburg: Online-Publikation, DOI: 10.25592.

Hartmann, Meike (2019b). *Bewegungsaufgaben im Horizont von Lernenden. Eine rekonstruktive Fallstudie zu Orientierungsmustern beim Bewegungslernen im Sportunterricht.* Baltmannsweiler: Schneider.

Hartmann, M., Laging, R. & Scheinert, C. (Hrsg.). (2019). *Professionalisierung in der Sportlehrer*innenbildung. Konzepte und Forschungen im Rahmen der "Qualitätsoffensive Lehrerbildung".* Baltmannsweiler: Schneider.

Helsper, W. (1996). Antinomien des Lehrerhandelns in modernisierten pädagogischen Kulturen. Paradoxe Verwendungsweisen von Autonomie und Selbstverantwortlichkeit. In A. Combe, W. & Helpser (Hrsg.), *Pädagogische Professionalität. Untersuchungen zum Typus pädagogischen Handelns* (S. 521–569). Frankfurt a. M.: Suhrkamp.

Helsper, W. (2014). Lehrerprofessionalität – der strukturtheoretische Professionsansatz zum Lehrerberuf. In E. Terhart, H. Bennewitz & M. Rothland, M. (Hrsg.), *Handbuch der Forschung zum Lehrerberuf* (2. überarb. und erweit. Aufl.) (S. 216–240). Münster, New York: Waxmann.

Hericks, U. (2015). „Wie werden Lehrerinnen und Lehrer professionell – und was kann universitäre Lehrerbildung dazu beitragen?" *Zeitschrift für sportpädagogische Forschung,* 3 (2), 5–18.

Hericks, U. & Laging, R. (2020). Wie man im Fachlichen professionell wird? – Reflexionen zur Lehrerbildung. In M. Heer & U. Heinen (Hrsg.), *Die Stimmen der Fächer hören! Fachprofil und Bildungsanspruch in der Lehrerbildung* (S. 117–136). Paderborn: Schöningh.

Hildenbrandt, E. (2005). Aspekte einer strukturalistischen Bildungstheorie der Bewegungs- und Sportpädagogik. In J. Bietz, R. Laging & M. Roscher (Hrsg.), *Bildungstheoretische Grundlagen der Bewegungs- und Sportpädagogik* (S. 202–212). Baltmannsweiler: Schneider.

Kattmann, U., Duit, R., Gropengießer, H. & Komorek, M. (1997). Das Modell der Didaktischen Rekonstruktion – Ein Rahmen für naturwissenschaftsdidaktische Forschung und Entwicklung. *Zeitschrift für Didaktik der Naturwissenschaften,* 3 (3), 3–18.

Klafki, W. (1964). *Studien zur Bildungstheorie und Didaktik*. Weinheim, Basel: Beltz.

Klafki, W. (1980). Zur Unterrichtsplanung im Sinne kritisch-konstruktiver Didaktik. In R. Kuenzli & B. Adl-Amini (Hrsg.), *Didaktische Modelle und Unterrichtsplanung* (S. 11–48). München: Juventa.

Klieme, E., Avenarius, H., Blum, W., Döbrich, P., Gruber, H., Prenzel, M., Reiss, K., Riquart, K., Rost, J., Tenorth, H.-E. & Vollmer, H. J. (2007). *Expertise zur Entwicklung nationaler Bildungsstandards*. Bonn: Bundesministerium für Bildung und Forschung.

Klinge, A. (2000). Zur Notwendigkeit biografischer Selbstreflexion in der Sportlehrer(aus)bildung. *Sportwissenschaft*, 30 (4), 443–453.

Klinge, A. (2009). *Körperwissen – eine vernachlässigte Dimension*. Bochum: Universität Bochum.

Künzell, S. (2015). Modelle der Bewegungskontrolle und des Bewegungslernens in sportpädagogischer Perspektive. In J. Bietz, R. Laging & M. Pott-Klindworth (Hrsg.), *Didaktische Grundlagen des Lehrens und Lernens von Bewegungen. Bewegungswissenschaftliche und sportpädagogische Bezüge* (S. 55–64). Baltmannsweiler: Schneider.

Laging, R. (2013). Auf der Suche nach dem fachlichen Gegenstand des Sportunterrichts. *Zeitschrift für sportpädagogische Forschung*, 1 (2), 61–82.

Laging, R. (2016). Bewegungsaufgaben als „ästhetische Aktivierung" – ein Beitrag zur professionstheoretischen Einordnung der Aufgabenforschung. In D. Wiesche, M. Fahlenbock & N. Gissel (Hrsg.), *Sportpädagogische Praxis – Ansatzpunkt und Prüfstein von Theorie* (S. 251–260). Hamburg: Czwalina.

Laging, R. (2020). „... Wollte ich auch mal so ein bisschen das Marburger Konzept berücksichtigen" – Rekonstruktionen des Fachlichen im Studium angehender (Sport-)Lehrkräfte aus didaktischer Perspektive. Zeitschrift für sportpädagogische Forschung, 8 (1), 45–68.

Laging, R., Hericks, U. & Saß, M. (2015). Fach:Didaktik – Fachlichkeit zwischen didaktischer Reflexion und schulpraktischer Orientierung. Ein Modellkonzept zur Professionalisierung in der Lehrerbildung. In S. Lin-Klitzing, D. Di Fuccia & R. Stengl-Jörns (Hrsg.), *Auf die Lehrperson kommt es an? Beiträge zur Lehrerbildung nach John Hatties 'Visible Learning'* (S. 91–113). Bad Heilbrunn: Klinkhardt.

Laging, R. & Bietz, J. (2017). Fachdidaktische Professionalisierung in der Marburger Sportlehrerbildung. In P. Neumann & E. Balz (Hrsg.), *Sportlehrerausbildung heute – Ideen und Innovationen* (S. 61–72). Hamburg: Feldhaus.

Lüsebrink, I. & Wolters, P. (2017). Rekonstruktion von Reflexionsanlässen im alltäglichen Sportunterricht. *Zeitschrift für sportpädagogische Forschung,* 5 (1), 27–44.

Mannheim, K. (1980). Strukturen des Denkens. Frankfurt a. M.: Suhrkamp.

Meier, S. (2018). Fachdidaktisches Wissen angehender Sportlehrkräfte. Ein Konzeptualisierungsvorschlag. *Zeitschrift für sportpädagogische Forschung*, 6 (1), 69–84.

Meister, N. (2018). "Die sollen Spaß dran haben!" – Professionsverständnis und kollektive Orientierungen von Lehramtsstudierenden des Faches Sport. In T. Leonhard, J. Kosinár, Julia & Ch. Reintjes (Hrsg.), *Praktiken und Orientierungen der Lehrerinnen- und Lehrerbildung* (S. 224–238). Bad Heilbrunn: Klinkhardt.

Meister, N. (2019). „Sportlerhabitus" in der Krise? Zum Professionalisierungspotential von Praktikumserfahrungen. In M. Hartmann, R. Laging & Ch. Scheinert (Hrsg.), *Professionalisierung in der Sportlehrer*innenbildung. Konzepte und Forschungen im Rahmen der Qualitätsoffensive Lehrerbildung* (S. 138–151). Baltmannsweiler: Schneider.

Meyer-Drawe, K. (2008). *Diskurse des Lernens.* Paderborn: Fink.

Miethling, W.-D. (2013). Zur Entwicklung von Sportlehrer/innen. Ein Empirie-Entwurf, vertiefende Reflexionen und weiterführende Forschungsfragen. *Sportwissenschaft,* 43 (3), 197–205.

Miethling, W.-D. & Schierz, M. (2017). Sportlehrerprofessionalität: Ende einer Misere oder Misere ohne Ende? Zwischenbilanz der Erforschung von Professionalisierungsverläufen. *German journal of exercise and sport research,* 47 (1), 51–61.

Müller, H. (2016). Effektantizipation als Kernmerkmal aktueller motorischer Kontroll- und Lerntheorien. In J. Bietz, R. Laging & M. Pott-Klindworth (Hrsg.), *Didaktische Grundlagen des Lehrens und Lernens von Bewegungen. Bewegungswissenschaftliche und sportpädagogische Bezüge* (S. 38–54). Baltmannsweiler: Schneider.

Nentwig-Gesemann, I. (2010). Dokumentarische Evaluationsforschung, rekonstruktive Qualitätsforschung und Perspektiven für die Qualitätsentwicklung. In R. Bohnsack & I. Nentwig-Gesemann (Hrsg.). *Dokumentarische Evaluationsforschung. Theoretische Grundlagen und Beispiele aus der Praxis* (S. 63–77). Opladen & Farmington Hills: Barbara Budrich.

Neumann, P. & Balz, E. (Hrsg.). (2017). *Sportlehrerausbildung heute – Ideen und Innovationen.* Hamburg: Feldhaus.

Neuweg, G. H. (2011). Distanz und Einlassung. Skeptische Anmerkungen zum Ideal einer „Theorie-Praxis-Integration" in der Lehrerbildung. *Erziehungswissenschaft. Mitteilungen der DGfE,* 22 (43), 33–45.

Neuweg, G. H. (2014). Das Wissen der Wissensvermittler. In E. Terhart, H. Bennewitz & M. Rothland (Hrsg.), *Handbuch der Forschung zum Lehrerberuf* (2. überarb. und erweit. Aufl.) (S. 583–614), Münster/New York: Waxmann.

Neuweg, G. H. (2015). *Das Schweigen der Könner. Gesammelte Schriften zum impliziten Wissen.* Münster/New York: Waxmann.

Oevermann, U. (1996). Theoretische Skizze einer revidierten Theorie professionalisierten Handelns. In A. Combe, W. & Helpser (Hrsg.), *Pädagogische Professionalität. Untersuchungen zum Typus pädagogischen Handelns* (S. 70–182). Frankfurt a. M.: Suhrkamp.

Prohl, R. (2006). *Grundriss der Sportpädagogik.* Wiebelsheim: Limpert.

Saß, M. (2019). „...von Walnüssen, Windmühlen und der Welt" – Epistemische Perspektiven auf Fachlichkeit in der Lehrer*innenbildung. In M. Hartmann, R. Laging & Ch. Scheinert (Hrsg.), *Professionalisierung in der Sportlehrer*innenbildung – Konzepte und Forschungen im Rahmen der „Qualitätsoffensive Lehrerbildung"* (S. 12–23). Baltmannsweiler: Schneider.

Scherer, H.-G. (2018). *Brückenschläge. Interdisziplinäre Forschung zwischen Sportpädagogik und Bewegungswissenschaft.* Baltmannsweiler: Schneider.

Scherer, H.-G. & Bietz, J. (2013). *Lehren und Lernen von Bewegungen.* Baltmannsweiler: Schneider.

Tamboer, J. (1979). Sich-Bewegen – ein Dialog zwischen Mensch und Welt. *Sportpädagogik*, 3 (2), 14–19.

Tenorth, H.-E. (1999). Unterrichtsfächer – Möglichkeiten, Rahmen, Grenzen. In I. Goodson, St. Hopmann K. Riquarts (Hrsg.), *Das Schulfach als Handlungsrahmen. Vergleichende Untersuchung zur Geschichte und Funktion der Schulfächer* (S. 191–207). Köln: Böhlau.

Volkmann, V. (2008). *Biographisches Wissen von Lehrerinnen und Lehrern. Der Einfluss lebensgeschichtlicher Erfahrungen auf berufliches Handeln und Deuten im Fach Sport.* Wiesbaden: Springer VS.

Wiesche, D., Fahlenbock, M. & Gissel, N. (Hrsg.). (2016). *Sportpädagogische Praxis – Ansatzpunkt und Prüfstein von Theorie.* Hamburg: Czwalina.

Glaubst du das?

Evangelische Theologie und die Kunst der Unterscheidung

Marcell Saß

1 Einleitung: …eine ganz alltägliche Situation

Gelegentlich kommen Lehramtsstudierende mit einem persönlichen Anliegen in die Sprechstunde. Nach einigen Semestern Universitätsstudium, nach einer intensiven Begegnung mit der akademischen Theologie, aber ebenso auch nach der Auseinandersetzung mit der Frage, welche Bedeutung konfessioneller Religionsunterricht in der Schule heute noch haben kann, sind sie irritiert. Immerhin haben sie ja das Fach Evangelische Religion nicht nur aus wissenschaftlichem Interesse gewählt, sondern auch und gerade aufgrund spezifischer religiöser Imprägnierungen ihrer eigenen Biographie. So, wie Menschen vermutlich das Fach Sport studieren, weil sie sich selbst für sportlich halten, studiert jemand Theologie, weil er oder sie religiös ist – und im Fall der evangelischen Theologie zudem eine Bindung an die Institution Evangelische Kirche hat. Doch nach einigen Semestern gerät diese Bindung an die Kirche, v. a. aber die persönliche, religiöse Überzeugung aus unterschiedlichen Gründen offenbar ins Wanken. Ein Studienfachwechsel ist geplant. Und auf Nachfrage wird erklärt: „Ich kann das einfach alles nicht glauben!" Ethik erscheint als Unterrichtsfach plötzlich geeigneter, keinesfalls möchte man ein Fach unterrichten, das in so enger Verbindung zur Evangelischen Kirche steht. Was sich an diese Aussage anschließt, ist in der Regel ein dichtes, intensives Gespräch über die Frage, was Glaube eigentlich heißt; was religiöse Bildung in der Schule im Verhältnis zu einer persönlichen Glaubensüberzeugung intendiert; und wie wissenschaftliche

M. Saß (✉)
Philipps-Universität Marburg, Marburg, Deutschland
E-Mail: m.sass@uni-marburg.de

© Springer Fachmedien Wiesbaden GmbH, ein Teil von Springer Nature 2020   293
N. Meister et al. (Hrsg.), *Zur Sache. Die Rolle des Faches
in der universitären Lehrerbildung,* Edition Fachdidaktiken,
https://doi.org/10.1007/978-3-658-29194-5_16

Theologie an der Universität sich zu beidem verhält: zu religiöser Bildung und zum eigenen Glauben.

Kurzum: Es geht in solchen Gesprächen um die grundsätzliche Frage des Verhältnisses von Glaube und Religion, von Theologie und Kirche, und zwar am Ort einer staatlichen Universität und mit dem Ziel, Lehrkräfte in verschiedenen Fächern für das Lehramt an Gymnasien zu bilden. Was in solchen Einzelfällen an Spannungsfeldern entsteht, durchzieht seit der Aufklärung bis heute die (protestantische) Theologie in ihrem Ringen um eine der Moderne angemessene, wissenschaftlich redliche und dennoch gegenstandsbezogene, d. h. auf die Phänomene *Religion und Glaube* abhebende, positionelle Fachlichkeit. Zu bearbeiten ist nämlich nicht erst seit Immanuel Kants „Kritik der reinen Vernunft" die Frage, ob und wie persönliche Glaubensüberzeugungen und fachliche Logik, dogmatische Behauptungen der Institution Kirche und wissenschaftliche Kritik überhaupt (universitär) in einen Zusammenhang gebracht werden können, oder um es in einer eher traditionellen Terminologie zu sagen: Ob Vernunft und Offenbarung, Wissenschaft und Glaube einander nicht in derart unversöhnlicher Weise gegenüberstehen, dass eine positionelle wissenschaftliche Beschäftigung mit Gott, Glaube und Kirche an der Universität letztlich ausgeschlossen ist.

„Glaubst du das?" – diese Frage zielt damit auf die Identitätsgeschichte einer Fachkultur (vgl. Beutel 2013), die einerseits im Horizont von Kritik und Diskurs den Prinzipien von Wissenschaft verpflichtet ist, sich andererseits aber aus der Perspektive einer ganz bestimmten Religion (Christentum) und im Horizont eines ganz bestimmten Bekenntnisses (protestantisch) formiert. Dass diese spannungsreiche Beziehung im Verlauf der letzten fast 250 Jahre wissenschaftstheoretisch fundiert ausgestaltet wurde, liegt wesentlich an der gelungenen und produktiven Verarbeitung der Impulse der europäischen Aufklärung durch die protestantische Theologie; immerhin

> „erwuchs das Zeitalter der Aufklärung doch weitgehend aus genuin protestantischen Wurzeln. Zugleich scheint der Protestantismus dem Geist jener Epoche aufs engste verpflichtet zu sein: ganz offenkundig in seiner im 18. Jahrhundert vollzogenen oder doch folgenreich inaugurierten Umformung in neuzeitliche Denk- und Wesensgestalt, aber doch auch schon in den subkutanen Anlagen und Impulsen aus reformatorisch-altprotestantischer Zeit" (ebd., S.129).

Im Folgenden (2.) werden daher zunächst wesentliche Impulse einer „aufgeklärten" Theologie knapp skizziert, die die fachliche Logik evangelischer Theologie bis heute bestimmen und mit dem Begriff der „Unterscheidung" pointiert zusammengefasst werden können. Daran anschließend wird anhand der Frage nach der normativen Bedeutung biblischer Texte im Kontext wissenschaftlicher Theologie die fachliche Logik der Theologie als Unterscheidungsvermögen konkretisiert (3.), indem exemplarisch ein auch und gerade fachdidaktisch herausforderndes Thema analysiert wird: der Umgang mit biblischen Wundererzählungen. Beschlossen wird der Beitrag dann mit einem knappen Ausblick (4.).

2 Aufklärung und Protestantismus

„Soll der Knoten der Geschichte so auseinandergehen; das Christentum mit der Barbarei und die Wissenschaft mit dem Unglauben?" – schreibt 1829 der Theologe Friedrich Daniel Ernst Schleiermacher in einem Sendschreiben an Friedrich Lücke zur Erläuterung seiner kürzlich zuvor erschienenen mehrbändigen Glaubenslehre (Schleiermacher 1968, S. 146). 30 Jahre nach der französischen Revolution und 25 Jahre nach Immanuel Kants berühmten Aufsatz „Beantwortung der Frage: Was ist Aufklärung" (Kant 1784) fasst der Theologe Schleiermacher die Diskussionslage zu Beginn des 19. Jahrhunderts plakativ zusammen. Aufgenommen wird darin nicht nur der als epochal empfundene Umbruch der Aufklärung als „Sattelzeit" (Koselleck 1972), sondern zugleich wird hier eine tiefe Krise der Theologie offensichtlich – in einer Zeit, in der es „vernünftigen" Menschen gleichsam absurd vorkommen musste, an „außerweltliche" Phänomene wie Gott oder an die verordneten Dogmen der Kirche zu glauben. Schleiermacher hatte bereits 1799 in „Über die Religion. Reden an die Gebildeten unter ihren Verächtern" (Schleiermacher 2003) einen viel beachteten Entwurf vorgelegt, der die Dekonstruktion überkommener Glaubensvorstellungen durch die Impulse der Aufklärung konstruktiv aufnimmt und den Versuch wagt, der vermeintlichen Alternative, dass kritische Wissenschaft notwendigerweise zum Unglauben führe, während das Beharren auf tradierte Glaubensvorstellungen zwingend eine unkritische Barbarei evoziere, beherzt entgegen zu treten.

Was daraus, d. h. aus einer theologischen Reformdebatte im Horizont tief greifender Umbrüche der Aufklärungszeit bei Schleiermacher und in seinem Gefolge weiterer protestantischer Theologen folgte, war schließlich eine in doppelter Hinsicht ambitionierte Neuformatierung der protestantischen Theologie als eines wissenschaftlichen Studiums (vgl. Schleiermacher 2002):

„Zum einen gelingt es ihm (sc. Schleiermacher, MS), die verschiedenen gesellschaftskulturellen, religionsphilosophischen und wissenschaftstheoretischen Problemfäden miteinander zu verknüpfen und für ein einheitliches Gesamtverständnis der Theologie unter neuzeitlichen Bedingungen fruchtbar zu machen. Zum anderen präsentiert er ein enzyklopädisches Modell, das seiner mehrdimensionalen Theorieanlage, integrativen Leistungsfähigkeit und unüberholten Problemschärfe wegen nach wie vor als maßgeblicher Bezugspunkt theologischer Selbstverständigung zu gelten hat." (Laube 2007, S. 64)

Man muss sich vor Augen halten, dass mit Schleiermachers eingangs zitierter Aussage und den dahinterliegenden programmatischen Ausführungen an der Wende vom 18. zum 19. Jahrhundert sowohl persönlich wie auch strukturell nichts anderes als die Zukunft der Theologie, ihre Existenzberechtigung an der Universität sowie ihre gesellschaftliche Relevanz zur Disposition standen. Bis heute folgenreich wirkt daher die theologische Aufnahme der Wahrnehmung eines epochalen Wandels, in dem das als krisenhaft zu beschreibende, neuzeitliche Auseinandertreten von „Kirche und Christentum" nicht als Untergang und Verfall, sondern als Chance der Neuvermessung eines Faches begriffen wurde, denn:

> „Der Übergang des Christentums in die Neuzeit vollzieht sich im Schatten eines allgemeinen gesellschaftlichen Differenzierungsprozesses. Mit der fortschreitenden Ausbildung selbstständiger Funktionssysteme wird die Religion aus ihrer gesellschaftlichen Zentralstellung verdrängt." (ebd., S. 65)

Damit einher gehen Phänomene, die wir heute selbstverständlich mit Begriffen wie Pluralismus oder Säkularisierung bezeichnen, aber eben auch die „Individualisierung und Privatisierung der überkommenen Weltansichten und Deutungsmuster" (ebd.). An der Wende zum 19. Jahrhundert verliert die Kirche in Fragen der Religion endgültig ihre alleinige Deutungshoheit und damit ihr religiöses Alleinstellungsmerkmal – Religion wird vielmehr fortan zu einer höchst individuellen Angelegenheit, womit letztlich dann das Individuum selbst in den Mittelpunkt der Religion gestellt wird (vgl. ebd.).

Damit rückt nun „Kritik" in den Horizont des entscheidenden Modus auch im theologischen Umgang mit einem kirchlichen Lehrsystem. Kritik ist somit nicht nur „Leitmotiv der gesamten Aufklärungszeit", sondern

> „auch der in ihr zeitgemäß vollzogenen theologischen Reflexion. Umfassend stellte es die Bestimmtheit durch ein dogmatisch gebundenes, supranaturalistisches Wirklichkeitsverständnis in Frage und problematisierte zugleich die legitimatorische Berufung ethischer, religiöser oder theologischer Normen auf die Verbindlichkeit autoritativer Tradition" (Beutel 2013, S. 139).

Derlei grundsätzliche Kritik hatte dann erhebliche Folgen für die Neuformatierung der fachlichen Logik der Theologie: Im Kontext der Betonung des
Individuums und seiner Mündigkeit, der Hervorhebung von Innerlichkeit und
Autonomie in der Aufklärung, beginnt der Protestantismus erstmals eine neuzeitliche Religionstheologie auszuformen. Anders formuliert könnte man sagen, dass
letztlich der Begriff der Religion eine protestantische Erfindung der Aufklärungszeit und Reaktion auf Krise und Untergangsszenario darstellt. In der sog. „Neo-
logie" (griech.: „neue Lehre"), also der die Aufklärung produktiv rezipierenden
protestantischen Theologie, kommt es zu einer kategorialen Unterscheidung

> „zwischen der ursprünglichen Religion Jesu und den Lehrbildungen der
> kirchlich-dogmatischen Tradition. Nicht durch autoritative Zwangsmaßnahmen,
> sondern nur durch selbsttätige innere Einstimmung könne die Lehre Jesu den
> Menschen verbindlich gemacht werden" (ebd., S. 141).

Mit dieser Unterscheidung ist nun emanzipatorisch viel gewonnen, für das
mündige Subjekt ebenso wie für die Theologie als Wissenschaft, denn die
individuelle Religion bleibt prinzipiell unabhängig von kirchlicher Lehre und die
wissenschaftliche Theologie kann im Modus von historischer Kritik unabhängig
von persönlichen Überzeugungen operieren. Daraus folgt nun die bis heute für
die Logik evangelischer Theologie fundamentale Unterscheidung von *Religion
und Theologie*:

> „Die Unterscheidung zielte, kurz gesagt, darauf ab, dass Theologie als wissen-
> schaftlich professionalisierte Beschäftigung mit Religion verstanden wird, Religion
> hingegen als der vorwissenschaftlich und darum von der Theologie unabhängige
> Lebensvollzug des mündigen Subjektes." (ebd.)

Zu dieser kategorialen Unterscheidung hinzu tritt sodann innerhalb der Religion
selbst die fundamentale Unterscheidung zwischen privater und öffentlicher
Religion. Im Ergebnis führen diese verschiedenen Unterscheidungen, wie sie
übrigens erstmals bereits im Werk Johann Salomo Semlers (1725–1791) ausgearbeitet wurden, zu einer grundsätzlichen Klärung des Verhältnisses von
Religion und Wissenschaft: Theologie zielt stets auf „religionsgemeinschaftliche
Lehrbildung" und die „als Wissenschaft institutionalisierte Reflexion auf eine
bestimmte Religion", im Gegensatz zu „Religion" als „individuelle oder kollektive
Praxen und deren (vorwissenschaftliche) Deutungen" (Schröder 2012, S. 200).

   Damit ist die fachliche Logik der protestantischen Theologie in der Verarbeitung der kritischen Impulse der Aufklärung enzyklopädisch als Unter-
scheidungskunst neu formatiert worden – eine Errungenschaft, die bis heute alles

Nachdenken über den wissenschaftlichen Ort dieses Faches an der Universität bestimmt und bestimmen muss. Wissenschaftstheoretisch konstituiert sich die Theologie weder durch einen spezifischen Gegenstand (etwa Gott) noch durch eine eindeutige Methode. Vielmehr ist die Theologie stets bezogen auf Religion als eine individuelle oder kollektive Praxis. „Religion bzw. auch Religiosität sind wie andere Praxen (etwa Ökonomie oder Kunst) Teilbereiche menschlicher Kultur" (ebd.). Mit guten Gründen hat Schleiermacher in seiner „Kurzen Darstellung des theologischen Studiums" das Theologieverständnis daher mehrdimensional im Sinne der o.g. Unterscheidungskategorien angelegt, indem er die Theologie von ihrer Funktion, d. h. ihrem Bezug auf Religion als kulturelle Praxis, her denkt und sie als „positive Wissenschaft" bezeichnet. Zu dieser funktionalen Bestimmung tritt allerdings eine materiale Seite hinzu: Immerhin bezieht sich Theologie ja stets auf eine konkrete Religionspraxis, etwa die christliche oder protestantische (vgl. Laube 2007, S. 68–75). Und als Teilbereiche menschlicher Kultur können Religionen selbstverständlich

> „in ihren geschichtlichen Wandlungen beschrieben, mit den Mitteln empirischer Forschung erfasst und nach Maßgabe menschlicher Einsicht gestaltet beziehungsweise verändert werden; sie sind Ausdruck menschlicher Erfahrungen. Versteht man unter ‚Erfahrung' in Anlehnung an Immanuel Kant einen Sinneseindruck beziehungsweise ein Erlebnis und dessen Deutung, so zeichnet sich Religion dadurch aus, Erlebnisse und Eindrücke im Horizont des Unbedingten beziehungsweise des als unbedingt Gedachten zu deuten. Religion, einschließlich etwa ihrer Gottesbilder, ist in diesem Sinne eine Konstruktionsleistung des Menschen – womit weder gesagt ist, dass sie illusionär, noch, dass sie theologisch legitim sei" (Schröder 2012, S. 200).

Zu dieser allgemeinen anthropologischen Perspektive auf Religion kommt nun die bereits erwähnte materiale Seite einer christlichen Theologie hinzu, denn diese auf eine bestimmte Religionsform bezogene Theologie identifiziert das Unbedingte, das als Erfahrung gedeutet werden soll, auf Gott, wie er in den biblischen Schriften bezeugt wird. Protestantische Theologie „führt bestimmte religiöse Erfahrungen auf Gott [...] zurück und nennt die dem Individuum widerfahrende Öffnung für solche Erfahrungen ‚Glaube'" (ebd.).

Somit ist schließlich für die Fachlichkeit evangelischer Theologie eine weitere wichtige Unterscheidung getroffen, nämlich die Unterscheidung zwischen *Religion und Glaube*. Während Religion als ein anthropologisches Phänomen ebenso wie eine dezidiert evangelische religiöse Praxis vollends unproblematisch Gegenstand wissenschaftlicher Reflexion sein können, betont die Theologie, dass

der (potenzielle) persönliche Glaube an einen dreieinigen Gott jedoch unverfüg-
bar ist und bleibt: Folglich kann

> „die Deutung menschlichen Erlebens unter Bezugnahme auf ein Unbedingtes *sub
> specie hominis* als ‚Religion' beziehungsweise ‚Religiosität', *sub specie Dei* als
> ‚Glauben' bezeichnet werden. ‚Religion' stellt die dem menschlichen Verstehen und
> Verfügen zugängliche Seite dessen zu, was in theologischer Perspektive ‚Glaube'
> genannt wird" (ebd., S. 201).

Insgesamt geht es also in theologischer Wissenschaft stets darum, die genannten
Unterscheidungen zu beachten; und je neu zu klären, ob die Religion bzw. eine
konkrete religiöse Praxis gerade analytisch und deskriptiv betrachtet wird, als ein
Reden über die Religion bzw. als Modus *religiöser Rede* selbst, oder christlicher
Glaube als eine eigene persönliche Praxis gemeint ist. Diese Unterscheidung
vorzunehmen, auch und gerade vor dem Hintergrund einer eigenen Religions-
biographie, fällt ganz offensichtlich vielen Studierenden schwer – die eingangs
erwähnten Gespräche zeigen allesamt, dass die fundamentale Unterscheidung
zwischen Theologie, Religion, Glaube und Kirche zumeist unterblieben ist.
Gerade in der Kunst Unterscheidungen vorzunehmen, liegt aber *das* Spannungsfeld professioneller Praxis begründet, in dem der Glaube als individuelle Aus-
drucksform nicht unbedacht mit der wissenschaftlichen Reflexion der Religion
als einer kulturellen Praxis, an der man selbst teilhaben kann, kurzgeschlossen
wird.

3   Schlüsselfrage „Bibel"

Es ist bereits angeklungen: Sowohl individuelle als auch kollektive Formen
christlicher Religionspraxis beziehen ihre entscheidenden Impulse aus den
biblischen Schriften. Schon von daher firmiert die Bibel als wesentlicher Bezugspunkt auch der wissenschaftlichen, protestantischen Theologie. Hinzu kommt,
dass mit der Reformation die alleinige Autorität der biblischen Überlieferung
in Opposition zu kirchlicher, v. a. päpstlicher Autorität, mit Nachdruck betont
wurde. *Sola scriptura* (allein durch die Schrift) avancierte zum Programmbegriff
reformatorischer Theologie. Der angemessene Umgang mit dem biblischen
Zeugnis markiert insofern die Schlüsselfrage des Faches schlechthin. Gemeint
ist damit zunächst lediglich, dass Wesen, Gestalt sowie Leben der Kirche und
der Gläubigen nicht durch kirchliche, obrigkeitliche Entscheidungen dekretiert
werden können, sondern im Sinne eines unabschließbaren Reformprozesses die

zeitgemäße Gestalt von Christentum und Kirche immer im Rekurs auf die theologische Auslegung der biblischen Schriften zu erfolgen habe. An die Stelle
priesterlicher Autorität in der römischen Kirche trat in den reformatorischen
Kirchen die gelehrte, ebenfalls durch die fürstliche Autorität des Mittelalters
sanktionierte, theologische Autorität der professionellen Handhabung der
biblischen Überlieferung. Damit rückte die Theologie als die Interpretationspraxis des Christentums in den Vordergrund und der kompetente Umgang mit der
Bibel durch entsprechend gebildete Pfarrpersonen bildete deren Voraussetzung.

Spätestens jedoch mit dem Aufkommen historischer Kritik und den
Dekonstruktionen der Aufklärungszeit wurde offensichtlich, dass zwischen der
Betonung der normativen Autorität der biblischen Überlieferung für Christentum und Kirche und der Kontingenz, Widersprüchlichkeit und historisch nach-
weisbaren Kontextualität biblischer Texte eine kaum zu überbrückende Spannung
besteht. Gotteswort oder Menschenwort – so lauten bis heute bisweilen die
unversöhnlichen Gegensätze, wenn die Bedeutung der Bibel thematisiert wird.
Während für die einen die Bibel Gottes Wort, unzweifelhaft in seiner Bedeutung
und prinzipiell zu glauben ist, sehen andere in den biblischen Texten (nur)
menschliche Erzählungen, historisch erklärbar vor dem Hintergrund einer ver-
alteten Gesellschaftsordnung und eines mittlerweile wissenschaftlich über-
holten Weltbildes. Beide Perspektiven, die radikale historische Kritik an der
biblischen Überlieferung ebenso wie die Behauptung, Gott selbst habe die Texte
der Bibel gleichsam „diktiert", unterlaufen jedoch die von der protestantischen
Theologie in Auseinandersetzung mit den Impulsen der Aufklärung gewonnen
Unterscheidungskategorien (vgl. zum Folgenden Korsch 2016, S. 35–48). Einerseits ist es unbestritten, dass sowohl bei individueller Bibellektüre als auch in
kollektiver Religionspraxis (Bibellesungen im Gottesdienst) manchen Menschen
in den Geschichten der Bibel ein Unbedingtes, in diesem Fall Gott, begegnet.
Dieses Unbedingte kann nun in allgemeiner Perspektive als *Religion* und in
dezidiert christlicher Perspektive als *Glaube* bezeichnet werden. In solch einer
individuellen oder kollektiven Religionspraxis kann sich dann die Bibel durchaus
durch ihre Ingebrauchnahme im Horizont des Glaubens als Gottes Wort erweisen.
Davon deutlich zu unterscheiden ist jedoch andererseits die wissenschaftliche
Interpretationspraxis biblischer Texte, die sich der historischen Kritik insofern
tief verpflichtet weiß, als dass sie aus der bloßen Behauptung, hier handele es sich
um Gottes Wort, keinerlei autoritativen Anspruch auf das Leben ableitet, sondern
vielmehr versucht, im Modus historischer Analyse und kontextueller Kritik die
anthropologische Facette einer solchen Behauptung in Geschichte und Gegenwart
tiefer zu verstehen.

An der Streitfrage, ob die Bibel nun Gottes Wort ist, droht eine protestantische Theologie also nur dann zu zerbrechen, wenn die oben ausgeführten fundamentalen Unterscheidungen einfach eingeebnet werden – eine sowohl für individuelle Religionspraxis als auch wissenschaftliche Theologie übrigens überaus problematische Vorgehensweise. Übersehen wird dabei schlicht, dass die biblischen Texte in ihrer historischen Bedingtheit einen spezifischen, nämlich religiösen Blick auf die Welt ermöglichen, eben keinen naturwissenschaftlichen.

Zudem sind Unterscheidungskategorien protestantischer Aufklärungstheologie nun nicht nur binnentheologisch-fachlich, sondern auch bildungstheoretisch anregend. Immerhin ist Bildung ja stets organisiert im „Horizont pluraler Weltzugänge" (Dressler 2013, S. 183), sodass Positionalität und Perspektivität unvermeidlich sind. Ein vom Bildungsforscher Jürgen Baumert vorgelegtes Modell analysiert den schulischen Fächerkanon nun im Zusammenhang seiner unterschiedlichen Perspektiven auf die Welt und den darin begegnenden unterschiedlichen Logiken, diese zu verstehen. In vier, wechselseitig nicht substituierbaren, „Modi der Weltbegegnung" (Baumert 2002) wird die Positionalität und Perspektivität spätmoderner Allgemeinbildung anschaulich:

1. „kognitiv-instrumentelle Modellierung der Welt" (Mathematik, Naturwissenschaften),
2. „ästhetisch-expressive Gestaltung" (Sprache/Literatur, Musik/Malerei/ Bildende Kunst, Physische Expression),
3. „normativ-evaluative Auseinandersetzung mit Wirtschaft und Gesellschaft" (Geschichte, Ökonomie, Politik/Gesellschaft, Recht) sowie durch das Verhandeln von
4. „Problemen konstitutiver Rationalität" (Religion, Philosophie) (ebd., S. 113).

Was die protestantische Theologie intern als *Unterscheidungen* fasst, wird hier bildungstheoretisch als Differenz von Weltzugängen mit Blick auf die Vielfalt schulischer Fächer abgebildet. Die schlichte Frage, ob man an die Bibel als Gottes Wort glaubt, erweist sich folglich im Horizont einer wissenschaftlichen Theologie in mehrfacher Hinsicht als wenig hilfreich. Einerseits wird, wie gezeigt, die Unterscheidung zwischen individueller Religionspraxis und wissenschaftlicher Reflexion eben dieser unterlaufen. Andererseits besteht zugleich die Gefahr, dass eine dezidiert religiöse Perspektive auf die Welt mit der „kognitiv-instrumentellen Modellierung der Welt" einfach kurzgeschlossen wird. Um es an einem Beispiel zu erläutern: Die beliebte Streitfrage, ob Gott nun die Welt geschaffen hat oder die naturwissenschaftlichen Hypothesen gültig sind, erweist sich als theologisch und bildungstheoretisch unterkomplex, denn:

„Mal abgesehen davon, dass hier in der Frage der Gültigkeit zwei völlig unterschiedliche Modi der Weltbegegnung gegeneinander in Stellung gebracht und ein simpler Kategorienfehler begangen wird, unterläuft die (scheinbare) Alternative auch jegliches Verständnis von Fachlichkeit im oben genannten Sinn. Grundlegend dafür wäre nämlich, nicht nur die Rede von Gott als dem Schöpfer als eine eigene Form religiöser Kommunikation und Weltdeutung beschreiben zu können – im Unterschied zu anderen Modi der Weltbegegnung –, sondern ebenso die spezifische Ingebrauchnahme solcher Redeweisen in gottesdienstlichen Inszenierungen als ein Spezifikum theologischer Fachlichkeit zu begreifen: erst dadurch, dass im Modus der rituellen Ingebrauchnahme schöpfungstheologischer Sprachformen eine Kultur des Sich-Verhaltens zum Unverfügbaren anschaulich wird, gewinnt die Logik theologischer Wissensproduktion an Kontur, etwa auch im Vergleich mit religionswissenschaftlichen Zugängen zu dieser Thematik." (Saß 2019, S. 9 f.)

In zugespitzter Weise zeigen sich solche Probleme schließlich beim (theologischen und pädagogischen) Umgang mit biblischen Wundergeschichten. Ob jemand an eine biblische Wundergeschichte glaubt, impliziert dann häufig die Unterstellung, dass solch ein „Gläubiger" annimmt, die wissenschaftlichen Gesetze der Natur können kurzerhand außer Kraft gesetzt werden. Die Gegenposition ist ebenso ernüchternd: Weil die Naturgesetze unbedingte Geltung haben, sind die biblischen Wundergeschichten für das Leben von Menschen letztlich bedeutungslos.

Der Neutestamentler Stefan Alkier und der Religionspädagoge Bernhard Dressler haben diese, die Fachlichkeit ebenso wie die Didaktik evangelischer Theologie betreffende, grundlegende Frage in einem bemerkenswerten Beitrag aufgenommen: „Wundergeschichten als fremde Welten lesen lernen" (Alkier und Dressler 1998). Ausgehend von dem empirischen Befund, dass biblische Wundergeschichten in der Grundschule noch vorkommen, späterhin jedoch nicht mehr, schlussfolgern sie mit guten Gründen, dass offenkundig die Wunderthematik mit ihrer Spannung zu einem naturwissenschaftlichen Weltbild in höheren Klassenstufen nicht mehr traktiert werden soll: „Was sich nicht unserem neuzeitlichen Wahrnehmungshorizont einfügen lässt, gilt als unvermittelbar" (ebd., S. 163). In den Fällen, in denen überhaupt eine Wundergeschichte unterrichtlich traktiert wird, ist sodann festzustellen, dass der Wunderthematik zumeist ausgewichen wird. Wundererzählungen der Bibel erscheinen dann als „Symbolgeschichten" oder „Gleichnisse" (ebd.):

„Die Wundergeschichten werden zum Vehikel, sie werden instrumentalisiert für ethische, (sozial- oder tiefen)psychologische und häufig auch schlicht dogmatische Botschaften, deren gemeinsamer Nenner darin besteht, den Schülerinnen und Schülern zu vermitteln, daß die Lehrenden mit dem Wunder, das die jeweilige Geschichte erzählt, nichts anzufangen wissen." (ebd., S. 164 f.)

Das gilt auch und gerade für die bekannte Geschichte von der *Stillung des Seesturms* aus dem Markusevangelium (Markus 4, 35–41). Die Geschichte ist in ihrer deutschen Übersetzung relativ schnell erzählt: Jesus und seine Schüler verlassen in einem Boot das Ufer und beabsichtigen über den See zu fahren. Ein schwerer Sturm kommt auf. Die Schüler haben Todesangst, während Jesus im Heck des Bootes auf einem Kopfkissen schläft. Nachdem sie ihn in ihrer Verzweiflung geweckt haben („kümmert es dich nicht, dass wir umkommen"), bedroht er Sturm und See. Windstille tritt sofort ein, alle sind gerettet. Danach wendet Jesus sich an die Anwesenden mit der Frage: „Warum seid ihr so feige? Habt ihr noch keinen Glauben?" Woraufhin sich alle fürchten und fragen: „Wer ist dieser, dass ihm sowohl Wind als auch Meer gehorchen?"

Sichtet man nun einschlägige Materialien aus Kirche und Schule, so fällt sofort ins Auge, dass das eigentliche Wunder, nämlich, dass Jesus Wind und Wellen kommandieren kann, zumeist nicht weiter thematisiert wird. Mehr noch: Fast scheint es, als wollten die Materialien augenzwinkernd darauf hinweisen, dass so etwas natürlich nicht „wirklich" passieren konnte, sondern es vielmehr um eine in der Symbolik der Geschichte zu findende Botschaft gehe. Die Sturmstillung erscheint dann als eine Geschichte über Angst und Vertrauen, wird als Erzählung zu einem „Schiff, das sich Gemeinde nennt" oder berichtet von den „Stürmen des Lebens". Gleichwohl, theologisch wird damit die eigentliche Erzählwelt des Markusevangeliums komplett ausgeblendet und bildungstheoretisch das Wunder als Widerspruch zu einem naturwissenschaftlichen Modus der Weltdeutung erklärt.

Eine fachwissenschaftlich fundierte, an der Unterscheidung von Theologie (als wissenschaftlicher Interpretationspraxis) und Religion orientierte und mithilfe der Baumertschen Modi differenztheoretisch geschulte Analyse kommt jedoch zu einem völlig anderen, durchaus überraschenden Ergebnis. Alkier und Dressler (1998) verstehen ihr Vorgehen dabei als „Entdeckung fremder Welten", so wie es etwa die Abenteuer des Raumschiffes Enterprise in der Fernsehserie Star Trek nahelegen:

> „Wir kennen die Gesetze der fremden Welten nicht, und wir müssen unbedingt damit rechnen, daß die Gesetze und Regeln, die in diesen fremden Welten herrschen, andere sind, als die, die unsere Welt bestimmen." (ebd., S. 166)

Und genau darin liegt die Aufgabe einer fachlichen Auseinandersetzung mit dieser Wundergeschichte. Fremde Welten entdecken – darum geht es, und zwar mit dem entsprechenden Handwerkszeug. Übrigens: „Man braucht mit Schülern also nicht zu üben, biblische Texte als fremde Welten zu lesen, sie sind für sie

fremde Welten – allerdings für's erste keine spannenden." (ebd., S. 167) Ausgangspunkt der theologischen Analyse ist zunächst einmal der Text, und zwar der
griechische Originaltext als ein – wie es das Wort „textus" nahelegt – Gewebe
von Zeichen mit verschiedenen Beziehungen der Zeichen untereinander und über
den Text hinaus.

Die semiotisch aufmerksame Lektüre des griechischen Textes fördert nun
zunächst einmal eine bemerkenswerte Gliederung zutage. Syntagmatisch, d. h.
mit Blick auf die Erzählfolge, wird hier zunächst einmal eine „Mangelsituation
(Lack)" durch das Aufkommen des Sturmes beschrieben. Der Frage bzw. der Vor-
wurf an Jesus motiviert diesen schließlich zur Wunderhandlung: „Jesus stillt den
Sturm, der Mangel ist behoben (Lack Liquidated)." (ebd., S. 175) Nun könnte
damit die Geschichte eigentlich beendet sein. Doch Jesus wendet sich erneut
an die Anwesenden und fragt, wieso sie noch keinen Glauben haben. Vers 40
öffnet die Geschichte nun erneut, indem dieser „einen neuen Mangel (Lack) ein-
schreibt. Jesus interpretiert die Furcht der Jünger als Mangel an Glaube" (ebd.,
S. 175 f.). Der abschließende Vers 41, in dem sich alle fürchten und danach
fragen, wer Jesus eigentlich sei, erhält damit eine doppelte Funktion: Einerseits
wird konstatiert, dass der Mangel 1 (Sturm) behoben ist. Andererseits bestätigt
sich Jesu Annahme, dass die Jünger nicht wissen, wer er eigentlich ist und daher
keinen Glauben haben (Mangel 2).

Auch auf der semantischen Ebene bestätigt sich diese erzählte Struktur. So
steht dem großen Sturmwind (λαῖλαψ μεγάλη) die große Stille nach dem
Wunder gegenüber (γαλήνη μεγάλη). Mit dieser Gegenüberstellung von großem
Sturm und großer Stille ist für die Erzählfolge eigentlich alles gesagt, aber es
bleibt die offene, bange Frage: Wer ist dieser (τίς ἄρα οὗτός ἐστιν)? Um der
möglichen Antwort hier auf die Spur zu kommen, muss man genau hinsehen,
mit welcher Anrede sich die im Boot mitfahrenden Jünger in ihrer Not an Jesus
wenden. Sie reden ihn als διδάσκαλε (Didaskale = Lehrer) an – und zeigen damit,
wie falsch sie in ihrer Einschätzung zur Person Jesus letztlich liegen. Denn ein
„normaler" Lehrer kann das alles selbstverständlich nicht; der kann eben nicht
über Wind und Wellen gebieten. Genau aus diesem Grund wurde in der später
entstandenen Parallelfassung im Matthäusevangelium das Wort abgeändert: Hier
steht nun κύριε (Herr) (vgl. ebd., S. 176 f.). Die (heutigen) Leserinnen und Leser
jedoch sind in der Lage, diese Frage, wer Jesus eigentlich ist, abschließend zu
beantworten – und eben darin liegt die Funktion für religiöse Kommunikation,
die der biblische Text bietet. Es geht grundlegend um den Zusammenhang von
Glaube und Furcht in der Frage, wer Jesus ist. Aber nicht um die Anbahnung
einer metaphorisch-abstrakten Vorstellung von Vertrauen oder die Eröffnung einer
Selbsterfahrung in stürmischen Zeiten des Lebens, sondern um die Grundlegung

für eine glaubwürdige Christologie in einer uns fremden Welt, anders formuliert:
Es geht theologisch um die Erklärung der religiösen Bedeutung Jesu, die hier
intendiert ist.
     Theologie als Wissenschaft sucht nun diese komplizierten Erzählwelten
im o. g. Sinne zu analysieren und zu verstehen; sie sucht den Kontakt zu solch
fremden Welten, ohne diese Welten vorschnell mit den eigenen Überzeugungen
durcheinander zu bringen. Sie nimmt das Wunder in der Geschichte damit
ernst, ohne es im Sinne einer kognitiv-instrumentellen Modellierung der Welt
zu missverstehen. Und: Die wissenschaftliche Theologie sucht die Bedeutung
dieser Geschichte für kollektive und individuelle Religionspraxen präzise zu
beschreiben, nimmt also die hier vermittelte christlich-religiöse Perspektive auf
die Welt in den Blick, unterscheidet die Rede über Religion aber dezidiert von
einer religiösen Rede, die das Wunder Jesu als persönliche Glaubensüberzeugung
selbst verbindlich machen möchte.

4   Ausblick

Mit der schlichten Frage „Glaubst du das eigentlich?" und der anhand von Aufklärungstheologie und Bibeldidaktik elaborierten Komplexität theologischer
Fachlichkeit, d. h. mit der permanenten Spannung von persönlichem Glauben
und Wissenschaft ist der herausfordernde Rahmen abgesteckt, in den sich die
Bildungsprozesse von Theologiestudierenden einzeichnen lassen. Darin zeigen
sich dann auch die wesentlichen Studienherausforderungen (vgl. Nickel und
Woernle, i. d. B.) an Universitäten für Lehramtsstudierende, die später einmal das Fach Evangelische Religion unterrichten möchten. Immer wieder
treten kritische, wissenschaftliche Einsichten der Theologie in Konkurrenz zu
lieb gewonnenen persönlichen Glaubensvorstellungen. Diese Spannungen und
Ambivalenzen auszuhalten und zu bearbeiten (nicht: aufzulösen) ist der eigentliche Kern theologischer Studien. Denn: Die persönlichen Überzeugungen und
Glaubensvorstellungen, die (vorwissenschaftliche) Wahrnehmung einer pluri-
formen (christlichen) Religionspraxis in der Spätmoderne und die Einsichten
der theologischen Fachwissenschaft mit ihren irritierenden und beunruhigenden,
kritischen Perspektiven müssen am Ort des Individuums je neu mündig und
kompetent ausgehandelt werden – in doppelter Hinsicht eine herausfordernde
Angelegenheit: zum einen inner-theologisch in Bezug auf die Unterscheidung von
Theologie, Religion und Glaube mit der Einsicht, dass ein tieferes Verstehen der
Religion zu Krisen im Blick auf die eigenen Überzeugungen führen kann bzw. gar
soll und eben darin die Grundlage fachlicher Professionalisierungsprozesse liegt.

Zum anderen außer-theologisch in der Sprachfähigkeit, theologische Erkenntnisse und religiöse Praxen als einen Modus der Weltdeutung von anderen Modi
unterscheiden zu können. Dies kann gleichwohl nur im Dialog mit den Logiken
und Prämissen anderer Fachkulturen gelingen, indem Studierende in geeigneten
Formaten sich nicht nur ihrer eigenen theologischen Fachlichkeit vergewissern,
sondern diese kommunikativ in der Begegnung mit anderen Logiken immer
wieder neu hinterfragen, anders vermessen und auf ihre jeweiligen Grenzen hin
befragen.

Das Konzept der Veranstaltung *ProfiWerk* thematisiert die Bearbeitung dieser
fortwährenden Spannung von Studierenden mit dem Lehramtsfach Evangelische
Religion. Im Kern geht es dabei stets um eine bibeldidaktische Auseinandersetzung mit zentralen Texten der Bibel wie etwa Wundergeschichten, Gleich-
nissen oder auch den prophetischen Texten des Alten Testamentes. Dadurch, dass
jeweils die Fachdidaktik und die Bibelwissenschaft gemeinsam die *ProfiWerk*
inhaltlich vorbereiten und durchführen, wird eine produktive Bearbeitung
der Spannung von Religion, Glaube und Theologie in einem methodischen
Dreischritt angebahnt: *Zunächst* einmal steht in jeder Sitzung die fachliche,
exegetische Begegnung mit den biblischen Texten im Vordergrund; anhand der
sorgfältigen, historisch-kritischen Analyse der griechischen Originaltexte wird
intensiv die Logik theologischer Bibelauslegung und Hermeneutik angewandt.
Die so gewonnenen, fachlichen Einsichten werden *im nächsten Schritt* in
Beziehung zu den persönlichen, religiösen Vorannahmen der Studierenden selbst
an die Texte und an die in ihnen vermittelte Glaubenswelt in Beziehung gesetzt.
Dabei geht es auch und gerade darum, Irritationen und Zweifel zu verbalisieren
und zunächst einmal selbst sprachfähig für die Unterscheidung zwischen einer
wissenschaftlich kontrollierten Bibelauslegung und der persönlichen Ingebrauchnahme solche Texte zu werden. Damit ist dann *schließlich* auch der Bogen zu
vertieften fachdidaktischen Überlegungen erst möglich, und zwar in Hinblick
auf einen in den Texten begegnenden (religiösen) Modus der Weltbegegnung
im Spannungsfeld einer deskriptiven Rede über Religion und einer religiösen
Rede selbst, die diese Texte als Zeugnisse des Glaubens individuell in Gebrauch
nehmen kann. Diese Unterscheidung zwischen Beobachtung und Teilnahme,
zwischen der abstrakten Rede über Religion und der religiösen Praxis selbst vornehmen zu können und didaktisch kompetent zu handhaben, ist damit nicht nur
Grundlage der *ProfiWerk,* sondern letztlich Leitgedanke religiöser Bildung insgesamt.

Literatur

Alkier, S. & Dressler, B. (1998). Wundergeschichten als fremde Welten lesen lernen. Didaktische Überlegungen zu Mk 4, 35–41. In B. Dressler & M. Meyer-Blanck (Hrsg.), *Religion zeigen. Religionspädagogik und Semiotik* (S. 163–187). Münster: LIT.

Baumert, J. (2002). Deutschland im internationalen Bildungsvergleich. In N. Kilius, J. Kluge & L. Reisch (Hrsg.), *Die Zukunft der Bildung* (S. 100–150). Frankfurt a. M.: Suhrkamp.

Beutel, A. (2013). *Spurensuche. Studien zur Identitätsgeschichte des Protestantismus.* Tübingen: Mohr Siebeck.

Dressler, B. (2013). Fachdidaktik und die Lesbarkeit der Welt. Ein Vorschlag für ein bildungstheoretisches Rahmenkonzept der Fachdidaktiken. In K. Müller-Roselius & U. Hericks (Hrsg.), *Bildung. Empirischer Zugang und theoretischer Widerstreit* (S. 183–202). Opladen u. Berlin u. Toronto: Budrich.

Kant, I. (1784). Beantwortung der Frage: was ist Aufklärung. *Berlinische Monatsschrift,* 12, 481–494.

Koselleck, R. (1972). Einleitung. In O. Brunner, W. Conze & R. Koselleck (Hrsg.), *Geschichtliche Grundbegriffe. Historisches Lexikon zur politisch-sozialen Sprache in Deutschland,* Bd. 1 (S. XIII–XXIII), Stuttgart: Klett-Cotta.

Korsch, D. (2017). *Antwort auf Grundfragen des christlichen Glaubens.* Tübingen: UTB.

Laube, M. (2007). Zur Stellung der Praktischen Theologie innerhalb der Theologie – aus systematisch-theologischer Sicht. In C. Grethlein & H. Schwier (Hrsg.), *Praktische Theologie. Eine Theorie- und Problemgeschichte (Arbeiten zur Praktischen Theologie 33)* (S. 61–136). Leipzig: EVA.

Saß, M. (2019). „... von Walnüssen, Windmühlen und der Welt" – Epistemische Perspektiven auf Fachlichkeit in der Lehrerbildung. In M. Hartmann, R. Laging & C. Scheinert (Hrsg.), *Professionalisierung in der Sportlehrer*innenbildung. Konzepte und Forschungen im Rahmen der Qualitätsoffensive Lehrerbildung* (S. 12–23). Baltmannsweiler: Schneider.

Schleiermacher, F.D.E. (1968). Über seine Glaubenslehre, an Herrn Dr. Lücke. In H. Bolli (Hrsg.), *Schleiermacher Auswahl* (S. 120–175). Gütersloh: GTVH.

Schleiermacher, F.D.E. (2002). *Kurze Darstellung des theologischen Studiums zum Behuf einleitender Vorlesungen (1811/1830),* hg. von D. Schmidt, Berlin: de Gruyter.

Schleiermacher, F.D.E. (2003). *Über die Religion. Reden an die Gebildeten unter ihren Verächtern.* Frankfurt a. M.: Reclam.

Schröder, B. (2012). *Religionspädagogik.* Tübingen: Mohr Siebeck.

Teil V
Abschließende Reflexionen und Ausblick

Fachliche Weltsichten – Reflexionen zur Lehrerbildung

Nina Meister und Uwe Hericks

In den Beiträgen dieses Bandes wurden exemplarisch Einblicke in spezifische Weltsichten, Denkstrukturen und Praktiken verschiedener Fächer (vgl. Kreyer und Laging, Einführung in Teil II) vermittelt, die sich in der universitären Lehre als bedeutungsvoll erweisen. Sie fordern Lehrende und Studierende gleichermaßen heraus: Studierende sehen sich mit fachlichen Verstehensschwierigkeiten konfrontiert, die Anlass für ein *neues* Verstehen des Faches sein können (vgl. Meister, Einführung in Teil III). Lehrende stehen vor der hochschuldidaktischen Herausforderung, so etwas wie eine reflektierte Fachlichkeit anzubahnen (vgl. Laging, Einführung in Teil IV). Das vorliegende Abschlusskapitel beleuchtet einige der daraus folgenden Herausforderungen für die Lehrerbildung.

Fachkultur- und habitustheoretische Bezüge

In der Einleitung zu diesem Band wurden eine *reflektierte Fachlichkeit* und ein *doppeltes Praxisverständnis* als Kernideen des Marburger Lehrerbildungsprojekts ProPraxis vorgestellt. Sie verweisen auf die hohe Bedeutung der Fachwissenschaften, der Genese des fachwissenschaftlichen Wissens und seiner reflexiven Handhabung sowie seiner didaktischen Überführung in den Lehrberuf. Dies wurde bildungs- und professionstheoretisch im Hinblick auf die Fähigkeit begründet, als angehende Lehrperson selbst krisenhafte Verstehens- und Bildungsprozesse in

N. Meister (✉) · U. Hericks
Philipps-Universität Marburg, Marburg, Deutschland
E-Mail: nina.meister@uni-marburg.de

U. Hericks
E-Mail: hericks@staff.uni-marburg.de

© Springer Fachmedien Wiesbaden GmbH, ein Teil von Springer Nature 2020   311
N. Meister et al. (Hrsg.), *Zur Sache. Die Rolle des Faches in der universitären Lehrerbildung*, Edition Fachdidaktiken,
https://doi.org/10.1007/978-3-658-29194-5_17

reflexiver Auseinandersetzung zu durchlaufen und in Folge auch bei Schülerinnen und Schülern anzuleiten und zu begleiten (vgl. Hericks et al. 2018). Die darin angelegten Begründungslinien können mit zentralen Grundannahmen der Hochschulsozialisations- und Fachkulturforschung (vgl. Huber et al. 1983; Müller-Roselius 2007) unterfüttert werden. Die hier theoretisch postulierte Konsequenz, wonach das Durchlaufen eines Fachstudiums zur Entwicklung eines fachspezifischen Habitus führe (vgl. Huber et al. 1983; Bastian und Combe 2007), ist bisher allerdings kaum empirisch beforscht worden (vgl. Meister 2018). Dies liegt unter anderem daran, dass der universitär-fachliche Rahmen nur eine Einflussgröße hinsichtlich der Entwicklung eines fachspezifischen Habitus von Studierenden darstellt. Zusätzlich zur Fachkultur nimmt auch das Zusammenwirken von Herkunftskultur, antizipierter Berufskultur und persönlichen Statusaspirationen Einfluss auf diesen (vgl. Huber 1991, S. 423). Huber (ebd.) betont in Bezugnahme auf Bourdieu (1993, S. 113) die große Bedeutung der Primärsozialisation für den Habitus, wie sie etwa auch in den Beiträgen aus den Fächern Sport (Laging und Hartmann, i. d. B.) und ev. Theologie (Nickel und Woernle, i. d. B.) deutlich wird.

Wie Studien der Fachkulturforschung aus den letzten Jahrzehnten zeigen, werden Studierende in die unterschiedlichen Fachkulturen ihrer Studienfächer einsozialisiert (vgl. Müller-Roselius 2007; Huber 1991); eine Tatsache, die sich im Falle von Lehramtsstudierenden noch einmal verschärft. Huber (1990) entwirft dazu aufgrund fehlender empirischer Studien zwei Szenarien: Zum einen könnten sich die fachkulturellen Einflüsse je nach Fächerwahl verstärken (ebd., S. 93 f.). Dies schlussfolgert er aus der Beobachtung, dass viele Lehramtsstudierende eine Kombination von Fächern wählen, die eine fachkulturelle Nähe zueinander aufweisen (z. B. Mathematik/Physik, Französisch/Spanisch). Zum anderen sei denkbar, dass ein sich entwickelnder Fachhabitus durch die „Zugehörigkeit zu mehreren Fachkulturen und die Antizipation einer das Ausbildungsfach übergreifenden Profession gewissermaßen gebrochen wird" (ebd. S. 94).

Die Bedeutung der für Lehramtsstudierende stets präsenten Zielperspektive des Lehrberufs, den Huber hier als „übergreifende Profession" fasst (ebd.), in Bezug auf die Entwicklung von Fachlichkeit und fachlichem Habitus wird insbesondere in den Beiträgen aus den Fächern Mathematik (Bauer et al.), ev. Theologie (Nickel und Woernle) und Chemie (Schween und Lindenstruth) deutlich (Teil III i. d. B.). Diese greifen explizit die Zurückhaltung bzw. verhaltene Bereitschaft von Lehramtsstudierenden zur Einlassung in tiefere fachwissenschaftliche Fragen auf, woraus die geschilderten Verstehensschwierigkeiten resultieren. Sofern diese unbearbeitet bleiben, können sie fachsozialisatorische Prozesse und eine vertiefte Einlassung ins Fach zusätzlich erschweren. Die Beiträge stellen aber auch dar, wie diese krisenhaften Verstehens- oder Einlassungsschwierigkeiten produktiv gewendet und damit bildungswirksam werden können.

Die in den Fachbeiträgen beschriebene Zurückhaltung der Studierenden kann im Rückbezug auf Huber (1990, S. 93 f.) demnach als Pragmatismus gedeutet werden, insofern der ‚Wert' der zu vermittelnden Fachinhalte an ihrer direkten Verwertbarkeit für den antizipierten Beruf bemessen wird (vgl. auch Hericks und Meister). Zugespitzt zeigt sich dies im Beitrag von Güldenring und Kreyer aus der englischen Linguistik (Teil III i. d. B.), die es sich auch in ihrer Lehre zur Aufgabe gemacht haben, die von Studierenden häufig vorgebrachte Entschuldigung „Ich will doch nur Lehrer werden!" fachlich begründet zu entkräften. Die Beispiele können als Hinweis darauf verstanden werden, dass die von Huber (1990) angenommene potenzielle „Brechung" eines fachspezifischen Habitus durch die Orientierung an einer „übergeordneten", für die Studierenden in dieser Phase allerdings noch nicht klar konturierten Profession möglicherweise eine der größten Herausforderungen für die Rolle der Fächer in der Lehrerbildung darstellt.

Wie immer sich die individuellen fachkulturellen Sozialisationsprozesse in ihrer Dauer, Tiefe und Intensität auch vollziehen mögen: Das universitäre Studium stellt einen Initiationsprozess in die jeweiligen Fachkulturen dar (vgl. Huber 1990; Müller-Roselius 2007, S. 21), in welchem sich auch ein gemeinsamer Habitus der Fachvertreter/innen entwickelt und reproduziert, der in je spezifischen Welt- und Problemsichten, Perspektiven, Paradigmen und Wirklichkeitskonstruktionen seinen Ausdruck findet (vgl. Huber 1991, S. 436). Die grundlegende Annahme, wonach „die Bildung des Habitus das zentrale Sozialisationsergebnis der Hochschulausbildung darstellt" (Huber et al. 1983, S. 144), verweist damit zugleich darauf, dass die ‚bloße' Aneignung fachwissenschaftlicher Inhalte, wie sie bspw. auch im Modus eines Fern- oder Lektürestudiums denkbar wäre, aufgrund fehlender sozialisatorischer universitär-fachlicher Einflüsse vermutlich nicht in demselben Maße zur Herausbildung eines fachspezifischen Habitus beitragen dürfte.

Für die lehrenden Fachvertreter/innen gewinnen damit konzeptionelle Zugänge an Bedeutung, sich verstärkt dem fachlichen Kern und Bildungswert des „eigenen" Faches zuzuwenden. In den Beiträgen aus der Philosophie (Vogel und Petzold, Teil IV i. d. B.), dem Sport (Bietz, Teil II i.d.B.) und der Mathematik (Bauer et al., Teil II i. d. B.) werden solche Zugänge exemplarisch vorgestellt und diskutiert. Es scheint, als müssten insbesondere Lehramtsstudierende, die sich qua „übergeordneter" Profession nicht in erster Linie als Fachwissenschaftler/innen wahrnehmen, mit besonderem Nachdruck vom Sinn und Nutzen einer tieferen Einlassung in das Fach überzeugt werden. Dies setzt allerdings voraus, dass die Lehrenden der Universität ihrerseits als kompetente und professionelle Fachvertreter/innen agieren und ‚ihre' Fachkultur in der Lehre sowohl repräsentieren als auch vor und mit den Studierenden reflektieren.

Abschließende Reflexionen und Ausblick

Für die Lehrerbildung wirft der Bezug auf einen fachspezifischen Habitus als
Ergebnis universitärer Sozialisation eine *normative Problematik* auf. Fachspezi-
fische Habitūs vermitteln und reproduzieren fachkulturelle Überzeugungen,
Selbstverständlichkeiten und Tabus, methodische Vorentscheidungen, legitime
Fragen und Denkoperationen – insgesamt Ausdruck einer spezifischen fachlichen
Weltansicht. Fachliche Habitusformen stellen (wie allgemein jeder Habitus)
„strukturierte Strukturen" dar, „die wie geschaffen sind, als strukturierende
Strukturen zu fungieren, d. h. als Erzeugungs- und Ordnungsgrundlagen für
Praktiken und Vorstellungen, die objektiv an ihr Ziel angepaßt sein können"
(Bourdieu 1993, S. 98). Das bedeutet, dass fachliche Habitusformen bestimmte
grundlegende Praktiken, Überzeugungen und Wissensformen als quasi selbst-
verständlich erscheinen lassen und damit die Kontingenz dieser fachlichen Welt-
sicht systematisch verschleiern. Eine Fachwissenschaft zu betreiben, heißt an
einem Spiel teilzunehmen, von diesem ‚affiziert' zu sein (vgl. Bourdieu 2001,
S. 173 f.), an den Sinn dieses Spiels zu ‚glauben'. Eine solche Fraglosigkeit des
Glaubens an das Spiel, die für Fachwissenschaftler/innen durchaus funktional
sein kann, steht der Anregung und Begleitung von Bildungsprozessen indes im
Wege. (Angehenden) Lehrpersonen stellt sich daher eine gegenüber (angehenden)
Fachwissenschaftler/innen verschärfte Aufgabe. Um sich selbstbewusst als
‚Botschafterinnen' ihrer eigenen Fächer verstehen zu können und den Schüler/
innen gegenüber als solche erkennbar zu werden, müssen auch sie (wie Fach-
wissenschaftler/innen) über einen entsprechenden Fachhabitus verfügen, bedürfen
also der Einsozialisation in die jeweilige Fachkultur. Um Bildungsprozesse
anregen und begleiten zu können, müssen sie fachliche Selbstverständlichkeiten
und Kontingenzen jedoch explizit als solche erkennen und altersangemessen vermitteln können, was Reflexivität voraussetzt. Eine „Brechung" des Fachhabitus –
verstanden als epistemologischer Bruch (vgl. Bourdieu 2002, S. 11) – wäre daher
aus professionalisierungs- bzw. bildungstheoretischer Sicht durchaus gewollt;
diese „Brechung" kann indes nur dann erfolgen, wenn zuvor überhaupt so etwas
wie eine grundlegende Fachlichkeit bzw. ein fachlicher Habitus entwickelt wurde.

Bastian und Combe (2007) gehen unter Bezugnahme auf eine im Schulkontext
angesiedelte Langzeitstudie davon aus, dass „Fachkultur und Fachhabitus von
Lehrenden und Lernenden offen für Reflexivität und damit für Entwicklungsprozesse" seien (ebd., S. 49). Die Entwicklung von Reflexivität mache allerdings
professionelle Kooperationen sowie einen „systematischen Austausch zwischen
den Fächern notwendig" (ebd.). Dies erfordere „institutionalisierte Formen der
Grenzüberschreitung von Fächern" als Ort der „Reflexion und Entwicklung
von Fachkulturen" (ebd., S. 55). Was Bastian und Combe für die Schule

formulieren, gilt für die Universität gleichermaßen. Hochschullehrende, d. h. auch wir, die Autor/innen dieses Bandes nehmen sozialisatorischen Einfluss, reproduzieren fachkulturelle Grenzen und Potenziale und entwickeln diese weiter. So sehr unsere fachlichen Weltsichten, Konzepte und Arbeitsweisen daher auch differieren mögen (vgl. exemplarisch den Beitrag von Lindenstruth und Schween, Teil IV i. d. B.), wird hier doch eine den Fachwissenschaften der Lehrerbildung gemeinsame Herausforderung der Professionalisierung erkennbar: die in der universitären Lehre häufig nur implizit vermittelten fachlichen Weltsichten in einen reflexiven Modus zu überführen – für die Studierenden und uns selbst.

In der Konzeption der Marburger Praxismodule wurde diese Herausforderung in der Leitidee der *reflektierten Fachlichkeit* aufgegriffen und hochschuldidaktisch umzusetzen versucht. Eben damit kommt der Universität als erster Phase der Lehrerbildung die in der Einleitung zu diesem Band behauptete exklusive Funktion zu, die weder durch die zweite (Referendariat) noch die dritte Phase (Berufstätigkeit und Weiterbildung) übernommen werden kann: die Entwicklung eines spezifischen Habitustyps als Grundlage für professionalisiertes Handeln (vgl. Hericks et al. 2018), der von Helsper (2018) als „wissenschaftlich-reflexiver Habitus" gefasst wird. Der Begriff stellt im Grunde ein Paradoxon dar, insofern ein Habitus eigentlich gar nicht reflexiv werden kann, ohne seinen Charakter als implizites Wissen zu verlieren. Die Marburger Praxismodule zielen (im Einklang mit Helspers Begriffsbestimmung) indes nicht auf eine Reflexion des Habitus, sondern auf eine *Habitualisierung der Reflexion,* nämlich der Reflexion von Fachlichkeit. Mag auch die erste Phase der Lehrerbildung in berufsbiographischer Langzeitperspektive eine eher kurze Zeitspanne umfassen, sodass sich die Erwartung wesentlicher, gedanklich als Professionalisierung rekonstruierbarer Entwicklungsprozesse empirisch kaum einholen lässt – wo, wenn nicht in der Universität, sollte ein wissenschaftlich-reflexiver Habitus sonst angebahnt werden können?

In einer solchen fachkulturellen und hochschulsozialisatorischen Perspektive sprechen die vorliegenden Beiträge des Bandes für sich selbst: Sie unterscheiden sich – von ihren unterschiedlichen fachlichen Zugängen und Inhalten abgesehen – sowohl sprachlich als auch in ihren Argumentationsstilen zum Teil deutlich voneinander. Sie spiegeln, wie eng fachliche Kernideen, studentische Verstehensschwierigkeiten sowie hochschuldidaktische Bearbeitungswege und Erkenntnishilfen miteinander verbunden sind. Damit werden sie selbst zu einem Abbild der Fächer – von den Autor/innen performativ repräsentiert.

Huber (1992) schlägt vor, dass „interkulturelle[.] Begegnungen zwischen den Fächern" (ebd. S. 105) organisiert in verschiedenen Veranstaltungsformaten wie bspw. Seminaren, Kolloquien und Hospitationen

„den Lehrenden selbst wie den Studierenden Gelegenheit gäben, sich mit der anderen Fachkultur zu konfrontieren, dadurch sich der Entstehung, Entwicklung, Krisen und gegenwärtigen Position der eigenen Disziplin bewußt zu werden, unterschiedliches Herangehen an die (Konstruktion der) Wirklichkeit zu erfahren und eigene, auch emotionale Reaktionen (Verunsicherung, Abwehr) auf das je andere zu beobachten". (ebd.)

Daran anknüpfend entwirft Huber die Vision eines neuen „*studium generale* in einem ganz anderen Sinne als dem der traditionellen humanistischen Allgemeinbildung" (ebd.), nämlich nun als eine übergreifende, interdisziplinären Hochschulkultur. Als universitär Lehrende sollten wir uns daher auch weiterhin mit fremden und eigenen Weltzugängen, fachlichen Perspektiven, Überzeugungen, Grenzen, blinden Flecken und Potenzialen in interdisziplinären Kooperationen auseinandersetzen. Wir würden uns damit selbst an jenen Professionalisierungsansprüchen orientieren, mit denen wir auch (angehende) Lehrpersonen konfrontieren. Das ProfiForum, als kleine, aber feine Variante eines im Huberschen Sinne verstandenen „*studium generale*", fordert uns dazu regelmäßig heraus.

Literatur

Bastian, J. & Combe, A. (2007). Fachkulturforschung als Entwicklungsforschung. In: J. Lüders (Hrsg.), *Fachkulturforschung in der Schule. Studien zur Bildungsgangforschung* (18) (S. 49–61). Opladen: Verlag Barbara Budrich.

Bourdieu, P. (1993). *Sozialer Sinn. Kritik der theoretischen Vernunft.* Frankfurt a.M.: Suhrkamp.

Bourdieu, P. (2001). *Meditationen. Zur Kritik der scholastischen Vernunft.* Frankfurt a.M.: Suhrkamp.

Bourdieu, P. (2002). *Ein soziologischer Selbstversuch.* Frankfurt a.M.: Suhrkamp.

Helsper, W. (2018). Lehrerhabitus. Lehrer zwischen Herkunft, Milieu und Profession. In A. Paseka, M. Keller-Schneider & A. Combe (Hrsg.), *Ungewissheit als Herausforderung für pädagogisches Handeln* (S. 105–140). Wiesbaden: Springer VS.

Hericks, U., Meister, N. & Meseth, W. (2018). Professionalisierung durch Perspektivenwechsel? Lehramtsstudierende zwischen schulischer und universitärer Praxis. In M. Artmann, M. Berendonck, P. Herzmann & A. B. Liegmann (Hrsg.), *Professionalisierung in Praxisphasen der Lehrerbildung. Beiträge qualitativer Forschung aus Bildungswissenschaft und Fachdidaktik zu Praxisphasen in der Lehrerbildung* (S. 255–270). Bad Heilbrunn: Klinkhardt.

Huber, L., Liebau, E., Portele, G. & Schütte, W. (1983). Fachcode und studentische Kultur. Zur Erforschung der Habitusausbildung in der Hochschule. In E. Becker (Hrsg.), *Reflexionsprobleme der Hochschulforschung. Beiträge zur Theorie- und Methodendiskussion* (S. 144–170). Weinheim: Beltz.

Huber, L. (1990). Fachkulturen und allgemeine Bildung. In K. Lohmann (Hrsg.), *Der Beitrag der Unterrichtsfächer zur Allgemeinbildung (S. 76–94)*. Rinteln: Merkur.

Huber, L. (1991). Fachkulturen. Über die Mühen der Verständigung zwischen den Disziplinen, *Neue Sammlung*, 31 (1), 3–24.

Huber, L. (1992). Neue Lehrkultur – alte Fachkultur. In A. Dress (Hrsg.), *Die humane Universität Bielefeld 1969-1992: Festschrift für Karl-Peter Grotemeyer (S. 95–106)*. Bielefeld: Westfalen-Verlag.

Meister, N. (2018). Transformationsprozesse durch universitäre Krisenerfahrungen? Die Entwicklung eines fachspezifischen Habitus von Sport-Lehramtsstudierenden. *Zeitschrift für interpretative Schul- und Unterrichtsforschung, (7)*, 51–64.

Müller-Roselius, K. (2007). Habitus und Fachkultur. In J. Lüders (Hrsg.), *Fachkulturforschung in der Schule. Studien zur Bildungsgangforschung (18) (S. 15–30)*. Opladen: Verlag Barbara Budrich.

CPSIA information can be obtained
at www.ICGtesting.com
Printed in the USA
LVHW082300270720
661624LV00029B/552